조선 朱子學
陽明學을 만나다

조선 朱子學 陽明學을 만나다

蘇齋 盧守愼의 思想과 文學

신향림 지음

심산

目次

제1장

서론

穌齋 盧守愼(1515~1590)은 明宗 宣祖 代에 활동한 저명한 학자이자 정치가이며 시인이다. 소재는 乙巳士禍로 인해 19년 동안 진도에서 유배 생활을 하면서 독실하게 학문에 정진하여 「夙興夜寐箴解」·「人心道心辨」·「執中說」 등을 저술하고, 退溪 李滉·河西 金麟厚·一齋 李恒 등과 논변하였다. 「人心道心辨」과 「執中說」은 『困知記』와 『傳習錄』을 수용하여 주자학에 이견을 제기한 철학저작이다. 소재는 「인심도심변」을 저술한 45세 이후 다수의 哲理詩를 통해 양명학을 지지하는 새로운 사상을 제기하였다. 퇴계는 소재의 이 새로운 사상을 陽明學으로 규정하여 엄중하게 비판하였다.[1] 소재는 퇴계의 비판에 맞서며 자신의 학문적 입장을 철회하지 않았기

1) 李滉, 『退溪集』(『한국문집총간』29, 민족문화추진회, 1988), 권23, 「重答奇明彥別紙」, "往者人言寡悔頗悅禪味, 中間又聞其尊信困知記, 滉猶不之信. 及見其所爲人心道心吟二絶句, 心甚疑之, 以爲寡悔不應至此, 恐或好事者假稱. 今得來示, 乃親與之款叩而其言論旨意如此, 令人悼心失圖, 奈何奈何? ; 李德弘, 『艮齋集』(『문집총간』51, 민족문화추진회,

에, 澤堂 李植은 소재를 '朱子의 시대에 홀연 나타난 陸象山'에 비유하였다.[2)]

소재는 퇴계와 어깨를 나란히 하였던 걸출한 학자였을 뿐만 아니라 宣祖 代 詩壇의 영수이기도 했다. 선조 대는 宋詩, 특히 江西詩派를 배우려는 시적 지향이 계속되는 가운데 道學詩가 활발하게 창작되는 시기였다. 그러나 한편으로는 宋詩의 산문성·기교주의·이성주의에 반발하여, 唐詩를 배워 시의 서정성·음악성·형상성을 회복하려는 지향이 李達·白光勳·崔慶昌을 중심으로 일어났던 시기이기도 했다.[3)] 소재는 중국 江西詩派의 영향을 받은 湖陰 鄭士龍·芝川 黃廷彧과 함께 館閣三傑로 일컬어지면서[4)], 이들 가운데 가장 뛰어나다는 평가를 받았던 시인이다.[5)] 그는 삼당파 시인들과도 밀접하게 교류하였는데, 특히 최경창과 백광훈은 진도의 유배지에 찾아와 소재에게 학문을 물었던 시인들이다. 뿐만 아니라 소재는 자신의

1990), 권6, 「溪山記善錄下」, "問今世誰能學問, 先生曰: '未見其人.' 曰: '如奇高峰李龜巖者, 何如?' 曰: '此人厚重近仁, 而循塗守轍, 必終不回頭向別處去. 但所見猶未能透得大綱領, 這可惜耳. 大凡世無切己根本上做工夫底人, 只有曹南冥唱南華之學, 盧蘇齋守象山之見, 甚爲懼也.'"

2) 李植, 『澤堂集』(『한국문집총간』88, 민족문화추진회, 1992), 別集 권15, 「追錄」, "盧蘇齋自海中還, 忽爲禪學, 退溪大駭, 亦不能與之辨, 時以詩句挑之, 而蘇齋又答之甚峻. 自是爲道學者間, 雜禪學, 自蘇齋啓之, 眞如朱子之時, 忽出陸象山也." ; 『선조수정실록』, 권24, 선조 23년 4월, 1일, "其學初甚精博, 儒林之望, 先於李滉. 及海島, 推尊羅欽順困知記, 改著人心道心執中說, 立異於朱訓, 李滉非之. 盖我國道學, 至李滉出而大明, 而守愼獨參用陸學宗旨, 後人或慕嚮稱述焉."

3) 안병학, 「三唐派 시세계 연구」, 고대 박사논문, 1988.

4) 金萬重, 『西浦漫筆』, "本朝詩體不啻四五變, 國初承勝國之緖, 純學東坡, 以迄於宣靖, 惟容齋稱大成焉, 中間參以豫章, 則翠軒之才, 實三百年一人. 又變而專攻黃陳, 則湖蘇芝鼎足雄峙."

5) 金昌協, 『農巖集』(『한국문집총간』162, 민족문화추진회, 1994), 권34, 「雜識」, "盧蘇齋詩, 在宣廟初, 最爲傑然. …… 世稱湖蘇芝, 然三家詩實不同, 湖陰組織鍛鍊, 頗似西崑而風格不如蘇, 芝川嬌健奇崛, 出自黃陳而宏放不及蘇, 蘇齋其最優乎."

사상을 집약적으로 표현한 많은 양의 哲理詩를 창작하여 문학사에서 퇴계와 더불어 사림 계열의 시인으로 분류되기도 한다.[6] 이처럼 소재는 선조대의 多岐한 시적 지향들을 융섭하여 높은 경지에 오른 일급 시인이었다.

소재가 이룩한 사상 문학 방면에서의 성취에 비해 그에 대한 연구는 아직 미미한 상태이다. 그에 대한 연구는 사상 분야에서 먼저 시작되었다. 소재는 明儒 羅欽順(1465~1547)의 『困知記』를 수용하여 人心道心體用說을 주장한 학자로 일찍부터 학계의 주목을 받았다.[7] 나흠순은 王守仁(1472~1529)과 동시대 인물로 당시 양명학을 비판할 수 있었던 몇 안 되는 朱子學者 가운데 하나였다.[8] 그는 陽明學과 禪學을 비판하면서 心과 性을 엄격하게 구분하였고, 객관 사물의 理를 탐구하는 程朱의 格物說을 지지하였다. 그렇지만 그는 理氣一物說과 人心道心體用說을 주장하였고 欲望을 긍정하였다. 이러한 나흠순의 사상은 明代 氣哲學의 영향을 받은 것으로 주자학과는 이질적인 요소를 지니고 있다.[9] 지금까지 사상사에서 소재는 羅欽順의 사상을 수용하여 主氣論과 人心道心體用說을 주장한 학자로만 인식되었는데,[10] 이는 그의 대표적인 철학 논문인 「人心道心辨」과 「執中說」에 의거하여 그의 사상을 究明한 결과이다. 소재는 일생 많은 양의 산문과 漢詩를

---

6) 김태준, 『조선한문학사』, 태학사, 1994, 188면 ; 이가원, 『한국한문학사』, 민중서관, 1961.

7) 현상윤, 『조선유학사』, 민중서관, 1949, 201~210면.

8) 진래, 『송명성리학』, 예문서원, 1997, 434면.

9) 조남호, 「나흠순의 철학과 조선학자들의 논변」, 서울대 박사논문, 1999, 49면.

10) 현상윤, 『조선유학사』, 민중서관, 1948 ; 황준연, 「조선성리학의 인심도심설에 대한 분석」, 『논문집』15, 원광대학교, 1981 ; 김광순 외, 「소재 노수신 연구」, 『한국의 철학』17, 경북대학교 퇴계연구소, 1989 ; 조남호, 「나흠순의 철학과 조선학자들의 논변」, 서울대 박사논문, 1999 ; 김기현, 「욕망과 도덕심」, 『조선유학의 개념들』, 예문서원, 2002. ; 정대환, 「소재 노수신의 인심도심설」, 『철학연구』112집, 대한철학회, 2009.

창작하였는데, 그의 전 저작을 시기별로 통독해보면 양명학에 기울어진 그의 사상의 특징을 발견할 수 있다.

퇴계는 소재를 禪學 · 陽明學에 물든 학자로 규정하였는데, 澤堂 李植 또한 소재를 陽明學者로 언급한 바 있다. 택당은 소재를 양명학자로 지명하면서, "소재가 『大學章句』를 개정하였는데 그 말이 모두 陸象山, 王陽明의 뜻에서 나왔다."[11]라고 하였다. 택당이 언급한 『대학장구』를 개정한 소재의 저작은 『穌齋集』에 실려 있지 않기 때문에 지금까지 학계에 逸失된 典籍으로만 알려져 왔다.

필자는 소재 종가에 보존된 여러 전적을 열람하던 중에 『穌齋先生大學集錄』이 있는 것을 발견하였다. 『穌齋先生大學集錄』은 주희의 『대학』 개정 작업을 부정한 중국과 우리나라 유자들의 글을 모아 편찬한 책이었다. 소재의 제자인 康復誠은 「年譜」에서 소재가 "선조 16년(1583)에 『改正大學』을 찬집하였다."고 기록하였고, 『개정대학』에 대하여 "『대학』의 錯簡에 대해 程朱부터 明의 여러 유자에 이르기까지 각기 개정한 것이 있어 서로 같지 않기에 선생이 이를 모아서 하나의 책으로 만들어 배우는 이들이 참고하기 편하게 하셨다."라고 설명하였다.[12] 이 「연보」의 기록을 통해 유추해 보면 택당이 언급한 『대학장구』를 개정한 소재의 저술이나 「연보」에서 말한 『改正大學』은 바로 종가에 소장된 『穌齋先生大學集錄』[13]을 지칭하는 것

11) 李植, 『澤堂集』(『한국문집총간』88), 別集, 권15, 「示兒代筆」, "蘇齋自少厲志苦學, 祖述靜菴, 聲名高於退溪. 及在海中, 雖不廢學, 憂愁之餘, 詩酒遣懷. 始讀羅整庵困知記, 以爲廣大精微, 不下程朱, 用其說改作人心道心傳註, 又改定大學章句, 其言皆陸王意也."

12) 康復誠, 『穌齋集』(『한국문집총간』35, 민족문화추진회, 1989. ; 『한국문집총간』35는 『朴谷集』이 포함된 초판본과 『朴谷集』이 포함되지 않는 재판본 두 가지가 있다. 이 책의 텍스트는 『朴谷集』이 포함되지 않은 재판본이다.), 「穌齋先生年譜」, 305면, '癸未(1583)', "撰輯改正大學. 大學錯簡, 自程朱至于大明諸儒, 各有改正, 互相不同, 先生裒集爲一册, 以便學者考閱."

13) 이하 『大學集錄』으로 표기함.

임을 알 수 있다.

『大學集錄』에는 王守仁의 「古大學」, 「大學問」, 「大學古本序」가 수록되어 있는데, 이 가운데 「大學問」과 「大學古本序」은 양명학의 핵심을 전하는 왕수인의 중요한 저작이다. 소재가 이 책을 편찬한 때는 퇴계가 양명학을 적극적으로 변척한 직후였고,[14] 퇴계를 따르는 사류들을 중심으로 양명학 배척 분위기가 고조되어 가던 시기였다. 陽明學을 배척하던 조선의 유자들에게 이 『대학집록』은 異端邪說을 유포하는 不穩書籍으로 인식되었을 것이다. 『대학집록』은 소재 사후 점차 정주학에 대한 맹신으로 경직되어 갔던 학문적 경향 때문에 사류들 사이에 유통되지 못하고 문집에도 수록되지 못한 채 소재 宗家에만 전하는 秘書가 되었다.

『大學集錄』과 함께 소재의 전 저작을 통독해 보면 그의 유배기 이전 사상과 유배기, 그리고 만년의 사상이 서로 다름을 확인할 수 있다. 따라서 소재 사상의 핵심을 파악하기 위해서는 그의 사상이 시기별로 변화해간 경로를 따라가면서 궁극적으로 그의 사상이 어디로 귀결하였는지 밝히는 작업이 무엇보다도 중요하다. 소재의 초기 저작과 만년의 저작을 비교해 보면 그의 사상은 朱子學에서 陽明學으로 변화해 갔음을 확인할 수 있다. 이 책에서는 소재의 사상이 전변해간 양상을 고찰하여 그가 만년에 양명학을 수용하여 주자학과는 이질적인 새로운 심성론과 수양론을 주장한 우리나라 최초의 陽明學者임을 究明하려고 한다.

소재의 문학에 대한 본격적인 연구는 서수용으로부터 시작하였다. 그는 소재 사상의 특징을 주자학을 표방하면서도 經典에 대해 독창적인 해석을 시도한 점에서 찾았다. 그리고 그러한 학문적 특징이 문학에도 영향을 끼쳐 소재의 시는 破格의 미감을 가지고 있다고 설명하였다.[15]

14) 퇴계는 1566년 「傳習錄論辯」을 지어 양명학을 변척하였다.

1989년에는 경북대학교 퇴계학 연구소에서 소재의 思想·文學·政治 전반을 종합적으로 탐구한 연구 결과를 발표했다. 문학 연구를 담당한 김광순은 현행 문집과 소재 종가에 보존된 典籍들을 종합적으로 조사하여, 시를 형식·주제별로 분류하고 시의 시기별 변모 양상을 개괄하였다. 이를 통하여 地名과 時間의 詩語化, 破格, 사실주의적 경향, 불교의 영향 등 지금까지 소재 문학 연구자들이 대부분 동의하는 소재 시의 특성을 기술하였다. 이 연구는 또한 穌齋 宗家에 여러 典籍이 소장되어 있음을 알리고, 종가 소장 문집 초본에만 전하는 시들을 선별하여 全載하였다. 김광순의 연구는 후진 연구자들이 반드시 검토해야 하는 종가 소장 자료들을 최초로 소개하고 그 일부를 공개하였다는 점에서 큰 의의를 지닌다.[16]

이 연구를 이어 채용복이 소재의 문학과 사상을 다시 전면적으로 고찰하였다. 채용복은 소재의 사상을 상세하게 考究하고, 이를 기반으로 사상과 문학의 관련성을 해명하려고 시도하였다. 그는 소재 사상의 핵심을 氣一元論, 人心道心體用說로 규정하고 氣一元論과 시의 사실주의적 경향이 밀접하게 관련되어 있음을 언급하였다.[17]

소재 시를 집중적으로 연구한 신태영은 소재 시의 주된 정조를 비애·갈등·좌절로 정리하였고, '變俗作雅'의 표현 기법이 소재 시의 주된 형식적 특징이라고 설명하였다. 이 논문의 장점은 채용복이 부분적으로 언급하고 말았던 사상과 문학의 관련성에 대하여 심도 있게 논의를 진행하였다는 점에 있다. 연구자는 소재 사상의 핵심을 나흠순 사상을 계승한 欲望의 긍정, 氣一元論으로 규정하고, 이러한 사상적 특징으로 인해 소재는 퇴계나 율곡보다는 상대적으로 자유롭게 정감을 표출할 수 있었다고 주장하

15) 徐守鏞, 「소재 노수신 시 연구」, 성균관대 석사논문, 1984.

16) 金光淳, 「蘇齋 盧守愼 硏究」, 『한국의 철학』 17집, 경북대학교 퇴계연구소, 1989.

17) 채용복, 「穌齋 盧守愼 詩의 연구」, 고려대 박사논문, 1992.

였다. 그리고 "自歎과 自嘲가 주조를 이루는 소재의 시는 溫柔敦厚를 추구하는 16세기 시단의 도도한 性情美學의 흐름에서 이탈해 있다."고 결론지었다.[18]

소재의 문학을 사상과 연계하여 이해하려 한 위의 연구와는 별도로 주로 형식적인 측면에 주목하여 소재의 시를 고찰한 논문도 있다. 이종묵은 詩選集에 실린 소재의 대표작을 주요 연구 대상으로 하여, 소재 시에서의 中國 江西詩派의 영향을 살펴보려 하였다. 그는 소재가 杜詩 학습을 통해 江西詩派가 도달한 것과 같은 경지에 이르렀다고 하면서 소재 시의 강서시파적 특징으로 卑俗語나 고유명사 등 기존의 시에 등장하지 않는 詩語를 사용하여 기이하고 참신한 의경을 창출한 점을 들었다. 그는 또 소재가 강서시파를 배웠으나 일부의 작품에서는 唐風이 강하게 감지된다고 하면서, 그의 시가 三唐派의 한 모범이 되었을 가능성이 있다고 지적하였다.[19]

이러한 기존 연구들을 통해 소재 시의 주제와 형식이 상세하게 논의되었다. 주제 연구에 치우쳐 있는 한시 연구의 일반적인 관례에 비추어 보면 이례적으로 시의 형식적인 면을 주목하고 있는 것이 특징이라고 할 수 있다. 그만큼 소재의 시는 형식적인 면에서 독특한 개성을 보여주고 있는 것이 사실이다. 연구자들이 한결같이 동의하고 있는 소재 시의 형식적인 특징은 시에서는 좀처럼 쓰지 않는 속어 · 고유명사 · 간지 · 숫자 · 허사 등을 적극적으로 시어로 구사한 파격적인 字法이라고 할 수 있다. 다시 말하면 中國 江西詩派의 '以俗作雅'의 시작 태도를 그가 계승하였다는 것이다. 그런데 이 기존 연구들은 소재의 대표작에 보이는 형식적 특성들을 記述하는 단계에만 머물러 있고 시의 형식적 특징을 시인의 의식 · 시의 주제와

18) 신태영, 「盧蘇齋의 詩 硏究」, 성균관대 석사논문, 1997.
19) 이종묵, 『해동강서시파연구』, 태학사, 1995.

관련하여 구체적으로 해명하지 않았다는 문제점을 노출하고 있다. 시인이 특이한 형식을 창출하였을 때는 기존의 형식으로는 담아내기 어려운 주제 의식이 있었기 때문일 것인데 기존의 연구는 이 점에 대해 구체적으로 설명하지 않았다.

물론 시의 형식적 특징을 소재의 사상·의식과 연계하여 해명하려 했던 선행 연구가 없었던 것은 아니었다. 채용복과 신태영은 소재의 사상에 주목하고 사상과 시의 형식을 연계하여 설명하려고 시도하였다. 채용복은 소재 사상의 핵심을 氣一元論으로 파악하고 이러한 사상적 경향이 시의 破格과 사실주의적 표현기법과 관련되어 있음을 밝히려 하였다. 채용복은 氣一元論을 지지하던 소재가 理氣二元論을 지지한 퇴계를 비롯한 당대 사림보다 좀 더 현실주의적인 성향이 있었고, 현실에 대한 관심을 시로 표현하려 하였기 때문에 사실주의적인 경향의 시들을 주로 창작하게 되었다고 하였다. 그러면서 소재 시의 사실주의적 표현기법을 "구법에 있어 正格보다는 破格을 선호하고 典雅한 詩語보다는 俚語나 俗語 등을 사용한 점"[20]에서 찾았다. 그런데 우선 의문시되는 것은 句法과 字法의 몇 가지 특징만 가지고 소재 시의 사실주의적 기법을 설명할 수 있는가 하는 점이다. 물론 소재의 시 가운데 당대 현실을 비판적으로 형상화한 사실주의적 경향의 작품이 다수 존재한다. 중국 시사에 있어 사실주의적인 경향의 시들은 두보에 의해 본격적으로 창작되기 시작한 것으로 이해되어 왔는데,[21] 소재는 우리나라에서 두보를 가장 완벽하게 학습한 시인으로 이름이 높다.[22]

---

20) 채용복, 「소재 노수신 시의 연구」, 고대 박사논문, 1992, 50면.

21) 김학주, 『중국문학사론』, 서울대출판부, 2001, 264면~265면 참조.

22) 梁慶遇, 『霽湖詩話』, "盧蘇齋五言律酷類杜法, 一字一語皆從杜出." ; 金昌協, 『農岩集』, 권34, 「雜識」, "盧蘇齋詩在宣廟初最爲傑然. 其沈鬱老健, 莽宕悲壯, 深得老杜格力, 後來學杜者莫能及."

유배기에 집중적으로 창작한 사실주의적 경향의 시들은 杜詩의 학습과 백성들의 피폐한 현실을 직접 목도하게 된 유배기의 체험이 맞물려 나타난 결과물이다. 따라서 그의 기일원론과 시의 사실주의적 경향은 서로 깊이 관련된 것으로 보기 어렵다. 이렇게 추론할 수 있는 중요한 근거는 氣一元論을 확고하게 지지한 40대 후반 이후에 소재는 사실주의 계열의 작품들을 거의 창작하지 않았다는 점에서도 찾을 수 있다.

신태영은 소재 사상의 핵심을 나흠순 사상을 수용한 氣一元論과 欲望의 긍정으로 규정하였다. 그는 소재가 인간의 현실적인 감정을 긍정하였기 때문에 감정을 이성으로 절제하려 했던 도학시의 경향에서 좀 더 자유로울 수 있어서 시에 비애의 감정을 적극적으로 표출하였다고 하였다. 그리고 이러한 소재 시의 특징이 삼당파의 시적 지향과 일치하는 것이라고 결론지었다.[23] 기일원론과 욕망의 긍정이 소재 사상의 중요한 특징이기는 하지만 이와 유관한 문학적 특징을 이성의 절제보다는 감정의 표출을 중시한 唐詩的 경향으로 파악하는 데에는 재론의 여지가 있다고 생각한다. 신태영은 채용복과 마찬가지로 기일원론과 욕망을 긍정하는 사유가 소재의 만년 사상의 특징이라는 점을 간과하였다. 비애의 토로는 욕망을 긍정하는 독특한 사상이 확립되기 이전의 작품들에서 오히려 더 두드러지게 드러나는 특징이다. 따라서 소재 시와 그의 사상의 관련성은 아직 구체적인 검토를 요하는 문제들로 남아 있다고 할 수 있다.

소재의 사상과 문학을 논한 기존의 연구 성과를 검토해본 결과 그의 사상과 문학의 본질을 오해하였거나 불충분하게 논의하였음을 확인할 수 있

23) 신태영이 주장하는 바는 흔히 主氣論者로 알려진 율곡의 시와 主理論者인 퇴계의 시를 비교하는 논의의 연장선에 있는 것으로 보인다. 신태영은 소재의 氣一元論과 欲望을 肯定하는 사유를 율곡의 理氣論·心性論과 유사한 것으로 파악한 듯하다. 그러나 율곡의 사상과 양명학을 지지한 소재의 사상은 서로 일치하는 것이 아니다.

었다. 이러한 기존 연구의 결함은 연구 방법의 한계에서 기인한다고 생각한다. 기존 연구가 노정하고 있는 연구 방법의 한계는 두 가지로 지적할 수 있는데, 사상과 문학 · 시의 형식적 특징과 주제의식을 분리하여 다룬 것이 그 하나이고, 사상과 문학의 시기별 변모 양상을 주목하지 않은 것이 다른 하나이다.

소재의 사상을 논한 기존 연구자들은 소재의 산문 저작 가운데 몇 편만을 연구 대상으로 삼았고 소재 사상의 핵심이 집약적으로 闡發되어 있는 많은 양의 漢詩를 연구 대상에서 제외하였다. 문학 연구자들도 기존의 사상사에서 논의되는 것에 따라 소재 사상을 이해하려 했지 소재의 산문 저작들을 본격적인 연구 대상으로 다루지 않았다. 따라서 문학과 사상이 긴밀하게 연결되어 있는 소재의 경우, 그 문학과 사상의 본질이 지금까지 제대로 설명될 수 없었다.

기존의 연구들은 또한 소재의 사상과 문학이 몇 차례의 중요한 변모를 겪었다는 사실을 모두 看過하였다. 사상 연구자들은 소재의 유배기 저작인 「人心道心辨」과 「執中說」에만 주목하였고, 이를 유배 이전의 사상이나 만년의 사상과 비교하여 고찰하지 않았다. 소재의 人心道心說은 만년의 심성론 · 공부론과 비교 고찰해야만 그 사상사적 의미를 명확하게 파악할 수 있는 것인데도, 기존의 연구자들은 「인심도심변」과 「집중설」의 문면에 드러난 내용에 착목하여 나흠순의 인심도심설 수용 사실만을 부각해 소재 사상의 특징을 설명하였다. 또한 문학 연구자들도 소재의 시가 시기별로 변모한 양상을 고찰하지 않았다. 따라서 소재의 만년 사상과 그러한 사상이 확립되기 이전에 창작된 시들이 드러내는 형식적 특성을 뒤섞어서 설명하는 오류가 생겨났다.

이러한 기존 연구의 한계를 극복하기 위하여 이 책에서는 다음과 같은 방법으로 연구를 진행하였다. 먼저 소재가 남긴 모든 시와 산문을 통독하여 시기별로 시의 형식과 사상이 변화해간 양상을 살필 것이다. 그리고 시기별 시에 드러나는 소재의 의식이 朱子學에서 陽明學으로 轉變하는 사상의 변화와 구체적으로 어떻게 연관되어 있는지 고찰할 것이다.

소재의 시는 크게 세 번의 변모를 겪었다. 이를 시기별로 구분해보면 25세에 금강산에서 창작한 시들을 모아놓은 『遊山錄』이 제1기, 을사사화 직후부터 灘叟 李延慶의 부음과 舟川 康惟善의 杖殺 소식을 전해들은 35세 이전까지인 유배 전기가 제2기, 35세 이후부터 「人心道心辨」을 저술한 45세까지인 유배 중기가 제3기, 「인심도심변」·「집중설」을 저술한 이후인 유배 후기와 노년기가 마지막 제4기에 해당한다.

제1기인 『유산록』의 시들은 景物 묘사에 치중하는 唐詩風의 시들이 주류를 이룬다. 이 시들에는 本性을 실현한 완전한 존재에 이르고자 하는 지향이 주로 드러나 있었다. 제2기인 유배 전기에는 횡포한 정치 현실로 고통 받는 자아상을 꽃의 이미지로 상징한 唐詩風의 시들과 견정한 도덕주체를 수립하여 인생의 시련에 저항하려는 의지를 표출한 古詩들이 공존하고 있다. 제3기인 유배 중기에는 화자와 시인이 분리되거나 여러 화자가 등장하는 시들, 破格적인 구법과 자법을 구사한 시들, 그리고 奇怪하고 難澁한 미감의 長篇 古詩를 집중적으로 창작하는 시기이다. 이러한 시들은 허무에 이끌리고 있는 현실적 자아와 도덕을 지향하는 의지적 자아가 분열 갈등하고 있는 소재의 혼란한 정신을 생생하게 반영하고 있다. 제4기는 哲理詩를 집중적으로 창작하는 시기이다. 唐詩風의 시들이나 長篇 古詩는 거의 보이지 않고 만년에 도달한 독창적인 사유를 간명하게 제시한 宋詩風의 시들이 주류를 이룬다.

소재의 사상 또한 크게 세 번의 변화를 겪었다. 수학기와 사환기의 산문으로는 성균관에서 지은 「時習箴」, 科製인 「求士於三代之下 惟恐不好名論」, 仁宗이 동궁에 있을 때 세자시강원으로 참여한 書筵講義 내용을 기록한

「閑逢執徐書筵講義晴窓手錄」 등이 남아 있다. 수학기와 사환기의 저작에는 定向없이 움직이고 있는 위태로운 마음을 敬과 格物致知를 통하여 다스려 가려는 지향이 주로 드러나 있다. 이 시기 소재는 주희의 공부론을 깊이 신뢰하고 있었다.

소재는 을사사화로 파직되자마자 象山學과 陽明學에 대한 지지를 표명한 세 수의 시를 창작하였다. 이를 통해 소재가 20대에 이미 상산학, 양명학에 접했음을 짐작할 수 있다. 그러나 을사사화 직후 그의 사상이 주자학에서 상산학, 양명학으로 전변된 것은 아니었다. 여러 시를 통하여 주희에 대한 존숭의 염을 거듭 드러낸 것에서 알 수 있듯이, 소재는 이 시기에 주자학에 강하게 견인되어 있었다. 그러나 그는 점차 天理가 마음에 내재해 있음을 확신하여, 심과 천리 · 심과 성을 하나로 보는 심성론을 지지하게 되었다. 그리고 이러한 심성론의 변화로 말미암아 공부론에서도 외재하는 사물에서 천리를 인식하는 격물치지보다는 主敬涵養을 중시하는 방향으로 나아갔다.

소재의 심성론과 공부론의 변화는 37세 때 저술한 「夙興夜寐箴解」에서 살펴볼 수 있다. 소재는 「숙흥야매잠해」에서 敬과 格物致知가 병진하는 程 · 朱의 공부 방법을 간결하면서도 명확하게 설명하였다. 그러나 퇴계가 「숙흥야매잠해」에 드러난 소재의 敬法이 禪과 유사하다고 비판한 것에서 알 수 있듯이, 이 글에는 주자학과 일치하지 않는 소재 공부론의 일단이 미세하게 드러나 있다.

39세 무렵 소재는 절친하게 지냈던 친구인 耻齋 洪仁祐로부터 한 통의 편지와 두 수의 시를 받는다. 치재는 당시 퇴계로부터 『전습록』과 『곤지기』를 빌려와서 매제 南彥經과 더불어 읽고 있었다. 치재가 이때 소재에게 『전습록』의 존재를 알렸을 것으로 추정되는데, 치재와 접촉한 이후 소재의 사상은 크게 변화하기 시작하였다.

소재는 45세 되던 해에 「人心道心辨」을 저술하여 道心은 미발의 심체이자 本性·天理이며, 인심은 이 도심이 발한 것이기에 원래 선하다는 새로운 人心道心說을 제기하였다. 그리고 48세 때 「執中說」을 저술하여 도심인 本性·天理를 잡을 수 있고[執], 볼 수 있다[觀]고 주장하면서, 도심을 잡아 지키는 공부인 戒愼恐懼와 道心을 人心으로 온전하게 드러나게 공부인 愼獨이 유가 공부의 핵심이라는 새로운 공부론을 주장하였다. 「인심도심변」과 「집중설」을 저술할 무렵부터 소재는 많은 양의 哲理詩를 창작하기 시작하였는데, 이 시들에는 誠意를 중심으로 『大學』을 설명하였던 왕수인 초기 사상의 영향이 감지된다. 이를 통해 그가 40세를 전후하여 羅欽順의 『困知記』와 1518년 간행된 초간본 『傳習錄』을 읽고 이에 깊은 영향을 받았음을 확인할 수 있다.

소재가 유배지 진도에서 시와 산문을 통하여 陽明學을 지지하는 사상을 거듭 표명하자 퇴계와 퇴계를 따르는 사류들은 소재의 사상을 陽明學·象山學에 물든 것으로 규정하여 거세게 비판하였다. 그러나 소재는 이들의 비판에 맞서 자신의 사상을 철회하지 않았고, 이는 해배되어 환로에 복귀한 뒤에도 마찬가지였다. 그는 모친상을 당해 여막에서 생활하던 69세(1583년)에서 70세에 사이에 『大學集錄』을 편찬하여, 주희의 『대학』 개정 작업을 부정하고 古本 『대학』이 그 자체로 완전하다는 설을 제기하였다. 또한 다수의 哲理詩와 經筵에서의 발언을 통하여 王守仁의 공부론과 심성론을 적극적으로 지지하였다. 소재는 76세로 생을 마칠 때까지 양명학을 지지하는 자신의 학문적 입장을 견지하였다.

이 책에서는 소재가 남긴 전 저작을 통독하여 시기별 시와 사상의 변화를 함께 고찰하고자 한다. 우선 唐詩風이 우세한 제1기와 제2기의 시들은 주된 이미지·상징들을 중심으로 시인 의식의 변주 양상을 살피고, 시에 나타난 소재의 의식과 초기 산문 저작에 드러난 사상이 어떻게 관련되어 있는지 살필 것이다. 제3기는 「숙홍야매잠해」와 形式을 파탈한 율시, 奇怪한 미감의 장편 고시들을 통해 朱子學에서 陽明學으로의 사상적 轉變이 있기 직전에 소재가 직면한 정신적 위기 상황을 살펴보려 한다. 제4기는 「인심도심변」, 「집중설」, 『대학집록』 등의 주요 산문 저작들과 여러 哲理詩를 통하여 소재가 만년에 수립한 독특한 사상을 구체적으로 구명하려 한다. 이 부분은 이 책의 핵심적 내용에 해당하는 것으로 특별히 두 장으로 분리하여, 주자학에서 양명학으로의 전환이 이루어지는 「人心道心辨」과 「執中說」을 저술할 무렵의 저작들과 이후 해배되어 정계에 복귀한 뒤의 저작들로 나누어 그의 사상의 전반적인 특성을 고찰하고자 한다. 이러한 논의를 통하여 소재가 陽明學을 수용하여 朱子學과는 이질적인 심성론과 수양론을 제기한 우리나라 최초의 양명학자임을 밝히고, 아울러 이러한 사상의 확립과 긴밀하게 연관된 소재 시의 특징을 고찰하고자 한다.

●제2장●

聖人에의 篤實한 志向

1. 俗學에 대한 厭惡와 聖人에의 希求

지금 남아 있는 소재의 저작 가운데 가장 이른 시기의 것은 25세 때 금강산을 유람하면서 지은 시들을 모아 놓은 『遊山錄』이다. 소재는 훗날 이 금강산 여행을 그의 삶에 있어서 가장 행복했던 순간으로 추억하곤 했다. 『유산록』은 소재의 생에 있어 가장 고양된 시절의 기록이자, 그의 의식과 시의 원형을 보여주는 중요한 작품집이다.

금강산으로 여행을 떠날 무렵 소재는 성균관에서 공부하던 유생이었다. 그는 17세에 灘叟 李延慶의 문하에 들어가 爲己之學에 뜻을 두게 되었고 20세에는 성균관에 입학하여 공부에 매진하였다. 소재의 독실한 공부태도는 같이 생활하는 유생들의 조행을 변화시킬 정도였다고 한다.[1] 이처럼 성실

1) 『宣祖修訂實錄』, 권24, 宣祖 23년, 4월 1일, "守愼以己卯名臣李延慶女婿, 講聞其學. 自爲

하게 공부하던 소재가 홀연 금강산 여행길에 올랐고, 금강산으로 가는 途中에 "別試가 있을 예정이니 빨리 돌아오라."는 家信이 있었음에도 불구하고 여행을 강행하였다.[2)]

「연보」에는 소재가 6세와 13세 때 지은 시가 인용되어 있는데, 이 시들을 통해 20대 이전 소재의 의식의 일단을 살펴볼 수 있다. 「행장」과 「연보」에 의하면 소재는 여섯 살 무렵부터 벌써 책을 읽을 줄 알았고 이때부터 종종 시를 지었다고 한다.[3)] 다음은 소재가 6세 때 지은 시이다.

此筆出於君	그대가 이 붓을 주시니
爲君能成文	그대를 위해 글을 지을 수 있어요
未知何以報	어떻게 보답해야 할지 모르겠지만
他日登青雲[4)]	훗날 青雲에 오르겠어요

여섯 살 밖에 안 된 소재는 집안 손님인 어떤 어른이 붓을 선물하자 즉석에서 시를 지어 감사의 마음을 표현했다.[5)] 아이는 이 시에 선물해 주신 붓으로 열심히 공부하여 훗날 青雲에 오르겠다는 뜻을 담았다. '青雲에 오르겠다' 는 여섯 살 아이의 당찬 포부에는 주변 어른들의 기대가 투영되어

章甫, 讀書服禮, 有盛名于世, 出入泮學, 同列肅然改操." ; 『宣祖修訂實錄』, 권11, 宣祖 10년, 5월 1일, "或謂右議政盧守愼曰, '公少時居泮宮, 儒生方喧笑, 若見公來, 四座咸肅然斂容. 館中凡有所議, 唯公是從, 若有好議論, 則雖不出於公, 士必曰此是盧寡悔所論也. 公於是時名望何如耶?' ; 「行狀」,318면, "入大學, 鷄鳴, 必冠帶而坐, 夜分乃寢, 莊敬自持, 栗栗捧盤水, 雖同舍生, 未有見其髻者."

2) 康復誠, 「年譜」, 293면, "十八年己亥, 先生二十五歲, 往遊楓岳. 四月乙卯, 發京, 六月丁未, 還家. 始行到鐵原, 家書追報有別舉, 猶沛然而東, 遂不赴."

3) 「行狀」,318면, "六歲始讀書, 往往賦詩, 有驚人語."

4) 康復誠, 「年譜」, 293면.

5) 상동, "有人以筆贈之, 先生卽賦詩曰."

있는 것으로 보인다.

소재가 태어날 무렵 그의 가문은 쇠퇴해가고 있었다. 소재의 曾祖父는 敦寧府參奉, 祖父는 豊儲倉守의 벼슬을 하였고, 아버지 또한 벼슬이 活人署 別提에 그쳤다. 할아버지를 비롯한 집안 어른들은 비범한 자질을 타고난 소재가 가문을 다시 일으킬 것으로 믿어 의심치 않았다. 특히 할아버지의 기대는 남달랐는데, 이는 소재가 할아버지의 忌日에 지은 시에서 "내가 宗祀 받들 귀한 몸이라 하셨고, 나의 자질이 좋다고 하셨지. 걸음을 뗄 무렵에는 잘 자랄지 걱정하셨고, 이름이 일찍 세상에 드러나자 기뻐하셨네. 오직 학업에만 정진하라고, 문안 인사도 못 하게 하셨네."[6]라고 하였음을 통해 짐작할 수 있다. 소재가 祖父를 위해 지은 「有明朝鮮國 … 豊儲倉守盧公墓表」에 따르면 할아버지는 여섯 번 과거에 응시했지만 번번이 낙방하고, 門蔭으로 尙衣院 別提에 제수되어 환로에 올랐다. 그는 이후 20년 동안 지방과 서울을 오가며 말단 관직에서 浮沈하였다. 소재는 할아버지가 할 말은 하는 성격인 데다 자신을 굽히려 하지 않았기 때문에 다른 사람들과 잘 어울리지 못했다고 기록하였다.[7] 현실 지향적이고 剛直했던 할아버지와 달리 소재의 아버지는 內省的이고 病弱한 사람이었다. 소재는 「有明朝鮮國 … 活人署別提奉正大夫盧公墓表」의 대부분을 아버지의 병력을 기록하는 데 할애하였다.[8] 소재의 아버지는 과거에 한 번 응시하였다가 낙방하자 벼슬길에 나아가는 것을 단념하였다. 술을 좋아하고 남들을 대할 때 항상 조

6) 권2, 「祖考祥日書懷」, 102면, "謂我宗祀重, 謂我資稟好. 孩提憫其長, 名譽樂其早. 惟業精于專, 勿予候寒燠"

7) 권9, 「有明朝鮮國贈通政大夫吏曹參議行通訓大夫豊儲倉守盧公墓表」, 251면, "公天資方介, 能盡言於人, 人多不悅, 不少撓."

8) 권9, 「有明朝鮮國贈嘉善大夫吏曹參判兼同知義禁府事行活人署別提奉正大夫盧公墓表」, 251면, "少苦纖羸, 中嬰風濕, 年五十有一, 居參議公憂, 殆不勝喪. 歲壬戌遘厲幾殊, 遂下鄉老焉."

심스러웠던 그는, 분에 넘치는 영화를 도모하지 않고 고향에서 조용히 생을 보냈다.[9] 소재의 조부는 자신과 자신의 아들이 이룰 수 없었던 功名을 영특한 손자가 대신 이루어주기를 기대하고 있었다. 이러한 할아버지의 願望이 어린 소재의 의식에 투영되어 '청운에 오르겠다' 는 당찬 포부로 드러난 것이다.

소재는 열세 살 때 친구들과 어울려 東湖에 놀러 나갔다가 이곳에서 기녀들과 유흥을 즐기고 있던 湖堂 學士들과 마주치게 되었다. 호당 학사들은 기녀를 보내 소재 일행을 데려오게 하였는데 소재는 즉석에서 다음의 시를 지어 호당 학사들의 초청을 거절하였다.[10]

誰遣紅裙訪我呼	누가 기생을 보내 나를 부르는가
我曹非是取歡娛	우리는 환락을 얻으러 온 것이 아니네
扁舟短棹歸來晩	조각배에 짧은 노 저어 저물녘에 돌아오니
勝水佳山世外圖 [11]	아름다운 강산이 세상 밖의 그림 같구나

당대 최고의 지식인 그룹에 해당하는 호당 학사들의 초청을 단호하게 거절하는 13세 소년의 도도한 기개가 드러난 작품이다. 기생을 옆에 끼고 환락에 취해 있는 호당 학사들은 소재의 눈에 속물적인 士類의 전형으로 비친 듯하다. 그는 이러한 선배들과 다른 길을 가고 싶었고, 그러한 의식을 '세속적인 환락은 취하고 싶지 않고, 아름다운 강산을 즐기려 한다' 는 시

9) 상동, "稍長業文, 一赴會試, 屢注任職, 不中則已. 素無分外之營, 寓酒自娛, 能多不亂, 務與人恭而有信, 栗如也."

10) 康復誠, 「年譜」, 293면, "六年丁亥, 先生十三歲. 自幼聰穎絶倫, 至是能作詩賦. 有人心險於山川賦. 嘗與二三友人, 出遊東湖, 湖堂學士遣妓招之, 先生卽操筆書一絶以謝之."

11) 상동.

구로 간결하게 표현하였다.

이 시들을 통하여 청소년기 소재의 마음에 서둘러 과거에 급제하여 가문을 일으켜야 한다는 공명 의식과 속물적인 사류들에 대한 비판 의식이 공존하고 있었음을 짐작할 수 있다. 이런 청소년기를 보내고 성균관에 입학한 소재는 科擧를 위한 記誦·詞章에만 몰두하고 있는 성균관 유생들의 타락한 학문 태도를 목도하게 된다. 중종 말기 성균관 유생들의 퇴폐풍조는 당대의 중대한 사회 문제 중의 하나였다. 중종 대는 계속되는 士禍로 학문을 꺼리는 분위기가 지속되고 있었던 데다, 지방 사림의 정계 진출로 사류 사이의 경쟁이 심화하는 가운데 점차 士習이 頹廢해 가는 분위기였다. 성균관 유생들은 학문에 뜻을 두기보다는 서둘러 관직에 진출하고자 했기 때문에, 과거시험을 보는 재주를 익혀 요행히 급제하기만을 바라고 있었다. 또한 그들은 스승을 경시하여 성균관에 나아가 공부하기를 좋아하지 않고, 좋은 옷을 입고 살진 말을 타고 떼를 지어 몰려다니고 있었다. 당시 성균관 유생들의 경우 대부분 훈척계 대신들의 자제들이었는데, 훈척계 대신들은 자제들의 정치적 입지를 마련해주는 데 급급하여 연소한 자제들이 학문과 수양에 정진하기보다는 빨리 벼슬길에 나아가기를 권유하고 있었다.[12)]

소재는 성균관에서 유생들의 이러한 폐습을 목도하고 커다란 상실감을 가지게 되었다. 그는 이때의 심정을 "기억하고 외우는 것에 민첩하고, 글 짓는 재주 또한 좋았기에. 우연히 생원 진사 兩試에 급제하여, 해가 밝게 솟아오르는 듯했지. 이때부터 俗學을 혐오하게 되었으니, 듣고 보는 것이 내 마음과 달랐기 때문이라네. 재중에서의 공부 결국 어그러져, 부모님 머

12) 신해순, 「조선 중종~명종연간 士習의 頹廢에 대한 고찰」, 『인문과학』32, 성대 인문과학연구소, 2002, 111~113 참조.

리 점차 하얗게 변해갔네.”[13]라고 술회하였다.

소재는 타락한 유생들과 뒤섞여 인생을 낭비하고 싶지 않았고 따라서 깊은 고독감을 느끼게 되었다. 이 고독감은 시에서 “천박한 때 궁벽한 조선에서 태어나, 외로운 회포를 우주에 부치네.”[14]로 표출하거나, “오호 아하! 나는 아네, 만고에 그리운 이가 누군지. 책에 말이 있으나 선배는 멀고, 연원을 전하는 이 없어 후배의 성취 더디구나.”[15]라는 탄식으로 드러났다. 소재는 聖人에 이르는 학문을 희구하고 있었지만 이러한 학문의 연원을 전하는 先輩를 만날 수 없었다. 게다가 그는 속히 과거에 급제하여 가문을 빛내주기만을 바라는 가족의 기대를 저버릴 수도 없는 처지였다. 그는 헛된 功名을 얻기 위해 속세의 먼지 이는 거리에서 *浮沈*해야 하는, 자신에게 예정된 삶이 지닌 비속성을 염오하고 있었다.

가족이 주는 속박과 俗學에 대한 염증으로 번민하고 있던 소재가 금강산에서 발견한 것은 범인이 도달할 수 없는 높고 험한 곳에서 홀로 수행하고 있던 禪師들이었다.

〈繼祖窟〉

終日巡峯問幾層	종일 봉우리 돌아다니며 몇 층을 찾아다녔던가
垂藤處處强登登	등라 드리워진 곳곳을 힘써 오르고 또 오르네
空看小窟深千尺	무심코 들여다본 천 척 깊이의 작은 굴에
松絡袈裟一老僧[16]	松絡 쓰고 가사 입은 늙은 스님 한 분

---

13) 권2, 「祖考祥日 書懷」, 102면, “我能敏記誦, 又能富文藻. 偶然擢二試, 有如日出杲. 此時厭俗學, 聞見異懷抱. 齋中習遂乖, 堂上髮漸皓.”

14) 권1, 「次板上韻」, 69면, “浮世朝鮮僻, 孤懷宇宙間.”

15) 권1, 「次板遣悶」, 69면, “嗚呼噫嘻我知之, 萬古悠悠我所思. 簡策有言前輩遠, 淵源無授後生遲.”

16) 권1, 71면. 이하의 원문은 필자가 직접 번역하였음. 단 『소재집』 권1과 권2에 수록된

시인은 산의 가파른 길들을 기어오르다 깊이가 천 척이나 되는 굴 안을 무심코 들여다본다. 시인은 이 굴이 사람들이 도달하기 힘든 높은 곳에 있음을 묘사하기 위해 "垂藤處處强登登"이라고 표현하였다. 이처럼 같은 시어를 반복해서 사용하는 것은 字數가 엄격하게 제한된 근체시, 그것도 絶句에서는 낭비처럼 보이는데, 시인은 절구의 일반적인 字法을 무시해가면서 굴이 위치한 곳의 높이를 강조하고 있다. 높은 곳으로 오르고 또 오르는 시인의 행위는 卑俗한 현실에서 벗어나고자 하는 그의 열망을 반영하고 있는 듯하다. 그렇기 때문에 시인은 높은 곳에 도달하여 老禪師를 발견하고 驚異와 欽慕의 시선으로 그를 주시하게 된다. 老禪師는 천 척이나 되는 깊은 굴에서 홀로 精進하고 있었다. 老禪師는 이상적인 인격에 도달하기 위해 온 생을 투기하고 있는 비범한 존재로서 시인의 눈을 사로잡았던 것이다.

〈利巖窟〉

步步俯蒼壁	걸음걸음 푸른 절벽 굽어보며 오르니
鐘聲出石縫	바위틈에서 종소리 울려 나오누나
風搖木蓮白	바람에 흔들려 목련은 하얗고
霞醉海棠紅	노을에 취해 해당은 붉어라
古卓香三瓣	오래된 탁자에 향 세 가닥 피우고
寒窓茗一鍾	싸늘한 창가에서 차 한 잔을 마시노라니
僧言居五載	스님은 이곳에서 오 년을 살면서
未始世人逢[17]	세상사람 만난 적이 없다 하네

시의 경우 임정기 역 『국역소재집』을 참조하였음.

17) 권1, 74면.

소재는 사람들이 접근하기 어려운 아스라한 절벽을 오른다. 절벽 위에서 조심스럽게 발을 내디뎌 정상에 도달한 시인은 바위틈으로 울려 나오는 종소리를 듣고 자신이 이암굴 이른 것을 알게 된다. 이암굴에 도달한 시인은 암자 앞에 피어 있는 하얀 목련과 붉은 해당의 아름다움에 감탄을 발하다가 암자에 거주하는 선사를 주시한다. 선사가 소유하고 있는 것은 고물 탁자와 향, 창가에 놓인 차 한 잔이 전부이다. 향과 차, 그리고 오 년 동안 세상 사람을 만난 적이 없었다는 선사의 말에는 번뇌와 욕망을 초탈한 선사의 맑고 고요한 정신경계가 드러나 있다. 세속적인 욕망을 초탈한 채 맑고 고요하게 살아가고 있는 선사의 삶은 시인의 마음에 깊은 여운을 남긴다.

금강산에서 소재는 욕망을 초탈한 채 수양에 몰두하고 있는 선사들과 함께 끊임없이 허물어져 가고 있는 사물들 또한 주시하고 있었다.

〈寂滅臺書〉

海薄栢田面	바다는 백전암에 다다르고
雲垂寂滅臺	구름은 적멸대에 드리웠네
折花林際雨	숲 끝에 비 쏟아져 꽃이 꺾이고
轉石澗中雷	골짝에 우레 쳐 바위 무너지더니
有靄山開闔	안개에 산이 드러났다 숨고
無風鳥去來	바람 없어 새가 오고 가누나
不將供戲笑	이를 웃어넘기지 않는다면
何足慰摧頹 [18]	쇠락한 마음을 어떻게 위로하랴

18) 권1, 71면.

시인은 寂滅臺에 올라 저 멀리 바다가 栢田庵에 닿아 있는 모습과 시시각각으로 모습이 변하고 있는 적멸대 앞 구름을 바라보고 있었다. 바로 그때 구름이 갑자기 비로 변하여 시인의 눈앞에서 폭우에 꽃이 꺾이고 계곡 바위가 우렛소리를 내며 무너져 내린다. 그리고 얼마 후 비가 그치고 안개에 산이 숨었다가 다시 드러나더니 바람 한 점 없이 맑게 갠 하늘에 새가 오간다. 시인은 찰나에 일어난 자연의 급격한 변화를 목도하면서, 모든 존재가 무상하게 허물어져 가고 있음을 절감하게 되었다. 그리고 잠시 스쳐 가는 변화상에 집착하여 상심하는 것은 어리석다는 생각에 이르게 되었다.

25세의 소재는 세상의 모든 것들이 허무하게 사라져 가고 있음을 인식하고 있었다. 그가 금강산에서 홀로 수행하고 있던 선사들을 흠모의 시선으로 주시한 이유가 여기에서 드러난다. 소재는 금강산의 선사들에게서 죽음을 향해 나아가는 허무한 삶을 초월할 수 있는 가능성을 발견하고자 하였던 것이다.

〈奇奇庵〉

憐爾石中老	바위굴에서 늙어가는 그대 사랑하노니
色如松葉青	안색은 소나무 잎처럼 푸르구나
殘骸元土木	육신은 원래 土木에서 왔지만
自性亦虛靈	自性은 또한 虛靈하니
積暗參諸佛	五蘊에 가리워도 부처와 나란할 수 있고
根貪擬一乘	六根이 탐욕스러워도 一乘 헤아릴 수 있다네
他年幸頓悟	훗날 다행히 돈오하게 된다면
賴有法惺惺[19]	성성법이 있음에 의지해서이리

19) 권1, 70면.

시인은 굴처럼 생긴 바위에 結構한 암자인 기기암에 들렀다. 오랜 세월이 지나도 변함이 없는 바위의 모습과는 다르게 암자에 거주하는 선사는 노쇠하여 얼굴빛이 푸르스름했다. 기기암에 거주하는 선사를 보고 소재는 인간의 육신은 언젠가는 사라져버리는 허무한 것이지만 인간의 虛靈한 自性은 이 허무한 육신을 초월할 수 있다고 생각하였다. 그리고 어리석음과 욕망에 갇혀 있는 보통 사람도 마음을 惺惺하게 하는 수양을 지속해 나간다면 언젠가는 自性을 실현하여 부처와 같은 완전한 존재로 상승할 수 있으리라고 확신하게 되었다.

〈宿大松蘿庵〉

大小松蘿近	대송라암 소송라암 가까이 있어
東西鍾磬淸	동서에서 맑은 종경 소리 들렸네
月來千壁動	달빛이 천 개의 절벽에 일렁이니
魂起五更驚	혼이 오경에 놀라 깨어나누나
麋鹿有物性	사슴들도 각기 物性이 있고
靑黃非木情	채색되는 것 나무의 진정 아닌데
惟人也最秀	오직 사람만이 가장 빼어나
沒世守天明 [20]	종신토록 하늘의 밝음 지키네

시인은 大松蘿庵에서 하룻밤을 묵게 되었다. 대송라암은 소송라암과 마주 보는 위치에 있어서, 저물녘 동쪽과 서쪽의 암자에서 맑은 종소리와 경쇠소리가 들려왔다. 시인은 이 맑은 종소리와 경쇠소리를 들으며 잠이 들었던 듯하다. 얼마 후 달이 떠올라 사방이 환해지자 시인은 놀라 잠에서 깨

---

20) 권1, 72면.

어난다. 한밤중에 홀로 깨어나 밝은 달을 바라보던 시인은 동물과 식물도 각각 본성이 존재하지만 인간만이 모든 존재 가운데 가장 빼어나 저 환한 달 같은 밝은 본성을 온전하게 보존할 수 있다고 생각하게 된다.

소재가 금강산에서 지은 시들에는 인간 本性의 완전함을 확고하게 긍정하는 의식이 주로 드러나 있다. 20대의 소재는 인간이 수양을 통해 육체적 욕망을 극복하고 본성을 실현할 수 있다면 허무한 삶에서 벗어나 성인·부처와 같은 완전한 인격에 도달할 수 있으리라 확신하고 있었다.

〈又題〉

臺榭凭高敞	누각은 높은 데 위치해 사방이 트였고
窓櫳逼海安	창은 바다에 임해 안전하게 놓여 있네
佛來船霧重	부처가 오니 배에 안개 짙어지고
仙去穴風寒	신선이 떠나니 동굴 바람 서늘하여라
弱水三千里	아득히 흐르는 삼천 리 약수
銀河十二湍	하얗게 펼쳐진 열두 굽이 은하수
多岐在何處	많은 갈래 길 어디에 있는가
擧首一天寬[21]	머리 들어보면 한 하늘이 광활하도다

시인은 사방이 훤히 트인 산 정상에 세워진 누각에 올라 바다에 임해 있는 창 난간에 기대 서 있다. 그는 안개가 짙어지는 바다를 바라보면서, 먼 옛날 이곳에 종을 실은 배를 타고 부처가 왔었고, 이 근처 삼일포에서 신선들이 놀고 갔다는 전설을 떠올린다. 하늘과 바다를 향해 훤히 트여 있는 높은 누각에 오른 시인은 부처와 신선이 머나먼 초월적 경계에 존재하는 것

21) 권1, 72면.

이 아니라 바로 자신의 곁에 있다고 생각하게 된 것이다. 이러한 시인의 생각은 경련과 미련에서 더욱 확연하게 드러난다. 시인은 하늘을 바라보면서 신선이 사는 세계로 가려면 반드시 건너야 한다고 일컬어지는 약수와 은하수를 떠올린다. 그러나 그는 삼천 리 약수와 열두 굽이의 은하수를 인간이 도저히 건너갈 수 없는 장애로 생각하지 않는다. 그는 자신의 머리 바로 위에 하늘이 광활하게 펼쳐져 있듯이, 모든 인간이 신선·부처와 같은 이상적인 존재로 상승할 수 있으리라고 확신하고 있었다.

세속적인 사류들의 타락한 학문 태도에 대한 厭惡로 번민하던 소재가 금강산에서 발견한 것은 세인들이 도달할 수 없는 높은 곳에서 홀로 수행하는 선사들과 끊임없이 허물어져 가고 있는 사물들이었다. 소재는 이들을 주시하면서 세상의 모든 사물은 허무하게 사라져 가고 있지만, 인간은 공부를 통해 이 허무한 상태를 초월하여 완전한 존재에 도달할 수 있다는 확신을 가지게 되었다. 이러한 확신을 얻은 소재는 공허한 功名을 얻기 위해 세속의 갈래 길에서 헤매는 비속한 현실을 거부하고 성인에의 도달을 목표로 하는 진정한 학문에 매진할 것을 다짐하게 되었다.

2. 『傳習錄』의 東傳과 己卯後學의 학풍

조선 전기에는 주자학이 주류를 이루면서도 주자학과는 이질적인 다양한 사상이 공존했던 것으로 보인다. 權近의 사상은 주자학을 충실하게 계승한 것이었지만 治心之學에 집중된 조선 성리학의 특징 또한 드러내고 있다.[22] 공부론에 있어서 권근은 주희의 격물치지설을 지지했지만, 『대

22) 유인희, 「退·栗 以前 朝鮮性理學의 문제발전」, 『동방학보』, 42집, 연대 국학연구원,

학』 經文에서 格物致知의 傳文을 찾았던 송의 학자 董槐 · 黃震의 대학설을 일부 수용하였다. 그는 또한 "격물의 물은 외물이 아니다."라고 설명하여 외재하는 사물에서 이치를 탐구하는 주희의 공부 방법과 달리 내면 수양에 치중하는 경향이 있었다.[23] 이는 조선 초기의 관학자들이 格物致知보다는 주로 敬을 중시했던 점과도 맥락이 통한다.[24] 고려 말의 학자들이 元을 통하여 小學과 持敬涵養을 중시한 許衡 계열의 성리학과 朱陸折衷的인 입장에 있던 吳澄 계열의 성리학을 주로 수용하였기 때문에 조선 초부터 心學[25]에 동조하는 경향이 있었다.[26]

유학 안에서도 다양한 학문적 입장이 공존하고 道 · 佛의 영향 또한 지속하고 있었던 조선 전기의 사상적 동향은 中宗 12년(1517)과 13년에 걸쳐 진행되었던 忘機堂 曺漢輔와 晦齋 李彦迪의 太極論辨에서 구체적으로 살펴볼 수 있다. 퇴계에 의해 우리 道의 본원을 밝히고 이단의 그릇된 주장을 물리친 것으로 높이 평가된,[27] 이 논변은 회재가 자신의 외삼촌인 忘齋 孫叔暾과 조한보 사이에 있었던 태극논변의 전말을 전해 듣고 조한보의 태극

1984, 202면.

23) 권근, 『入學圖說』, 「大學指掌之圖說」, "但所謂格物爲窮理之事, 而非扞格外物者, 則必不證以他書, 而於此節文勢可尋而知之矣. 旣曰 '物有本末, 事有始終, 知所先後, 則近道矣', 又曰 '致知在格物', 則物非外物, 格非扞格, 而與致知非爲兩事者, 意明白. 其傳雖闕, 而於經文自有上文語緒之可尋者矣."

24) 김홍경, 『조선초기 관학파의 유학사상』, 한길사, 1996, 145~156면.

25) 여기서 심학은 陸王의 心學만을 지칭하는 것이 아니라 '마음의 수양을 객관의 천리보다 중시하는 학문' 이라는 넓은 의미로 사용한 것이다.

26) 문철영, 「조선전기 유학사상의 역사적 특성」, 『한국사상사대계』, 정신문화연구원, 1991, 102면. ; 정재훈, 「16C 전반 새로운 성리학의 모색과 心學化」, 『한국사상사학』, 제18집, 한국사상사학회, 2002, 337~339면.

27) 이황, 『회재집』(『한국문집총간24』, 민족문화추진회, 1988), 부록, 「晦齋李先生行狀」, 503면, "而其精詣之見, 獨得之妙, 最在於與曺忘機漢輔論無極太極書四五篇也. 其書之言, 闡吾道之本源, 闢異端之邪說."

설에 의의를 제기하면서 시작되었다. 회재가 "망재의 無極太極辨은 그 설이 대개 육상산에게서 나온 것인데 이전에 주자가 그것을 변척한 것이 상세하기에 나는 감히 다시 언급하지 않았다."[28]라고 한 것을 보면 손숙돈은 육구연의 태극설을 지지하고 있었음을 알 수 있다. 회재는 조한보의 태극설에 대해 "太虛의 체를 寂滅로 파악하였고, 마음을 空妙한 경지에서 노닐게 하는 공부를 위주로 하였다."라고 요약하였다.[29] 조한보는 육구연의 영향을 받아 無極이 불필요함을 주장하는 손숙돈의 태극설을 비판하면서 주돈이의 태극설에 충실하려 했던 것으로 보인다. 그러나 그는 무극을 지나치게 강조하여 道·佛의 세계관과 수양론에 동조하는 경향이 있었다. 회재는 이러한 조한보의 태극설과 공부론을 주희의 사상에 근거하여 비판하면서 "자취도 소리도 없는 天理가 어느 때 어느 곳에서도 실재하지 않음이 없음을 형용한 것이 '無極而太極'이라고 설명하고, 下學人事를 통해 上達天理를 기도해야 한다고 주장하였다.[30] 회재와 조한보 사이에 있었던 이 태극논변을 통해 중종 대의 학자들 가운데 道·佛의 세계관에 동조하거나

28) 이언적, 『회재집』, 권5, 「書忘齋忘機堂無極太極說後」, 389면, "謹按忘齋無極太極辨, 其說皆出於陸象山, 而昔子朱子辨之詳矣, 愚不敢容贅."

29) 이언적, 『회재집』, 권5, 「書忘齋忘機堂無極太極說後」, 390면, "其曰, '太虛之體, 本來寂滅.' 以滅字說太虛體, 是斷非吾儒之說矣." ; 권5, 「答忘機堂第一書」, 393면, "若曰 '遊心於無極之眞, 使虛靈之本體, 作得吾心之主', 則是使人不爲近思之學, 而馳心空妙, 其害可勝言哉? 又況虛靈, 本是吾心之體也, 無極之眞, 本是虛靈之中所具之物也, 但加存之之功, 而不以人欲之私蔽之, 以致其廣大高明之體可也. 張南軒曰 '太極之妙, 不可臆度而力致, 惟當本於敬, 以涵養之', 正謂此也. 今曰 '遊心於無極', 曰 '作得吾心之主', 則是似以無極太極爲心外之物, 而別以心遊之於其間, 然後得以爲之主也. 此等議論, 似甚未安."

30) 이언적, 『회재집』, 권5, 「書忘齋忘機堂無極太極說後」, 390면, "上天之載, 無聲無臭, 謂之寂可矣. 然其至寂之中, 有所謂於穆不已者存焉, 而化育流行, 上下昭著, 安得更着滅字於寂字之下? ; 권5, 「答忘機堂第一書」, 393면, "安得不先於下學之實務, 而馳神空蕩之地, 可以爲上達乎? 天理不離於人事, 人事之盡而足目俱到, 以臻於貫通之極, 則天理之在吾心者至此而渾全, 酬酢萬變, 左右逢原, 無非爲我之實用矣."

육상산 계열의 심학으로 기울어진 이들이 존재하고 있었음을 추론할 수 있다.

기묘사림인 趙光祖의 이기심성론은 주자학과 다름이 없었지만 그의 공부 방법은 主靜的인 수양에 기울어진 것이었다. 耻齋 洪仁祐는 조광조의 공부 방법을 "독실하게 공부하시고 靜坐에 힘쓰셔서, 의관을 반드시 단정하게 하여 아침부터 해질 때까지 초저녁부터 삼경까지 兀然히 움직이지 않으셨다."라고 기록하였다.[31] 홍인우는 또 「故大司憲靜庵先生行狀」에서 정암이 계승한 한훤당 김굉필의 공부 방법을 "항상 단정하게 관을 쓰고 옷을 입고서 하루 종일 게으르고 피곤한 기색이 없었으며 사람들과 어울려 말하지 않고 조용히 계셨으니 희로애락이 발하기 전의 기상에 힘을 쓰셨던 것이다."라고 기록하였다.[32] 소재 또한 조광조의 「신도비명」에서 "그의 학문은 誠身克己를 우선으로 하고, 持敬主靜을 요체로 삼았다."라고 기록했다.[33] 기묘사화 직후 남곤은 기묘사림의 이러한 학문 경향을 心學으로 지목하면서,[34] "근자에 사습이 글 읽기를 힘쓰지 않고 벽을 향해 默坐하는 것

---

31) 홍인우, 『耻齋遺稿』(『한국문집총간』36, 고전번역원, 1989), 권2, 「日錄鈔」, '辛丑', "正月朔日, 往見閔公, 留宿夜話. 因問趙先生操心行己, 公之言曰, '先生居家律已, 不愧古人, 爲學篤實, 危坐積熟. 衣冠必端正, 自朝而暮, 自初昏而三更, 一几然不動."

32) 홍인우, 『치재유고』, 권1, 「故大司憲靜庵先生行狀」, "先生之於金先生, 其猶二程之於周子乎! 金先生字大猷, 號寒暄堂, 常肅然冠服, 終日竟夜, 未嘗有惰客倦色, 嗒然不與人言, 蓋用力於喜怒哀樂未發前氣象也."

33) 『소재집』, 권10, 「有明朝鮮國嘉善大夫司憲府大司憲兼同知經筵成均館事 …… 文正公靜庵趙先生神道碑銘」, "吾東方豪傑迭興, 局於功名節義, 溺於訓詁詞章, 至或號爲理學者, 非極於鑽研, 亦涉於虛遠而已. 及文敬公出, 先覺倡道, 先生實承而擴之, 其學, 以省身克己爲先, 持敬主靜爲要."

34) 『국역중종실록』, 19년, 1월 13일, "경술(經術)과 사장(詞章)이 두 가지 것이 아니기는 하나 겸비한 사람은 드문데, 전일 심학(心學)의 설(說)이 한 번 일어나서 사장을 닦는 사람을 이단(異端)처럼 배척하므로 사람들이 다 그것을 부끄럽게 여겨 배우기를 힘쓰지 않아, 오늘에 이르러서는 경술도 무딜 뿐더러 무릇 조정에서 써야 할 글에 있어서도 매우 엉성하여 선대의 문사(文士)가 지은 것에 견주면 부끄러운 데가 많이 있으

을 숭상합니다. 이 때문에 詞章에 능한 사람이 드물어서 중국 사신이 오면 접대할 사람이 한둘뿐입니다."라고 비판하였다.[35] 이러한 기록들을 통해 기묘사림이 독서궁리를 핵심으로 하는 격물치지보다는 마음을 함양하고 성찰하는 존덕성 공부에 치중하는 경향이 있었음을 확인할 수 있다.

소재가 성균관에서 공부하던 中宗 말기는 心學에 대한 관심이 고조되어 가고 있던 시기였다. 중종 12년(1517)에 韓效元은 元子를 교양하는 글에서 스승을 높일 것을 논한 呂東萊와 陸象山의 글을 인용한 바 있다.[36] 中宗 37년(1542)에는 예조판서 김안국이 조정에서 간행할 책의 목록을 작성하면서 『象山集』을 포함했다. 이때 김안국은 왕에게 "『象山集』은 宋의 巨儒인 陸九淵이 지은 것인데, 선생은 朱子와 같은 때에 德性을 높이는 데 專心하여 왕복하며 변론하였습니다. 비록 주자와 취지가 다르기는 하나 心性의 학문은 이를 따라서 講明할 수 있으니 학자가 程子와 朱子의 가르침을 숭상하는 데 이 문집을 참고하면 유익함이 있을 것입니다."라고 하였다.[37] 상산학에 대한 김안국의 평어에서 확인할 수 있듯이, 중종 대의 사림에게는 주자학만을 절대시하는 퇴계 이후의 학자들에게 보이는 사상적 경직성이 없었다. 중종 대의 사림은 象山學을 朱子學과 대립하는 사상으로 배척하기보다는 훈구 관료의 記誦·詞章學에 대립하는 心學으로 인식했던 것으로 보인다.

소재는 15세(1529년) 때 陰涯 李耔에게 나아가 학문을 물었고, 17세에는 灘叟 李延慶의 문하에 들어가 공부하기 시작하였다. 소재의 스승인 李延慶과 李耔는 기묘사림과 뜻을 같이하였던 사류들이다. 이들은 기묘사화 이후

니, 이것도 어찌 빨리 방도를 차려야 되지 않겠습니까?"

35) 『국역중종실록』, 15년, 9월 30일.

36) 유명종, 「한국 양명학의 제문제」, 『양명학』2호, 한국양명학회, 1998, 5면.

37) 『국역중종실록』, 37년, 5월 7일.

충주에 은거하여 후학을 양성하였는데, 이때 十淸軒 金世弼과 긴밀하게 교유하였다. 김세필은 기묘사화가 일어난 이듬해(1519) 경연에서 중종에게 "조광조를 사사한 것은 잘못이며 왕이 빨리 잘못을 뉘우쳐서 이러한 일이 반복되지 않기를 바란다."라고 간언하였다가 장형을 받은 뒤 음죽현에 유배되었다. 그는 1522년 유배에서 풀려났고 이후 충주의 知非川 가에 工堂을 짓고 강학하였다. 이때 충주에 은거하고 있던 이연경과 이자는 공당을 오가며 김세필과 함께 학문을 토론하곤 하였다. 이연경 · 이자와 교유하던 때인 1522에서 1526년 사이에 김세필은 우리나라 유자 가운데 가장 먼저 『傳習錄』을 읽고, 당시 충주목사로 재직하고 있던 朴祥과 『전습록』을 논하는 세 수의 절구시를 지어 화창하였다.

『전습록』 초간본은 왕수인이 47세 되던 해인 1518년 여름에 중국에서 간행되었다. 김세필은 1518년(중종 13) 겨울에 謝恩使로 명나라에 가서 이듬해에 돌아왔다. 이때 그는 『역경』과 『중용』을 주해한 책들을 널리 구매하여 돌아왔다고 하는데,[38] 이 가운데 당시 명나라에서 막 간행되었던 『전습록』 초간본이 포함되어 있었던 것으로 추정된다.[39] 김세필은 『전습록』을 읽고 눌재 박상에게도 이를 보여주었던 듯한데, 김세필의 시들은 박상이 『전습록』을 읽고 시를 써서 보내자 이에 화운한 것이다.

---

38) 『十淸軒集』, 권4, 「附家先記聞」, "先生前後朝天, 一以質正官, 一以聖節使, 赴京, 多購宋元明諸儒箋解易經中庸文字而歸, 蓋先生於諸經四書之中, 尤喜二書, 終身用力, 故廣求諸家箋說以來云."

39) 오성종은 김세필이 1519년 중국에 다녀온 것에 주목하여 "『전습록』의 初傳者는 김세필이고 초전 시기는 중종 15년(1520) 김세필이 명에서 귀국하던 때로 소급해볼 수 있다."고 하였다.(오성종, 「조선중기 陽明學의 변척과 수용」, 『역사교육』, 46집, 1989, 90~91면.)

〈又和訥齋〉

陽明老子治心學	양명 어른 심학을 공부하여
出入三家晩有聞	삼가에 출입하다 늦게 깨달음 얻었다네
道脈千年傳孔孟	도맥은 천년토록 공맹의 학문 전하니
一毫差爽亦嫌云	한 터럭도 어그러지는 것 꺼린다 했네
紫陽人去斯文喪	주자 돌아가시고 斯文이 무너졌으니
誰把危微考舊聞	누가 인심 도심을 옛 경전에서 살필까
學蹈象山多病處	학문은 상산을 도습하여 병통이 많다는데
要君評話復云云	그대에게 평을 구해보니 다시 이와 같구나
木鐸當時餘響絶	공자의 목탁 소리 당시에 끊어졌는데
一編傳習亦多聞	한 편의 전습록은 또한 들은 것이 많다네
前頭取舍吾心孔	앞으로 취하고 버림은 내 마음에 달렸으니
□□西河學僭云[40]	서하처럼 학문이 참람되다……

이 세 수의 시는 기존 연구에서 이미 자세하게 논의된 바가 있다. 오종일은 최초로 이 세 수의 시를 학계에 소개하면서, 『전습록』이 중종 16년(1521)에 우리나라에 전래되었음을 논증하고 박상이 양명학을 긍정적으로 수용한 최초의 학자라고 주장하였다.[41] 오종일은 이 세 수의 시를 김세필이 박상과 의견을 주고받으면서 순차적으로 쓴 것으로 설명하였다. 오종일은 첫 번째 시의 3, 4구인 "道脈千年傳孔孟, 一毫差爽亦嫌云."을 "천 년의

---

40) 金世弼, 『十清軒集』, 권2, 221면.

41) 오종일, 「양명의 전습록 전래고」, 『철학연구』, 제4집, 고대 철학연구소, 1978. ; 오종일, 「양명학의 수용과 전래에 관한 재검토」, 『양명학』, 제3집, 한국양명학회, 1999.

도맥은 공맹으로 전해 오니, 털끝 하나라도 어긋나면 역시 혐오된다 하리라."라고 해석하고, 이 3, 4구를 살펴보면 김세필이 양명학을 받아들여 공맹을 어기고 있는 박상에게 이의를 제기하기 위해 첫 번째 시를 지어 보냈음을 알 수 있다고 하였다. 그리고 박상이 김세필의 견해를 부정하고 양명학을 긍정적으로 평가하는 답시를 보내왔을 것으로 추측하였다. 이 답시의 내용 중 지금 남아 있는 것이 "却恐人驚異所云"이라고 하면서 이를 "문득 사람들이 놀라고 경이로운 바로 말했네."라고 번역하였다. 그는 이 구절만 가지고는 박상의 양명학에 대한 견해를 구체적으로 알 수 없지만 박상의 시에는 양명학을 긍정하는 내용이 내포되어 있었을 것이라고 추론하였다. 그리고 김세필이 이 박상의 견해를 비판한 것이 두 번째 시라고 하면서, 이 두 번째 시의 "學蹈象山多病處, 要君評話復云云"을 "학문은 상산의 다병처를 도습한 것 같으니, 그대에게 바라노니 다시 한 번 말하여 評話해 주게나."로 해석하였다. 그리고 이 시구에는 박상의 의견에 반대하고자 하는 김세필의 강렬한 의지가 표현되어 있다고 언급하였다. 이 김세필의 견해에 대하여 박상이 다시 시를 보냈고 김세필은 이에 답하는 세 번째 시를 보냈다고 하였다. 이 세 번째 시에서 김세필은 박상의 의견을 일부 수용하여 "일편의 『전습록』이 들은 것이 많다."라고 양명학에 대해 약간의 호감을 드러내었으나 결국은 "전두를 취하거나 버리거나 내 마음은 孔子네"라고 하여 자신은 공맹의 학문을 따르겠다고 답했다고 하였다. 연구자는 "김세필이 기시하게[42] 된 동기는 박상과의 의견 차이에 있었고 이에 대한 박상의 답시를 보고 다시 평가해 달라고 요구할 수밖에 없었고, 다시 보내온 박상의 답시를 받고 '내 마음은 공자일 수밖에 없다'는 결론에 이르렀다."고 하였다.[43]

42) 시를 지었다는 의미인 듯하다.

오성종 또한 오종일의 해석을 대부분 수용하였다. 그는 "김세필은 이 시의 첫 수에서 '양명 심학이 공맹의 도맥과는 다른 것이 아닌가' 하고 경계하였는데, 이에 대하여 박상이 답하고 그것에 대해 김세필이 두 번째 수에서 '육왕학으로 정통 주자학이 매우 위축되는 상황이니 눌재의 의견 제시를 바란다' 하였으며, 이에 대해 박상이 다시 답하고 이를 받아 본 김세필은 세 번째 수에서 '孔孟 주자학과는 역시 다르지 않겠느냐' 하는 의문의 눈으로 대한 것 같다."고 하였다.[44]

이 두 연구는 시의 중요한 부분을 오역하였고 또 이를 바탕으로 "우리나라에서 최초로 양명학을 수용한 학자는 박상이며 김세필은 이러한 박상의 견해를 비판하였다."라는 잘못된 결론에 도달하였다.

최근 김용재의 연구에서는 이 시들이 조선 유자들의 양명학 배척의 서막을 알리는 중요한 자료라고 평가하면서, 위의 선행 연구들과는 달리 박상과 김세필 모두 양명학을 비판하였다고 논하였다. 이 연구에서는 김세필의 세 수의 시 가운데 첫 번째 수와 두 번째 수만을 인용하고 이를 근거로 김세필이 양명학을 공맹의 본지에서 벗어난 선학으로 배척하였다고 논하였다. 김용재는 『전습록』을 긍정한 김세필의 견해가 분명하게 드러나 있는 가장 중요한 자료인 세 번째 수를 인용하지 않았고 인용한 시도 오역하여,[45] 김세필과 박상 모두 양명학을 배척하였다는 잘못된 결론에 도달

---

43) 오종일, 「양명 전습록 전래고」, 『철학연구』, 제4집, 고대철학연구회, 1978. ; 「양명학의 수용과 전래에 관한 재고찰」, 『양명학』, 제3집, 한국양명학회, 1999.

44) 오성종, 「조선중기 양명학의 변척과 수용」, 『역사교육』, 46집, 1989.

45) 김용재는 이 두 시를 "왕양명은 老子의 심학을 공부하여 유가 불가 선가 등 삼가를 뒤늦게 들어가 깨달음이 있었다. 그 진리의 정맥은 천 년 동안 공맹을 전하여 왔으나, 한 터럭만큼 아주 작은 차이가 명백히 있어 또한 혐의가 있다.[陽明老子治心學, 出入三家晩有聞. 道脈千年傳孔孟, 一毫差爽亦嫌云.] 주희가 떠나시고 사문 역시 없어지게 되었으니, 누가 '人心惟危, 道心惟微' 라는 옛날에 들었던 진리를 잡을 수 있겠는가? 양명의 학문은 상산에 이르렀을 정도였지만 대부분 병폐가 있으니, 요컨대 당신께서

하였다.[46)]

김용재는 朴弼周가 1747년에 쓴 「贈資憲大夫 …… 五衛都摠府副摠管十淸金先生謚狀」에서 "왕양명의 문자가 우리나라에 전래된 지 오래되지 않아서 사람들은 무슨 말인지 아는 이가 없었는데 선생이 일찌감치 그것이 선학임을 간파하여 눌재 박상과 세 절구시를 지어 수창하였다.[王陽明文字東來未久, 人莫知其爲何等語, 而先生早已覷破其爲禪學, 與朴訥齋祥有酬唱三絶句.]"라고 한 것에 근거하여 위의 시들을 자의적으로 번역하였다. 박필주의 시장은 1748년 初刊된 『십청헌집』에 실려 있다. 『십청헌집』의 기록은 『訥齋集』 부록에 수록되어 있는 「敍述」의 기록과 거의 일치한다. 『눌재집』 「敍述」에서는 "왕양명의 글이 우리나라에 전래한 지 오래되지 않았기에 우리나라 유자들은 무슨 말인지 아는 이가 없었는데 선생이 십청헌과 함께 『전습록』을 읽고는 선학으로 비판하고, 절구 세 수를 지어 수창하였다.[王陽明文字, 東來未久, 東儒莫知其爲何等語, 先生與金十淸, 見其傳習錄, 斥謂禪學, 有酬唱三絶.]"라[47)] 하고, 그 주석에서 "선생의 시 가운데 '却恐人驚異所云'이라고 한 구절이 있는데 나머지는 모두 사라졌다.[先生詩有曰 '却恐人驚異所云' 之句, 而餘皆逸.]"라고 하였다. 『눌재집』의 이 기록은 1843년 『눌재집』 四刊本을 출간할 때 부록으로 첨가된 내용으로 『십청헌집』에 수록된 박필주의 글에서 취해온 것이다. 『십청헌집』에 실린 박필주의 글은 양명학을 배척하고 있던 18세기의 경직된 학술 상황에서 나온 자의적인 기술일 가능성이 높다.

다시 평가하여 이러이러하다고 말씀해주세요.[紫陽人去斯文喪, 誰把危微考舊聞. 學蹈象山多病處, 要君評話復云云.]"라고 번역하였다.

46) 김용재, 「조선시대 反양명학 문헌 조사 및 추출을 통한 양명학 비판 내용의 성향 분석과 반양명학 사조의 흐름에 나타난 특징 연구」, 『양명학』, 제31집, 2012.

47) 『訥齋集』, 부록 권3, 「敍述」.

박필주의 기록에 견인되지 않고 김세필의 시와 박상의 잔편 시구를 있는 그대로 살펴보면 박상은 양명학에 대해 비판적인 견해를 가지고 있었고 김세필은 이와는 다르게 양명학을 긍정하고 있었음을 알 수 있다.

박상의 시 가운데 남아 있는 구절인 "却恐人驚異所云"는 "말한 것이 달라서 사람들이 놀랄까 걱정되네."로 번역하는 것이 타당하다. 박상은 『전습록』에 실린 왕수인의 말이 주자학과 달라서 사람들이 놀랄까 걱정스러워하고 있었다. 이 구절을 통해 박상이 양명학을 주자학과 대립하는 사상으로 인식하고 있었고 양명학의 수용을 부정적으로 바라보고 있었음을 추론할 수 있다.

그러나 김세필이 지은 세 수의 절구시를 살펴보면 김세필은 박상과는 견해를 달리하고 있었음을 알 수 있다. 첫 번째 수에서 김세필은 양명이 심학을 공부하였고, 儒 · 佛 · 道 삼가에 출입하다가 늦은 나이에 깨달음을 얻었다고 하였다. 김세필은 왕수인의 학문적 이력을 정확하게 파악하고 있었다. 이어서 양명이 학문함에 있어서 공자 · 맹자의 학문을 계승한 유가의 도통에서 한 터럭이라도 어긋나는 것을 꺼렸다고 했다. 이 첫 번째 수에는 왕수인을 유가의 도통을 이은 학자로 긍정하고 있는 김세필의 견해가 드러나 있다.

김세필은 두 번째 수의 1구에서 주희가 몰한 이후에 斯文이 사라졌다고 하고, 2구에서는 "요순이 전한 인심도심의 가르침을 누가 옛 경전에서 바르게 고찰하였는가?"라고 의문을 제기하였다. 3구에서는 양명의 학문이 상산학을 도습하여 병통이 많다는 세인들의 견해를 제시하고, 4구에서는 박상에게 왕수인의 사상을 평가해 달라고 청했더니 그 또한 세인들과 다름없이 부정적으로 평가했다고 하였다. 이 두 번째 수를 통해 박상이 양명학을 주자학과 대립하는 상산학 계열의 사상으로 비판하고 있었음을 분명하게 알 수 있다.

『눌재집』의 부록에 실린 「敍述」에서는 "박상이 김세필과 함께 우리나라 유자 가운데 가장 먼저 『전습록』을 읽고 그것을 선학으로 변척하였다." 고 언급하였다. 그리고 그 주석에서 박상의 시 가운데 남아 있는 한 구인 "却恐人驚異所云" 와 김세필의 시 가운데 이 두 번째 수만을 인용하였다. 『눌재집』의 편찬자들이 밝힌 것처럼 박상은 양명학을 '주자학과는 다른, 병통이 많은 학문' 으로 배척하였다. 그러나 김세필의 시 세 번째 수를 살펴보면 김세필은 양명학에 대해 박상과는 다른 견해를 가지고 있었음을 분명하게 알 수 있다.

두 번째 수가 세인들의 양명학에 대한 견해를 서술한 것이라면 세 번째 수는 김세필 자신의 양명학에 대한 견해를 구체적으로 밝힌 것이다. 김세필은 1구에서 공자의 가르침이 왕수인 당대에 세상에서 거의 사라졌다고 하고, 2구에서 "왕수인의 『전습록』이 공자의 유음이 끊어진 시대에 공자의 가르침에 대해 들은 것이 많았다." 고 하였다. 김세필은 여기에서 양명학이 유가의 도통을 계승하고 있음을 분명하게 밝혔다. 3구에서는 "앞으로 『전습록』을 취하고 버릴지는 내 마음에서 결정하겠다." 고 하였다. 마지막 구는 앞의 두 글자가 사라져서 의미를 정확하게 파악할 수 없지만, 시의 전개 양상을 살펴보면 양명학을 긍정하는 자신의 학문적 입장을 子夏와 같은 참람된 태도[48]라고 비판하지 말라는 뜻을 담았을 것으로 추정된다. 이 세 번째 수를 살펴보면 김세필은 박상과는 다르게 양명학을 공자의 도를 이은 것으로 긍정하고 있었음을 분명하게 알 수 있다.

앞서 언급했듯이 김세필의 工堂이 있던 충주 근처에는 기묘사화의 화를

48) 자하는 공자 사후 西河에 은거하여 많은 제자를 가르쳤는데, 서하의 백성 가운데 그를 공자보다 위대한 인물로 칭송하는 사람이 있었다고 한다. 증자는 자하의 죄를 세 가지로 지적하면서 그 가운데 하나로 서하의 백성들이 그를 공자처럼 위대한 인물로 의심하게 한 것을 들었다.

면한 사림들이 모여들었다. 기록에 따르면 김세필이 공당에서 강학을 하고 金安國이 여주에서 후진을 양성하여 이후 기묘사림의 학문이 계승될 수 있었다고 한다.[49] 김세필의 영향으로 김세필과 왕래하면 학문을 강론하였던 이연경과 이자, 그리고 이들에게 수학한 충주 일대의 젊은 사류들 가운데 일부는 『전습록』의 존재를 알게 되었을 것이다. 앞서 언급했듯이 소재는 1529년 이자에게 나아가 학문을 물었고 1531년 이후에는 이연경 문하에서 공부하였다. 이 무렵 이자와 이연경은 김세필과 왕래하면서 학문을 강론하고 있었다. 충주에 있는 八峯書院에 김세필 · 이연경 · 이자 · 노수신을 함께 모신 것에서 알 수 있듯이, 소재는 김세필 · 이자 · 이연경의 학문을 정통으로 계승한 학자이다. 소재의 스승들은 우리나라 학자 가운데 최초로 『전습록』을 읽고 양명학에 관심을 두었던 사류들이다. 따라서 소재 또한 이들의 영향을 받아서 20대 초반에 陽明學을 접했을 가능성이 높다.

20대 후반에 소재는 학문이 대단히 정밀하고 해박한 단계에 이르러 사림의 촉망이 退溪를 앞설 정도였다고 한다.[50] 이 시기에 소재는 자신의 학문에 깊은 영향을 미친 사람을 만나게 되는데 바로 晦齋 李彦迪이다. 소재는 60세 때 쓴 「晦齋先生集序」에서 회재와의 만남을 다음과 같이 술회하였다.

49) 朴彌周, 『十清軒集』, 권4, 「贈資憲大夫 …… 五衛都摠府副摠管十淸金先生諡狀」, "先生嘗奉使嶺南, 過忠州之知非川而樂之. 及自留春驛宥還, 遂就其地, 開荒結屋, 仍自號知非翁. 訥齋時以忠州倅, 爲經營之. 屋形如工字, 中設廳堂, 兩邊爲寢室, 先生居其左, 學徒處之右, 而中廳則爲講授之所. 時經己卯斬伐, 以學爲諱, 而惟先生與慕齋居於忠驪相望之地, 教誨後進, 多所成就, 至今彬彬."

50) 李植, 『澤堂集』(『문집총간』88), 別集, 권15, 「示兒代筆」, "蘇齋自少厲志苦學, 祖述靜菴, 聲名高於退溪. ; 『선조수정실록』, 선조 23년 4월 1일, "其學初甚精博, 儒林之望, 先於李滉."

程氏의 『心經附註』를 가지고서 의심스러운 부분을 끊임없이 물었다. 이윽고 存心의 요체에 대해 가르침을 청하니, 얼마 후 선생이 손바닥을 가리키시며 "여기에 어떤 물건이 있는데 쥐면 부서지고 놓으면 없어진다."라고 말씀하셨다. 물러나서 마음에 돌이켜 생각해 보니 잊지도 말고 조장하지도 말라고 했던 가르침의 다른 표현임을 대략 깨닫게 되었고 절실하면서 맛이 있음을 더욱 기뻐하였다.[51)]

소재는 회재가 서울에 왔다는 소식을 듣고 그를 찾아가 제자의 예를 행한 뒤 『심경부주』에 대해 질문하고 存心의 요체에 관해 물었다. 그러자 회재는 손을 가리키며 "어떤 물건이 여기에 있는데 쥐면 부서지고 놓으면 사라진다."라고 대답했다. 소재는 이를 맹자의 '잊지도 조장하지도 말라'는 가르침으로 알아들었다. 소재가 심학의 요체로 생각했던 '잊지도 조장하지도 않는' 공부가 구체적으로 어떤 것인지는 그가 29세 때 삼척으로 떠나는 耻齋 洪仁祐를 전별하면서 써준 다음의 시에서 살펴볼 수 있다.

活物從來不易降	活物은 원래 쉽게 가라앉힐 수 없으니
應須收得在中腔	수렴하여서 안에 두어야 하리
雞聲未斷先追駟	닭 울음 그치기 전 수레보다 먼저 내달리고
鼻息纔休已逐跫	코 고는 소리 멎자마자 이미 발소리 좇아가니
動處揠苗還可戒	動할 때 조장하는 것 다시 경계해야 하지만
靜時枯木最堪憁	靜할 때 고목처럼 되는 것 가장 두려워할 만하네
要知本領工夫大	본령 공부의 중대함을 알고자 한다면

51) 권7, 「晦齋先生集序」, "遂將程氏附註書, 叩疑不已. 仍請存心之要, 久之, 先生指掌曰: '有物於此, 握則破, 不握則亡.' 退而省乎心, 粗覺其爲忘助之異名, 而尤喜其親切而有味也."

葛野山頭對小缸[52]　　갈야의 산마루에서 술동이 앞에 앉아보게

소재는 시의 전반부에서 끊임없이 움직이고 있는 마음은 제어하기가 쉽지 않다고 하면서, 마음이 밖으로 내달리지 않도록 수렴하는 공부가 무엇보다 중요하다고 강조하였다. 그는 만약 마음을 그대로 방기한다면 외물과 접촉하기도 전에 마음은 네 마리의 말이 끄는 수레보다 빨리 내달려서 결국 밤사이에 길러진 맑은 良心을 모두 잃어버릴 것이라고 우려하였다. 시의 후반부에서는 마음을 수렴하는 구체적인 방법에 대하여 설명하였다. 그는 마음이 움직이고 있을 때 의식적으로 마음을 붙잡아 두려해서도 안 되지만 마음이 움직이지 않을 때 마음을 시든 나무나 불 꺼진 재처럼 만드는 것은 더욱 경계해야 한다고 하였다.

소재가 중시한 '잊지도 조장하지도 않는 공부'는 마음이 고요할 때는 마음을 일깨워서 깨어 있게 하고 마음이 움직이고 있을 때는 고요함을 유지해서, 집착이나 의도가 개입되지 않으면서 마음이 靜하면서도 動하고 動하면서 靜한 상태를 유지하는 공부임을 알 수 있다. 소재는 이 시에서 동할 때 조장하지 않아야 하지만 정할 때 고목처럼 시들지 않게 하는 것이 가장 중요하다고 하였다. 그렇다면 소재는 잊지도 조장하지도 말라는 가르침에서 미발의 마음을 일깨워서 허령불매한 본체를 확립하는, 다시 말하면 잊지 않는 공부에 더욱 힘을 기울이고 있었음을 알 수 있다. 소재는 이 무렵 스승 이연경으로부터 그와 회재가 희노애락이 발하기 이전의 기상에 대해 토론한 내용을 상세하게 전해 듣고 자공이 들을 수 없었던 性과 天道에 대한 가르침으로 여기며 감탄하기도 한다.[53]

---

52) 洪仁祐, 『耻齋遺稿』(『한국문집총간』36, 민족문화추진회, 1988), 권2, 「日錄鈔」, 甲辰, 47면.

소재는 15세 무렵부터 충주에서 강학하고 있던 이연경, 이자에게 나아가 공부하였다. 소재가 이연경, 이자의 문하에 들어가기 직전에 이연경과 이자는 충주의 공당에 은거하고 있던 김세필과 왕래하며 학문을 강론하곤 하였다. 김세필은 우리나라 유자 가운데 최초로 『전습록』을 읽고 양명학을 공자의 유음을 이은 학문으로 칭송하였다. 소재는 10대 후반에서 20대에 충주에서 강학하고 있던 스승들의 영향을 받아 『전습록』을 접했을 가능성이 높다. 또한 소재는 29세 때 서울에서 회재를 만나 제자의 예를 행하였다. 소재는 이 때 회재로부터 주경함양의 방법을 전수받았고, 미발 함양을 유가 공부의 핵심으로 중시하게 되었다.

3. 朱子學과 象山學의 혼재

『소재집』에 전하는 소재의 유배기 이전 산문 저작으로는 25세 때 성균관에서 작성한 「時習箴」, 30세 때 세자에게 행한 서연강의의 내용을 기록한 「閑逢執徐書筵講義 晴窓手錄」, 과시의 답안으로 작성한 「求士於三代之下惟恐不好名論」 등이 있다. 이러한 저작들에는 주자학을 지지하면서도 상산학에도 이끌리고 있는 소재의 의식이 드러나 있다.

소재는 30세 때 侍講院司書에 배수되어 세자에게 『書傳』과 『綱目』을 강의하였다. 그는 당시 일기로 기록해 두었던 서연강의 내용을 인종이 서거한 직후 정리하였고, 양재역 벽서사건으로 진도에 移配되자 다시 정서하여

---

53) 권7, 「晦齋先生集序予」, "嘗在辛丑年間, 以書爲贄而禮焉. 望儼卽溫, 親承謦欬, 竊窺有方寸之學. 遂將程氏附註書, 叩疑不已, 仍請存心之要. 久之, 先生指掌曰, '有物於此, 握則破, 不握則亡.' 退而省乎心, 粗覺其爲忘助之異名, 而尤喜其親切而有味也. 旣而, 先師灘叟先生與先生論喜怒哀樂未發, 爲予道其詳, 予又竊自嘆曰, '此子貢所以不可得而聞.'"

「閑逢執徐書筵講義 晴窓手錄」을 편찬하였다. 소재는 인종에게 행한 서연강의에서 격물치지를 성학의 요체로 강조하고 주희의 황극론을 적극적으로 지지하였는데, 때로는 상산학에 동조하는 견해를 표출하기도 하였다.

강관들은 모두 極을 中으로 설명하였는데, 나는 그렇지 않다고 힘써 변론하였다.[54]

"五의 수가 中에 있기 때문에 이 편은 황극을 총회로 삼았습니다. 대저 刑政이 발하고 號令이 행해지는 것은 사람을 얻은 연후에 가능합니다. 그런데 그 도는 반드시 한 사람에게 근본하는 까닭에 황극으로 귀착됩니다. 극은 다만 인륜 가운데 마땅히 행해야 하는 이치를 다하는 일일 뿐이라서 한 사람의 마음에서 벗어나지 않습니다."[55]

"中은 極至의 理입니다. 사람이 본래 가지고 있는 것이라서 마음에 두어야 할 필요가 없는데도 마음에 두라고 한 것은 가지고 있으면서도 모르기 때문입니다.……"라고 하였다. 수경이 "中은 中立이고 極은 至極인데, 어째서 중을 극이라고 합니까?"라고 물었다. 나는 "중은 치우치지도 기울어지지도 않고 지나침도 모자람도 없는 것의 이름이니 또한 지극한 理입니다. 만약 십 가운데 일이 이르지 못하였다면 중이라고 할 수 있겠습니까. 보통 사람의 마음도 고요할 때는 중입니다. 이미 발한 후에 중절하지 못함이 있을 따름입니다."라고 하였다.[56]

54) 내집 상편, 「청창수록」, 348면, 壬子, "又賓客皆說極爲中, 臣力辨其不然."

55) 내집 상편, 「청창수록」, 347면, '戊申', "五數居中, 故此篇以皇極爲之摠會. 夫刑政之發, 號令之行, 亦須得人焉, 然後可也. 然其道必本於一人, 故歸之於皇極. 極者, 只是於人倫之間, 盡其當然之理而已, 而不外乎一人之心."

56) 내집 상편, 「청창수록」, 342면, '癸酉', "且中者, 極至之理也. 而人所固有, 則宜不待設矣, 而謂之設者, 以其有之而不知焉故耳. …… 首慶問曰, '中者, 中立也, 極者, 極至也, 何

첫 번째 인용문은 『서경』 「홍범」의 '皇極章'을 강의한 내용을 기록한 것이다. 이 강의에서 소재는 모든 강관이 '極'을 '中'으로 해설할 때 홀로 '극'을 '중'으로 해석할 수 없다고 변론하였다. 소재는 이 시기 '극'을 '중'으로 해석해서는 안 된다고 주장하였던 주희의 황극론을 지지하고 있었음을 알 수 있다.

그런데 두 번째와 세 번째의 인용문을 살펴보면 소재는 중에 대한 해석에서 주희의 설만을 취한 것이 아님을 알 수 있다. 두 번째 인용문 역시 「홍범」의 '황극장'을 강의한 내용을 기록한 것이다. 여기에서 소재는 "五의 수가 가운데[中]에 있기 때문에 「홍범」 편은 황극을 총회를 삼았다."라고 하고, "황극의 극은 인간이 마땅히 행해야 하는 이치를 다하는 것이기 때문에 한 사람의 마음을 벗어나지 않는다."라고 주장하였다. 주희는 "洛書에 기록된 9까지의 수에서 五가 '가운데'에 있고 홍범의 아홉 가지 범주에서 황극을 논한 것이 다섯 번째에 있는 까닭에 공영달은 전에서 황극을 大中으로 풀이하였고 뭇 학자들은 모두 그 설을 따랐다. 그러나 나는 홀로 經의 문의와 논리로써 살펴서 그 설이 반드시 옳은 게 아님을 알게 되었다. 皇은 君을 지칭하는 것이다. 極은 至極의 뜻이자 標準의 의미로, 항상 사물의 중앙에 있어서 사방에서 그것을 보고 바른 기준으로 삼는 것이다. 까닭에 극을 중에 있는 표준이라고 하면 옳지만 극을 중으로 해석해서는 안 된다."고 주장하였다.[57] 육구연은 이 주희의 「황극변」에 대응하여 "皇은 大이고 極은 中이다. 홍범구주에서 五가 가운데에 있기 때문에 극이라고 하

爲以中爲極耶?' 臣應曰, '中者, 不偏不倚無過不及之名也, 則亦極至之理也. 若十分而一分未至, 則豈可謂中哉? 且雖常人之心, 靜則中矣, 及其發而不中焉耳.'"

57) 주희, 『晦庵集』, 권72, 「皇極辨」, "洛書九數而五居中, 洪範九疇而皇極居五, 故自孔氏傳訓皇極爲大中, 而諸儒皆祖其說. 余獨嘗以經之文義語脉求之, 而有以知其必不然也. 蓋皇者, 君之稱也. 極者, 至極之義標準之名, 常在物之中央而四外望之以取正焉者也. 故以極爲在中之準的則可, 而便訓極爲中則不可."

였다. …… 상제가 백성에게 내려준 이 마음이 바로 극이다. 모든 백성들은 태어날 때부터 이 극을 가지고 있다."라고 주장하였다.[58] 그렇다면 '오의 수가 가운데에 있기 때문에 「홍범」 편은 황극으로 총회를 삼았고, 극은 한 사람의 마음을 벗어나지 않는다'는 소재의 발언은 육구연의 영향을 받은 것임을 알 수 있다.

마음의 본체인 중을 극으로 보는 소재의 견해는 세 번째 인용문에서도 드러난다. 세 번째 인용문은 「盤庚」의 "너희는 나의 계책과 염려를 함께 나누어 서로 따르고 각기 지극한 이치를 마음에 두어라.[汝分猷念以相從, 各設中于乃心.]"라고 한 부분을 강론한 것이다. 여기서 소재는 중을 지극한 리로 해설하였다. 이에 대하여 다른 강관이 "중은 중립이고 극은 지극함인데 어째서 중을 극이라고 하는가?"라고 이견을 제시하자, "중은 지나치지도 모자라지도 않는 이상적인 상태를 이르는 것이니 지극한 리가 맞다."고 주장한다. 그리고 마지막으로 "보통 사람의 마음도 고요할 때는 중이다." 라고 언급하여, 미발의 중이 바로 지극한 리임을 주장하였다. 중을 지극으로 해설한 것은 이 부분에 대한 蔡沈의 주석과 다르지 않기에 주희의 견해와 어그러지는 것은 아니다. 그런데 소재는 중이 극임을 설명하면서 마지막으로 "보통 사람의 마음도 고요할 때는 중이다."라고 덧붙였다. 소재의 이러한 주장은 極은 中이고 이 중은 바로 인간의 본심이라고 주장한 육구연의 견해와 일치한다. 주희가 극을 중으로 해석할 수 없다고 주장했던 이유는 태극을 마음과 일치시키는 육구연의 심성론을 비판하기 위해서였다. 그런데 소재는 "극은 사람의 마음을 벗어나지 않는다."라고 하였고, "중이 바로 극이고, 극은 바로 보통 사람도 가지고 있는 미발의 마음이다."라고

---

58) 陸九淵, 『陸象山全集』, 권23, 「荊門軍上元設廳講義」, "皇大也, 極中也. 洪範九疇, 五居其中, 故謂之極. 是極之大, 充塞宇宙, 天地以此而位, 萬物以此而育. 古先聖王皇建其極, 故能參天地, 贊化育. …… '惟皇上帝降衷于下民', 衷卽極也. 凡民之生, 均有是極."

주장하여 주희와는 다른 주장을 하고 있었다.

앞서 언급했듯이 소재는 '황극장' 을 강의하면서 '극을 중으로 해석해서는 안 된다' 는 주장 또한 제기하였다. 위에서 인용한 세 번째 자료를 자세하게 살펴보면 소재가 육구연의 황극론을 지지하면서도 주희의 견해와 일치하는 발언을 한 이유를 추론할 수 있다. 소재는 세 번째 인용문에서 먼저 '中立' 의 中과 '極至의 理' 로서의 中을 구별하여 중이 바로 극지의 리라고 규정하였다. 그리고 결론적으로 지극한 理인 中이 바로 모든 사람이 가지고 있는 未發의 마음이라고 주장한다. 이를 통해 소재가 '극을 중으로 해석할 수 없다' 고 주장했을 때의 중은 中立과 中道를 의미하는 중임을 추론할 수 있다.

주희의 황극론은 학문적으로 육구연의 태극론에 대한 반론으로 제기된 것이기도 하지만 정치적으로는 당대의 보수 관료집단의 황극론에 대한 반론으로 제기된 것이기도 했다. 주희가 「皇極辨」을 작성했던 때는 宋 孝宗의 뒤를 이어 光宗이 즉위한 직후였다. 효종은 고종 대의 國是였던 金과의 和親論을 主戰論의 방향으로 되돌리는 등의 새로운 개혁정치를 단행하고자 하였다. 주희를 중심으로 하는 理學家들은 이러한 효종의 개혁정치를 지지하고 있었다. 효종은 광종에게 왕위를 선양하면서 자신의 개혁정책을 광종이 계승하기를 바랐다. 그러나 광종은 수구 관료집단과 결탁하여 효종의 개혁 정책을 고종 대의 화친론으로 되돌리려고 하였다. 광종과 보수 관료집단은 전통적인 漢儒의 해석에 기대어 황극의 極을 中으로 해석하면서 조정에 치우치지 않은 中立의 도를 세울 것을 강조하였다. 이러한 논의를 통하여 이학가들이 조정 내에서 정치 세력화하는 것을 偏黨을 짓는다는 논리로 막고, 한편으로는 효종 대의 화친론이 나라를 안정시키는 국시임을 들어서 개혁정책에 반대하였다. 주희는 육구연처럼 황극을 '大中' 으로 해석하면 중도를 표방하면서 개혁정치를 저지하고 있던 수구 관료집단의 정치논리로 악용될 소지가 있음을 우려하였다. 그래서 그는 「홍범」의 "皇建其有極"을 "인군이 자신을 수양하여 천하에 도덕의 본보기를 수립하는 것을 의미한다."라고 해석하여, 중립과 관대함을 추구해야 한다는 전통적인 皇極에 대한 해석을 거부하고, 군주가 몸소 천하 사람들의 표준이 되는 것으로 황극을 새롭게 해석하고자 하였다.[59]

소재는 황극의 극을 정치적인 중립과 관용적인 태도를 의미하는 중으로 해석할 수 없다고 주장한 주희의 정치적 입장을 수용한 것으로 보인다. 이는 소재가 어떠한 문맥에서 주희의 황극론을 지지하였는지 살펴보면 알 수 있다.

> "인군의 好惡가 분명한 연후에 아랫사람이 지향할 바를 결정지을 수 있습니다. 만약 호오가 분명하지 못하다면 충성스러운 이와 사특한 이가 함께 나아가고 악하고 선한 행적이 뒤섞여 구별할 수 없을 것입니다. 그러면 다행히 군자를 얻어 쓴다 해도 소인이 시비를 혼란시키고 군주의 총명을 흐리게 하여 필시 군자를 모함하고 배제해서 나라를 병들게 할 것인데도, 먼저 들어온 말을 위주로 하여 총애해서 믿고 미혹되어 끝내 깨닫지 못할 것입니다. 이는 송의 원우·소성의 일에서 본보기를 삼을 수 있습니다. 『대학』의 '誠意' 장에서 好惡를 말하면서 반드시 格物致知를 앞에 두었던 것은 깊은 뜻이 있어서입니다. 호오에 반드시 밝고 진실하다면 아랫사람의 지향이 정해질 것입니다. 공자가 '오직 인한 사람만이 사람을 좋아할 수 있고 사람을 미워할 수 있다' 고 한 것은 간략하면서도 극진한 말이니 이러한 논의와 정면으로 부합됩니다."라고 아뢰었다. 빈객들이 모두 극을 중으로 설명하였는데 나는 힘써서 그렇지 않다고 변론하였다.[60]

---

59) 余英時, 『朱熹的歷史世界』, 삼련서점, 805~833면.

60) 내집 상편, 「청창수록」, 348면, '壬子', "'須是人君好惡分明, 然後下得以定其趨向矣. 苟爲不明, 則忠邪雜進, 邪正混跡, 而無以辨矣. 幸而得君子以用, 而小人得眩亂是非, 熒惑聽

소재는 극으로 중으로 해설할 수 없다고 주장하면서 군자와 소인, 사특함과 바름을 명확하게 구별하는 군주의 도덕적 판단 능력의 중요성을 역설하였다. 그는 군자와 소인, 선과 악의 분별을 모호하게 하여 군주의 총명을 흐려서 바른 인재를 배척하고 권력을 독점하고 있던 당대 훈구세력의 정치 노선을 비판하기 위해, 극을 모호한 중립·중도를 의미하는 중으로 해석하는 것을 반대했던 것이다.

소재는 훈구 관료가 사화라는 극단적인 방법을 동원해가면서 사림을 탄압하고 있던 당대의 혼란한 정치 상황을 타개하기 위해 극을 중으로 해석할 수 없다고 적극적으로 주장하였다. 실제로 기묘사화를 일으켜 사림을 도륙한 직후 남곤 등 훈구 관료들은 다음과 같이 황극론을 제기하였다.

> 領事 南袞이 아뢰기를, "朋黨의 이름은 없었던 시대가 없는데, 그 이름이 한 번 일어나면 그 禍가 두렵습니다.……" 知事 洪淑이 아뢰기를 "공변되지 않은 일을 黨이라 합니다. 그러므로 '皇極의 功效는 無偏無黨하다' 하였으니 지극히 공변된 도리를 말한 것입니다. 진실로 조정에서 시비가 公正하면 어찌 붕당이 있을 리가 있겠습니까?"[61]

남곤은 조광조 등이 偏黨을 만들어 자신들과 뜻을 같이하는 사람들만 편들고 다른 사람들은 소인으로 지목하여 배척하였던 것이 기묘사림이 정치적으로 실패한 직접적인 원인이라고 주장하였다. 그리고 홍숙은 "황극

明, 必欲搆陷擠排, 國隨以瘁, 而主先入之言, 崇信蠱惑, 終不能覺悟. 宋元祐, 紹聖之已事, 可以鑑矣. 大學於誠意章言好惡而必先格物致知, 蓋有深意. 須於好惡之間, 必明必誠, 則在下之趨向定矣. 孔子曰惟仁人, 能好人能惡人, 可謂約而盡矣, 而與此正合.' 又賓客, 皆說極爲中, 臣力辨其不然."

61) 『국역중종실록』, 15년, 9월 30일.

의 공효는 無偏無黨한 데 있으니 조정에 偏黨이 존재해서는 안 된다."고 주장하였다. 이처럼 훈구 관료들은 기묘사림이 편당을 만들어 중도를 지키지 않고 지나치게 급진적인 정책을 추구하였기 때문에 패하게 되었다고 주장하였다. 이들은 조정에 편당이 존재해서는 안 된다는 논리를 내세워 기묘사림을 축출한 자신들의 정치적 행동을 정당화하려 했던 것이다.

남곤 등의 훈구 관료와 일정한 거리를 두고 있던 당대의 大臣들 또한 중도와 안정을 표방하면서 신진 사림의 개혁정치를 애매하게 비판하였다. 이러한 보수적인 정치 노선은 『중종실록』을 편찬한 사관의 논찬에 분명하게 드러난다.

> 사신은 논한다. 남곤은 "기묘년 사람이 병폐는 있었지만 나이가 적어서 세태가 변하는 것을 경험하지 못하고 옛 도가 행해질 수 있다고만 생각하였으므로 그랬을 뿐이고, 간사한 마음이나 생각을 가졌기 때문에 나라의 정사를 그르친 것은 아니다."라고 하였다. 그러나 당초에 제 몸을 잊고 나라를 위해 목숨을 바쳐 그들의 예기를 억제하고 그들의 경박을 진정하여 中道로 나아가도록 제재하는 重臣이 없었던 것이 매우 애석하거니와 마침내 밤에 神武門을 두드린 것은 남곤이 주도하여 모의한 일이고 상이 믿고 의지한 것도 남곤이었다.[62]

사관은 남곤의 간사한 태도를 비판하였다. 그러나 동시에 기묘사림의 개혁정치 또한 극단에 치우친 것으로 비판하면서 이들 신진 사림이 中道로 나아가도록 제지하는 重臣이 없었기 때문에 기묘사화의 참극이 빚어진 것이라고 기술하였다. 이처럼 개혁적인 신진 사림과 대립하였던 중종 대의 보수적인 훈구세력들은 자신들의 정치적 입장을 옹호하는 근거로 無偏無

---

62) 『국역중종실록』, 15년, 9월 30일.

黨한 皇極을 거론하였다. 이들은 중립과 안정을 추구하는 것이 정치의 근본 원리라고 주장하면서 『서경』의 황극을 그 근거로 제시한 것이다. 훈구대신들의 모호한 정치적 태도를 비판하는 소재의 견해는 다음 시강기록에 분명하게 드러나 있다.

> "元豊년 이후 元祐의 뭇 현인들이 무리를 이루어 조정에 포진하고 있었습니다. 그런데 高太后가 붕어하고 神宗 대의 新法을 계승하자는 논의가 일어나서 사류들을 붕당으로 지목하여 일망타진하니 나라의 인재가 모두 사라지게 되어 거의 나라가 전복되는 지경에 이르렀습니다. 그 후에 혹 老成한 선비들이 크게 우려하여 원우·소성의 사람들을 아울러 받아들여 調停하고 진정시키고자 하였는데 이것은 모두 姑息적이고 구차한 계교에 지나지 않았으며 대단히 공변되지 못하고 바르지 못한 태도였습니다. 대개 문을 닫아걸고 자신을 지키며 홀로 서서 붕당을 만들지 않는 것은 일개 선비의 태도에 지나지 않습니다. 재상의 지위에 있다면 음험한 이들을 축출하고 현명한 사람을 등용하여 천하의 인재를 수용하고 천하의 일을 처리해야 합니다. 어찌 자신의 형적을 보존하고자 당을 짓는다는 이름을 꺼리는 일이 있을 수 있으며, 또한 어찌 현명한 이와 사특한 이를 함께 포용하여 나라를 안정시키는 일이 있을 수 있겠습니까?"[63]

소재는 조정에는 편당이 존재해서는 안 되며 신진세력과 훈구세력을 아울러 수용해야 한다는 보수 관료집단의 모호한 절충론을 매우 사특하고

---

63) 내집 상편, 「청창수록」, 339면, '庚申' "元豊之後, 元祐諸賢, 濟濟布列. 及高后之崩也, 紹述之說興, 而目以朋黨, 一網打盡, 國已空虛, 幾至顚覆. 其後或有諸老成之士憂之甚, 乃欲兼收元祐紹聖之人, 以調柔之鎭靜之, 此皆姑息苟且之計, 而不公不正之大者. 蓋杜門自守, 孤立無朋, 此一介之士也. 乃若宰相, 則黜幽陟明, 收天下之人, 濟天下之事, 安敢自存形跡, 而避黨之名哉? 又安有幷用賢邪, 以安國家者耶?"

바르지 못한 논의로 규정하고 강하게 비판하였다. 소재가 서연강의에서 이러한 발언을 하고 있던 때는 기묘사림의 정치적 복원이 아직 이루어지지 않았던 중종 말기이다. 김안국 등 기묘사화의 화를 면한 잔존 사림과 기묘사림을 계승한 소재와 같은 신진 사림들이 차츰 정계에 진출하고는 있었지만 아직은 미약한 상태였고 훈구 관료들이 여전히 정권을 장악하고 있었다. 훈구 관료들을 조정에 편당이 존재해서는 안 되고 안정을 추구하는 것이 정치의 바른 도라고 주장하여 개혁적인 신진 사림의 진출을 저지하고 있었다. 소재는 이러한 훈구세력의 보수적인 정치 노선을 비판하고 개혁적인 사림의 정치적 진출을 도모하기 위해서 서연강의에서 주희의 황극론을 적극적으로 지지하였던 것으로 보인다.

육구연과 주희가 극을 중으로 해석하는 문제로 논쟁했던 것은 정치 노선의 차이 때문이 아니었다. 육구연이나 주희는 모두 극이 모호한 중립, 중도를 의미하는 것이 아니라 '지극한 도리', '지극한 선' 을 의미한다는 데 동의한다. 그러나 육구연은 지극한 리가 마음 안에 있다고 주장한 데 대해 주희는 극을 마음의 중으로 해석하는 것에 반대하였다. 육구연은 주희와 황극 문제로 논쟁하여 마음을 벗어나서 존재하는 천리를 인정하는 주희의 견해가 유가의 전통에서 어긋난 것임을 지적하고자 하였다. 이에 대하여 주희는 육구연처럼 황극을 大中으로 해석할 경우 정치적으로 당대 보수 집권세력의 정치 노선을 옹호하는 논리로 작용할 수 있고, 사상적으로도 객관규범을 준수하지 않고 마음 가는 대로 행동하는 禪學으로 흘러들어 갈 우려가 있다고 비판하였다. 소재는 정치적인 이유로 주희의 황극론을 받아들이기는 하였지만, "극지의 리는 보통 사람도 가지고 있는 미발의 중이다", "극은 마음을 벗어나지 않는다" 라고 주장했던 데서 알 수 있듯이, 마음과 태극을 하나로 보는 육왕학의 심성론 또한 지지하고 있었다.

4. 經世之學과 爲己之學의 구분

心卽理를 주장하는 육왕학의 심성론과 마음 밖의 사물에서 천리를 찾는 주자학의 격물 공부는 서로 조화하기 어려운 것이었다. 그런데 소재는 지극한 리는 마음을 벗어나서 존재하지 않는다는 육구연의 태극론을 지지하고 있었으면서도 서연강의에서 격물치지가 성학의 요체이며 격물치지에서 성의로 나아가는 것이 바른 공부 순서라고 거듭 주장하였다.

> "'함양은 모름지기 敬으로 해야 하고 학문에 나아감은 致知에 달려 있다' 라고 하였으나, 致知를 먼저 하지 않는다면 다시 무엇을 함양하겠습니까? 主敬하고자 한다면 반드시 치지에 힘써야 할 것입니다."라고 아뢰었다. 윤옥이 "치지의 도는 어떠해야 합니까?"라고 물었다. 나는 "독서하여 의리를 밝히고 師友들과 시비를 분별하며 풀 한 포기 먼지 하나의 미세한 것과 天人性命의 오묘한 이치에 이르기까지 탐구하지 않음이 없는 것이 바로 이것입니다. 다만 고인은 '誠意를 세워서 格物한다' 라고 했는데, 여기에서 '誠' 자는 바로 '성실하게 학문을 구한다' 라고 했을 때의 誠이지 『대학』에서 말한 '誠意' 의 '誠' 과 같은 것이 아닙니다. 그렇지만 성실한 마음을 세워서 격물한다면 결국 성의에 도달할 수 있을 것입니다."라고 아뢰었다.[64]

『書經』「太甲」을 강의한 내용이다. 소재는 致知하지 않으면 함양할 대상이 없다고 하여, 格物致知가 主敬涵養에 先在하는 것임을 주장하였다. 주희

---

64) 내집 상편, 「晴窓手錄」, 336면, '戊午' "臣曰, '涵養須用敬, 進學則在致知, 不先致知, 則更涵養何物? 故欲主敬者, 必須致知爲務.' 玉問, '致知之道何如?' 臣曰, '讀書以講明義理, 師友以分別是非, 至於一草一塵之微天人性命之奧, 無所不當究者, 是也. 但古人云, 立誠意以格之, 此誠字, 乃誠篤求學之誠, 非如誠其意之誠. 然立誠以格之, 卒至於克誠也.'"

는 격물치지와 주경함양이 竝進互發하는 것이라고 말하고 주경함양에 근본하여 격물치지해야 한다고 강조했지만, 때로는 격물치지가 주경함양에 앞선다고 언급한 적이 있다.[65] 소재의 위의 발언은 주희의 이러한 언급들에 근거한 것으로 보인다. 소재는 또한 程頤의 "성의를 세워서 격물한다.[立誠意以格之.]"는 말에서 '誠意'는 『대학』의 '誠意'와는 같은 것이 아니고 다만 성실하게 격물 공부한다는 의미라고 설명하였다. 이는 정이의 이 말을 혹시 誠意 공부가 格物致知 앞에 있어야 한다는 뜻으로 오해할까 우려하여, 정이가 말한 誠意는 '성실하게 공부한다'는 의미이지 격물치지 이후에 하는 공부조목으로 『대학』에서 말한 '誠意'는 아니라고 지적한 것이다. 이러한 지적은 격물치지에서 성의로 나아가는 것이 공부의 바른 순서임을 강조하려는 의도에서 나온 것이다.

소재는 서연강의에서 격물치지의 방법을 "독서하여 義理를 밝히고 師友들과 시비를 분별하며, 풀 한 포기 먼지 하나의 미세한 것과 天人性命의 오묘한 이치에 이르기까지 탐구하지 않음이 없는 것이다."라고 설명하면서, 성의에 앞서는 격물치지의 중요성을 거듭 강조하고 있었다. 소재가 서연강의에서 격물치지를 유가 공부의 핵심으로 주장하였던 것은 주희의 황극론을 받아들인 것과 마찬가지로 정치적인 이유 때문인 것으로 보인다.

소재는 주로 소인과 군자를 변별하는 군주의 도덕적 판단 능력과 관련하여 격물치지의 중요성을 역설하였다. 그는 군주가 격물치지하여 시비를 명확하게 판단할 수 있어야 조정의 인재에 대한 호오가 분명해질 수 있다고 강조하였다. 그리고 만약 군주의 시비 판단이 명확하지 않으면 현명한 사람과 간사한 사람, 군자와 소인이 조정에 뒤섞여 있게 되고 결국은 소인

65) 주희, 『주자어류』, 권9, "如程子云, '涵養須用敬, 進學則在致知', 分明自作兩脚說. 但只要分先後輕重, 論先後, 當以致知爲先, 論輕重, 當以力行爲重." ; 권9, "問致知涵養先後, 曰, '須先致知而後涵養.'"

과 간인이 군주를 미혹시켜 현인들을 일망타진하는 지경에 이르게 된다고 우려하였다.[66] 소재는 남곤 등의 權奸이 중종의 마음을 흐리게 하여 사림을 일망타진한 기묘사화와 같은 참극이 다시 일어나지 않기 위해서, 더 나아가 기득권 세력인 훈구세력을 몰아내고 사림이 정권을 장악하기 위해서는, 군자와 소인 사특한 행동과 바른 행동을 구별하는 군주의 도덕적인 판단 능력이 무엇보다도 중요하다고 생각하였다. 따라서 소재는 주관적인 마음에 충실하려는 군주의 태도로 인해 국가에 커다란 환란이 발생할 수 있음을 경고하면서, 군주의 도덕적 판단 능력과 격물치지의 중요성을 거듭 강조하였다.

그러나 소재가 이 시기 주희의 격물을 성인을 지향하는 爲己之學의 요체로 확신하고 있었던 것은 아니었다. 당시 소재는 관료가 현실적으로 지향하는 經世之學과 학자가 궁극적으로 추구해야 하는 爲己之學을 구별하고 있었고 경세지학에 국한해서만 주희의 격물 공부를 긍정하고 있었다. 이러한 소재의 의식이 드러난 글이 「求士於三代之下 惟恐不好名論」이다.

이 글에서 소재는 "혼란한 시대에 선비[士]를 구하려 한다면 名을 좋아하지 않는 기풍을 꺼린다"는 논제에 대한 자신의 견해를 논술하였다. 그는 우선 "하늘이 父子 · 君臣 · 夫婦 · 兄弟 · 朋友 등의 萬物을 내고 여기에 仁義禮智의 法則을 부여하여 마음에 바름이 서게 되었는데 이 마음의 바름이 외적인 형식으로 드러난 것이 이름[名]이다."라고 규정하였다. 이어서 "만물이 생겨날 때 품부 받은 氣質은 맑음과 탁함, 순수함과 잡박함의 차

66) 내집 상편, 「晴窓手錄」, 348면, '壬子', "'大學於誠意章, 言好惡而必先格物致知, 蓋有深意. 須於好惡之間, 必明必誠, 則在下之趨向定矣. 孔子曰, 惟仁人, 能好人能惡人. 可謂約而盡矣, 而與此正合.' 又賓客, 皆說極爲中, 臣力辨其不然."; 상동, 330면, '乙未', "又因君子小人之說而言曰, '人君之好惡, 而下隨之, 故必先使好惡明白, 然後可以辨矣. 所以中庸明善居誠身之前, 大學誠意在格物之後.'"

이가 있어서 物만 있고 도덕법칙은 없는 경우가 있게 되었고, 마음에 도덕 법칙이 없으면서 공허한 이름만 남아 있는 것을 싫어하여 결국은 바른 이름까지 좋아하지 않게 되었다." 고 했다.[67] 전제가 되는 이 단락을 통해 소재가 이 글에서 논하고 있는 '이름[名]' 이 인간의 도덕 본성이 외적인 행동양식으로 형식화된 것, 즉 명분 · 예제 · 규범 등을 의미한다는 사실을 알 수 있다.

소재는 단락을 전환하여, 내면의 도덕 본성과 외면의 이름이 일치하지 않는 것을 싫어하여 바른 이름까지 폐기하는 것은 옳지 않다는 주장을 제기한다. 소재는 우선 仁義禮智의 이름이 군신 · 부자 · 부부 · 형제 · 붕우의 사이에서 행해지지 않으면 인류가 멸망할 수 있다고 우려한다. 그리고 헛된 이름 추구하는 일을 경계하다가 바른 실질에 도달하는 방편으로서 바른 이름을 추구하는 일까지 막아버리는 잘못을 범하지 말아야 한다고 주장한다.[68] 소재는 이에 대한 논거로 『논어』에 보이는 공자의 말을 인용하였다.

> 공자께서는 "너는 양이 아까우냐? 나는 예가 아깝구나." 라고 말씀하셨다. 대저 실질이 없이 낭비하는 것인데도 부자께서 반드시 양이라는 명분을 남겨두려

---

67) 권7, 「求士於三代之下 惟恐不好名論」, 220~221면, "盖自天生父子君臣夫婦兄弟朋友之物, 而予之以仁義禮智之則. 則者何也? 只是成就一箇是而已. 是以有其是於內, 而是之實立, 施其是於外, 而是之名生. 此名實之賓主, 猶形聲之影響也, 豈可掩哉? 顧以稟賦之初, 淸濁其氣, 粹駁其質, 則有是物而或失其則, 故不是於實, 而徒是於名, 於是乎, 名不貴. 嗚呼! 將惡其實之不是, 遂不好其名之是乎."

68) 권7, 「求士於三代之下 惟恐不好名論」, 221면, "世教衰, 民不見是, 而天之經地之義, 民彝物則之實, 沒沒乎不明焉, 則又將幷與其名而亡之, 豈不痛哉? 夫爲士者, 旣沒其實, 則名之又亡不足恤, 獨恐夫仁義禮智之名, 不行於君臣父子夫婦兄弟朋友之間, 而人之類滅矣. 夫所謂天下之是者, 不復見於三代之下, 而賢人君子往往以好名爲戒, 至沮人好實之心, 其亦不思甚矣."

하신 것은 어째서인가? 명분이 남아있으면 그것을 기억하여 실질을 회복할 수 있을 것이라고 생각하셨기 때문일 것이다. 아아! 후대의 이른바 올바름은 실질에 있지 않고 명분에 있기에 군자는 名을 그르다고 여기지 않으니 이 또한 양을 보존하고자 하는 뜻이다. 어째서 그런가? 仁義禮智의 빈이름도 양과 같은 것이니 양을 군신 · 부자 · 부부 · 형제 · 붕우의 사이에 보존한다면 실질을 회복할 수 있을지 어찌 알랴! 그렇다면 선비들이 이름을 좋아해서 그것의 실질을 좋아하게 해야 하는데 후세 사람들은 모두 子貢의 양을 제거하고자 하니 이는 유독 어째서인가![69]

"너는 양이 아까우냐? 나는 그 예가 아깝구나."라는 말은 초하룻날 사당에 새 달력의 시행을 알리는 告朔의 행사가 더 이상 행해지지 않는데도 희생양 바치는 의식만 계속 지켜지고 있던 것을 낭비라고 생각한 子貢이 이 희생양 바치는 예를 없애버리려고 하자 공자께서 자공을 나무라며 하신 말씀이다.[70] 소재는 공자의 말씀을 논거로 하여, 인간 마음에 도덕법칙이 사라졌다 하더라도 그 바른 도덕법칙을 드러내는 형식인 예제 · 규범 등이 남아 있다면 그것을 통하여 바른 마음을 회복할 수 있다고 주장하였다. 소재는 태평성대에서 멀어진 이 혼란한 시대에는 인간의 마음에 도덕법칙이 사라진 지 오래되었고, 인간의 기질 또한 가지런하지 않아 반드시 교정하고 힘쓰기를 기다린 연후에야 善에 이를 수 있기 때문에, 외적인 형식인 예제 · 규범을 지키는 것을 통하여 마음의 도덕법칙을 회복해야 한다고 주장

69) 권7, 「求士於三代之下 惟恐不好名論」, 221면, "夫子之言曰, '爾愛其羊, 我愛其禮.' 夫其無實妄費, 而子必欲存羊之名, 何哉? 豈不謂夫名存則猶可以識之而擧其實乎? 吁! 後世之所謂是者, 不在於實而在於名矣, 而君子不以爲非, 其亦存羊之志也. 何也? 仁義禮智之徒名, 是亦羊而已矣. 存其羊於君臣父子夫婦兄弟朋友之中焉, 則安知不有能復其實者哉? 然則欲士之好其名, 乃欲以好其實也, 而後世皆欲去子貢之羊, 亦獨何哉!"

70) 『論語』, 「八佾」, "子貢欲去告朔之餼羊, 子曰, '賜也, 爾愛其羊? 我愛其禮.'"

하였다.

이 단락까지 개진된 논리에만 의거한다면, 기질과 욕망의 영향을 받는 마음의 위태로움에 주목하고 객관규범 · 예제의 준수를 통하여 마음의 도덕법칙을 회복하고자 한 주자학을 소재가 적극적으로 지지한 것으로 보인다. 그런데 소재는 이곳에서 단락을 다시 전환하여 이러한 견해에 대한 혹자의 반론을 가설하고 이 반론에 대한 자기 생각을 다시 개진한다.

> 혹자는 "'誠實하지 못하면 事物이 없다' 고 하였으니, 비록 그 이름이 남아 있다 해도 사물 자체가 없는데 어쩌겠는가."라고 의문을 제기할 것이다. 그러나 나는 그렇지 않다고 생각한다. 삼대 이후에 선비를 구하는 경우라고 한정하여 말하지 않았던가! 학문을 하는 경우로 말한다면 忠信으로 주체를 세워 자신을 위하는 공부[爲己之學]를 해야 하기 때문에 이름을 좋아하는 것을 두려워해야 한다. 그러나 선비를 구하는 경우로 말한다면 밖으로 말미암아 안을 책하는 까닭에 이름을 좋아하지 않는 것을 두려워해야 한다.[71]

소재는 "마음이 誠實하지 못하면 事物 자체가 없는데 이름을 어떻게 추구할 수 있겠느냐."는 혹자의 반론을 가설한다. "성실하지 못하면 사물이 존재하지 않으니 비록 이름이 있다 하더라도 어쩌겠는가.[不誠無物, 雖有其名, 當如無物何.]"라는 반론은, 『중용』의 "성실하지 않으면 사물이 없다.[不誠無物.]"는 말과 『논어』의 "사람이 인하지 못하면 예가 무슨 소용이겠는가.[人而不仁, 如禮何.]"라는 말에 근거한 것으로, 마음이 성실하지 못하다면 예제 등의 외적인 형식을 준수해도 헛된 일이 된다는 주장이다. 공자는

71) 권7, 「求士於三代之下 惟恐不好名論」, 221면, "或曰, '不誠無物, 雖有其名, 當如無物何?' 是不然. 不曰求士於三代之下乎! 自爲學者言之, 主忠信以爲己, 故唯恐其好名, 自求士者言之, 循外而責內, 故唯恐其不好名."

"禮는 인간의 仁한 마음에 근본하는 것이기에 인한 마음이 없다면 예를 준수하는 것은 아무런 의미가 없다."고 말하였다.[72] 『중용』에서도 "마음이 성실하지 않으면 인간의 모든 행위는 성립할 수 없다."고 하였다. 혹자의 반론은 외적인 형식보다는 마음의 본질을 중시하는 유가의 이러한 전통을 계승한 것이다.

소재는 예제 등의 객관규범보다는 바른 마음을 더 중시하는 혹자의 반론을 적극적으로 비판하지 않는다. 대신 혼란한 세상을 구제할 수 있는 선비[士]를 구하는 경우로 한정한다면 이름을 좋아하는 것을 두려워해서는 안 된다는 주장이 타당할 수도 있다고 말한다. 소재는 성실한 마음에 기반하지 않은 예는 무의미하다는 반론에 대해 원칙적으로 찬성하면서, 혼란을 극한 이 시대를 구제하기 위해서는 예제 · 명분 등의 외적 형식을 중시하는 것도 긍정할 수 있다는 뜻을 표명한 것이다.

위의 글을 통해 소재가 객관규범 · 예제 등의 외적 형식을 준수하여 마음을 바로잡는 공부 방법을 완전히 긍정하지 않았음을 알 수 있다. 이는 "학자의 경우라면 忠信으로 주체를 세워 爲己之學을 해야 하기 때문에 이름을 좋아하는 것을 두려워해야 한다."라는 주장에 분명하게 드러난다. 이어지는 단락에서도 "성인은 '小人儒가 되지 말라' 고 하셨으니, 최상의 학자를 구하고자 한다면 어찌 이름을 좋아하는 저런 선비[士]를 쓰겠는가. 아! 이것은 천하를 지탱하는 큰 둑을 보존하기 위해서일 뿐이다."라고 하였고, 다시 "功名에 뜻을 둔 선비는 비록 성인의 경지에 넉넉히 들어갈 수는 없다 해도 사직을 안정시키는 신하의 직분 정도는 잃지 않을 수 있을 것이다."라고도 했다.[73] 소재는 학자가 궁극적으로 지향해야 할 공부는 마음을

72) 『논어』, 「八佾」, "人而不仁, 如禮何? 人而不仁, 如樂何?"

73) 권7, 「求士於三代之下 惟恐不好名論」, 221면, "雖然, 聖人曰, '毋爲小人儒.' 夫上之求之, 將焉用彼士哉? 吁, 是又存天下之大防也! …… 而惟功名之志焉者, 雖不能優入聖人之域,

진실하게 하여 바른 도덕주체를 세우는 것이라고 강조하였다. 그러면서 동시에 혼란한 시대에 나라가 무너지는 것을 막고자 하는 선비 · 관료라면 외적인 형식인 객관규범을 준수하여 바른 내면을 회복하고자 하는, 이른바 '이름을 좋아하는 태도'를 취할 수도 있다고 주장했다.

소재가 서연강의에서 격물치지를 적극 지지하였던 것도 이러한 의식에서 나온 것이라고 생각한다. 물론 주자학을 이름을 추구하는 학문으로 규정하는 것은 옳지 않다. 그러나 소재가 이 글에서 논한 '이름을 좋아하는 태도'는 예제 등의 객관규범을 준수하여 마음의 도덕법칙을 회복하려는 입장임을 염두에 둔다면, 격물 공부를 중시하는 주자학의 한 경향은 소재가 말한 '이름을 추구하는 태도'에 가까운 것도 사실이다.

소재는 어린 시절부터 이연경, 이자, 이언적 등의 영향을 받아 학자가 궁극적으로 지향하는 학문은 誠意를 중심으로 하는 爲己之學이라고 생각하고 있었다. 그러나 그는 관료로 진출한 20대 후반부터는 격물치지가 성의에 앞서는 것이 바른 공부 순서임을 거듭 강조하였다. 소재는 훈구관료들이 사림을 모해하고 탄압하고 있는 정치 상황과 인륜이 무너져가고 있는 당대의 혼란을 극복하기 위해서는 외재하는 객관규범에 대한 인식을 통해 도덕적 판단 능력을 제고하는 것이 무엇보다도 시급하다고 생각하였기 때문에 주자학의 격물치지 공부를 적극 지지하였던 것이다.

亦不失爲安社稷臣也, 豈害於好之哉?"

●제3장●

橫暴한 현실에 대한 抵抗

1. 橫暴한 세계에 처한 위태로운 自我

인종이 왕위에 오르자 소재는 인종의 知遇에 힘입어 도학 정치를 실현하고자 노력하였다. 인종이 즉위한 이듬해에 司諫院 正言에 제수되어 李芑가 入相한 것을 탄핵하여 저지한 것은 그 대표적인 예라고 할 수 있다.[1] 그러나 같은 해 7월 인종이 갑자기 승하하고 명종이 즉위하자 尹元衡과 이기 등이 謀事하여 乙巳士禍를 일으켰다. 소재는 을사사화로 인해 파직되었고 조부의 상을 치른 뒤 순천에 유배되었다가 얼마 후 일어난 양재역 벽서사건으로 죄가 가중되어 진도로 이배되었다. 소재는 이 진도에서 19년 동안 유배생활을 하였다.

을사사화 직후, 소재의 시에는 꽃이 주로 등장한다. 이때 소재가 마주한

1) 강복성, 「연보」, 294면.

꽃은 언제나 비에 떨어지고 바람에 꺾이는 위태로운 모습을 하고 있었다.

〈晩雨〉

醉扶藜杖過寒梅	취해 명아주 지팡이 짚고 매화 찾아가니
脉脉黃昏小雨來	황혼 무렵 추적추적 가랑비 내리누나
便向空齋掩耳臥	곧 빈방으로 돌아와 귀를 막고 누우니
殘燈無焰半牕開[2)]	가물거리는 등불 불꽃 없고 창은 반쯤 열려있네

시인은 술에 취해 비틀거리는 몸을 지팡이에 의지한 채 매화를 찾아갔다. 그는 취한 눈으로 황혼 무렵 추적추적 내리는 가랑비에 젖어 있는 매화를 물끄러미 바라본다. 비에 젖어 막 떨어지려는 매화와 술에 취한 몸을 지팡이에 의지하고 있는 시인은 많이 닮았다. 곧 떨어질 것 같은 매화에서 자신의 모습을 본 시인은 더 이상 매화를 보지 못하고 발걸음을 돌려 방으로 들어가 누워버린다. 소리 없이 내리는 가랑비이지만 그 빗소리라도 혹 들리면 비 때문에 떨어질 매화 생각에 마음이 무너질 것이 두려워 그는 귀를 막는다. 그러나 그런 그의 눈에 비친 것은 비에 떨어지려 하고 있는 매화와 다를 것이 없는 꺼져 가는 등불이었고, 반쯤 열린 창을 통해 들어와 그 꺼져 가는 등불을 위협하고 있는 바람이었다.

소재는 곧 떨어질 듯한 꽃을 바라보면서 그것이 자신과 닮았다고 생각하고 있었다. 꽃과 자신을 동일시하는 소재의 의식은 다음의 시에서도 분명하게 볼 수 있다.

---

2) 권1, 80면.

〈詠梅十二絶〉

尊前高詠發天眞	술동이 앞에서 큰 소리로 노래해 天眞 발하니
方與梅花一樣春	바로 매화와 똑같은 봄빛일세
更好醉中看不細	취중에는 자세히 보이지 않아 더욱 좋으니
風飄一點轉愁人 [3)]	바람에 지는 꽃잎 한 점에 마음 슬퍼진다네

이 시의 묘미는 술 마시며 큰소리로 노래하고 있는 호방한 시인이 매화가 떨어지는 것을 보고 금방 슬픔에 빠져버리는 여린 감성의 소유자임이 드러나는 후반부의 반전에 있는 듯하다. 꽃이 지는 일상적인 자연 현상에 시인의 마음이 이처럼 민감하게 반응하는 이유는 시인이 꽃을 자신과 동일시하고 있기 때문이다. 꽃과 자신을 동일시하는 시인의 의식은 술에 취해 천진하게 노래 부르고 있는 자신을 봄의 천기를 받아 피어난 매화에 비유한 것에서도 확인할 수 있다.

다음 시에서는 시인이 떨어지는 꽃과 자신을 동일시한 구체적인 이유를 살펴볼 수 있다.

〈再用前韻〉

春寒風雨海上村	싸늘한 봄 비바람 몰아치는 바닷가 마을에
千朶萬朶游芳魂	천 송이 만 송이 꽃의 영혼 떠도는데
氤氳浮動染四隣	자욱하게 향기 퍼져 사방을 물들이니
人間幾度愁黃昏	인세에서 몇 번이나 황혼을 수심 겹게 했던가
相思昨夜入我夢	서로 그리다 어젯밤 나의 꿈에 들어와
共作蝴蝶窺幽園	함께 호랑나비 되어 그윽한 동산 엿보았지

---

3) 권1, 79면, 제7수.

憶在江潭獨醒時	강담에서 홀로 깨어있던 때 생각해보면
枯槁憔悴無餘溫	메마르고 초췌하여 온기라곤 없었는데
紉佩每憐秋汀蘭	허리에 차는 가을 물가 난초 늘 좋아했고
照檻秖愛東方暾	난간 비추는 아침 햇살을 다만 사랑했지
至今風騷有遺恨	지금 국풍과 이소에 恨이 남아 있으나
忍復悻悻踵其門	어찌 원망하는 기색으로 죽음의 문에 이르랴
起拈一杯對一朶	일어나 술잔 들고 한 송이 꽃 마주하고는
爲喚長鬚笑而言	종을 불러 웃으며 이르노니
明朝風雨應更急	내일 아침에 비바람 더 거세지리니
苟可酹之同一樽[4]	祭酒를 올리려면 이 잔에 하거라

친구가 매화 가지를 꺾어서 진도에 보내오자 이를 대하여 일어난 감흥을 서술한 시이다.[5] 시인은 싸늘한 봄날 바닷가 마을에서 수많은 꽃이 비바람에 날려 떨어지는 것을 보고 그것이 횡포한 권력에 저항하다 散花한 高潔한 知人들의 영혼을 닮았다고 생각하며 비감에 젖어 있었다. 그러다 짙은 향기로 사방을 물들이고 있는 매화를 만나게 되자 횡포한 현실에 저항하고 있는 자신을 그 매화와 동일시한다. 매화와 자신이 하나의 혼으로 연결되어 있다고 생각하는 시인은 매화와 함께 호랑나비로 化하여 그윽한 동산을 날아다니는 꿈을 꾼다. 시인은 또 매화와 자신이 강담에서 홀로 세상을 근심하며 초췌한 모습으로 깨어 있었던 굴원의 혼과 닮았다고도 생각한다. 시인은 굴원 같은 고결한 古人의 한을 그들이 남긴 시를 통해 이미 알고 있다. 그렇지만 그는 결코 원망하는 얼굴빛으로 그들이 갔던 죽음

---

4) 권2, 98면.

5) 앞 시의 제목은 「人有折梅相贈 對之興感 次東坡惠州村字韻」이다.

의 길로 나아가려 하지 않는다.[6] 시인은 내일 아침 비바람이 거세지면 매화와 자신이 함께 꺾이리라는 것을 알고 있지만, 지금은 그저 매화와 마주하여 술을 마시며 즐기려 한다. 그리고 늙은 종을 불러서 매화와 자신이 꺾이게 되면 자신이 들고 있는 같은 술잔에다 祭酒를 부어달라고 웃으면서 부탁한다.

이 시에서 소재는 거센 바람에 맞서 꽃을 피우고 있는 매화를 횡포한 권력에 저항하다 희생된 古人, 그리고 이들과 같은 삶을 지향하고 있는 자신과 동일시하고 있다. 이처럼 소재의 유배 전기 시에 주로 등장하는 꽃은 횡포한 권력에 의해 희생될 위기에 처한 고결한 자아의 상징이었다. 이 시들에서 꽃은 대부분 비, 바람과 함께 묘사되는데 이는 현실의 폭력적인 힘을 상징한다.

〈曉坐〉

城警嚴宵柝	성 경계하는 밤 딱따기 소리 삼엄하더니
鄰炊急曉砧	이웃집 밥 짓고 급히 새벽 다듬이질 하네
顚風旁撼壁	미친 바람은 옆에서 벽을 흔들어대고
寒雨隙沾衾	싸늘한 비 들이쳐 이불을 적시누나
雲海三秋客	운해에서 삼 년 보낸 유배객
乾坤萬物心	천지에 가득한 만물의 마음 아니
明朝看叢菊	날이 밝으면 한 다발의 국화
離折委墻陰[7]	뽑히고 꺾여 담 밑에 버려져 있으리

---

6) 『맹자』, 「公孫丑上」, "諫於其君而不受則怒, 悻悻然見於其面, 去則窮日之力而後宿哉" ; 「滕文公上」, "有爲神農之言者許行, 自楚之滕, 踵門而告文公曰"

7) 권3, 115면.

시는 성에 밤새 들리던 삼엄한 딱따기 소리와 이웃집에서 들려오는 급한 새벽 다듬이 소리를 묘사하여 모종의 불안감으로 緊張되어 있는 시인의 마음을 전하면서 시작되었다. 시인의 불안은 삶의 터전을 뒤흔드는 비바람의 횡포로 인해 생긴 것이었다. 집 벽을 흔드는 바람과 방안까지 들이쳐 이불을 적시는 싸늘한 비는 횡포한 현실의 힘을 상기시켜 시인을 불안하게 만든다. 시인은 바닷가에 유배되어 세 번의 가을을 보내면서 비바람에 만물이 꺾이는 모습을 실컷 보았다. 그렇기 때문에 그는 자신의 집을 뒤흔드는 이 비바람으로 인해 국화가 곧 꺾이리라는 것을 예감한다.

위의 시에 묘사된 비바람에 꺾여 담 밑에 버려진 국화는 소재의 자아상이라고 할 수 있다. 횡포한 정치 현실로 인하여 깊은 좌절과 실의를 경험하게 된 젊은 시인은 결국 죽음을 안고 사는 인간의 한계를 응시하게 된다.

〈暮樓〉

山迥樓高日未沈	산 멀고 누대 높은데 해는 지지 않았고
暮雲天際看輕陰	저녁 구름 낀 하늘 가 살짝 흐려있네
何人獨怕黃昏近	누가 다가오는 황혼 홀로 두려워하여
默默憑軒涕泗淫[8]	난간에 기대 말없이 눈물 뚝뚝 떨구는가

시인은 높은 누대에 올라 기우는 해를 바라본다. 해는 아직 지지 않았지만 금방이라도 먼 산 너머로 사라져 버릴 듯하다. 이러한 풍경을 바라보는 시인의 마음은 구름 낀 하늘처럼 슬픔으로 흐려진다. 시인은 지는 해를 바라보면서 죽음을 향해 나아가고 있는 인간의 숙명을 떠올린다. 그리고 높은 누대에 올라 지는 해를 바라보았던 많은 옛 시인들이 그랬던 것처럼[9]

---

8) 권1, 82면.

인간의 미약함과 인생의 유한함을 깨닫고 눈물을 흘린다.

젊은 날 소재는 금강산의 높은 누대에 올라 광활한 하늘을 바라보며 인간이 하늘과 합일(合一)할 수 있다고 확신하였다.[10] 그러나 을사사화의 참극을 겪은 소재는 이제 높은 누대에 올라 지는 해를 바라보며 죽음을 향해 나아가고 있는 인생의 허무를 직시하고 눈물을 흘리고 있다.

〈十六夜喚仙亭二首, 次韻〉

二八初秋夜	초가을 십육 일 밤
三千弱水前	삼천 리 약수의 앞
昇平好樓閣	순천의 아름다운 누각에서
宇宙幾神仙	우주에 신선이 몇일지 생각하네
曲檻淸風度	맑은 바람 굽은 난간을 넘어오고
長空素月懸	하얀 달은 긴 하늘에 걸렸는데
愀然發大嘯	쓸쓸하게 큰 휘파람 부노라니
孤鶴過蹁躚[11]	외로운 학 펄럭펄럭 날아가누나

을사사화로 순천에 유배되었을 때 창작한, 人口에 膾炙된 소재의 傑作詩이다. 시인은 크고 환한 달이 뜨는 7월 旣望에 순천에 있는 아름다운 누각에 올랐다. 그는 밤하늘을 바라보며 누각 앞에 弱水가 펼쳐져 있다고 생각한다. 그리고 신선이 되기를 갈구했던 수많은 사람 중에 새털도 뜨지 못한

9) 陳子昂, 「登幽州臺歌」, "前不見古人, 後不見來者. 念天地之悠悠, 獨愴然而涕下."

10) 권1, 「臺上」, 71면, "如山如海晩天空, 方丈蓬萊卽此通. 勞爾兩間流峙勢, 一時收拾入昏瞳." ; 권1, 「四庵臺吟」, 70면, "眞德天何妙, 圓通證亦奇. 臺前栢樹子, 庵裡海禪師. 玉局三千界, 香槃十二時. 北辰與南斗, 攀得是男兒." ; 권1, 「又題」, 72면, "臺榭凭高敞, 窓櫳逼海安. 佛來船霧重, 仙去穴風寒. 弱水三千里, 銀河十二湍. 多岐在何處, 擧首一天寬."

11) 권1, 88면.

다는 저 弱水를 건너가 신선이 된 이는 몇이나 될까 상상해본다. 이때 그는 굽어진 난간으로 불어오는 맑은 바람을 느끼고 긴 하늘에 걸려 있는 새하얀 달을 바라본다. 그리고 이 영원하고 아름다운 자연과는 달리 허무하게 사라져 가는 인간의 한계를 깨닫고 슬픔에 젖어들었다. 깊은 슬픔에 빠진 그는 커다란 휘파람을 발하여 울적한 심회를 풀어보려 하는데 이 휘파람의 의미를 알기나 하는 듯이 외로운 학이 펄럭펄럭 날아와서 그의 곁을 지나간다.

이 시는 「赤壁賦」의 주제 의식과 의상을 계승하고 있는 작품이다. 「적벽부」는 蘇軾이 王安石에 의해 정계에서 축출되어 사형의 위기를 넘기고 황주에 유배되었을 때 창작한 작품이다. 소식은 7월 16일과 10월 16일에 적벽 아래에 배를 띄우고 유람하면서 이때의 감흥을 「전적벽부」와 「후적벽부」에 기술하였다. 소식은 「前赤壁賦」에서 세상에 존재하는 모든 것은 무상하게 변화하지만 아름다운 淸風과 明月은 영원히 존재하며 이를 향유할 수 있는 인간의 삶 또한 슬픈 것만은 아니라고 하였다. 「전적벽부」에는 인생을 거시적으로 바라보면서 자연에서 위안을 찾는 소식의 호방하고 낙천적인 삶의 자세가 잘 드러나 있다. 그러나 이와는 다르게 「후적벽부」에는 凋落의 풍경을 마주한 인간의 서글픈 심회가 주로 서술되어 있다. 「후적벽부」에서 소식은 적벽에 올라 험한 곳을 홀로 헤매다가 듣게 된 슬픈 휘파람소리와 한밤중에 날개를 펄럭이며 날아와 자신의 배를 스쳐 지나간 학을 인상적으로 묘사하여 신선의 세계로 나아가려는 동경을 드러내었다. 소재는 이 시에서 「전적벽부」·「후적벽부」의 주요 의상인 청풍과 명월, 휘파람과 학을 차용하여 영원한 아름다움을 지닌 자연과 영원을 향한 인간의 소망을 조망하면서 인생의 한계를 담담하게 서술하였다.

소재는 을사사화로 인해 고결한 사류들이 도륙되는 참혹한 현실을 목도하였고 자신도 언제 희생될지 모르는 위태로운 상황에 처하게 되었다. 이러한 체험으로 인해 인간이 본질적으로 완전한 존재라는 젊은 날의 믿음이 흔들리게 되었고, 결국 폭력적인 현실의 힘 앞에 무방비 상태로 노출된 위태로운 삶을 직시하고 짙은 비애에 젖게 된다.

2. 命의 수용과 義의 지향

유배 전기 소재의 시에는 꽃과 바람의 이미지가 빈번하게 등장한다. 바람에 흔들려 떨어지는 꽃은 횡포한 권력에 의해 곧 희생될 위기에 처한 시인의 객관적 상관물이다. 소재는 이 시기 꽃의 이미지로 위태로운 삶에 대한 두려움을 표현하기도 했지만 한편으로는 현실에 대한 두려움을 떨쳐버리고 불의에 저항하고자 하는 의식을 여러 시에서 드러내었다.

〈風花歎〉

海中疾風常揚簸	거센 바람이 항상 들쑤시고 까부는 바닷가
墻頭杏花方然火	담장 머리의 살구꽃 불꽃처럼 한창 피어났네
病夫背寒如凍裸	얼고 헐벗은 듯 등에 한기를 느끼는 병든 사내는
密糊窓隙無煩鎖	창틈 꼼꼼히 발라 조금만 틈도 없이 막았지
愛花拓窓風更夥	꽃을 사랑해 창 열면 바람 더 거세지고
惕風閉窓花應墮	바람을 겁내 창 닫으면 꽃이 지겠기에
沈吟對窓自喪我	창 앞에서 나직이 읊조리며 우두커니 앉았는데
有物撲窓聲細瑣	무엇인가 창을 때리는 작은 소리 들리니
風耶花耶警予惰	바람인가 꽃인가, 나의 게으름을 꾸짖는구나
大笑欲出終不果	크게 웃으며 나가려 하다 끝내 못 나가고
將身綿苞首氈裹	온몸에 면 싸개 두르고 담요로 머리 감싼 채

半掩小牖仍堅坐	작은 들창 반쯤 닫고 여전히 굳게 앉아있네
低風微微送和妥	나직한 바람 살랑살랑 부드럽게 불어오고
舞花款款來婀娜	춤추는 꽃 하늘하늘 나긋하게 날아오더니
須臾風急花擺攞	갑자기 바람 급해져 꽃을 흩어버리니
豈被造物鬪細麽	조물주가 자잘한 것과 다투는 일 어찌 만났는가
蕭條窓外幾空朶	창밖에 쓸쓸하게 몇 개의 빈 가지만 남아 있고
歷亂窓裡猶粘袉	창 안으로 어지러이 들어와 아직 옷자락에 붙어 있네
終歲看花理則那	한 해 내내 꽃을 볼 수 있는 이치 어찌 있으랴
有風無風無不可 12)	바람이 있으나 없으나 불가함이 없어야 하리

시는 바람이 거세게 불어오는 바닷가 집의 담장 머리에 타오르는 불꽃처럼 피어난 살구꽃과 바람을 겁내서 빈틈없이 창틈을 바르고 방안에 웅크리고 앉아 있는 겁쟁이 시인을 대조하여 묘사하는 것으로 시작하고 있다. 병든 시인에게 바람은 두려움의 대상이기에 그는 방 밖으로 나가지도 창문을 열지도 못한다. 그러나 그는 자신이 문을 닫고 앉아 있는 사이에 바람에 꽃이 떨어질 것 같아 안타깝다. 그래서 그는 창을 마주하고 우두커니 앉아 낮은 소리로 시를 읊조리게 된다.

이런 시인을 질책이나 하는 듯이 무언가 창을 때리는 소리가 들려오자 시인은 크게 웃으며 방 밖으로 나가려 했다. 그러나 결국 바람을 이길 용기가 없어 방을 나서지 못하고 창문을 조금 열어 꽃을 내다본다. 이때 시인은 온몸에 면 싸개를 두르고 머리에 담요를 뒤집어쓴 채 작은 창 뒤에 몸을 숨기고 밖을 내다보는 우스꽝스러운 모습으로 자신을 형용하였다. 시인은 바람을 두려워하는 자신의 모습을 희화화함으로써 바람을 두려워하는 자

12) 권2, 101면.

신을 비웃고 있는 진정을 은연중에 드러내고 있는 것이다.

바람을 두려워하는 자신을 비웃는 이유는 결말 부분에서 드러난다. 시인은 나직한 바람에 꽃이 살랑살랑 춤추는 모습을 넋을 잃고 바라보다가 갑자기 바람이 거세어져 순식간에 꽃이 모두 떨어지고 결국 빈 가지만 남게 된 상황을 목도한다. 그리고 방안으로 어지럽게 날아 들어와 여전히 옷자락에 달라붙어 있는 몇 점의 꽃잎을 안쓰럽게 들여다본다. 시인은 마침내 꽃은 언젠가 이처럼 떨어지게 마련이니 바람을 두려워해서는 안 된다는 결론에 도달하였다.

이 시의 두드러진 특징은 대립과 갈등의 구도가 중첩되어 나타난다는 점이다. 시인은 시의 冒頭에서 바닷가의 거센 바람과 바람에 맞서 꽃을 피운 담장 머리의 살구나무를 대립시켜 놓았다. 그리고 거센 바람에 저항하여 불꽃처럼 피어난 살구꽃과 바람이 무서워 창과 문을 빈틈없이 닫고 방안에 굳게 앉아 있는 겁쟁이 시인을 대조하여 묘사하였다. 시인은 이어서 바람을 무서워하는 의식과 꽃을 보고 싶어 하는 의식이 갈등하고 있는 자신의 내면을 묘사하였다. 이러한 대립 갈등의 구도는 크게 웃으며 꽃을 보러 나가려다가 다시 겁이 나서 주저앉는 시인의 행동과 닫은 것도 아니고 연 것도 아닌 들창의 모습에서도 드러난다. 이 시의 대립 갈등의 구도에는 횡포한 현실에 저항하는 고결한 삶을 지향하면서도 폭력적인 현실에 대한 두려움으로 자신이 지향하는 삶으로 과감하게 나아가지 못하고 있는 젊은 시인의 고뇌가 반영되어 있는 것으로 보인다.

그러나 시인은 폭력적인 현실을 두려워하는 자신을 비웃고 조롱하는 방식으로 현실을 두려워해서는 안 된다는 의지를 드러내었다. 그리고 결국은 꽃은 언젠가 지게 마련이니 바람이 있으나 없으나 꽃을 보러 나가야 한다고 말하였다. 이 시의 마지막 句인 "有風無風無不可"는 可함도 不可함도 없이 오직 義를 따랐던 공자의 삶의 경지를 암시한다. 소재는 운명에 구속

되지 않고 오직 義를 실천하는 것에서 인생의 의미를 찾았던 공자의 삶의 자세를 본받으려 하였다.

소재는 꽃이 떨어지는 일을 막을 수 없듯이, 인생에 있어 인간의 힘으로는 어찌할 수 없는 命이 존재함을 인식하게 되었고 命을 인생의 한계로 받아들이려 하였다. 그러나 命을 수용하는 태도가 운명에 대한 체념이나 현실과의 타협을 의미하는 것은 결코 아니었다. 위의 시에서 "꽃은 언젠가 지기 마련이니 바람이 있으나 없으나 꽃을 보러 나가겠다."라고 한 데서 알 수 있듯이, 소재는 命에 얽매여 인생을 비관하고 하늘을 원망하기보다는 인간이 주재할 수 있는 도덕적인 삶의 영역에서 인생의 의미를 찾으려 하고 있었다.

〈九魚歌〉

…… (전략) ……

試注小盆聽汩汩	작은 동이에 부어놓고 찰랑거리는 소리 들으니
顧視牛蹄亦已佚	돌아보면 소 발굽 같은데도 너무 편안해 하네
童來亂投遭驚叱	아이들 몰려와 어지럽게 달려들다 꾸중 들으니
姑待圉圉毋遽黜	절로 헤엄치게 두고 갑자기 쫓지 말아야 하네
倒者側者命云畢	뒤집어진 것 옆으로 떠오른 것은 이미 명이 다했고
或有生意那可必	혹 생기 있는 것도 어찌 반드시 살 수 있으랴
指點其長數滿七	큰 놈들 세어보니 딱 일곱 마리이고
二兒逐隊如相率	새끼 두 놈은 열 지어 큰 놈 따라다니네
濟濟或恐失其弱	조심하여 새끼 잃을까 걱정하고
眷眷不忍離其膝	연연하여 어미를 떠나려 하지 않네
丁寧附耳語昵昵	정성스레 귀에 대고 다정하게 말하노니
汝惟少寬無戰慄	너희들은 무서워하지 말고 마음 편히 가지거라

江湖滿地勢蕩潏	강호가 온 땅을 뒤덮어 물결 출렁이는 곳에선
螐獺詎肯饒蝦蛭	악어와 수달이 두꺼비 거머리를 내버려두겠는가
不見廚前委比櫛	주방 앞에 즐비하게 쌓여 있는 것 또한 보지 못했는가
可憐割鬐而去乙	불쌍하게도 지느러미와 아가미뼈 잘렸지
區區一勺尙寧謐	한 국자의 작은 물이지만 편안할 수 있으니
豈不可冀延數日	며칠 더 살기를 어찌 바라지 않겠는가 했네
顒然出聽若愧慍	공손히 나와 듣고는 부끄러운 기색 드러내며
鼓腮吹浪請自述	아가미 뻐끔거리며 물결 일어 제 뜻 말하기를
造化群形至纖悉	만물 생육하는 조화의 힘 지극히 섬세하니
禍倚於福凶藏吉	화는 복에 의지하고 흉함은 길함 속에 숨어 있으니
合散消息莫可秩	이합하고 소장하여 본래 변하지 않을 수 없어서
登龍飼犬還一律	하늘에 올라 용이 되나 개의 먹이가 되나 마찬가지지요
彼生無得此豈失	저 삶이 득이 아닌데 이 삶이 어찌 실이겠으며
夕死非緩朝何卒	저녁에 죽어도 늦은 게 아니니 아침에 죽은들 어찌 이를까요
天地誰爲百歲質	천지에 누가 영원토록 살 수 있나요
惡不須殃善不隲	악이 재앙 받지도 선이 복을 받지도 않네요 하네
於焉不嚬且大咥	이에 찡그리지 않고 또 크게 웃으며
相看自卯將至戌	아침 일찍부터 저녁 늦게까지 바라보았네
汝今榮辱自不戌	너는 지금 榮辱의 길에서 자신을 구제하지 못했으니
人若暴殄亦奚嫉	남이 잔인하게 해쳐도 또한 어찌 미워하리
有忿必懲慾必窒	분이 나면 반드시 억제하고 욕망 생기면 반드시 막으면
一理如燭坐暗室[13]	어두운 방 안에 앉아 있어도 一理가 촛불처럼 환하리

13) 권1, 89면.

종이 먹을거리로 얻어온 물고기 아홉 마리를 소재로 한 작품이다. 시인이 입맛이 없어 맛있는 것을 찾자 충직한 종이 얼른 뛰어나가 대야에 무엇인가를 담아가지고 돌아왔다. 시인은 종이 상 위로 내민 대야에 어린 물고기들이 담겨 있는 것을 보고는 놀라서 그것을 어디에서 가져왔는지 묻는다. 종은 어부가 강이 범람했을 때 그물을 던져 잡은 것이라고 설명하였다. 이 말을 들은 시인은 촘촘한 그물로 어린 물고기까지 잡아들이는 不仁한 세태를 탄식한다. 그리고 물고기들을 가엾게 여겨 먹지 않고 조그마한 동이에 넣어 둔다.[14]

이미 많은 물고기가 죽어 물 위에 떠오른 상태였기에 그는 살아남은 아홉 마리의 물고기들도 오래 살지 못하리라는 것을 예감한다. 아홉 마리의 물고기들이 헤엄쳐 다니며 서로의 곁을 떠나려 하지 않는 모습을 연민의 시선으로 바라보던 시인은 물고기에게 몸을 숙이고 낮은 소리로 말을 건넨다. 그는 물고기들에게 "풍랑 거센 강호에서 악어 수달에게 잡아먹히거나 사람에게 잡혀서 지느러미와 아가미뼈가 잘린 채 주방에 놓여 있는 것보다는, 이 작은 동이 속에서 며칠이나마 생명을 연장하는 게 더 낫다."고 말한다. 이 말을 들은 물고기들은 부끄러워하는 기색을 드러내며 아가미를 뻐끔거려 자신들의 생각을 진술할 것을 청한다. 물고기들은 "조화의 힘은 미치지 않는 곳이 없어서 生死 · 吉凶 · 禍福의 변화에서 벗어날 수 있는 존재는 없다."고 말한다. 그리고 "항상 변화한다는 관점에서 본다면 세상에 존재하는 모든 것은 평등하니, 이렇게 사는 삶이 得이 아니듯이 다른 삶도 失이 아니고, 저녁에 죽는 것이 늦은 것이 아니듯 아침에 죽더라도 이른

---

14) 권1, 「九魚歌」, 89면, "孤臣久病口索蜜, 我僕不對去若逸. 須臾床畔盤中實, 遽揩病目還怪詰. 果從漁人乘張溢, 提網得三此其一. 奴忠豈解難已疾, 手欲撫之心蕭瑟. 小者如針大如筆, 信知有罟如許密. 交頭駢首戀儔匹, 呴濕濡沫保弟姪. 有時戢戢氣猶怵, 半死半生誰相貝血. 無池豈愁校人出, 無米豈學子英術."

것이 아니며, 선한 사람이라고 복을 받는 것도 아니며 악한 사람이 재앙을 받는 것도 아니다."라고 말한다. 물고기의 말을 들은 시인은 죽음을 두려워하는 자신의 마음을 투사하여 작은 대야에서 생명을 연장하고 있는 물고기들을 연민하였던 자신이 어리석었음을 깨닫고 크게 웃는다. 그리고 죽고 사는 변화에 연연하지 않는 물고기들처럼 운명에 대한 두려움을 벗어버리고 마음 안에 있는 天理를 보존하면서 남은 생을 살아갈 것을 다짐하게 되었다.

소재는 이 시에서 生死 · 夭壽 · 吉凶 · 禍福 등의 변화에 집착하지 않고 마음 안에 있는 天理를 보존하려는 지향을 드러내었다. 그는 인간의 의지와 상관없이 주어지는 운명과 인간이 마땅히 추구해야 하는 도덕의 영역을 분명하게 구분하고 도덕적인 삶을 지향하는 가운데 운명의 굴레에서 벗어나 인생의 자유를 획득하고자 하고 있었다.

命에 얽매이지 않고 義를 지향하는 가운데 인생의 의미를 찾으려는 지향은 우선 횡포한 정치 현실에 저항하는 의식으로 드러났다.

〈黑石〉

黑石不可度	검바위 건널 수 없으니
石黑深更狹	바위 검어 깊고도 좁아라
昨日急雨多	어제는 거센 비 퍼붓더니
今晨氷霜疊	오늘 아침 얼음 서리 쌓였네
飢僮血流脚	굶주린 종 다리에 피 흐르고
老馬肉戰脇	늙은 말 옆구리가 떨리는데
淺瀨復却跌	다시 얕은 여울에서 넘어져
濕盡綿若袷	솜옷이 물에 다 젖었구나
此豈章惇爲	이것이 어찌 장돈이 만든 일이랴

仰天聊自慊	하늘 우러러 그저 부끄러움 없다네
歸時只此脛	돌아올 때도 다만 이 정강이로 가리니
莫謾怕朝涉 [15]	아침에 물 건너기 두려워하지 않으리라

을사사화 직후 고향으로 돌아와서 지은 단편 고시이다. 서두에서 소재는 바라만 보아도 마음이 위축되는 험한 바윗길을 묘사하였다. 이 험한 바윗길은 어제 내린 폭우로 지금 얼음 서리가 첩첩이 쌓여 있는 상태이다. 이 길을 시인은 옆구리 살이 떨리는 늙은 말을 타고 다리에 피가 흐르는 굶주린 종에게 이끌려 건너가고 있다. 게다가 시인은 방금 여울에서 넘어져 옷이 온통 젖은 상태이다.

이 위태롭고 고통스러운 여정은 시인의 마주한 정치 현실의 비유라고 할 수 있다. 시의 결미 단락에 보이는 章惇은 북송 때의 權奸이다. 그는 范純仁을 모해하여 영주로 유배시킨 적이 있는데, 범순인은 배를 타고 유배지로 가던 도중에 배가 전복되어 옷이 몽땅 젖자 "이것이 어찌 장돈이 만든 일이겠느냐[此豈章惇爲之哉?]?"라고 하면서 자식들이 장돈을 원망하지 못하게 했다고 한다. 소재는 장돈과 범순인의 고사를 인용하여 간신 때문에 이 험한 길로 내몰린 것이 아니라, 부끄러움이 없는 삶을 살기 위해 이 고행의 길을 스스로 선택했다는 뜻을 드러내었다. 그리고 그는 돌아올 때도 자신의 굳센 다리로 아침에 다시 이 시내를 건너겠다고 선언하였다. 殷나라의 폭군 紂는 아침에 시내를 건너는 사람은 다리가 강건하다고 미워하여 다리를 잘라 버리고 어진 사람은 어진 마음을 싫어하여 심장을 도려내었다고 한다. 다리를 자르려고 하는 횡포한 권력을 두려워하지 않고 자신의 두 다리로 다시 아침에 시내를 건너겠다고 선언한 이 시의 결미에는

15) 권1, 81면.

현실에 대한 시인의 강렬한 저항 의지가 담겨 있다.

이 시의 묘미는 시인의 초라한 육신과 견정한 의지의 대비에서 오는 긴장에 있다. 시인은 자신을 시내를 건너다 물에 빠져 흠뻑 젖은 초라한 모습으로 묘사하였다. 물에 빠진 시인은 다리에 피가 흐르는 종이나 옆구리 살이 떨리는 늙은 말의 상태와 별반 다르지 않은 것으로 보인다. 그런데 여기에서 시인이 의도적으로 늙은 말의 떨리는 다리와 종의 피가 흐르는 다리를 묘사한 것은 주목할 필요가 있다. 이러한 묘사에는 폭군 紂와 같은 횡포한 권력 탄압을 받고 있는 자신의 처지를 암시하려는 의도가 숨어 있다. 시인은 횡포한 정치 현실 때문에 커다란 시련을 겪고 있지만 굳센 다리로 아침에 다시 이 길을 건너리라고 말한다. 이는 횡포한 권력이 자신의 다리를 자를 수 있을지는 몰라도 義를 지향하는 견정한 자신의 意志만은 벨 수 없으리라는 확고한 신념을 표명한 것이라 할 수 있다.

다음의 시에서도 義를 지향하는 소재의 견정한 삶의 자세를 볼 수 있다.

〈自挽〉

塵世紛紛成古今	더러운 세상 어지럽게 고금을 이루는데
齊名李杜亦奇男	이응 두밀과 이름 나란하였으니 뛰어난 남아로다
其冠浼我望望去	그의 관이 나를 더럽혀 뒤도 안 돌아보고 떠났고
所事逢人歷歷談	섬기는 임금은 사람 만나면 또렷하게 이야기하네
一臥海中神自守	바다 섬에 유배되니 정신을 지킬 수 있고
獨行天外影無慚	하늘 밖으로 홀로 오니 그림자에 부끄럽지 않네
賈生能哭吾能笑	가생은 통곡했고 나는 웃을 수 있으니
俱享行年三十三[16]	둘 다 향유한 해는 삼십삼 년이라네

16) 권2, 93면.

소재는 이 시에서 자신을 혼란한 시대에 깨끗한 행적을 남겼던 여러 古人들에 比擬하고 있다. 시인은 먼저 억울한 모함으로 처형당할 위기에 처했을 때 스스로 死地로 나아가면서 조금도 동요하지 않았던 范滂과 자신을 동일시한다. 이때 범방의 어머니는 아들과 이별하며 "네가 현자인 李膺·杜密과 이름을 나란히 하게 되었으니 네가 죽더라도 한스럽지 않다."고 말했다고 한다. 이를 이어 시인은 어떤 사람의 관이 바르지 않아 뒤도 돌아보지 않고 그를 떠났고, 섬기는 임금은 만나는 사람들에게 명확하게 이야기한다고 했다. 맹자는 伯夷에 대해 서술하면서 "섬겨야 하는 바른 군주가 아니면 섬기지 않았고, 악인을 미워하는 마음을 미루어 鄕人의 관이 바르지 못하면 그가 장차 자신을 더럽히기라도 할 것처럼 뒤도 돌아보지 않고 떠나버렸다."[17]고 하였다. 소재는 자신을 백이에 비기면서 명종을 섬길만하지 못한 부정한 군주로 비판하고 인종에 대한 절의를 지키고자 하는 의지를 표명한 것이다.

경련부터는 유배지에서의 삶을 묘사하였다. 시인은 지금 바다 가운데 있는 섬에 유배되어 외로운 삶을 살아가고 있지만 이를 고통으로 생각하지 않는다. 오히려 그는 이곳에 유폐되었기 때문에 더러운 세속에 휩쓸리는 우를 범하지 않고 부끄럽지 않은 삶을 살게 되었다고 생각한다. 그리고 부정한 현실을 근심하여 통곡했던 가의가 33세에 생을 마친 것처럼 33세의 자신도 웃으면서 죽음을 향해 나아가겠다고 하였다.

소재는 유배 전기에 인간이 마주한 運命과 인간이 마땅히 실천해야 하는 義를 구분하고, 명에 구애되지 않고 義를 실천하는 것에서 인생의 의미를 찾으려 하고 있었다. 그가 "死生은 이미 하늘에 달린 것이니, 구할 수 없

17) 『孟子』, 「公孫丑上」, "伯夷非其君不事, 非其友不友, 不立於惡人之朝, 不與惡人言. …… 推惡惡之心, 思與鄕人立, 其冠不正, 望望然去之, 若將浼焉."

다면 내가 좋아하는 바를 따르리라."[18] "명을 옮길 수 있는 이치는 없고, 죽음은 돌아가는 것이라는 말 있네. 인에 진실로 뜻을 둔다면 끝내 어찌 악을 행하리, 대저 도를 깨닫기 어려운 것이 저녁에 부끄러워할 바라네."[19] 라고 한 것을 통해 알 수 있듯이, 이 시기 소재는 공자의 樂天의 경계[20]를 지향하고 있었다.

다음의 시는 공자의 삶의 자세를 본받으려는 소재의 지향이 좀 더 명료하게 드러난 작품이다.

〈夜坐〉

三日海颶怒	노한 바다 폭풍 삼 일이나 이어져
恐被萬軍犯	萬軍이 쳐들어오는 듯 두려웠지
熏蒸作寒熱	찌는 날씨에 한기와 열증 번갈아 생기고
上下陰氣黤	천지에 음기가 가득하여 컴컴한데
血滯脚不仁	혈관 막히어 다리가 뻣뻣하고
骨酸指莫摻	뼈가 쑤셔 손가락 굽어지지 않네
魂魄遂見離	혼백이 마침내 흩어지게 되어
飮食頓覺減	먹고 마시는 것 갑자기 줄었으니
死生命所安	죽고 사는 명에 편안해야 하지만
呻吟病旣濫	신음하니 병이 이미 심하구나
形如崖山暮	육신은 마치 해지는 崖山에 있는
南岸搖敗艦	남쪽 해안의 부서진 배와 같지만

18) 권1, 「醉時率意放筆排悶」, 89면, "死生旣在天, 不求從吾好."

19) 권2, 「疊前韻以反之」, 93면, "命可移之無此理, 死爲歸也有其談. 於仁苟志終奚惡, 夫道難聞夕所慚."

20) 『論語』, 「述而」, "富而可求也, 雖執鞭之士, 吾亦爲之, 如不可求, 從吾所好."

中有漢朱雲	마음에는 한나라 주운이 있어
攀折九重檻	궁궐 난간 부수고 충간을 하네
我頭尙可奪	나의 머리는 뺏을 수 있지만
我志不可斬	나의 뜻은 벨 수 없으니
半夜燈火冷	한밤중에 등불 싸늘한데
靈淵只湛湛	허령한 마음만은 맑디맑네
侍兒頗相訝	곁에 있던 아이 종 자못 의아해하며
俯首空黯黯	머리 숙이고 부질없이 걱정하지만
怡然不解說	빙그레 웃을 뿐 설명할 수 없으니
士操自有範	선비의 몸가짐에 절로 법도가 있다네
所念父母心	다만 염려스러운 건 부모님 마음에
倘恨未死范[21]	죽지 않은 범방을 탓하시지나 않을지

격노한 폭풍이 삼 일이나 계속되어 안개와 음기로 온 사방이 컴컴해진 때, 시인은 피가 막히고 뼈마디가 쑤시는 고통으로 신음하고 있다. 시인은 南宋의 마지막 군주가 자살했던 장소인 崖山의 남쪽 해안에 있던 부서진 배로 자신의 육신을 비유하였다. 이는 시의 첫머리에서 폭풍을 萬軍이 쳐들어오는 상황에 비유한 것과 서로 교묘하게 연결되어 있다. 시인은 이어서 자신의 마음이 궁궐의 난간을 부수고 나아가 충간을 하는 한나라의 朱雲의 마음과 같다고 하였다. 漢 成帝 때의 주운은 성제의 사부인 權奸 張禹를 참살할 수 있도록 해달라고 간청하다 성제의 노여움을 사서 斬首의 위기에 처하게 되었다. 그는 이때 전혀 두려워하지 않고 난간을 부러뜨리면서 앞으로 나아가 큰소리로 물러설 수 없다는 뜻을 밝혔다고 한다. 소재는

21) 권2, 113면.

이 주운의 고사를 인용하여 육신은 비록 횡포한 현실 때문에 더할 나위 없는 고통을 겪고 있지만 마음에는 그 어떤 권력에 의해서도 꺾이지 않는 견정한 도덕의지가 있음을 표현하였다.

이어지는 단락에서는 "나의 머리를 가져갈 수는 있어도 나의 뜻만은 벨 수 없다."라고 하여 횡포한 정치 현실이 자신의 견정한 도덕의지를 꺾을 수 없으리라는 확신을 직접 표명하였다. 이 대구는 "三軍의 장수는 빼앗을 수 있을지라도 필부의 뜻만은 꺾을 수 없다."[22]고 했던 孔子의 말에서 온 것이다. 폭풍이 몰아치는 상황을 전쟁으로 비유하고 있는 이 시 전체의 문맥이 공자의 이 말과 긴밀하게 연결되어 있음을 알 수 있다.

마지막 단락에서는 횡포한 현실에도 흔들리지 않는 마음을 연못으로 비유하였다. 맑고 맑은 연못은 허령한 마음의 본체를 비유한 것이다. 횡포한 현실 속에서도 허령한 마음을 지킬 수 있다는 확신을 가지게 된 시인은 더 이상 신음소리를 내지 않고 즐거운 표정을 짓는다. 옆에서 시중을 들던 종은 시인의 태도가 이전과 다름을 눈치채고 고개를 갸웃거리며 의아해한다. 시인의 즐거움은 객관 현실에 의해 흔들리지 않는 절대적인 도덕의지를 體認하는 데서 오는 것이기 때문에 그는 자신이 즐거워하는 이유를 종에게 설명해줄 수가 없다. 다만 그는 법도에 맞는 선비의 행실로 그 마음을 보여주려 한다. 그리고 이러한 행실을 통하여 죽음 앞에서도 의연하기를 바라는 부모님의 뜻을 따르려고 할 뿐이다.

이 시는 전체 세 부분으로 나누어볼 수 있다. 먼저 1구부터 10구까지는 횡포한 현실 때문에 고통 받고 있는 육신을 묘사한 전반부이고, 11구부터 14구까지는 전환이 이루어지는 부분이며, 나머지 15구부터 마지막까지는 횡포한 현실에 저항하면서 자신의 허령한 마음을 지켜가려는 의지를 표명

22) 『論語』, 「子罕」, "三軍可奪帥也, 匹夫不可奪志也."

한 후반부이다. 시인은 의도적으로 횡포한 현실 속에서 고통 받고 있는 육신을 묘사한 전반부와 마음을 지켜가려는 지향을 드러낸 후반부를 각각 10句씩 배열하여 정연하게 대립시켜 놓았다. 그러면서 동시에 시상이 분리되는 것을 방지하기 위하여 중간에 전환 단락을 설정하여 둘 사이를 연결하였다. 이 중간 단락은 네 구로 이루어져 있는데 육신의 고통을 묘사한 위의 두 구는 시의 전반부와 연결되어 있고 견정한 도덕의지를 상징적으로 묘사한 아래의 두 구는 시의 후반부와 연결되어 있다.

소재는 유배 전기와 중기에 집중적으로 고시를 창작하였다. 위의 시가 예증하는 것처럼 유배 전기 소재가 창작한 고시들은 대부분 단락의 전환이 확실하게 이루어지면서도 시상이 긴밀하게 연결되어 있다. 이 시기 창작한 고시의 이러한 형식은 횡포한 현실에 맞서 자신을 지켜가려는 시인의 긴장된 의식을 반영하고 있는 것으로 보인다.

소재는 을사사화를 경험하면서 天地의 마음이 仁한 것만이 아니라 거칠고 횡포한 것이기도 하다는 사실을 인지하게 되었다. 그리고 인간은 이 횡포한 하늘의 힘에서 조금도 벗어날 수 없는 무기력하고 미약한 존재라는 사실도 절감하였다. 그러나 그는 동시에 거역할 수 없는 하늘의 命인 운명과는 다른 하늘의 도덕적 명령인 天理가 인간의 마음에 존재한다는 사실 또한 자각하게 되었다. 그는 인간의 힘으로 어찌할 수 없는 運命과 인간이 마땅히 실현해야 하는 天理를 분리하고 天理를 보존하고 義를 실천하는 것을 통해 운명의 지배에서 벗어나 인생의 자유를 획득하려고 하고 있다.

운명에 저항하면서 마음 안의 天理를 보존하려는 노력은 구체적으로 讀書와 主敬涵養에의 몰두로 드러났다. 이 시기 소재의 공부 방법에 대해서는 다음의 절에서 자세히 살펴보기로 한다.

3. 讀書와 主敬涵養을 통한 도덕주체의 확립

소재는 사환기에 주자학을 지지하고 있었지만 동시에 스승인 이연경·이자의 영향을 받아 상산학·양명학에도 어느 정도 관심을 두고 있었다. 이러한 초기 사상의 면모는 을사사화로 파직되어 고향으로 돌아온 직후 창작한 다음 세 수의 시에서 살펴볼 수 있다.

〈思勁詩軸 讀休菴所賜次韻 慨然有感 輒復和題〉

傳註留情負象山　　전주에 마음을 두어 象山을 저버렸으니
十年說話摠成閑　　십 년의 이야기가 모두 부질없게 되어버렸네
憑君眼著鵝湖辨　　그대여 아호 논쟁을 눈여겨 보아주소서
詎喚澄源做兩般[23]　　어찌 마음 맑히는 공부 두 가지로 한다 하시는가

이 시의 3구에서 소재는 '鵝湖 논쟁'을 언급하였다. 주희는 性卽理의 입장에서 道問學과 尊德性을 병행해야 한다고 주장하였고 육구령·육구연 형제는 心卽理의 입장에서 尊德性 공부를 중시하였는데, 존덕성과 도문학의 공부 방법을 중심으로 주희와 육구령·육구연 형제가 鵝湖寺에서 만나 행한 학술 토론이 바로 유명한 '鵝湖 논쟁'이다.[24]

시의 1구에 보이는 "전주에 뜻을 두었다.[傳註留情.]"는 구절은 陸九淵의 형 陸九齡의 詩句에서 온 것이다. 육구령은 주희와 공부 방법 문제로 토론하기 위하여 아호사로 떠나기 직전 시를 지어 동생과 자신의 철학적 입장을 정리하였다. 그가 지은 시에는 다음과 같은 구절이 있다.

---

23) 권1, 77면.

24) 박경환, 「공부 방법론으로서의 존덕성과 도문학」, 『논쟁으로 보는 중국철학』, 예문서원, 1994, 237면.

留情傳注飜榛塞	경전의 전주에 마음 기울이면 오히려 막히고
着意精微轉陸沈[25]	정미한 이치에 뜻을 두면 도리어 우매해지네

육구령의 시는 인간이 본래 가지고 태어난 도덕적인 마음을 함양하는 것이 공부의 관건이고 經典의 傳注에 뜻을 두거나 사물의 정미한 이치를 다 알려고 집착하는 주희의 공부 방법은 오히려 도에게 멀어지게 하여 인간을 어리석게 할 뿐이라는 내용을 담고 있다.

소재는 위의 시에서 "傳註에 마음을 기울여 象山을 저버렸기에, 십 년 동안의 이야기가 부질없는 것이 되어버렸다."고 하였다. 이는 경전의 문구를 강론하는 道問學 공부에 얽매여 지난 10여 년의 세월을 낭비했다는 반성이다. 주희의 공부론에 대한 회의는 결구에서 좀 더 확실하게 드러난다. 주희는 육구연 형제와 논쟁하면서 존덕성 공부와 도문학 공부가 병진해야 한다고 주장하였다. 시의 제목을 보면, 소재가 思勁 스님의 詩軸에서 백인걸의 차운 시를 보고 그 시의 내용에 불만이 있어 다시 이 화운시를 지었음을 알 수 있다. 백인걸은 근원을 밝히는 공부를 두 가지로 해야 한다고 주장한 주희의 공부 방법을 지지하는 내용을 자신의 시에 담았던 듯하다. 소재는 이런 백인걸의 견해에 동의하지 않았기 때문에 그에게 아호논변을 다시 자세하게 살펴봐 줄 것을 부탁하였다. 그리고 결구에서 근원을 맑게 하는 공부를 두 가지로 해야 한다고 한 백인걸의 주장을 받아들일 수 없다고 했다. 이는 도문학과 존덕성이 병진해야 한다고 본 주희의 공부방법을 부정하고 존덕성을 중시하는 육상산의 공부방법을 지지하는 견해를 분명하게 표명한 것이다.

25) 육구연, 『상산선생전집』, 권34, 「語錄」. 육구령은 지은 시의 전문은 다음과 같다. "孩提知愛長知欽, 古聖相傳只此心. 大抵有基方築室, 未聞無址忽成岑. 留情傳注飜榛塞, 着意精微轉陸沈. 珍重友朋相切琢, 須知至樂在于今."

蘇齋 宗家 所藏 필사본 원고 『蘇齋集』에는 위의 시 바로 뒤에 다음의 두 시가 순서대로 실려 있다.

〈讀大學有感示弟〉

斫却淇園八節竿	淇園의 여덟 마디 대나무를 베어다가
粧成虛室揔三間	텅 빈 방 꾸며 보니 모두 세 칸
向來指點從行處	지금까지는 들어가는 곳 가리키며
人鬼關前夢覺關 [26]	인귀관 앞에 몽교관이 있다 했지

〈又〉

萬語千言血脈通	만 마디 말과 천 마디 말 혈맥이 통하니
看來一部在胸中	읽고 또 읽으면 한 부의 책 흉중에 있게 된다지만
悠悠寄思唐虞上	아득한 그 옛날 요순시절 생각해보면
皥皥熙熙一字空 [27]	한 글자도 없었어도 자득하고 화락하였네

소재는 첫 번째 시의 전반부에서 대나무 산지로 유명한 淇園의 여덟 마디 대나무를 베어다가 세 칸의 빈방을 꾸몄다고 하였다. 이는 삼강령 팔조목을 기본 골격으로 하는 『대학』의 체제를 집의 구조에 비유한 것이다. 빈방은 흔히 마음의 상징으로 쓰이기 때문에, 『대학』을 소재로 한 이 시에 묘사된 세 칸의 빈방은 '明德' 을 상징하는 것임을 알 수 있다. 시의 후반부에

26) 위의 시는 목판본 『소재집』에는 실려 있지 않고 소재 종가에만 전하는 필사본 詩稿에 실려 있다. 이 필사본 시고는 시들을 시체별로 정리한 뒤 이를 다시 시기별로 배열하여 놓았다. 이 시고의 배열 순서에 따르면 위의 시는 을사사화로 파직된 직후에 창작되었다.

27) 蘇齋 宗家 소장 필사본 원고.

서는 지금까지는 누군가 빈방으로 들어가는 길을 가리키면서 人鬼關 앞에 夢覺關이 있다고 주장했다고 말하였다. 주희는 格物致知와 誠意는 학자가 반드시 넘어가야 하는 두 개의 중요한 관문이라고 주장하면서, "格物致知는 夢覺關이고, 誠意는 人鬼關이다."라고 했다.[28] 소재는 주희의 이 비유를 시의 후반부에서 인용하였다.

이 시에는 격물치지가 성의 공부보다 앞에 있어야 한다고 주장한 주희의 대학설에 대해 소재가 어떤 견해를 가지고 있었는지 분명하게 드러나 있지 않다. 「讀大學有感示弟」 다음에 배열되어 있는 「又」는 「讀大學有感示弟」와 함께 창작한 시이다. 「又」를 살펴보면, 주희의 대학설에 대한 소재의 견해를 분명하게 알 수 있다.

「又」의 전반부에서 소재는 "만언천언이 혈맥이 통하니 읽다 보면 한 부의 『대학』 책이 흉중에 있게 된다."고 했다. 주희는 『大學章句』에서 "傳의 문장은 經傳의 여기저기에서 인용하여 조리가 없는 것처럼 보이나 文理가 접속하고 血脈이 貫通하여 深淺始終이 지극히 정밀하니 숙독하고 자세히 음미하기를 오래 하면 이를 깨달을 수 있다."[29]고 했다. 주희는 「讀大學法」에서는 "『대학』 한 책에는 正經이 있고 章句가 있고 或問이 있지만 읽고 또 읽으면 或問은 필요 없고 章句만 보면 되고, 시간이 지나면 經文만 보면 될 것이고, 그리고 더 시간이 지나면 절로 한 부의 『대학』이 나의 胸中에 있게 되어 經文 또한 필요 없게 될 것이다."[30]라고 했다. 소재는 시의 起句에서 "傳의 글이 모두 혈맥이 관통한다."고 했던 주희의 말을 그대로 인용했다.

---

28) 주희, 『주자어류』, 권15, "格物是夢覺關, 格得來是覺, 格不得只是. …… 又曰, 誠意是人鬼關, 誠得來是人, 誠不得是鬼."

29) 주희, 『대학장구』, "凡傳文, 雜引經傳, 若無統紀. 然文理接續, 血脉貫通, 深淺始終, 至爲精密, 熟讀詳味, 久當見之, 今不盡釋也."

30) 주희, 『대학장구』, 「讀大學法」, "大學一書, 有正經有章句有或問, 看來看去, 不用或問, 只看章句便了, 久之, 又只看正經便了, 又久之, 自有一部大學, 在我胸中, 而正經亦不用矣."

이어지는 승구에서도 "『대학』을 읽고 또 읽으면 『대학』 한 부의 책이 흉중에 있게 된다."고 했던 주희의 말을 인용했다. 그리고 轉·結句에서는 의미를 전환하여 요순시대에는 『대학』의 經文, 傳文, 章句, 或問의 수천수만 글자뿐만 아니라 한 글자의 문자도 존재하지 않았지만 백성들은 自得하고 和樂한 채 태평하게 살아가지 않았느냐고 말하였다. 주희는 經典을 읽고 또 읽어야만 성인의 마음과 내 마음이 하나가 되는 경지에 도달할 수 있다고 했지만, 소재는 경전을 읽지 않아도 요순시절의 백성들처럼 선하고 행복하게 살아갈 수 있다고 주장하고 있다.[31)]

이 시에서 소재는 경전에 대한 강론을 중시하는 주희의 주지주의적 공부 방법을 비판하였다. 소재는 "만약 경전을 읽는 것이 성현에 이르는 중요한 방법이라면 요순은 문자가 없던 시대에 어떻게 성현이 될 수 있었겠는가?"[32)]라는 문제를 제기하여 경전 강론이 성인에 이르는 필수적인 공부 방법이 아님을 강하게 주장한 것이다. 이러한 주장은 경전도 내 마음을 표현한 것에 불과하니 경전의 문구에 얽매이기보다는 마음의 본질에 충실하라는 양명학의 논리에 기반을 둔 것이다.

「讀大學有感示弟」와 「又」의 내용이 모두 『대학』에 나타난 성리학의 공부 방법에 대한 것이고, 두 번째 시의 제목이 「又」라는 점에 근거해 보면, 이 두 시들은 동시에 창작된 것임을 알 수 있다. 「又」는 독서 궁리 공부를 중시한 주희의 공부론을 비판한 작품이다. 한 시인이 『대학』에 나타난 공

---

31) 이 시는 『문집』에 실리지 못하고 소재 宗家에 보존된 필사본 원고에만 남아있는 작품이다. 소재 사후의 경직된 학문 분위기 속에서 공개하기 어려운 작품이었기 때문에 문집에 편입되지 못한 것으로 추정할 수 있다. 소재 종가에는 자손들이 대대로 전한 소재의 저작들이 다수 보관되어 있는데 이중 『蘇齋集』이라는 표제가 붙은 2권의 필사본 시문유고에 600여 수의 시가 수록되어 있다. 이 시들은 대부분 지금 전하는 문집에 수록되어 있지만 68題 78首의 시는 문집에 수록되어 있지 않은 작품으로 확인된다.

32) 진래, 『주희의 철학』, 이종란 외 옮김, 예문서원, 2002, 434면.

부론을 제재로 하여 두 수의 시를 동시에 지으면서 한 수에는 주희의 대학설에 대한 비판을 또 다른 한 수에는 지지를 표명할 수는 없을 것이다. 그렇다면 「讀大學有感示弟」에도 역시 양명학의 입장에서 주희의 『대학』설을 비판하는 소재의 관점이 내재해 있음을 짐작할 수 있다.

「『대학』을 읽고 느낀 점이 있어 시를 써서 동생에게 보여준다[讀大學有感示弟]」라는 詩題에 근거하면, 이 시는 『대학』을 읽고 새롭게 깨달은 바를 표현한 작품임을 알 수 있다. 새로운 감회는 결구의 내용을 통해 보면 격물치지와 성의의 공부 순서와 관련하여 생긴 것임을 알 수 있다. 격물치지에서 성의로 나아가는 것이 성학의 바른 공부 순서라고 이전까지는 알고 있었는데 이에 대해 새롭게 생각하게 되었다는 의미일 것이다. 소재는 이 시를 통하여 격물치지에서 성의로 나아가야 한다고 주장한 주희의 대학설을 회의하고 있는 자신의 의식을 드러낸 것이다.

『전습록』 초간본에는 성의를 중심으로 격물치지해야 한다는 왕수인의 대학설이 드러나 있다. 왕수인은 "대학의 공부는 바로 明明德인데 명명덕은 단지 성의일 뿐이고 성의의 공부는 격물치지이다."라고 하면서, "주희처럼 격물치지를 먼저 하고 성의를 나중에 하는 것은 옳지 않으며 성의를 중심에 두고 격물치지를 해야 한다."고 주장하였다.[33] 그렇다면 「讀大學有感示弟」에 나타난 소재의 공부론은 『전습록』 초간본에 보이는 왕수인의 대학설의 영향을 받은 것이라고 할 수 있다. 「又」에 보이는 경전 학습에 대한 부정은 양명학과 상산학에 공통적으로 존재하는 것이기 때문에 「又」는 양명학의 영향을 받은 작품이라고 단언하기 어렵다. 그러나 「讀大學有感示弟」에 보이는 주희의 격물치지에 대한 비판은 상산학에는 존재하지 않

33) 왕수인, 『전습록』, 상권, "大學工夫卽是明明德, 明明德只是個誠意, 誠意工夫只是格物致知. 若以誠意爲主去用格物致知的工夫, 卽工夫始有下落, 如新本先去窮格事物之理, 卽茫茫蕩蕩都無着落處."

는 것이다. 특히 격물치지와 성의를 한 쌍의 대립 개념으로 다루어 공부 순서를 논하는 것은 성의를 중심으로 『대학』을 강론하였던 왕수인의 초기 사상에만 보이는 것이고 송대의 학자들에게는 나타나지 않는다고 한다.[34) 따라서 「讀大學有感示弟」는 양명학, 특히 『전습록』 초간본에 보이는 왕수인의 초기 사상의 영향을 받은 작품임을 분명하게 알 수 있다.[35)]

소재는 「讀大學有感示弟」와 「又」를 33세에 창작하였다. 「讀大學有感示弟」를 소재가 33세(명종 2년 1547)에 창작하였다는 것에 근거하면, 그가 20대에 이미 『전습록』 초간본을 읽고 양명학에 동조하고 있었음을 알 수 있다. 소재는 일생 비교적 많은 양의 철학 산문을 남겼는데 이 가운데 40대 이전에 저술한 작품들에서는 주로 주자학에 대한 지지를 표명하였다. 위의 시를 통해 보면 소재가 젊은 날 공식적으로는 주자학을 지지하면서도 내심으로는 양명학에 이끌리고 있었다는 사실을 추론할 수 있다.

그러나 소재의 사상이 유배 전기에 주자학을 부정하고 양명학으로 나아간 것은 결코 아니었다. 을사사화 직후 일시에 창작한 것으로 보이는 「思勁詩軸 讀休菴所賜次韻 慨然有感 輒復和題」, 「讀大學有感示弟」와 「又」를 제외하고는,[36)] 주희를 직접 비판한 시들은 더 이상 보이지 않는다. 소재는 「인심도심변」을 지은 45세 이전까지 여러 시와 산문을 통하여 주희의 정신경지에 대한 존숭의 염과 주자학의 공부 방법에 대한 지지를 거듭 표명하였다. 그가 시에서 "匡 땅에서 위협당한 仲尼와, 羑里에 갇힌 文王. 죽음이 코앞에 닥쳤어도, 편안하게 처신하실 뿐이었지. 이 경지를 알았던 이 누

34) 진래, 『양명철학』, 예문서원, 2003, 214면.

35) 필자는 기존 논문에서 이 두 수의 시를 상산학의 영향 하에 창작된 작품으로 설명하였다. 이 책을 통해 이를 수정하려고 한다.

36) 소재 종가 필사본 원고에는 위의 세 수의 시가 『유산록』 시들 바로 뒤에 순서대로 나란히 실려 있다.

구인가, 천 년 뒤의 주자였으니. 결국 한마디 말을 내어, 분명하게 도리를 드러내었네."[37]라고 하였고, 혹은 "東周에는 공자가 내려오셨고, 南宋에는 주회암이 탄생하셨네."[38]라고 한 데서 알 수 있듯이, 주희를 공자에 비견할 만한 亞聖으로 추존하고 있었다. 다음의 시는 주희의 공부 방법을 긍정하는 소재의 견해가 분명하게 표명된 작품이다.

〈夢與同志講論傳註 覺輒記以短律〉

吾非一日長乎群	나는 조금도 그 사람들보다 연장자가 아닌데
媿却相推會以文	부끄럽게도 학문의 모임에서 추대되었네
道在尼輿關洛婺	도는 孔子・孟子・周子・程子・朱子에게 있고
心傳堯舜夏周殷	心法은 요・순・하・은・주로 전해졌어라
精微散處須詳說	정미한 이치 흩어져 있는 곳 상세히 강설해야 하니
性命源頭豈遽聞	성명의 원두는 어찌 갑자기 깨달을 수 있으리
此樂亦因吾輩設	이 즐거움 또한 우리 무리로 인해 베풀어진 것이니
儻敎千載李斯焚[39]	천 년 뒤에 李斯가 불사른들 무슨 상관이리

소재는 孔子・孟子・周子・程子・朱子로 이어지는 유가의 도통을 긍정하여 주희에 대한 존숭의 염을 드러낸다. 주희에 대한 존숭은 그의 공부 방법에 대한 긍정과 직결되어 있다. 소재는 정미한 이치가 흩어져 있는 경전 공부의 중요성과 즐거움을 역설하면서 이러한 과정을 뛰어넘어 갑자기 性

---

37) 권1, 「讀書」, 84면, "仲尼畏匡人, 文王囚羑里. 死生在前了, 處之恬然耳. 識此爲何人, 千載子朱子. 畢竟揭一言, 分明見道理."

38) 권2, 「追和曾公寄西山先生挽晦庵先生二詩」第二首, 94면, "東遷尼父降, 南渡晦翁生. 廣大乾坤整, 精微日月明. 遺經接統緖, 萬世啓治平. 此德天生再, 空聞蜀犬聲."

39) 권1, 87면.

命의 源頭를 깨달으려고 하는 학문 태도를 비판하였다. 이는 위의 시 「思勁詩軸 讀休菴所賜次韻 慨然有感 輒復和題」에서 부정했던 도문학을 위주로 하는 주희의 공부 방법에 대한 긍정이다.

위의 시에서 소재는 師友들과 經典의 傳註를 강론하는 격물 공부의 즐거움을 말하였다. 유배로 인해 師友들과의 교유가 불가능하게 되자, 소재는 책 속의 성현들과 만나 마음으로 대화하는 것을 통하여 섬에서의 고독한 삶을 이겨내려 하였다. 소재는 이러한 자신의 지향을 "고요한 밤의 깊고 깊은 뜻, 십 년 지난 지금 비로소 알겠네. 다시 時俗의 말이 없고, 성현과 더불어 담소하누나. 외로운 등불 흩어져, 존경하는 백 명의 晦庵이 되니. 혼미함을 어찌 용납하리, 창졸간에도 앞에 임해 계신 걸 보네."[40]라고 하거나, 혹은 "이 생에 남아 있는 것은 이 마음뿐인데, 모이기 쉽고 사라지기 어려운 點點의 구름들. 쫓겨난 신하 외로워서 괴로워한다 말하지 말라, 아침마다 옷깃 여미고 주자의 글 대하고 있으니."[41]라고 표현하였다.

유배기에 소재가 행한 讀書는 일반적인 유자들의 그것과는 다른 면이 있었는데 이는 다음의 시에서 구체적으로 살펴볼 수 있다.

〈一日 讀書忽念死迫親老 爲之憮然 情發不中 遂倣工部同谷歌 作八首〉

我書一部常在案	나의 책 한 부가 항상 책상 위에 있으니
志學而立猶把玩	십오 세부터 삼십 넘은 지금까지 즐겨본다네
還珠豈敢事體認	구슬 돌려주니 어찌 體認을 일삼으랴만
且喜萬物皆條貫	하나의 理 만물에 관통해 있어 기뻐하네

40) 권2, 「謫居四味 四首」 103면, "靜夜深深意, 十年今始諳. 更無時俗語, 聊與聖賢談. 散却孤燈影, 尊爲百晦庵. 昏沈何處着, 造次見前參."

41) 권2, 「次韻答舟川」, 104면, "此生餘物只天君, 易合難開點點雲. 莫道放臣苦幽獨, 朝朝斂衽侍朱文."

妄擬吾懷有至寶	나의 마음에 지극한 보배 있다 멋대로 생각하니
頭風自愈手自盥	머리의 풍 절로 낫고 손 절로 씻게 되누나
嗚呼八歌兮歌忽闋	아아! 여덟 번째 노래여 노래 문득 끝나니
書也相殉不相訣[42]	책이여 서로 따르고 헤어지지 말자

소재는 어느 날 책을 읽다가 연로하신 부모님 생각에 마음이 크게 흔들리게 되었다. 그는 이 흔들리는 마음을 다스리기 위해서 두보의 「乾元中寓居同谷縣作歌七首」를 모방하여 여덟 수의 시를 짓는다. 소재는 자신, 부모님, 외할머니, 스승이자 장인인 탄수 이연경, 동생, 누이, 아내, 책을 대상으로 하여 그들에 대한 애정과 미안함과 그리움을 차례대로 서술하였다. 인용한 시는 여덟 번째 수이다.

여덟 번째 수는 읽고 있던 책을 대상으로 하여 그 책에 대한 자신의 마음을 읊은 것이다. 소재는 학문에 뜻을 두기 시작한 열다섯 살 때부터 삼십이 넘은 지금까지 이 책을 곁에 두고 읽고 있다고 했다. 그는 15년 넘게 이 책을 읽으면서도 여전히 핵심이 되는 내용을 완전히 體得하지 못했다고 겸손하게 시인한다. 그러나 한편으로 책을 읽어가면서 어렴풋하게나마 만물과 자신의 마음이 하나의 天理로 이어져 있음을 깨닫게 되었다고 하였다. 이처럼 천지 만물과 자신의 마음이 하나로 이어져 있음을 認證하게 된 시인은 몸과 마음이 편안해지는 것을 느낀다. 그리고 책과 죽을 때까지 헤어지지 말자고 맹세를 한다.

「乾元中寓居同谷縣作歌七首」는 두보가 중국의 서북쪽 변방에 있는 同谷에서 겨울을 보내며 지은 작품이다. 당시 두보는 극도의 생활고에 시달리고 있었기 때문에 이 시에는 가난을 비관하고 늙음을 탄식하는 의식이 그

42) 권2, 100면, 제8수.

대로 드러나 있다. 주희는 두보의 「乾元中寓居同谷縣作歌七首」에 대해 "卒章에서 노쇠와 빈곤을 탄식한 것은 뜻이 비루하니, 사람이 도를 알지 못해서야 되겠는가!"라고 비판한 바 있다.[43]

소재는 두보의 「乾元中寓居同谷縣作歌七首」의 형식을 차용하여 여덟 수의 시를 지었다. 그러나 그는 이 시에서 두보와는 다르게 시련을 이겨내려는 의지를 표명하였다. 첫째 수에서 묘사한 내용에 근거해 보면, 당시 소재는 바닷가에서 홀로 지내며 죽음이 시시각각으로 다가오고 있음을 예감하고 있었다.[44] 소재의 처지는 同谷에 우거하고 있을 때의 두보보다 나을 것이 없었다. 그러나 소재는 주희가 말한 바와 같이 生死 · 夭壽 · 窮達로 인해 마음이 흔들리는 것은 道를 지향하는 선비의 모습이 아니라고 생각하고 있었다. 그래서 소재는 두보처럼 늙음과 빈천함을 탄식하고 슬퍼하기보다는 독서와 수양을 통해 마음 안의 천리를 보존하면서 인생의 시련에 맞서려 하였다.

이처럼 소재는 견정한 도덕주체를 확립하려는 강렬한 지향 속에서 경전을 읽고 있었다. 그가 행한 독서는 성인의 마음과 하나로 연결된 내 마음의 天理를 認證하는 과정이었지 傳註를 변석하고 章句를 암기하는 번쇄한 지적인 탐구와는 거리가 먼 것이었다.

소재는 이 시기 마음 안의 天理를 認證하는 방법으로서 독서의 의미를 발견한 것과 동시에 主敬涵養 공부에 몰두하였다. 불안하고 고독한 삶으로 인해 마음이 크게 동요하고 있었기 때문에, 그는 주경함양을 통해 이 동요하는 마음을 다스리고자 하였다.

---

43) 주희, 『文集』, 권84, 「跋杜工部同谷七歌」, "杜陵七章, 豪宕奇崛, 詩流少及之者. 至其卒章, 嘆老嗟卑, 則志亦陋矣, 人可以不聞道哉!"

44) 권2, 「一日 讀書忽念死迫親老 爲之憮然 情發不中 遂倣工部同谷歌 作八首」第一首, 99면, "有客有客號晤室, 海上隨身但兩膝. 平生枉挾箕斗名, 胡爲自割無用漆. 蓋棺悠悠事且了, 腹裏規模未全失. 嗚呼一歌兮歌則狂, 微燈爲我回其光."

〈夜坐卽事〉

鬼門浮瘴氣	장기 떠도는 귀신의 집
旅館入寒春	싸늘한 봄기운 스며드는 여관
未解卿卿語	당신이란 말 아직 알지 못하는데
猶將孑孑身	혈혈단신으로 지내고 있구나
奴亡玉川夜	노비 도망간 옥천의 밤
雞縛杜陵晨	닭이 묶인 두릉의 새벽
半壁靑燈影	벽에 일렁이는 푸른 등불만이
分明照我神	분명하게 나의 정신을 비추네
高坐容先整	단정하게 앉아 용모 먼저 바로잡고
才求放便回	구하자 곧 잃었던 마음 돌아오네
不敎奔似馬	말처럼 내달리지 않게 해야 하지만
只怕死如灰	재처럼 죽어버릴까 다만 두렵구나
饑鼠閑行止	굶주린 쥐 한가하게 드나들고
輕風自往來	가벼운 바람 절로 오고 가누나
何須閉耳目	어찌 눈과 귀를 틀어막아야 하리
虛一蓋難哉[45]	虛明靜一에 도달하기 어려우리라

소재는 첫 번째 시에서 장기에 젖고 한기가 스며드는 자신의 집을 귀신의 집이자 낯선 여관이라 명명한다. 사람의 溫氣라고는 느낄 수 없는 이 음습하고 썰렁한 집에서 서른네 살의 시인은 아내에 대한 그리움으로 밤늦도록 잠들지 못하고 있다. 그는 아내가 다정하게 '당신' 이라고 부르는 말

45) 권2, 98면.

을 들어보지도 못한 채 아내와 떨어져 홀로 지내는 중이다. 노비는 불러도 대답이 없고 닭은 좀처럼 울려 하지 않는데, 시인은 등불을 마주하여 우두커니 앉아 있다. 이때 빈 벽에 일렁이는 푸른 등불은 고독한 그의 마음을 그대로 되비치고 있다.

두 번째 시는 고독으로 인해 동요하고 있던 마음을 敬을 통해 바로잡는 과정을 시화한 것이다. 그는 용모와 자세를 단정하게 하고 마음을 검속하자 마음이 곧 바름을 회복하였다고 하였다. 그리고 마음이 동요하지 못하게 수렴하고 있지만 모든 사려를 끊어버리지는 않았다고 하였다. 이어서 소재는 뜰의 모습을 묘사하여 敬을 통하여 도달한 이상적인 마음 상태를 암시하였다. 쥐가 한가롭게 들락거리고 가벼운 바람이 오고 가는 뜰의 풍경은 욕망과 사념이 사라져 고요하고 텅 비어 있으면서도 지각은 꺼지지 않은 마음의 상태를 상징한다.

소재는 시의 수련에서 '단정하게 앉아 용모를 바로잡자 잃었던 마음이 곧 돌아왔다' 라고 하였고 미련에서 '虛明靜一한 마음은 눈과 귀를 틀어막아서는 도달할 수 없다' 고 하였다. 이를 통해 이 시기 소재가 추구한 主敬涵養이 마음을 고요하게 수렴하되, 지각을 완전히 끊어버리지는 않은 주희의 主敬涵養과 일치하는 것임을 알 수 있다.

유배 전기까지 소재는 經典을 읽는 格物 공부와 마음을 보존하는 主敬涵養이 병진해야 한다고 주장한 주희의 공부론을 신뢰하고 있었다. 그러나 앞서도 언급했듯이 유배지 섬에서 소재가 행한 격물 공부는 일반적인 유자의 그것과 일치하는 것이 아니었다. 소재는 이 시기 천지 만물과 하나로 이어져 있는 마음 안의 天理를 인증하는 방법으로서만 경전 읽기를 긍정하였다. 게다가 유배지에서의 고독한 삶으로 인해 동요하고 있던 마음을 다스리는 것이 수양에 있어 가장 시급한 과제로 떠올랐기 때문에 이 시기 소재는 격물 공부보다는 主敬涵養을 중시하는 방향으로 나아가게 된다.

사환기에 소재는 格物致知 공부를 매우 중시하였다. 그는 '格物致知가 先在하지 않으면 함양할 대상이 없으니 主敬하고자 하는 사람은 반드시 致知를 먼저 해야 한다' 고까지 주장하였다.[46] 이러한 주장은 기질과 욕망의 영향을 받는 마음의 위태로움에 대한 인식에 기반을 둔 것이었다. 그러나 소재는 인종의 급작스러운 서거와 을사사화, 권간의 발호로 이어지는 정치적 혼란을 목도하면서 끊임없이 변화하고 있는 객관 세계에 영향 받지 않는 절대불변의 天理가 내 마음에 엄존해 있음을 분명하게 자각하게 되었다. 그리고 이러한 자각을 기반으로 내 마음은 그 자체로 완전하고 천리는 내 마음에서 자연스럽게 흘러나온다는 생각으로 기울어지기 시작하였다.

〈感興〉

東風吹萬物	동풍이 만물에 불어오는
蕩蕩暮春者	태탕한 늦은 봄날에
尙餘一弊衣	해진 옷 한 벌 아직 남아있으니
盍往觀乎野	들로 나가 구경하지 않겠는가
曾公未必往	증점도 꼭 놀러 갔던 것은 아니고
盖言志所雅	대개 평소의 뜻 말했을 뿐이니
聖人樂其天	성인은 타고난 그대로 즐기고
而不由外假	외부 허상에 기대지 않음을 기뻐하셨네
豈待目鳶魚	어찌 솔개 날고 물고기 뛰는 것 보아야만
方知察上下	하늘과 땅에 天理가 유행함을 알겠는가
我有胸中泉	나에게 마음 안의 샘이 있어

46) 내집 상편, 「聞逢執徐書筵講義 晴窓手錄」, '戊午', 336면, "'涵養須用敬, 進學則在致知', 不先致知, 則更涵養何物? 故欲主敬者, 必須致知爲務."

源源流不舍	그침 없이 물이 흘러나오네
窓前自草生	창 앞에는 절로 풀이 돋아나고
窓外自雨灑	창밖에는 절로 비가 뿌리나니
雖無一尊酒	비록 한 동이 술은 없지만
獨詠不能啞	홀로 읊조리며 입 다물지 못하누나
詩成每怡悅	시 이루어지면 매번 기뻐하나
吉人辭欲寡	길인은 말이 적고자 하나니
但訝鬼神聽	다만 생각건대 귀신이 듣고서
或來與我也[47]	혹시 와서 나와 함께 하려나

시의 전반부는 『논어』에 보이는 曾點의 고사를 차용한 것이다. 공자가 어느 날 子路, 冉求, 公西華, 曾點에게 포부를 말해보라고 하였다. 자로를 비롯한 다른 제자들은 政治와 禮樂에 종사할 뜻을 밝혔는데 증점은 홀로 거문고를 연주하며 자적하고 있다가 늦봄에 봄옷이 만들어지면 몇 명의 청년 · 아이들과 더불어 沂水에서 목욕하고 舞雩에서 바람 쐬다가 시를 읊조리며 돌아오고 싶다고 대답했다. 이때 공자는 감탄하며 증점의 뜻에 찬성한다고 말하였다.[48]

시인은 봄바람이 태탕하게 불어오자 증점처럼 들로 나갈 것을 잠시 생

47) 권2, 103면.

48) 『論語』, 「先進」, "子路曾晳冉有公西華侍坐. 子曰, '以吾一日長乎爾, 毋吾以也. 居則曰不吾知也, 如或知爾, 則何以哉?' 子路率爾而對曰, '千乘之國, 攝乎大國之間, 加之以師旅, 因之以饑饉, 由也, 爲之比及三年, 可使有勇且知方也.' 夫子哂之. '求爾何如?' 對曰, '方六七十, 如五六十, 求也, 爲之比及三年, 可使足民. 如其禮樂, 以俟君子.' '赤爾何如?' 對曰, '非曰能之, 願學焉. 宗廟之事, 如會同, 端章甫, 願爲小相焉.' '點爾何如?' 鼓瑟希, 鏗爾舍瑟, 而作對曰, '異乎三子者之撰' 子曰, '何傷乎! 亦各言其志也.' 曰, '莫春者, 春服旣成, 冠者五六人, 童子六七人, 浴乎沂, 風乎舞雩, 詠而歸.' 夫子喟然嘆曰, '吾與點也!'

각해본다. 곤궁하지만 낡은 봄옷 한 벌 정도는 아직 남아 있으니 증점이 말했던 것처럼 들로 나갈 수도 있다는 것이다. 그러나 그는 곧 증점도 반드시 들로 나가려 했던 것은 아니라고 생각한다. 그가 이렇게 추측하는 것은 공자가 찬탄했던 증점의 경지가 평소 자신이 처한 바의 자연스러운 삶을 즐기는 것이지 외적인 대상에서 즐거움을 구하는 것이 아니었음을 알고 있기 때문이었다. 게다가 무엇을 반드시 해야 한다고 집착하는 것은 이미 증점의 灑落한 경지와는 다른 것이기 때문에, 소재는 증점이 반드시 들로 나가려고 했던 것은 아니라고 생각한다.

이어서 소재는 "솔개는 하늘에 이르고 물고기는 연못에서 뛰어오른다 했으니, 이는 온 세상에 천리가 유행함을 말한 것이다.[鳶飛戾天, 魚躍于淵, 言其上下察也.]"라고 했던 『중용』의 구절을 인용하였다.[49] 소재는 이 구절을 인용하면서 밖으로 나가 솔개와 물고기를 눈으로 보아야만 天地에 天理가 유행한다는 사실을 아는 것은 아니라고 하였다. 그가 이렇게 생각하는 이유는 창 앞에 절로 풀이 자라고 창밖에 절로 비가 뿌려지듯이 자신의 마음에서 절로 천리가 흘러나오고 있음을 체증하고 있기 때문이다. 마음 안에서 천리를 체증한 소재는 깊은 희열을 느껴 자신도 모르게 시를 읊조린다. 그리고 이 즐거움은 자신만이 홀로 아는 경지이기 때문에 귀신만이 혹 엿들을 수 있을 것이라고 하였다.

소재는 천리는 마음에서 절로 흘러나오는 것이며, 마음 안의 天理를 온전하게 보존할 수 있으면 어느 곳 어느 때에도 自得할 수 있다고 확신하게 되었다. 이러한 확신으로 인하여 그는 점차 외부의 사물에서 天理를 인식하는 격물 공부를 회의하게 되었고, 마음 안의 천리를 보존하는 主敬涵養을 모든 공부의 근본으로 중시하게 되었다.

---

49) 『중용』, '12章'

●제4장●

精神的 危機와 摸索

1. 죽음에 이끌리는 위태로운 마음

소재는 을사사화를 계기로 인생에 있어 인간의 힘으로 어찌할 수 없는 命이 존재함을 인식하게 되었다. 그러나 그는 비극적인 운명에 절망하지 않고 讀書와 主敬涵養을 통해 견정한 도덕적 주체를 수립하여 인생의 시련에 저항하려 하였다. 소재는 이 시기 공자와 주희의 삶을 전범으로 삼아 그들의 정신경계에 도달하는 것을 인생의 목표로 설정하였다. 유배 전기 시의 가장 큰 특징은 인생의 시련에 저항하는 도덕주체의 긴장이 내포되어 있다는 점이다. 그러나 유배가 장기화되면서 소재의 의식과 詩는 변화하기 시작하였다.

〈次韻河西〉

萬事添華髮　　세상만사로 흰머리만 늘어나고

三年未死神　　죽지 않은 귀신으로 삼 년 보냈으니
殘花不相惜　　시드는 꽃이 안타깝지 않은
却是夢中人[1)]　　바로 꿈속의 사람이로다

이 시는 河西 金麟厚의 시에 차운한 작품이다. 하서의 원시는 다음과 같다.

果配盃中物　　과일은 잔의 술과 짝이 맞고
薑通瘴裡神　　생강은 장기에 물든 정신 맑게 하지
梅花殘一點　　시들어 떨어진 매화 한 점
耐着醉吟人[2)]　　취해 노래하는 이에게 달라붙누나

하서는 술·과일·생강·매화 등 자신이 酷好하는 것들을 나열하였다. 하서는 이러한 것들을 즐길 수 있는 삶에 애착을 가지고 있었다. 하서의 생에 대한 애착은 시의 결구에서 더욱 생생하게 드러난다. 하서는 생을 사랑하고 매화를 사랑하기 때문에 매화가 시들어 떨어지는 것이 너무도 안타깝다. 그는 자신의 이러한 감정을 매화에 이입하여 매화 또한 자신과의 이별을 아쉬워하는 듯 자신에게 다가와서 달라붙는다고 하였다.

소재는 하서의 시에 차운하면서 하서가 말한 생에 대한 사랑을 완전히 부정하였다. 세상의 모든 일이 고통스럽게만 느껴져 그는 지금 자신이 살아있지만 귀신과 다를 것이 없다고 생각하고 있다. 그러므로 그에게 시드는 매화는 더 이상 슬픔을 불러일으키지 않는다. 하서는 자신을 '봄날이

1) 권2, 113면.
2) 상동.

가는 것이 안타까워 취해 노래하는 사람'이라고 命名했다. 그러나 소재의 마음은 봄날 꽃이 피고 지는 모습을 보고도 기쁨이나 슬픔을 느끼지 못하는 불 꺼진 재와 같다. 그렇기 때문에 소재는 자신을 '꽃이 시들어도 안타깝지 않은 꿈속의 사람'이라고 명명하였다.

소재는 35세(1549) 때 장인이자 스승인 灘叟 李延慶의 부음과 절친한 同門이자 同壻인 舟川 康惟善의 杖殺 소식을 전해 듣는다. 강유선은 이해에 李若氷의 장남인 李洪男이 동생 李洪胤을 역모 죄로 고발한 사건에 연루되어 무고하게 처형당했다. 이기는 이홍남의 고변을 계기로 권력에 저항하는 사림 세력을 제거하기 위해 충주 지역의 사류들을 살육하는 대옥사를 일으켰다. 이때 희생된 사람들은 주로 이약빙, 이연경의 문인들로 죽은 자만 300여 명이 넘었다고 한다. 강유선은 역모를 도모했다는 내용의 투서로 인해 무고하게 杖殺되었는데, 그 투서에는 "이연경과 그의 사위인 강유선이 노수신이 유배되고 이약빙이 사사된 것에 원한을 품고 역모를 도모하여 노수신과 이약빙의 원수를 갚고자 했다."라는 내용이 쓰여 있었다고 한다. 이 투서가 문제가 되기 직전 이연경은 병으로 下世하였고, 강유선은 이연경의 상을 치르자마자 杖殺되었다. 자신과 직접 관련된 이 엄청난 사건을 접한 직후 소재는 커다란 충격에 휩싸이게 된다.[3]

소재는 강유선의 杖殺 소식을 들은 이후로 사람들의 입에 오르내리는 것이 극히 위험한 일임을 깨닫고 사람들을 의식적으로 피하게 되었다. 시에서 "독실한 敬이 어찌 오랑캐의 땅에서 행해지랴, 커다란 신뢰도 豚를 감동시키기 어렵지. 나의 입을 단속하는 데 힘써야 하니, 따라다니며 넘겨

3) 이때부터 소재의 詩作은 현저하게 감소한다. 유배된 해에 130여 首, 이듬해에는 120여 首의 시를 창작하였던 소재는 35세 이후로는 한 해에 평균 10수에서 20여 수 정도의 시만을 창작하였다. 시의 내용 또한 허무와 죽음으로 이끌리는 마음을 직설적으로 토로하는 것들이 많아지기 시작하였다.

다보고 있다네."[4]라고 하였던 것에서도 알 수 있듯이 진도의 관원들은 조정에 아부하기 위하여 소재를 여러 가지 방법으로 탄압하고 그의 잘못을 들추어내려 하고 있었다. 이런 적대감 속에서 생활하던 소재는 38세(1552) 때 진도城 밖 바닷가로 집을 옮기게 된다. 집을 옮길 무렵에 지은 시에 "鳥獸와는 함께 살 수 없고, 이곳의 사람들 三代의 사람이지만. 나의 잘못 환히 드러내려고 하니, 물러나 귀신과 도모할 수밖에"[5]라고 했고, 집을 옮기고 나서 쓴 시에 "주위는 바닷바람이 부는 길, 울타리 곁은 푸른 바다의 제방. 어찌 섬돌 아래에서 통곡하는 것 금하랴, 방에 앉아 우는 것도 괴이하게 여기지 않네."[6]라고 한 것에서도 알 수 있듯이, 그는 이때부터 주변에 人家라고는 전혀 없는 외진 바닷가에 집을 짓고 사람과의 접촉을 피한 채 홀로 지내게 되었다. 소재는 父母, 兄弟, 師友들과 격리되어 섬에 갇혔을 뿐만 아니라 섬에서도 사람들이 살지 않는 곳으로 자신을 유폐시킬 수밖에 없는 처지에 있었다.

다음의 시는 바닷가에 있는 자신의 집과 주변의 풍광을 묘사한 것이다.

〈旣望夜坐〉

風連鼓角悲荒戍	고각 소리 바람결에 들리는 황량한 변방
霧壓柴荊閉索居	안개는 사립을 눌러 외딴집 봉쇄했네
慣見籬邊有潮水	울타리 가로 밀려드는 조수 실컷 보나니
閑來閑去自盈虛[7]	한가하게 오고 가 절로 차고 비누나

4) 권2, 「玉州二千言」, 105면 "篤敬豈行貊, 大信難感郝. 勉爲東吾咮, 又從而窺覦."

5) 권3, 「頌杜陵畏人成小築 褊性合幽棲一聯 覺似爲今日道 遂用爲韻成十絶」, 125면, "鳥獸不可羣, 斯人三代人. 明明盡吾非, 退而謀鬼神."

6) 권3, 「移居」, 123면, "匝地颶風隧, 沿籬滄海堤. 詎禁階下哭, 不怪坐隅啼."

7) 권3, 137면.

시의 전반부에서 시인은 바람결에 들리는 변방의 고각 소리로 집 주변의 황폐한 풍경을 묘사하였다. 그리고 이를 이어 외부와의 소통이 완전히 차단된 자신의 집을 묘사한다. 안개에 봉쇄당한 이 쓸쓸한 집은 고독과 우울에 짓눌려 있는 시인의 마음을 그대로 닮았다. 시인은 3구에서 시상을 전환하여 울타리 가에 밀려드는 바다를 묘사하였다. 한가하게 밀려왔다 밀려나가며 절로 차고 절로 비는 바다의 모습은 외부 세계와 완전히 차단된 쓸쓸한 집과 극적인 대조를 이루어 이 집과 닮아 있는 시인의 마음 상태를 역으로 드러내고 있다. 시인의 마음은 지금 動靜이 순환하면서 세계와 感應하는 본래 면목을 상실한 불 꺼진 재, 시든 나무와 같은 상태로 변해 있었다. 소재는 이와 같은 자신의 마음을 다른 시에서 "외로운 나의 마음 바다와 달라, 밀물도 없고 썰물도 없다네."[8]라고 묘사하거나, "그대와 함께 천지의 中을 받았지만, 나는 부끄럽게도 마음 극진히 할 수 없어라. 나무 이미 시들고 재도 꺼졌으니, 어찌 천하의 사물에 감응하여 통할 수 있겠는가"[9]라고 토로하였다.

세계와의 소통이 완전히 차단된 고독한 삶으로 인하여 소재는 차츰 죽음으로 이끌리게 된다.

〈自挽〉

五年客海上	바닷가에 유배된 후 오 년 동안
一夕無不之	하루 저녁도 가지 않은 적이 없었지
奴敢幠黔首	종은 감히 검은 머리에 휘장을 덮고
官須檢石屍	관원은 돌처럼 굳은 시신 검사하리

8) 권4, 「又遣奴叔介入京未歸」, 157면, "孤懷異於海, 無汐亦無潮."

9) 권2, 「大醉次韻示二子」, 113면, "與君共受天地中, 愧我於斯有未窮. 木旣槁焉灰又死, 安能天下感而通."

非殤當不惑	불혹에 해당하니 요절한 게 아니고
免戮爲毋欺	자기를 속이지 않았으니 주륙은 면했네
所慟雙親老	애통한 점은 늙으신 두 분 부모님
相離在世時[10]	생전에는 헤어져 있어야 한다는 것

시인은 시의 서두에서 바닷가로 유배 온 이후 5년을 보내면서 저녁마다 어디론가 가지 않은 적이 없다고 말했다. 같은 해에 쓴 시에서 "죽을 것이 틀림없으니 구덩이에 버려져도 달갑고, 바다의 거친 여울로 가지 않은 적이 없었네"[11]라고 한 것을 보면 그는 바다에 몸을 던져 생을 마감하려는 생각을 하고 있었음을 짐작할 수 있다. 자살은 효를 모든 윤리의 근원으로 생각하는 유교 사회에서는 절대 금기시되었다. 그럼에도 불구하고 소재는 자살하고 싶은 충동에 이끌려 밤마다 바닷가에 나가 앉아 칠흑 같은 바다를 바라보며 물에 빠져 죽은 자신의 시체에 종이 천을 덮어 주고 관원이 돌처럼 굳은 屍身을 검사하는 끔찍한 상상을 하고 있었다.

"죽고 나면 부모님이 살아 계시는 동안 부모님과 만나지 못한다는 사실만이 애통할 뿐"이라는 미련의 언급에서 드러나는 것처럼, 소재에게는 더 이상 생에 대한 애착이 남아있지 않았다. 소재는 강유선의 장살 소식을 들은 이후부터 자신의 屍身이나[12] 故人이 된 師友들을 만나는 꿈[13]을 자주 시

10) 권3, 120면.

11) 권3, 「聘君先生諱日 病臥泣書 用舊韻 二首」, 121면, "宛其死矣甘溝壑, 無不之焉儘海灘."

12) 권4, 「自挽」, 149면, "自謂奇男子, 時稱惷丈夫. 山河眼孔入, 纖芥腹中無. 士欲懷綿漬, 官須檢布幠. 孤魂却先返, 兩弟二親隅." ; 권4, 「從李成春覓桐板」, 152면, "烏鳶螻蟻何分別, 況卹區區不孝屍. 只恐破衾頭足見, 也添奴惡重親悲."

13) 권3, 「夢師友」, 116면, "此夕知何夕, 今人見古人. 荷鋤陪斵藥, 挐艇共浮津. 瑞日臨淸玉, 嚴霜灑碧昊. 覺來河注目, 驚起栗生身. 只識感而應, 無論虛與眞. 吾衰苟未甚, 佳會莫頻頻." ; 권3, 「後數夜復夢友」, 116면, "看子死爲歸, 屬吾記一辭. 子於斯旣慟, 吾不慟而誰." ; 권3, 「同夜記夢」, 116면, "我則異於是, 死生今六年. 振衣須沐浴, 含笑向黃泉."

화하였는데, 이 시들에서 드러나는 것은 자신은 살아 있어도 죽은 것과 다름없다는 깊은 허무감이었다.

유배 전기 소재는 견정한 도덕주체를 수립하여 횡포한 정치 현실에 저항하고 자유를 획득하고자 하였다. 그러나 소재는 孝悌忠信을 실천하는 바탕이 되는 모든 인간관계에서 소외된 유배지 진도에서의 삶을 직시하게 된다. 사회적인 관계 속에서 자아를 실현하는 것을 삶의 이상으로 생각하는 儒者인 소재에게 부모에게 효도할 수 없고 임금에게 충성할 수 없으며 형제자매와 애정을 나누고 친구들과 신의를 주고받을 수 없는 섬에서의 삶은 죽음과 다를 것이 없었다. 그가 「從李成春覓桐板」에서 "까마귀 솔개가 쪼아 먹든 땅강아지 개미가 파먹든 상관하지 않는데, 하물며 하찮은 불효자의 시신 따위를 돌아보랴."[14]라고 한 것에서도 극명하게 드러나듯이, 소재는 원래 인간의 삶은 허무한 것이라서 시신이 들에 버려져도 상관할 필요가 없는데 하물며 불효한 자신의 경우는 더욱더 무가치하다고 생각하였다.

이 시기 소재의 마음이 극단적으로 허무와 죽음 쪽으로 이끌리게 되었던 것은 가혹하게 수탈당하고 있던 당대의 가련한 백성들을 구제할 수 없는 자신의 무기력한 처지를 직시하게 된 데에도 원인이 있다. 소재는 유배 전기와 중기에 단편의 서정시로는 담아낼 수 없는 현실의 총체적 면모를 반영하는 사실주의 경향의 장편 고시를 다수 창작하였다. 이 시들에서 소재는 자신에게 감수되어 완전히 情感化된 사회의 비극적인 현실을 사실적으로 기록하였다. 자신의 곤궁한 삶과 백성들의 비극적인 현실을 하나로 융합하여 묘사한 이 시기 장편 고시의 독특한 서사 방법은, 백성들의 고통을 객관적으로 관찰하는 자리에 머물지 않고 그것과 일체화되어 있는 소

14) 권4, 152면, "烏鳶螻蟻何分別, 況衄區區不孝屍."

재의 의식이 만들어낸 것이었다.[15] 소재는 부정한 현실을 비판하고 피폐한 백성들을 구제하는 일을 사대부 지식인의 당연한 임무로 생각하고 있었다. 그러나 남쪽 바다 끝의 섬에 갇혀 있는 미천한 죄인에 불과한 소재에게는 이 비극적인 현실을 변화시킬 힘이 없었다. 그는 부정한 세계의 强固함과 이를 변화시킬 수 없는 자신의 微弱함을 직시하고 절망하게 된다.

〈十三夜 高坐觀書 百慮紛然 信筆書之 凡七首〉

枯槁吟湘澤	초췌한 채 상수와 택반에서 읊조리고
沈綿臥茂陵	병이 깊어 무릉에 누웠는데
暄衣當狐狢	저놈들 따뜻한 여우 담비 가죽을 입고
晩食等何曾	하증의 성찬과 같은 저녁밥을 먹누나
灾蝥應天愛	하늘이 재앙 내리기 꺼리니
荊舒竟孰懲	이 오랑캐 땅 결국 누가 징벌할까
羈孤束雄咮	외로운 유배객 커다란 부리가 묶여
一吽恨無能 [16]	소리 지르고 싶어도 그럴 수 없구나

소재는 어느 날 책을 읽다 온갖 근심이 일어나 마음이 산란하게 되었다. 그는 붓 가는 대로 시를 지어 이 근심스러운 마음을 풀어보려 한다. 소재는

---

15) 권2, 「玉州二千言」, 106면, "郡饑旣太甚, 衣裯換麰麮. 摠至猋暴疫, 並興蓬蒿蔞. 老弱盡溝壑, 煢獨多携扶. 怛然掩半扉, 遺棄聲呱呱. 幸我不遘厲, 殘喘徒歠餔. 近聞二史氏, 黥配或膏鈇. 前年罪稍輕, 產業納官帑. 今年罪復重, 妻子爲僇孥. 又有係頸行, 意者心已刳. 不識自玆後, 其宮凡幾洿? 天討嚴亦愼, 獨猶未及鴑. 苟活亦已多, 豈不知頭顱? 當死無慍色, 忠矣非於菟. 果能得正斃, 安用斂衾幠?" ; 권3, 「苦寒夜坐無燈 暗誦昌黎詩 次韻記異 撥悶」, 126면, "乍見遺孩啼, 閉目如避嫌. 和糜不能啜, 細聲索厚苫. 九重雖已深, 念此烏能恬. 堯舜古聖神, 猶病博施漸. 陰冤一女蘊, 暑霜衆人瞻. 哀哀父與子, 不得共虀鹽."

16) 권4, 145면, 제7수.

인종 · 부모 · 동생들 · 동서 강유선 · 아내를 시적 대상으로 하여 그들의 불행한 처지와 그들에 대한 그리움을 서술한 뒤, 마지막 시에서 자신에 대해 묘사하였다. 위의 작품은 그 마지막 시이다.

소재는 수련에서 자신을 초췌한 모습으로 시를 읊었던 굴원과 병이 깊어 무릉에 은거하였던 司馬相如에 비유하였다. 함련에서는 여우 가죽으로 만든 따뜻한 옷을 입고 사치하기로 유명한 何曾이 먹었던 호사스러운 음식을 먹고 있는 사람을 묘사하였다. 그리고 이어서 이곳에 재앙을 내리지 않는 하늘을 원망하고 周公의 자손이 남방의 오랑캐국인 荊舒를 응징한 것처럼[17] 누군가 이 야만의 땅을 징벌하러 오기를 간절히 바라는 심정을 표현하였다. 시인은 사치와 향락에 빠져 있는 진도의 관리들에게 하늘이 재앙을 내리고 聖君의 징벌이 행해져야 한다고 생각하고 있었다. 그러나 현실은 그의 뜻대로 돌아가지 않았고, 그 자신은 이러한 부정한 현실을 변화시킬 힘이 없었다. 시인이 수련에서 초췌한 모습의 굴원과 가의, 병으로 누워 있는 사마상여에 자신을 비유한 것이나 미련에서 커다란 부리가 묶인 외로운 유배객으로 자신을 묘사한 이유가 여기에서 드러난다. 그는 진도의 타락한 관리들을 처단할 수 없는 자신의 미약한 처지에 절망하고 있었다.

다음의 시는 진도의 부패한 관리들과 무기력한 자신을 동시에 비판한 작품이다.

〈大醉被主倅督賦 賦以戱之〉

醉鄕夢侍無功座	꿈에 醉鄕에 들어 공 없는 관리 모시며
引做佳賓飮似鯢	아름다운 손님 되어 고래처럼 술 마셨는데
醒澤今陪城主席	깨어나 지금은 택반에서 성주 모시고

17) 荊舒는 『詩經』 시 「閟宮」에 등장하는 초나라 근처에 있었던 야만국의 이름이다.

依然惡客困如泥[18]　　여전히 나쁜 나그네로 술에 진탕 취해 있네

이 시는 진도 군수가 주관한 연회에 참석하여 군수의 독촉을 받고 지은 것이다. 소재는 군수를 위해 쓴 이 시에서 장난을 가장하여 자신과 군수를 동시에 諷刺하고 있다.

시인은 의도적으로 1 · 2구는 꿈의 상황으로, 3 · 4구는 꿈에서 깨어난 현실 상황으로 설정하여 대립 구도를 형성하였다. 그러나 이러한 대립 구도는 표면적인 것이고 내적인 의미를 살펴보면 꿈의 상황과 현실의 상황이 완전히 일치하는 것임이 드러난다. 시인은 우선 자신이 꿈에 취향에 들어 공 없이 자리만 차지하고 있는 사람을 모시고 술을 마셨다고 하였다. 이때 자신은 그 연회 자리에 아름다운 손님으로 초대되었다고 했다. 이 꿈속에서의 상황과 완전히 대립하는 듯한 현실의 상황이 3 · 4구에 묘사된다. 시인은 '醉鄕'과 대비되는 꿈에서 깬 현실을 醒澤으로 표현하였다. 이 '醒澤'은 굴원이 술 마시지 않고 괴롭게 직시하려고 했던 혼탁한 현실을 의미한다. 시인은 '醉鄕'과 '醒澤', '佳賓'과 '惡客'을 의도적으로 대립시켜서 꿈에서의 상황과 현실이 완전히 반대되는 것처럼 꾸며 놓았다. 그리고 이렇게 함으로써 '無功座'와 '城主席' 또한 상반되는 듯이 보이게 하였다. 그러나 술에 진탕 취해 있는 이곳이 진정한 醒澤이 될 수 없고 꿈속의 아름다운 손님과 현실의 나쁜 객이 다른 사람이 아닌 바로 시인 자신이듯이, 꿈속에서 공 없이 자리만 차지하고 있었던 사람과 이 현실의 성주는 같은 사람임을 알 수 있다. 소재는 이 시를 통해 공 없이 자리만 차지하고 있는 타락한 관리인 성주와, 이들의 비위를 맞추며 언제나 술에 취해 있는 나쁜 나그네인 자신을 동시에 비판하고자 한 것이다.

---

18) 권4, 144면.

성주와 자신을 비판하려는 의도는 '依然' 이라는 시어를 통해 문면에 그대로 노출되어 있다. 이 시는 왜구가 대규모로 침입하여 진도가 쑥대밭이 된 참화를 겪은 직후에 창작한 작품이다. '依然' 이라는 시어에는 난리로 피폐해진 백성들의 삶을 구휼할 생각도 없고 다시 침입할지 모르는 왜적에 대한 방비 대책도 없이, 난리 전과 마찬가지로 사치와 향락에 빠져 있는 진도의 관리들과 언제나 술에 진탕 취해 이들을 어울리고 있는 무기력한 자신을 비판하는 의식이 담겨 있다.

〈別白文二生〉

莽蕩乾坤阻	아득하게 천지는 막혀 있고
蕭條性命微	쓸쓸하게 性命은 미약한데
詩書禮學未	詩書禮의 學問 이룬 게 없고
三十九年非	삼십구 년의 삶 잘못뿐이로구나
露菊憑烏几	이슬 맺힌 국화 바라보며 안석에 기대고
秋蟲掩竹扉	가을벌레 우는데 대사립을 닫았는데
此時文白至	이때 문생과 백생이 찾아와서
三宿乃言歸 [19]	삼 일을 묵고 이제 돌아간다 하네

소재는 세상 끝에 갇혀 쓸쓸하게 살아가는 자신의 보잘 것 없는 생명을 직시한다. 지금까지 그는 학문을 통해 견정한 도덕적 주체를 수립하여 횡포한 세계에 저항하고 인생의 자유를 획득하려 했었다. 그러나 지난 삶을 돌아보면 학문은 성취한 것이 없고 39년 동안의 삶은 부끄러움만 가득하다. 소재는 만물이 凋落하는 가을날, 학문을 통해 시련에 저항하려고 했던

19) 권4, 152면.

지난 삶이 결국 무의미한 것임을 절감하게 된다. 그는 검은 안석에 기대어 이슬에 젖은 국화를 바라보면서, 가을이 점차 깊어지면 국화가 시들고 자신도 곧 이 세상에서 사라질 것임을 예감한다. 인생이 허망한 것임을 절실하게 깨닫게 된 시인은 문을 닫은 채 슬픈 울음을 우는 가을벌레만을 벗하며 살아가고 있었다. 이러한 때 자신에게 학문을 묻기 위해 백광훈과 문익세가 찾아왔고 이로 인하여 그는 인생의 비애를 잠시나마 잊을 수 있었다. 그러나 그것도 잠깐 그들은 삼 일을 묵은 후 곧 이별을 알렸고 시인은 그 이별로 마음이 다시 무너져 내리는 듯하다.

소재는 부모에게는 불효한 아들이자 백성을 구제할 수 없는 지식인인, 하찮고 무기력한 자신의 실체에 점차 절망하게 되었다. 소재는 이 시기 퇴계에게 보낸 편지에서 허무감에서 벗어나지 못하고 죽음으로 이끌리고 있던 자신의 모습을 다음과 같이 묘사하였다.

> 연로하신 부모님이 밤낮으로 기다리시는데 돌아갈 기약이 아득하다는 생각이 들기만 하면 책을 읽다가도 덮어버리고 밥을 먹다가도 숟가락을 놓으며 마음이 답답하고 기가 꺾이어 가슴이 쪼개지는 듯한 고통을 느끼지 않은 적이 없습니다. 때로는 또 술로 마음을 풀려 하여 정신이 혼미해지고 몸가짐이 망가져 실의한 채로 지내니 겨우 숨은 붙어 있지만 이미 저 세상 사람일 뿐입니다.[20]

유배가 장기화하면서 소재는 점차 인생은 결국 허무한 것이고 삶은 죽음과 다를 것이 없다는 자포자기의 심정으로 빠져 들어갔다. 그는 스스로 새로운 삶의 질서를 수립하든가 아니면 술에 빠져 죽음과 같은 삶을 이어

20) 내집, 상편, 「答退溪書」, 357면, "顧有二老在堂, 日夕相望, 茫無所期, 每一念至, 當讀廢書, 當食停匕, 未嘗不掩抑摧隕, 背膂欲判. 時又以酒澆之, 神昏儀喪, 忽忽奄奄, 九泉下人矣."

가든가 양자택일의 기로에 서 있었다.

소재는 극심한 정신적 고통을 느끼고 있던 38세 무렵 진도의 성문 밖 바닷가에 작은 초가집을 세우고 이를 '穌齋'라 명명하고 이를 자신의 호로 삼는다. '穌齋'는 주자의 「至樂齋銘」에서 "나의 책을 읽으니, 마치 병에서 소생하는 듯하네.[我讀我書, 如病得蘇.]"[21]라고 했던 데에서 온 것이다.[22] 穌齋라는 號에는 죽음으로 이끌리고 있는 자아를 독서궁리 공부를 통하여 되살리고자 하는 강한 의지가 내포되어 있다. 소재는 겨울이면 토굴을 만들어 놓고 그곳에서 杜門不出하며 책을 읽을 정도로 독서에 온 힘을 기울였다. 그는 유배기 동안 읽지 않은 책이 없어 『論語』와 杜詩는 2천 번도 넘게 읽었다고 한다.[23] 훗날 尤庵 宋時烈은 우리나라에서 가장 책을 많이 읽은 인물로 세인들이 흔히 소재를 지목한다고 전하기도 하였다.[24] 이처럼 소재는 극한의 고통 속에서 독서를 통해 도덕주체를 수립하여 시련의 시기를 이겨내려고 혼신의 노력을 기울이고 있었다.

2. 道德意志와 虛無意識의 葛藤

시에는 항상 시의 내용을 전달하는 주도적인 목소리의 주인이 존재하는

---

21) 주희, 『晦庵集』, 권85.

22) 권3, 「營茅三間 取一爲齋 輒扁曰穌 盖本朱夫子所謂我讀我書 如病得穌云爾」, 124면, "朱子生知亞, 區區自嗜書. 盧生天稟下, 凡凡儘還珠. 妄欲窺孤駕, 誰能盡五車. 游焉志不舍, 幸耳病如穌."

23) 柳夢寅, 『於于野談』, 권上, 26, "盧蘇齋守愼, 謫珍島十九年, 冬則爲窟室而讀書, 於書無所不讀, 而偏論語及杜詩, 至二千周."

24) 任埅, 『水村謾談』, "尤齋先生, 非但道學爲一世所宗, 文章灝噩, 亦當爲東方第一大家. …… 仍問其讀書幾何? 則答曰, "世間讀書者, 無如我者. 世傳盧蘇齋多讀, 而所讀者, 只在謫十九年而已. 我則自少至老, 無日不讀, 至于今日, 古今人似無如我者" 云.

데 이를 시적 화자라 한다. 주관적인 感情의 표현을 본질로 하는 漢詩에서 화자와 시인은 일반적으로 일치한다. 그런데 소재는 극심한 정신적 고통을 겪고 있던 유배 중기에 자신과 분리된 화자가 등장하는 시를 다수 창작하였다. 화자가 '너' 혹은 제3의 인물로 소재를 묘사하거나, 화자가 盧守愼, 寡悔, 盧子 등으로 소재를 호명하여 말을 건네거나, 여러 명의 화자가 등장하여 자신의 주장을 펼치는 등의 형식으로 이루어진 시들이 바로 그런 작품들이다.

〈聘君先生諱日 病臥泣書 用舊韻 二首〉

風凝經絡凍千灣	풍이 경락에 엉겨 온갖 혈관이 마비되고
毒聚頭顱椓四桓	독이 두개골에 모여 사방에서 쪼는 듯
眼下有花還見霧	눈앞에 꽃이 있다가 다시 안개가 보이고
喉中無液更聞灘	목구멍에 침이 없고 또 여울 소리 들리누나
從教老婢翻湯鼎	늙은 여종이 약탕기 엎어도 내버려두고
任却童牛損藥欄	송아지가 약초밭 난간 부숴도 상관치 않네
萬事由來不關汝	세상만사 원래 너와 상관이 없으니
汝知生死孰爲難[25]	너는 삶과 죽음 중 무엇이 어려운지 알리라

시적 화자는 어떤 병든 사람의 육체적 고통을 사실적으로 서술하였다. 그는 지금 풍과 두통에 시달리고 있고 눈은 침침하고 목에서도 늘 가래가 끓는다. 그런데도 그는 병을 치료하여 삶을 연장하려고 하지 않아, 늙은 여종이 약탕기를 엎어도 내버려두고 송아지가 약초밭에 들어가도 상관하지 않는다. 미련에서 시적 화자는 이 병든 사람을 호명하여 그에게 "만사를

25) 권3, 121면, 제1수.

체념하고 사는 너는 죽음과 삶 가운데 어느 것이 더 어려운지 알 것이다." 라고 말을 건넨다.

미련에서 시적 화자가 시인을 '너[汝]'로 지칭하고 있는 것을 통해 이 시의 화자는 시인과 분리된 존재임을 알 수 있다. 게다가 같은 글자를 중복해서 쓰는 것을 피하는 율시의 일반적인 관례를 어겨가면서 '汝'字를 미련의 상구 끝과 하구 첫머리에 배치하여 이러한 분리를 의도적으로 강조하였다. 시적 화자와 시인이 분리된 이 시의 형식적인 특징은, 세상일에 전혀 관심이 없고 삶과 죽음이 다를 것이 없다고 생각하고 있는 자신을 객관적으로 凝視하고 있는 소재의 시선을 반영하고 있다.

〈醉吟〉

奇字楊雲識	기이한 글자를 양자운처럼 알고
隣牀畢卓眠	이웃집 침상에서 필탁처럼 잠드네
出敎隨放鍤	외출할 때 따르는 종 삽을 버리게 하고
行任杖無錢	다닐 때 지팡이에 돈 걸어 두지 않누나
不對賢人酒	현인의 술을 마시지 않는다면
能回混沌天	혼돈의 하늘 어찌 되돌릴 수 있으랴
先生在何許	선생은 어디에 있는가
槁木只頹然[26]	시든 나무처럼 다만 쓰러져 있구나

시적 화자가 술에 취해 현실의 고통을 잊으려 하고 있는 어떤 선생에 대해 묘사하고 있는 작품이다. 시적 화자는 선생을 揚雄, 畢卓, 阮籍과 비교하면서 그의 삶의 태도를 드러내었다. 화자는 우선 그가 박학다식하여 옛 문

26) 권3, 136면.

자를 잘 알고 있었던 揚雄이나, 술을 酷好하여 이웃집에서 술을 훔쳐 마시고 잠이 들었던 필탁 같은 사람이라고 표현한다. 함련에서 화자는 그 선생을 다시 완적과 비교한다. 완적은 집 밖으로 나갈 때 항상 하인에게 삽을 가지고 뒤따르게 하였다고 하는데, 이는 자신이 죽으면 삽으로 그 자리에서 즉시 묻어버리게 하려는 의도였다. 또한 완적은 외출했을 때 술집을 보면 바로 술을 사서 마실 수 있게 항상 지팡이에 돈을 걸어두었다고도 한다. 이러한 완적의 삶의 태도는 삶과 죽음을 한가지로 여기고, 인생의 비애를 술로 잊으려 했던 그의 비극적인 정신을 드러내고 있다. 그런데 소재의 시에 묘사된 '선생' 은 비애의 몸짓에서 완적보다 더 과격하다. 그는 삶에 미련이 없을 뿐만 아니라 죽음 뒤에 버려질 육신에 대해서도 집착하지 않으며, 돈이 있고 없음에 구애되지 않고 언제든지 술을 마시려 하고 있다.

앞서 살펴본 〈聘君先生諱日 病臥泣書 用舊韻 二首〉의 시적 주인공인 '너' 는 삶이 죽음과 다를 것이 없다고 생각하고 있는데, 이 시의 "선생" 은 삶에 미련이 없어 술에 취해 다만 고목처럼 쓰러져 있을 뿐이다. '너' 와 '선생' 은 모두 죽음에 이끌리고 있는 존재라는 점에서 일치한다. 소재는 자신과 분리된 시적 화자를 내세워 허무와 죽음에 이끌리고 있는 자신을 묘사하였다. 화자와 시인 자신이 분리된 이러한 시들의 형식적 특징은 허무와 죽음에 이끌리고 있는 자아를 객관적으로 응시하려는 소재의 의지를 반영하고 있다.

소재는 이 시기에 많은 시에서 무의미한 삶을 이어가고 있는 자신을 조롱하고 비판하였다.

〈別士烱〉

去年盧寡悔	작년의 노과회
今年盧寡悔	금년의 노과회

年年盧寡悔	해마다 노과회인 것은
只爲欲字在	다만 '欲' 字가 남아 있기 때문
以訪不以箴	찾아오기는 하지만 경계시키지는 않는
卽君與同罪[27]	그대도 나와 같은 죄

성균관에서 절친하게 지냈던 친구인 韓士炯이 진도로 찾아왔다가 떠나갈 때 써서 준 시이다. 일반적인 이별시와 다르게 소재는 이 작품에서 pun을 구사하여 자기를 조롱하고 있다. pun은 소리가 같거나 유사하지만 뜻이 전혀 다른 말이나, 표기만 다를 뿐 발음과 뜻이 유사한 단어를 사용하는 말놀이를 뜻한다.[28] 소재는 자신의 字인 "寡悔"를 '후회가 적다'는 뜻으로 사용하여 이중적인 의미를 부여하고, "盧寡悔"와 "年"을 반복하는 말장난이 의미 없는 되풀이에 불과한 자신의 허무한 삶을 그대로 반영하는 특이한 형식을 창출하였다. 게다가 이 시는 전체 6句로 이루어져 있고 같은 글자가 반복하는, 한시로서는 파격적인 형태를 취하고 있다. 소재는 신랄한 어조를 지닌 말장난과 파격적인 자법과 구법을 구사하여 욕망에 휘둘리는 무의미한 삶을 되풀이하고 있는 자신을 비판하였다.

〈歲暮戲題〉

天地之東國以南	천지의 동쪽 나라의 남쪽
沃州城外數間庵	옥주 성 밖 몇 칸의 암자
有難赦罪難醫病	용서하기 어려운 죄와 고치기 어려운 병이 있는
是不忠臣不孝男	불충한 신하이자 불효한 아들

---

27) 권2, 113면.

28) 김준오, 『시론』, 이우출판사, 1988.

客日三千四百幸	요행으로 얻은 삼천사백 일의 귀양살이
行年乙亥丙辰慚	부끄럽기만 한 을해에서 병진까지의 삶
汝盧守愼將無醉	너 노수신은 장차 취하지 말아야 하니
補得公私底事堪[29]	公私를 돕는 어떤 일을 감당하겠는가

후대의 평자들에 의해 삶의 고뇌를 심각하게 반영한 뛰어난 시라는 찬사와 말장난으로 일관하는 천박한 배우의 시라는 혹평을 함께 얻은 유명한 작품이다.[30] 이 시는 詩語로 잘 쓰이지 않는 허사인 '之', '以'를 사용하여 산문투를 突兀하게 노출하면서 시작하고 있다. 화자는 이 기발한 시어들로 세상의 중심에서 멀리 떨어진 어떤 초라한 집을 사실적으로 묘사하였다. 그리고 이 집에 사는 사람을 죄인, 병자, 불충한 신하, 불효한 아들이라고 단호하게 정의하고 그가 유배되어 요행히 죽지 않고 보낸 날의 수와 태어난 해부터 지금 이 시를 짓고 있는 해까지 누린 햇수를 정확하게 기록하였다. 이러한 시구들은 자신의 행적을 객관적으로 기술하고자 하는 시인의 의식을 드러내고 있다.

함련은 시어로 잘 쓰이지 않는 허사인 '有'와 '是'자를 첫머리에 두어 시구를 낯설게 하였다. 경련도 일반적으로 시에 잘 쓰이지 않는 숫자와 간지로 대구를 이루어 기이한 느낌을 준다. 함련과 경련에 활용된 이 독특한 자법은 현실을 객관적으로 묘사하기 위해 특별히 고안한 시적 장치로 보인다. 미련에서 화자는 시적 주인공을 呼名하여 그에게 부끄러운 나날의 연속에 불과한 삶을 직시하고 그것을 극복하기 위해 노력하라고 말한다.

---

29) 권4, 146면.

30) 이수광, 『국역지봉유설』, 을유문화사, 139면, "노소재가 진도에 귀양 갔을 때 지은 시가 있다. …… 한때 세상에 칭송될 뿐 아니라 입에 올리기를 그치지 않았다. 그러나 글귀의 말이 優體를 면치 못하였다. 시를 쉽게 말할 수 있겠는가?"

이 詰難의 어조에는 술에 취해 무의미한 삶을 이어가고 있는 현실적인 자아를 비판하려는 시인의 의지가 담겨 있다.

소재는 이 시에서 시에 잘 쓰이지 않는 허사, 인명, 숫자, 간지 등을 시어로 활용하는 독특한 字法[31]을 구사하였다. 시는 원래 사물의 생생한 재현을 목표로 한다. 어떤 말이 사물을 구체적으로 드러내려고 할 때 가장 간단한 방법은 그것에 해당하는 이름을 말하는 것이다. 그러나 이름처럼 일상에서 되풀이하여 사용하는 말들은 사물의 실상을 단순화하고 은폐하는 꼬리표가 되기 쉽다. 따라서 시는 사물을 구체적으로 표현하기 위하여 통상적으로 이름과 같이 익숙한 말을 사용하지 않고 여러 가지 낯선 언어들 즉 메타포, 암유, 알레고리 등을 사용하게 된다.[32] 그런데 특별히 고안한 이시적인 언어들도 상투적으로 쓰이게 되면 더 이상 사물을 생생하게 환기할 수 없는 공허한 언어가 된다. 소재는 시에서 원래 잘 사용하지 않는 이름, 숫자, 허사들을 적극 시어로 활용하여 공허한 것으로 떨어지려고 하는 기존의 시어에 저항하였다. 이러한 독특한 자법은 무의미한 되풀이에 불과한 자신의 삶을 비판하는 시들에 주로 사용하였다. 소재 시의 중요한 형식적 특징 중의 하나인 파격적인 字法은 현실을 직시하여 그것에 저항하려는 시인의 의식과 밀접하게 관련되어 있다.

소재는 또한 이 시기 거대한 편폭의 장편 고시들을 다수 창작하였다. 순천에 유배되어 창작한 「昇平百韻」과 진도에 移配된 직후 창작한 「玉州二千言」은 우리나라 시사에서 그 유래를 찾아보기 힘든 거대한 편폭의 장편 고시들이다. 이러한 작품들의 연장선에 있는 장편 고시들이 유배 중기에 집중적으로 창작되었는데, 「菊詩五百言」,[33] 「四季詩 戱示人」, 「大雪」,[34] 「苦寒

---

31) 李德懋, 『靑莊館全書』, 권5, 「嬰處雜稿 瑣雅」, "盧穌齋我東別立門戶者, 其詩全用之 · 於 · 而 · 以 · 字, 似非詩家本色."

32) 김우창, 「시의 언어와 사물의 언어」, 『심미적 이성의 탐구』, 솔, 1992, 223면.

夜坐無燈 暗誦昌黎詩 次其韻記異 撥悶」, 「頭痛詩八十五韻 備述疼狀以自遣」 등이 그 대표적인 작품이다. 이 장편 고시들은 수많은 험벽한 시어가 등장하고 온갖 생경한 고사가 인용되어 있어 독해하기가 무척 까다로운 작품이 대부분이다. 이 장편 고시 가운데 다수의 화자가 등장하는 독특한 형식을 드러내는 작품들이 존재하는데 「四季詩 戲示人」[35]는 그 대표적인 작품이다.

「四季詩 戲示人」은 시적 주인공이 죽음에 대한 두려움을 떨쳐버리고 天理에 대한 믿음을 회복하는 과정을 시화한 작품이다. 시의 주인공인 我는 국화만을 酷好하여 다른 꽃에는 관심이 없었다. 그러다가 뒤늦게 사계절 내내 꽃을 피우는 '四季'의 생명력을 귀하게 여겨, 四季를 얻어다 키우게 된다. 그런데 我는 갑자기 기생충에 감염되었고 머리와 등에 통증을 느끼는 고질병으로 고생하게 되어 점점 四季에게 물을 주는 일이 어렵게 되었다. 그때 옆에서 지켜보던 候子가 我가 병든 것은 사계를 잘못 옮겨 심어서 방위를 주관하는 태세왕이 저주를 내렸기 때문이라고 말한다. 이 말을 들은 我는 놀라고 불안하여 결국 四季를 베어버리기로 결심하고 계에게 그것을 말한다.[36]

季乃臨風拜	계가 이에 바람결에 몸 숙여 절하고
請以臆自對	자신의 생각 말하기를 청하였네

---

33) 권3, 118면.

34) 권3, 123면.

35) 권3, 119면.

36) 권3, 「四季詩戲示人」, 119면, "我惟菊於癖, 其餘靡所愛. 晩愛爾名貴, 寄旺四時內. 遠取嘉興村, 培之破尺塊. 俄予覺中蠱, 宿疼垂頭背. 跬步不自致, 念念乖時漑. 候子曰我知, 病根之所在. 大歲王至尊, 犯輒死莫代. 予聞焉驚起, 目動而心憒. 欲寧媚于神, 無錢可以賽. 欲移與人養, 人以不祥廢. 告季季勿駭, 不免爲薪刈. 實非苦相厄, 予惜予所痗."

鬼神之德盛	귀신의 덕은 성대하니
人智有不逮	사람의 지혜로 미칠 수 없는데
但訝彼人明	저 사람이 훤히 아는 것 이상하니
孰與吾子昧	그대의 어리석음보다 어찌 낫겠습니까
而乃得其言	그런데도 그의 말을 듣고나서
然後方自艾	스스로 반성한다면
得無近乎詐	속임수에 가깝지 않겠습니까
自欺欺我輩	스스로를 속이고 우리를 속이는 것입니다
不然病風狂	아니면 정신 혼란해지는 병에 걸려
遂襲兒女態	결국 아녀자의 자태 짓는 것입니까
嗟我禦魑魅	아아! 저는 변방에서 도깨비 막고 있으니
神人認大憝	神과 사람에게 크게 미움받을 줄 알았지만
方將望歸來	이제쯤은 돌아오리라 기대했는데
況此臨棄偕	이렇게 버려질 줄 생각했겠습니까
人情孰於此	인정이 이것보다 심한 것이 무엇입니까
不願一暫耐	잠시도 참을 수 없어요 하였네

我의 말을 들은 李는 바람결에 몸을 숙여 절을 하고는 자기 생각을 말한다. 李는 候子가 사람이 알 수 없는 신의 영역을 너무 환하게 알고 있는 것이 의심스럽다고 하면서 그가 한 말은 꾸며낸 이야기에 불과하다고 주장한다. 그리고 이 먼 변방에서 도깨비를 막고 있는 자신을 神과 사람들이 미워하는 것은 당연하지만, 이제는 그대가 돌아오리라고 생각하고 있었는데 候子의 말을 듣고서 아녀자와 같이 두려워하면서 자신을 꺾어버리려 하니 정말 참을 수가 없다며 절교의 뜻을 전한다.

我는 李의 말을 듣고 候子가 거짓말을 한 것이 사실이라 해도 버림받았

다고 금방 절교를 선언하는 李도 너무 과격하다고 생각한다. 이에 李嘉가 나타나 我에게 말을 건넨다.[37]

子苟能爲善	그대가 선을 행한다면
神疾不可劾	신이 질시해도 탄핵할 수 없고
子苟能爲惡	그대 악을 행한다면
神護不可貸	신이 보호해도 용서받지 못하리
今從末減科	지금 감형이 되어 살아 있지만
已非瑕與纇	이미 흠이나 티 정도가 아닌데
欲將誠一朝	하루아침의 성실함을 가지고
試與洗十載	십 년의 잘못 씻으려 하니
何異一寸膠	어찌 다르랴 한 토막의 아교로
救玆千丈潰	천 장 흐린 물 맑히려는 것과
又如蚊不量	또한 모기가 힘 헤아리지 못하고
負彼嵩與岱	숭산 대산을 짊어지려는 것과 같지
孔子所不禱	공자께서는 하늘에 기도하지 않으셨는데
況怪或可誶	하물며 괴이하게 여기거나 비방하셨겠는가
惟王主歲功	태세왕 세공을 주관하시니
定不詬厚載	필시 허물하지 않고 두터이 실어줄 것이고
或誤毁其傍	혹 잘못하여 훼손했다 해도
神閔惻勞倈	신은 불쌍히 여기고 위로하리라
吾子且自信	그대 그저 자신을 믿고서
此言愼不再	이런 말 삼가서 다시 하지 마라

---

37) 상동, "李論亦不公, 見困何苛碎. 然則惑之甚, 始詐而終誖."

季嘉는 我에게 그대가 진실로 善을 행한다면 신이 미워하더라도 책할 수 없고 惡을 행한다면 아무리 신에게 아부해도 용서받지 못할 것이라고 하고는, 지금 그대가 季를 베어버리는 일시적인 성실함을 가지고 지난날의 큰 잘못을 씻으려 하는 것은 어리석다고 꾸짖는다. 그리고는 신에게 기도하기보다는 마음 안의 하늘을 속이지 않고 살았던 공자의 삶의 자세를 본받는다면 태세왕은 틀림없이 그대를 해치지 않고 연민하리니 이를 믿고서 기다리라고 말한다.

稽首拜季嘉	머리를 숙여 계가에게 절하니
亦神之所誨	또한 神의 가르침이네
居僦今四春	객지에서 지금 네 번의 봄을 맞아
心下轉昏晦	마음 더욱 어두워졌으니
所訶盡吾有	꾸짖는 바가 모두 나의 잘못이라서
旣警增嘆嘅	이미 놀라고 더욱 탄식할 만하다네
栽培固神意	재배하라는 것이 본래 신의 뜻이니
敢不益保乂	더욱더 보살피지 않을 수 있으랴!
更擬覓芳叢	다시 꽃을 찾아갈 것 생각하니
近植與季配	가까이에 심어놓고 계와 짝하여
優游幸毋死	한가롭게 노닐며 죽지 않으면 다행이고
雖死不可悔	죽게 되더라도 후회하지 않으리라
言盡氣便蘇	말 마치자 기가 곧 되살아나니
正荷神大賚	신의 큰 선물에 정말 감사드리네

이 말을 들은 我는 季嘉에게 절을 하며 계가의 비판이 모두 자신의 잘못에 해당한다고 말하고 가르침을 준 것에 감사한다. 그리고 신의 뜻을 따라

계를 기르며 그 옆에서 노닐고, 그러다가 만약 죽음을 맞게 되더라도 후회하지 않겠다고 말한다.

이 시에는 모두 네 명의 화자가 등장한다. 우선 시인이 태세왕의 저주를 받았다고 충고하는 候子와 이 말을 듣고 놀라 季에게 베어버리겠다고 말하는 我, 我의 말을 듣고 원망하면서 절교를 선언하는 季, 그리고 我에게 부끄럽지 않은 성실한 삶을 산다면 神도 연민하여 보호하리라고 말하는 季嘉가 그들이다. 이들은 모두 시인의 분열된 의식이 다른 탈을 쓰고 나타나 각자의 주장을 펼친 것이라 할 수 있다. 시인에게 충고하는 候子는 횡포한 현실로 인해 곧 희생되리라는 예감으로 두려워하고 있는 시인의 유약한 자아이고, 季는 횡포한 현실에 저항하면서 義를 지키려고 노력했지만 결국은 버림을 받아 분노하고 있는 시인의 또 다른 자아이다. 시인의 목소리와 가장 많이 닮아 있는 我는 이 두 자아 사이에서 흔들리고 있는 현실적인 자아라고 할 수 있다. 그리고 我를 비판하고 있는 季嘉는 허무와 저항 사이에서 흔들리고 있는 의식을 바로잡아 다시 천리에 대한 믿음과 도덕적 삶에 대한 지향을 환기시키고 있는 시인의 의지적 자아라고 할 수 있다. 유배 중기에 집중적으로 창작된 장편 고시에는 횡포한 현실에 압도당한 현실적 자아와 도덕적인 삶을 지향하려는 의지적 자아가 갈등하고 있는 소재의 분열된 의식이 드러나 있는 것이다.

「頭痛詩八十五韻 備述疼狀 以自遣」은 소재가 39세 때 쓴 장편 고시로 頭痛을 소재로 한 작품이다. 이 시의 내용은 고질병인 두통이 일어나기 시작하는 과정을 서술한 도입 단락과, 두통의 증상을 온갖 비유를 동원하여 극도로 세밀하게 묘사한 중간 단락, 그리고 꿈속에서 병과 상제의 사신인 子陽을 만나 대화하는 마무리 단락으로 나누어진다.

도입 단락에서는 두통이 일어나기 시작한 시점을 정확하게 기록하고 고질병인 두통을 완화하기 위해 종과 자신이 허둥지둥 애를 쓰는 모습을 사실적으로 묘사하였다.[38] 이어지는 중간 단락에서는 갖가지 고사와 험벽한 시어를 동원하여 두통의 증상을 극도로 세밀하게 묘사하였다.

搯入切切肉	움푹움푹 살덩어리를 베어내고
鑷出種種髮	한올한올 머리카락을 뽑아내고
剝皴片片皮	한겹한겹 피부를 벗겨내고
丢髗碎碎骨	조각조각 뼈를 발라내네
沈沈挻聽宮	가물가물 청각 빼앗기고
洶洶隱天突	쿵쾅쿵쾅 天突穴이 울리고
矘矘瞳瞼督	저릿저릿 눈이 따갑고
呯呯齻齩揭	들썩들썩 이가 들썩이네
神庭倏飜覆	신정은 갑자기 전복되고
百會時浮沒	백회는 때때로 오르내리고
勞液煎煎枯	체액이 졸고졸아 마르고
盪血滲滲竭	피를 짜고짜서 없애네
精神集若散	정신 모였다가 다시 흩어지고
手脚熱乍瘚	팔다리에 열이 났다 다시 역류하여
兒奔抱髑髏	아이 달려와 머리를 감싸니
枝撑聲窸窣	견디는 신음 가늘게 새어 나오네
或重以緼袪	혹은 솜옷을 껴입었다가
或換以沃絨	혹은 부드러운 모직으로 갈아입고
觸屛旋伏枕	병풍에 부딪치다 다시 베개에 엎드리고

38) 권3, 133면, “嘉靖癸丑歲, 旣望建亥月. 盧子方讀書, 偏頭疼暴發. 是何發之暴, 痼疾罔時歇. 前年劇唫吚, 今年更慌惚. 當其初發時, 惟欲速僵蹶. 少焉及痛定, 方覺在我顱. 老婢索酒亟, 長鬚亟熿堗. 厚被竟莫汗, 起而復帶襪.”

呼愁塥崒屼	정신이 멍해 흙덩이처럼 우뚝 서 있으니
百證信具備	백 가지 증세 실로 두루 갖추었고
萬狀詎一闕	만 가지 증상 어찌 하나라도 빠지랴
或敲急若鴷	혹은 딱따구리처럼 급하게 두드리고
或搏戛若鶻	혹은 송골매처럼 펄떡거리고
或若啄母梟	혹은 어미 쪼는 올빼미인 듯
或若嗺鼴鷺	혹은 두더지 씹는 물수리인 듯
或射影若蜮	혹은 물여우처럼 그림자를 쏘고
或螫氣若蠍	혹은 전갈처럼 독기를 쏘고
或若折腸蝮	혹은 살무사가 장을 자르는 듯
或若鬪戟蛆	혹은 작은 게가 집게발로 집는 듯
或若獍猰噬	혹은 경알이 씹는 듯
或若犪騉齕	혹은 들소가 깨무는 듯
或若虓瓜攫	혹은 성난 범이 발톱으로 움켜쥐는 듯
或若狶牙揬	혹은 멧돼지가 어금니로 받는 듯
或淺若受芒	혹은 마치 칼끝에 찔린 듯 얕고
或深若椓橛	혹은 마치 말뚝을 박는 듯 깊숙하고
或細若利黥	혹은 마치 예리하게 경을 치는 듯 가늘고
或鉅若威鉞	혹은 마치 도끼로 위협하는 듯 크고
或摐若鐘鏞	혹은 마치 종을 치는 듯 때리고
或揳若控橛	혹은 마치 푯말을 박는 듯 끼우고
或撇若霹靂	혹은 마치 벼락 우레인 듯 치고
或劂若銘碣	혹은 마치 묘갈을 새기는 듯 파내고
或彈若中的	혹은 마치 표적을 맞히는 탄환인 듯
或奅若投瞂[39]	혹은 마치 방패를 맞히는 돌쇠뇌인 듯

이 단락의 전반부에서는 반복적으로 첩어를 사용하여 두통의 증상을 묘사하였다. 첩어로 인해 조성되는 빠르고 강한 리듬은 두통의 증상이 심해짐에 따라 점차 가빠지는 시인의 호흡을 생생하게 반영하고 있다. 이어서 시인은 '或' 자로 시작하는 시구를 22句나 연속적으로 나열하면서 두통의 증상을 온갖 비유를 들어 묘사하였다. 거친 음색을 지닌 '或' 자의 되풀이는 밀려왔다가 사라지기를 반복하면서 시인을 견디기 어려운 고통으로 몰아가는 두통의 증상을 효과적으로 상기시킨다. 게다가 이 구절들은 온갖 괴이한 동물들과 器物들이 시인에게 危害를 가하는 장면의 나열로 이루어져 있다. 온갖 기기묘묘한 동물들과 기물들을 표시하는 험벽하고 난삽한 글자들의 행진은 그 글자 모양을 들여다보는 것만으로도 눈을 현란하게 하고 머리를 어지럽게 한다. 읽는 이의 시선을 사로잡는 이 기괴한 시구들은 시인의 뒤죽박죽이 된 고통스러운 머리의 상태를 생생하게 재현하는 역할을 하고 있다.

온갖 고사와 비유를 동원하여 머리의 통증을 형상화한 시구가 48句나 더 이어지는데 이 부분도 역시 '或'·'如'·'若' 자가 반복적으로 쓰이고 온갖 난삽한 시어를 나열하는 독특한 형식으로 되어 있다.

이어지는 마지막 단락은 두통이 닷새 동안이나 계속되어 고통스러운 나날을 보내고 있다가 잠이 들어 꿈에서 병과 상제의 사신 巫陽을 만나 대화를 나누는 부분이다.

偶然入華胥	우연히 꿈나라에 들어가니
有二豎子謁	병이 찾아와 말하였네
謂疾聖所愼	질병은 성인께서도 조심하신 바인데

---

39) 권3, 133면.

而子實自伐	그대는 실로 떠벌려 자랑하는군요
伐却理亦宜	자랑도 조리가 있고 타당해야 하니
敢請聞始卒	병이 생긴 시말을 묻고자 합니다
予愕然以戚	나 깜짝 놀라 슬퍼하면서
蹙頞而告曰	이마 찌푸리고 고하기를
昔在吾中宗	옛날 우리 中宗 살아계실 적에
大漸勢粔瓶	병세 점차 위태로워졌는데
時予謬通藉	그때 나는 잘못 관적에 이름 올려
長遑遑矻矻	길이 허둥지둥 힘써 일하였으니
寢食廢數旬	침식도 폐하기를 몇십 일
冒霜雪颫颭	서리와 눈 강풍과 미풍을 무릅썼다오
大衈疊遘遇	국상을 거듭 만나게 되어
傷寒復中暍	추위에 상하고 다시 더위 먹었는데
俄遷順移珍	갑자기 순천으로 유배되고 진도로 이배되어
瘴癘染神闕	장기에 신궐이 물들었고
僦備嘗炎凉	셋집에서 더위와 추위 두루 겪으며
餬厭苦糠麧	쌀겨와 보리 싸라기로 겨우 끼니 때웠다오
杯觴或逢場	간혹 술이라도 만나면
醉臥常依樾	취해 쓰러져 문지방 베고 잠들었으니
雖其勢然耳	형세가 어쩔 수 없었다 해도
畢竟自貽厥	결국 스스로 병 불러들인 것이라오 했네

시인은 꿈에서 병을 만나 자신이 두통의 증상을 얻게 된 경위를 말한다. 시인은 먼저 중종의 병환이 점차 위태로워지고 있던 때 환로에 발을 들여 놓았던 일을 후회한다. 그리고 환로에서 침식을 폐해가며 분주하게 애를

쓰다가 국상을 연달아 치르고, 갑자기 유배되어 장기에 물들고 추위와 굶주림에 시달리면서 술에 빠져 몸을 돌보지 않았기 때문에 이러한 병이 생기게 된 것이라고 말한다. 이 말을 들은 병은 시인의 괴팍한 삶의 태도를 미워하여 상제에게 고자질하여 시인을 해치려 한다.

豎也短我愎	병이 나의 괴팍함을 싫어해서
上訴頗相訐	잘못 몹시 들추어내 상제께 참소했네
上帝鑑我心	상제는 나의 마음을 헤아려서
憐我魂隕越	혼이 상한 것 불쌍히 여기고
急遣巫陽下	급히 무양을 아래로 보내어
以招不以罰	위로하고 벌하지 않으시며 말씀했네
可明語其人	그 사람에게 분명히 말하라
少寬無太扤	마음 편히 가지고 너무 동요하지 말지니
已囚豎莫逃	이미 병을 도망가지 못하게 붙잡아두어
使莫肆暴猝	마음대로 포악한 짓을 못하게 했노라
爾意予自恕	너의 마음 나는 절로 용서하니
予命爾罔忽	나의 명령을 너는 잊지 마라
夭者未必瘦	요절하는 자 반드시 수척한 것 아니고
壽者未必腯	장수하는 자 반드시 살진 것 아니니
瘡痍或久生	상처투성이도 혹 오래 살기도 하고
康强或先歿	굳세고 강한 게 혹 먼저 죽기도 하지
韓彭醢侯王	한신 팽월은 侯王되려 하다 젓이 되었고
夷齊餓薇蕨	백이 숙제는 고사리 먹다 굶어 죽었지만
何用宋朝美	어찌 송조의 미모를 쓰리
無傷卞和刖	변화가 발 베인 것 상심하지 마라

二者無奈何　요절과 장수는 마음대로 할 수 없으나
爾得正而斃　네가 바름을 얻어 죽으면
雖斃幸而安　죽더라도 편안할 수 있으니
勿藥喜可伐　약 쓰지 않고 기꺼이 자랑할 만하다 했네
漁父誠激言　어부는 진실로 격앙된 말이 있어
波揚以泥淈　흙탕물 일으켜 탁해지라 했지만
魯叟不欺予　노나라 공자 나를 속이지 않으니
忠信死蠻獨　변방에서 죽더라도 忠信을 지키라 했지
且禦海魑魅　게다가 먼 바다에 유배되어 있으니
可懼楚檮杌　초나라 도올 두려워할 만하고
疾或憂父母　질병이 혹 부모님께 걱정 끼치지만
行豈玷門閥　행실이 어찌 문벌을 더럽힐 수 있으랴
再拜謝子陽　재배하여 자양에게 감사드리며
謹以書諸笏　삼가 홀에다 써놓았네
睡起頭容直　잠에서 깨어나 머리 곧게 드니
杲杲東方昢[40]　환하게 동방에서 해가 떠오르네

인용한 부분은 상제가 시인에게 사신을 보내 자신의 뜻을 전달하는 시의 결미이다. 상제는 병의 참소를 듣고는 도리어 시인의 영혼이 상처를 입은 것을 알게 되어 시인을 불쌍히 여긴다. 그래서 병을 사로잡고 대신 무양을 보내 시인을 위로한다. 상제는 무양을 통해 시인에게 목숨의 길고 짧음은 미리 예견할 수 있는 것이 아니고 인간의 의지대로 변화시킬 수 있는 것이 아니므로 이를 걱정해서는 안 된다고 말한다. 그리고 만약 바름을 얻어

40) 상동.

서 죽으면 죽음 앞에서도 편안할 수 있다고 하였다. 이 말을 들은 시인은 세상이 더러우면 홀로 깨끗하게 살아가려 하지 말고 세상과 타협하여 살라고 충고했던 어부의 말과 험난한 역경에 처해서도 도덕적인 삶을 살라고 했던 공자의 말을 떠올린다. 그리고 자신은 공자의 가르침을 따르며 인생의 시련에 저항하겠다는 뜻을 밝히고, 자양이 전한 상제의 말을 홀에다 써놓았다. 곧이어 잠에서 깬 시인은 머리를 곧게 들고 동방에서 밝게 떠오르는 해를 본다.

「頭痛詩八十五韻 備述疼狀 以自遣」은 끝이 보이지 않는 기나긴 유배 생활과 스승·사우들의 죽음으로 극도의 고통을 겪던 시인의 정신 상태를 그대로 반영하고 있다. '或', '如', '若' 자를 반복적으로 사용하여 두통의 증상을 묘사하고 있는 이 시의 독특한 句法은 한유의 「南山詩」의 句法을 차용한 것이다.[41] 한유는 五言 長篇 古詩인 「南山詩」에서 혹자를 51번이나 연달아 사용하여 남산의 奇奇妙妙한 형상을 묘사하였다.[42] 소재는 「남산시」의 독특한 형식을 차용하여 온갖 마귀의 위협에 시달리고 있는 듯한 정신의 위태로움을 섬뜩하게 묘사하였다.

시의 결미 부분에 시인은 상제의 입을 통하여 '바름을 지향하다 얻은 병은 약을 써서 치료하기보다는 오히려 자랑할 만하다' 고 말했다. 그리고 '말이 진실하고 행동이 독실하면 비록 오랑캐 땅에서도 행해질 수 있다' 고 했던 공자의 가르침을 따르려는 의지를 표명하였다. 소재는 극심한 고

41) 한유는 杜甫를 이어 시풍을 尙怪와 散文化의 방향으로 발전시킨 시인이다. 유배기에 소재는 두보뿐만 아니라 한유의 시에도 깊은 영향을 받았다.

42) 이 한유의 시는 曇無讖이 번역한 馬鳴의 『佛所行贊』 문체에서 영향을 받은 것이라고 한다. 『불소행찬』에는 석가모니가 보리수 아래에서 成道하려고 할 때 마왕이 많은 권속을 이끌고 와서 방해하는 광경이 묘사되어 있는데, 曇無讖은 마귀의 奇種異象을 묘사한 부분을 번역하면서 '或' 자를 30여 회 사용하였다고 한다.(陳允吉, 『中國文學과 禪』, 민족사, 1992, 213면 참조.)

통을 겪으면서도 현실과 타협하지 않고 도덕적인 삶을 살려는 강한 의지를 지니고 있었던 것이다. 소재는 난삽 · 기괴한 장편 고시들을 창작함으로써 죽음과 허무에 이끌리고 있는 자아를 반성하고 견정한 도덕적 주체로 자기를 再定義하려 하고 있다.

소재는 유배 중기에 파격적인 자법과 구법을 활용한 거대한 편폭의 고시를 다수 창작하였다. 그리고 이 시기 창작한 율시와 단편 고시 가운데도 파격적인 자법과 구법을 구사한 특이한 작품이 많이 발견된다. 奇怪한 풍격의 장편 고시와 파격적인 자법을 구사한 율시들은 허무와 죽음으로 이끌리는 삶을 객관적으로 응시하면서 도덕에의 지향을 다시 천명하는 내용이 주를 이룬다. 원래 시의 형식과 리듬은 시인의 의식을 지배하는 형식과 질서가 언어적으로 추상화되어 나타난 것이라고 할 수 있다. 유배 중기에 집중적으로 나타나는 파격적인 형식의 난해시들은 삶을 질서화하는 보편적인 규범에 대한 신뢰가 무너져 내린 혼란한 의식과 이를 극복하고 새로운 질서를 수립하려는 강렬한 의지가 갈등하고 있는 그의 정신 상태를 그대로 반영하고 있다.

이러한 점에서 유배 중기에 집중적으로 창작된 시인과 화자가 분리되어 있는 고시와 율시들을 함께 주목할 필요가 있다. 이 시들은 제3의 화자가 허무와 죽음으로 이끌리고 있는 시인을 객관적으로 묘사하거나, 다수의 화자가 등장하여 자신의 주장을 펼치다가 마지막에 등장하는 화자가 도덕에의 지향을 통해 허무감을 이겨가도록 시인을 規戒하는 형식으로 되어 있다. 화자와 시인이 분리된 고시와 율시의 독특한 형식 또한 도덕적인 삶을 지향하는 의지적인 자아와 허무에 이끌리고 있는 현실적인 자아의 갈등을 드러내고 있다고 할 수 있다. 결국 유배 중기에 소재가 집중적으로 창작한 파격적인 형식의 고시와 율시들은 도덕의지와 허무의식이 분열 갈등하고 있던 소재의 마음을 그대로 반영하고 있음을 알 수 있다.

3. 「夙興夜寐箴解」과 李滉 · 金麟厚와의 論辯

소재는 수학기와 사환기에 객관 사물에 존재하는 천리를 인식하여 도덕의식을 제고함으로써 욕망과 기질의 영향을 받는 마음의 위태로움을 극복해야 한다고 생각하였다. 그러나 그는 을사사화를 경험하고 유배지에서 고통스러운 사색의 시간을 거치면서 혼란한 객관 세계에 영향받지 않는 절대 불변의 도덕의지가 인간 마음에 엄존해 있고 천리는 이 마음에서 자연스럽게 흘러나오는 것임을 체증하게 되었다.

이러한 심성론의 변화로 말미암아 공부 방법 또한 변화하기 시작하였다. 수학기와 사환기에 소재는 主敬涵養과 格物致知가 병진하는 주희의 공부 방법을 깊이 신뢰하고 있었다. 그러나 天理를 마음 안에서 찾으려는 지향이 강해지고 격물 공부에서 차츰 멀어지자, 그의 主敬涵養 또한 주희의 敬과는 달라졌다. 이러한 공부론의 변화는 그가 37세에 저술한 「夙興夜寐箴解」에서 살펴볼 수 있다.

「夙興夜寐箴」은 南宋의 陳栢이 지은, 성리학의 수양 방법을 시간대 별로 제시한 箴이다. 소재는 「숙흥야매잠」을 전체 8장으로 分章하고 각 장별로 字句를 주해하고 논지를 해설하는 형식으로 「숙흥야매잠해」의 초고를 작성하였다. 소재는 이 초고를 河西 金麟厚와 退溪 李滉에게 보내어 질정을 구했고, 이들의 의견을 대부분 수렴하여 최종본을 완성하였다. 이러한 과정에서 공부 방법에 대한 이견으로 퇴계 · 하서와 논변하게 되는데, 이 왕복 논변은 고봉과 퇴계의 四端七情論爭에 비견할 만한 수양 방법론에 대한 최초의 논변이다. 이 왕복 논변은 우리나라 性理學史上 중대한 사건의 하나로 주목할 만하다.[43]

43) 琴章泰, 「〈숙흥야매잠도〉와 퇴계의 수양론적 실천 과제」, 『퇴계학보』 제109집, 퇴계

퇴계는 「숙흥야매잠해」의 초고를 받아 보고 소재에게 편지를 보내어 "「숙흥야매잠」을 이전에 나 또한 가슴에 새겨두고 있었지만 조리의 정밀함과 공부 과정의 엄정함이 이렇게까지 지극하리라고는 미처 생각지 못했습니다. 주해를 보니 分章과 구절 분석, 正義와 崇論이 핵심이 되는 곳에서 여유롭게 노닐다가 홀로 밝고 확 트인 경지에 이른 것을 보고 탄복하지 않을 수 없었습니다."[44]하고는 "斯道가 우리나라에서 사라지지 않는다면 이 주해는 반드시 후세에 전해질 것입니다."[45]라고 칭송했다. 소재와 퇴계 · 하서는 分章, 字句의 해석, 각 장의 논지, 수양 방법에 이르기까지 많은 문제에 대하여 토론하였는데 이 가운데 핵심적인 쟁점은 敬과 관련된 문제였다.

소재는 「時習箴」에서 공부를 知와 行으로 나누어 설명했던 것과는 다르게 이 주해에서 未發 공부와 已發 공부로 나누어 설명한다. 다음은 마음의 動靜 · 體用을 관통하는 공부로 敬을 설명한 부분이다.

> 대저 體用을 겸하고 動靜을 아울러서 끊임없이 순환하고 그침 없이 반복하는 것이 바로 이 마음이다. 까닭에 **군자가 반드시 이 마음으로[君子必以]** 한 몸의 주재를 **삼으면[則]** 고요할 때에도 다스려져서 體가 서지 않음이 없고 외물에 感應할 때에도 다스려져서 用이 달하지 않음이 없을 것이다. 그러나 마음은 氣에 이끌리지 않을 수 없어서 또한 體가 죽고 用이 어지러워지니 그러면 存養省察의

학연구원, 2001.4, 105면.

44) 李滉, 내집 상편, 「寄伊齋書」, 356면, "宿興夜寐箴, 舊日亦嘗服膺, 而猶未知條理之密工程之嚴, 若是其至也. 得見註解, 分章析句, 正義崇論, 恢游肯綮之處, 而獨到昭曠之原, 不勝嘆伏."

45) 상동, "吾東方性理之學, 講明者固鮮, 而著述寥寥. 間或有之, 而率未免罅縫之出, 未滿於人意者, 無他, 略見彷彿, 而遽自爲主張之太過故也. 竊見此解, 非他人著述之比, 斯道不亡於吾東, 則此解必傳於後世."

공부를 할 수 없게 된다. 까닭에 **또한 반드시 경으로써[又必以]** 마음의 주재를 삼아 虛空不用한 때에 어둡지 않게 하고 幾微가 運行하는 때에 섞이지 않게 하면, 전일하게 여기에 있고 다른 곳으로 가지 않아서 지각이 卓然하여 內外始終의 사이에서 그 지킴을 잃지 않아 조금의 잘못도 없게 된다.[46]

소재는 敬을 "마음이 움직이기 전에는 어둡지 않게 하고 마음이 막 움직이기 시작할 때는 善惡의 幾微를 잘 성찰하여 뒤섞이지 않게 하는 것이다." 라고 설명했다. 이는 미발과 이발을 관통하는 주희의 敬을 정확하게 설명한 것이다. 그러나 하서와 퇴계는 소재의 경이 주희의 경과 차이가 있음을 지적한다.

이 주해 부분에 대하여 퇴계는 이견이 없었지만, 하서는 예리하게 문제점을 지적하여 비판하였다. 하서는 "마음은 본래 몸의 주재이지 사람이 그것으로 하여금 주재하게 한 연후에야 주재하는 것은 아닙니다. 氣가 섞이고 외물에 의해 유혹을 받으면 마음이 밖으로 내달려서 몸에 주재가 없게 되지만 敬하여 곧게 하면 마음은 곧 이전처럼 주재할 것입니다. 만약 마음을 몸의 주재로 삼은 연후에 경으로써 마음을 주재하는 것이라면 마음이 몸을 막 주재하고 있을 때는 장차 어디에다 공부를 두겠습니까? 주자께서는 '인심은 지극히 영묘하여 만 가지 변화를 주재하니, 물에 의해 주재되는 것이 아니다. 까닭에 잡아 지키고자 하는 뜻이 있으면 이 마음이 먼저 움직이게 될 것이다' 라고 하시고는 程夫子의 '敬을 가지고서 곧게 하려 한다면 곧아질 수 없다' 라는 말을 예로 드셨습니다." 라고 비판하였다.[47]

---

46) 내집 상편, 「夙興夜寐箴解初本」, 353면, "夫兼體用, 該動靜, 如環無端, 反覆無時者, 此心之爲也. 故**君子必以**爲一身主宰, **則**寂而理之, 體無不立, 感而理之, 用無不達矣. 惟其不能不誘於氣, 亦將體死用亂, 而無以加存省之功. 故**又必以**敬爲一心主宰, 使不昧於虛空不用之處, 不雜於幾微運行之時, 專一在此, 靡他其適, 而知覺卓然, 於內外始終之間, 不失其守, 無少差謬."

하서의 비판을 받은 소재는 퇴계에게 편지를 보내어 "이 단은 가장 긴요한 부분이고 이런 논의는 대단히 정밀한 것인데 선생께서 알지 못했던 것은 어째서입니까?" 라고 묻고는 "제 의도는 원래 몸을 주재한다고 한 것으로 전체를 말하고 마음을 주재한다고 한 것으로 공부를 말하려 한 것이었습니다. '必以' 라고 쓴 실수가 '然後' 라는 뜻으로 읽히는 큰 오류를 낳으리라고는 미처 생각하지 못했으니 두려워할 만합니다." 라고 하여 자신의 주해가 문제가 있음을 시인한다.[48] 퇴계 또한 하서의 뛰어난 견해는 자신이 미칠 바가 아니라고 찬상하면서 "자신이 전일에 이 이치를 모른 것이 아니었는데도 이 병폐를 간파할 수 없었다." 고 토로했다.[49]

소재가 하서의 비판을 대단히 정밀한 견해로 찬상하면서 받아들인 것은 하서가 논한 경법이 자신이 생각하는 경법과 일치하기 때문이었다. 하서가 지적했듯이 '敬으로써 주재를 삼는다' 는 것은 '경을 수단으로 하여 마음을 곧게 하려는 것' 이며 이는 마음을 의식적으로 잡아 지키려는 수양 태도이다. 만약 마음을 의식적으로 잡아 지키려 한다면 이는 이미 意가 일어나 마음이 움직인 상태가 된다. 움직이고 있는 마음으로 움직이는 마음을 잡으려고 하는 태도는 주희가 비판한 禪의 가장 큰 특징이었다. 그리고 이러한 상태는 소재 자신이 存心의 요체로 생각하고 있었던 '잊지도 말고 조장하지도 말아야 한다' 는 가르침에 어긋나는 것이기도 했다.

---

47) 金麟厚, 내집 상편, 「三子論夙興夜寐箴解往復錄」, 365면, "心本一身之主宰, 非人以爲之主宰, 然後主宰之也. 惟其氣雜而誘於物, 則心馳於外而身便無主, 能敬以直之, 則心便主宰如前矣. 今曰, '以心爲一身主宰, 然後以敬爲一心主宰', 則方其以心爲一身主宰之時, 將何所下手耶? 朱子曰, '人心至靈, 主宰萬變, 非物所能宰也. 故有執持之意, 卽是此心先自動了.' 因擧程夫子 '以敬直內便不直矣' 之云."

48) 노수신, 내집 상편, 「三子論夙興夜寐箴解往復錄」, 366면, "此段最爲緊要, 此論尤見精密, 不識高明亦不之覺何耶? …… 妄意本謂身主者, 以言全體也, 心主者, 以言工夫也, 而不覺 '必以' 之差, 乃至於 '然後' 之謬, 深可懼也."

49) 이황, 상동, 366면, "此段河西所見, 超詣不可及. 滉前日非不知此理, 而不能見破此病."

그런데 소재는 의식적으로 마음을 잡아 지키려고 하는 태도가 程朱의 敬法과 다른 것임을 인지하고는 있었지만 실제적인 수양 태도는 이러한 방향으로 이끌리고 있었다.

> 반드시 한 사물이 지나가자마자 진실한 체가 의연하다. 이때 **광령을 모으고 사념을 끊어버려[聚其光靈, 絶其思念]** 명경지수처럼 작은 티끌의 흔적조차도 없고 虛明靜一한 상이 있어서 비록 귀신이라도 이 사이를 들여다볼 수 없게 하는 것, 이것이 마음이 고요할 때 존양하는 공부이다.[50]

인용한 곳은 미발 심체를 유지하는 主敬涵養을 설명한 부분이다. 하서와 퇴계는 이 절의 "光靈을 모으고 思念을 끊어버린다."는 소재의 주해에 禪學의 뜻이 있으니 수정하는 것이 옳다고 했다. 禪에서는 끊임없이 유전하고 있는 공허한 萬象으로부터 독립하여 언제나 만상을 환하게 비추고 있는 불변하는 一心의 體를 보는 것이 깨달음의 핵심을 이룬다.[51] 주희는 禪과 敬은 확연하게 다른 것임을 지적하면서 "유가와 불가의 차이는 바로 여기에 있다. 이 마음의 번쩍번쩍 빛남을 본다는 말은 바로 두 개의 주재가 있는 것이다. 빛나는 것이 진심인지 그것을 보는 것이 진심인지 어찌 알 것인가?"라고 하였다.[52] 주희는 또 "靜坐는 坐禪入定하여 사려를 끊어버리는 것이 아니다. 다만 이 마음을 수렴하여 쓸데없는 생각이 일어나지 않게 한다면 이 마음이 고요하게 일이 없어 자연히 전일하게 될 것이다."라고 하

---

50) 노수신, 내집 상편, 「夙興夜寐箴解初本」, 353면, "必其一物才過, 眞體依前. **聚其光靈**, **絶其思念**, 如明鏡止水, 無毫釐査滓之痕, 有虛明靜一之象, 雖鬼神有不得窺其際者, 此靜而存養也."

51) 아라키 겐코, 『불교와 유교』, 예문서원, 2000, 368면.

52) 아라키 겐코, 『불교와 유교』, 예문서원, 2000, 367~368면.

여 禪과 유가의 敬이 다른 것임을 분명하게 밝혔다.[53] 따라서 "광령을 모으고 사념을 끊어버린다."는 소재의 주해는 모든 사념을 끊어버리고 마음의 본체를 보려고 하는 禪의 방법으로 主敬涵養을 설명하였다는 비판을 불러 일으킬 소지가 있었다.

소재는 이 주해에 禪의 기미가 있다는 퇴계의 지적을 받고 "며칠 전 늙은 스님 한 분이 며칠을 묵고 갔는데 그가 가져온 三法語를 얻어 아무 생각 없이 몇 차례 읽고는 문득 좋아하게 되어 마음에 남아 있던 것이 나도 모르게 비슷한 글로 나왔으니 정말 우스운 일입니다."라고 하여 자신이 당시 禪에 이끌리고 있음을 시인했다.[54] 소재는 이 주해를 "신묘한 用을 모으고 쓸데없는 생각을 물리친다.[聚定妙用, 放退閑思.]"로 수정하였다. 그러면서 스스로 "수정한 훈해 역시 心을 性으로 여기는 禪學의 태도를 제거할 수 없을 것 같다."고 하면서 "주재가 없으면 본령이 이미 옳지 않으니 무슨 말을 하겠는가만 실로 주재가 있어서 통섭할 수 있으면 이 몇 마디의 말이 선과 비슷하다 해도 해가 되지 않을 것입니다."라고 했다.[55] 소재는 자신이 心과 性을 하나로 보는 禪의 심성론에 이끌리고 있기 때문에 수양의 방법 또한 선과 유사해지는 경향이 있음을 솔직하게 시인하였다.[56]

---

53) 주희, 『주자어류』, 권12, "靜坐非是要如坐禪入定, 斷絶思慮. 只收斂此心, 莫令走作閑思慮, 則此心湛然無事, 自然專一."

54) 노수신, 내집 상편, 「三子論夙興夜寐箴解往復錄」, 364면, "兩句果逼西來, 然遂去之則欠, 改之爲當. 當改云聚定妙用, 放退閑思, 何如? 或因其舊, 亦似無妨. 昔遇一老衲信宿, 得所齎三法語, 謾看數過, 乍喜之, 遂留在胸中, 不覺出筆下依俙, 殊可笑也. 近世學禪者亦無矣, 何懼焉, 然吾輩不可不戒."

55) 노수신, 상동, 346면, "'聚定妙用, 放退閑思', 恐此解去不得禪學認心爲性. 又無主宰, 則本領已不是, 尙何說哉? 實有主宰, 能攝之, 凡若此數語, 不害或相近也. 喜怒哀樂未發底氣像, 盖亦可想. 朱夫子謂'佛喚醒此心, 與吾儒同, 其爲道則異', 河西之慮亦過矣."

56) 禪과 敬이 비슷한 면이 있음을 긍정하는 소재의 견해에 대하여 퇴계는 "명도 선생은 '불가가 우리 유가와 어구마다 같고 일마다 같지만 그러나 같지 않다.' 고 하셨으니

해가 이미 어둑해지면 비록 굳센 자라도 몸이 피로함을 느끼지 않을 수 없다. 몸이 조금 피로해지면 氣가 문득 가라앉게 될 것이니 공부하는 사람은 이러한 때 더욱 삼가야 한다. **안과 밖을 검속하여 精彩光明을 불러일으킨다면 주재는 항상 살아 있어서[檢其內外, 以起發精采光明, 則主常活]** 불 꺼진 재나 시든 나무처럼 되지 않을 것이다.[57]

이 절은 「夙興夜寐箴」의 "日莫人倦, 昏氣易乘, 齊莊正齊, 振拔精明"에서 "振拔精明"을 주해한 부분이다. 소재가 처음 제시한 "精采光明을 불러일으키면 주재는 항상 살아 있다.[以起發精采光明, 則主常活.]"고 한 주해에 대하여 퇴계는 "以起發" 석 자에 병폐가 있다고 지적하였다.[58] 소재는 퇴계의 지적을 받고는 "이 세 글자에 병폐가 있다고 하신 것은 아마도 선가의 "回光着精采" 등의 말에 관섭되는 것을 못마땅하게 여겨서인 듯합니다. 그러나 제 견해로는 다만 본령이 옳지 않음을 알게 하려는 것이라면 괜찮지만 반드시 반대하는 말을 하고자 한다면 바로 이것도 병폐입니다. 아니면 이른바 병폐가 있다고 판단하신 이유로 달리 지적할 만한 것이 있으신지요?"라고 하면서 이 부분은 그대로 두어도 무방하다는 견해를 피력하였다.[59]

지금 비록 그 같음은 본래 알고 있지만, 우리들은 마땅히 먼저 그 같지 않은 곳을 찾아서 다리와 발을 굳게 버티고 서서 발걸음을 돌리지 않아야 할 것입니다. 어찌 가볍게 서로 비슷해도 해가 되지 않는다고 말할 수 있겠습니까? 정부자는 또한 '만약 그 설을 탐구하여 버리고 취하기만 해도 이미 불자로 화하게 된다.'라고 하셨으니 그 설을 탐구하여 버리고 취하기만 해도 오히려 불자로 떨어지는 것을 면하지 못하는데 하물며 서로 비슷해도 해가 되지 않는다고 말을 할 수 있겠습니까?"라고 하여 강도 높게 비판하였다.(이황, 내집 상편, 「三子論夙興夜寐箴解往復錄」, 364면.)

57) 노수신, 내집 상편, 「夙興夜寐箴解初本」, 354면, "此又以日旣嚮晦, 則雖强有力者, 不得不疲其體. 體少疲則氣便沈矣, 學者於此, 尤警惕焉. 檢其內外, 以起發精采光明, 則主常活而不爲灰木之歸矣."

58) 이황, 내집 상편, 「三子論夙興夜寐箴解往復錄」, 366면, "以起發三字, 似亦有病."

소재의 입장을 확인한 퇴계는 이 주해에 병폐가 있다고 생각한 이유를 자세하게 설명하였다. 퇴계는 그 이유를 "눈썹을 치켜뜨고 눈을 부라리며 주먹을 쥐고 기를 내어 온몸에 땀이 나면서 활연하게 크게 깨닫게 되기를 기필하는 데 이르지 않을까 두려워서입니다. 대개 精采光明은 志氣가 맑게 가라앉아서 자연스럽게 발생하는 효과일 뿐입니다. 만약 起發하여 얻고자 한다면 이는 일삼음이 있으면서 또 효과를 기대하는 것이고 잊지 않으면서 또 조장하는 것이니 禪이 아니고 무엇이겠습니까?"[60]라고 하였다. 그리고 이렇게 주해할 경우 "본어를 精明을 振拔한다는 뜻으로 해석한 것이 되는데, 본어는 원래 '불러일으키고 정채나게 한다'는 병렬의 의미로 해석해야 하기 때문에 문세 상으로도 맞지 않는 해석입니다."라고 지적하였다.[61] 소재는 이 지적을 받아들여 주희가 '戒愼恐懼'를 설명할 때 쓴 語句를 그대로 가져와 "이 마음을 제기하면 이 마음은 항상 살아있다.[提起此心, 則此心常活.]"로 주해를 수정하였다.

이 절은 진백의 「夙興夜寐箴」에서 '강인한 사람도 피로를 느끼게 되는 때인, 해 질 무렵에 행하는 공부'를 주해한 부분이다. 소재의 시 가운데는 해 질 무렵을 노래한 작품이 자주 보인다.[62] 이러한 시들에는 허무에 이끌

---

59) 노수신, 내집 상편, 「三子論夙興夜寐箴解往復錄」, 367면, "三字有病云, 想只是惡涉禪家回光着精采等語也. 愚意只要識得本領不是可矣, 欲言必反, 卽此是病. 抑未知所謂病, 別有所指歟?"

60) 이황, 상동, 367면, "所以謂三字有病者, 正爲恐至於撑眉努眼, 握拳作氣, 以期見於通身汗出, 豁然大悟處故也. 盖精采光明, 是志氣淸定, 自然發生之効耳, 若欲起發而得之, 則是有事焉而又正也, 勿忘而又助也, 非禪而何?"

61) 상동, 367면, "細看註文, 以起發二字貼振拔, 而其下, 係以精采光明. 又譏或人振拔之精明之之非, 則似是將本語, 作振拔其精明之意看矣. 如此, 非惟義理不如此, 文勢亦恐不如此也. 此等處, 須是四平放下."

62) 권2, 「落日」, 100면, "落日在籬根, 昏昏烟景重. 風來動庭樹, 復吹枯槁容." ; 권3, 「次韻, 醉題示鄭生」, 131면, "碧海深前岸, 淸風動後園. 餘生心在野, 萬事酒盈罇. 已自輕操舍, 終誰辨閴喧. 長吟意不愜, 孤坐近黃昏." ; 권4 「寄尹李二故人」, 160면, "由來嶺海能死人, 不

리고 있던 소재의 마음이 여실히 드러나 있다. 소재가 진도에서 미발 함양의 중요성을 자각하게 되었던 것은 그 스스로 마음의 죽음 상태라고 명명했던 이 허무감에서 벗어나기 위해서였다. 喜怒哀樂의 감정을 불러일으키는, 모든 유의미한 他人들로부터 격리된 섬에서 소재의 마음은 차츰 세계와 소통하는 본래의 영활한 능력을 상실하고 시든 나무, 불 꺼진 재와 같은 상태에 빠져들고 있었다. 그의 미발 함양은 점차 꺼져가는 마음을 되살리려는 강렬한 지향 속에서 행해진 것이었다. 따라서 소재의 未發 涵養은 이발의 때에 格物할 수 있는 마음을 확립하는 데 비중을 두었던 주희의 未發涵養과 완전히 일치하는 것이 아니었다. 소재는 未發 涵養을 통해 마음의 靈活性을 회복하여 그것으로 모든 순간의 판단과 감정의 흐름을 바르게 하려는, 이른바 마음의 수양에 모든 것을 거는 禪的인 태도를 지니고 있을 수밖에 없었다. "마음의 精彩光明을 불러일으킨다."라는 주해에는 소재의 이러한 수양 태도가 은연중에 투영되어 있었다.

> 삼가 살피건대 이 일편의 강령은 오로지 敬에 있고 敬은 一일 뿐이다. …… 一이 하늘에 있으면 誠이고 인간에게 있으면 敬이다. 천지간에 오직 天理만이 一이니 이른바 誠이 그것으로 하늘의 도이다. 생명이 있는 무리 가운데 오직 성인의 마음이 一이니 이른바 誠이 그것으로 성인의 근본이다. 하늘과 聖人이 어찌 간극이 있겠는가. 衆人에 이르러서 비로소 一할 수 없어서 一하고자 하는 지향이 있으니 이른바 敬이 그것으로 人事의 근본이다.[63]

必驅馳也喪眞. 日暮林烏啼有血, 天寒沙雁影無隣. 政逢蘧伯知非歲, 空逼蘇卿返國春. 災疾難消老形具, 此生良覿更何因." ; 권4, 「對曹克仁飮醉 次韻」, "操舍心何在, 升沈事不常. 微生縱談笑, 夫子見文章. 酒會時中聖, 朋來日滿堂. 狂歌倚浦樹, 半嶺暮雲長."

63) 내집 상편, 「夙興夜寐箴解初本」, 355면, "謹按一篇綱領, 專在於敬, 敬者, 一而已矣. …… 夫一在天曰誠, 在人曰敬. 蓋天地之間, 惟天理爲一, 若所謂誠者, 天之道也. 有生之類, 惟聖人之心爲一, 若所謂誠者, 聖人之本也. 天與聖人, 豈有間哉? 至於衆人, 始有不能

소재는 진백의 「숙흥야매잠」을 총론하면서 "이 잠의 주지가 敬에 있고 이 敬은 바로 一"이라고 설명하였다. 이에 대하여 하서는 "敬은 一하게 하는 所以이니 갑자기 誠과 병칭하여 一이라고 하는 것은 옳지 못합니다."라고 논평하였다.[64] 소재는 하서의 논평에 대하여 "一하게 하는 소이가 敬이라면 一에 이른 것도 경이니 敬을 一이라고 해도 괜찮을 것입니다."라고 답변했다. 그리고 "一事에 敬하면 一事에 또한 이미 專一한 것이니 어찌 통설하는 것이 불가하겠습니까. 까닭에 하늘의 경우든 인간의 경우든 모두 一이라고 말한 것입니다. 하늘의 一이 誠이고 인간의 一이 敬이라고 한 것은 誠이 바로 敬이고 敬이 바로 誠이라는 뜻은 아닙니다."라고 하며 자신의 견해를 고집했다.[65]

소재는 하서의 수정안과 이에 대한 자신의 견해를 퇴계에게 보내 논평을 부탁하였다. 퇴계는 처음에는 소재의 註解에 대하여 이견이 없었다가 하서의 수정안을 보고는 하서의 의견에 동의하면서 주희의 能과 所能의 구별에 근거하여 敬과 一은 반드시 구별해야 한다고 지적한다. 퇴계는 "敬은 이른바 能에 해당하고 一은 所能을 이른 것이니 一위에 主자를 놓거나 一아래에 之자를 두면 能이라 할 수 있을 것입니다. 또 誠은 所能을 말하는 것이니 誠 위에 思자를 두거나 혹은 誠 아래에 之자를 두면 能의 의미가 될 수 있을 것입니다."라고 했다. 그러면서 "敬을 一이라고 하면 能으로써 所能을 삼는 병폐가 있고, 一이 하늘에 있으면 誠이고 인간에게 있으면 敬이라

一而一之者, 若所謂敬者, 人事之本也. 故學者體天之誠而求至於聖人之誠, 則亦惟用力於敬而已."

64) 金麟厚, 내집 상편, 「三子論夙興夜寐箴解往復錄」, 368면, "妄意, 敬者, 乃所以一之, 則恐不可遽與誠竝稱爲一."

65) 노수신, 상동, "蓋其所以一之者, 敬也, 則所以至於一者, 非敬乎? 雖曰敬便是一, 亦可也. 又況敬在一事, 一事亦旣一矣, 豈不可以統說之乎? 故在天在人, 皆曰一, 分而言之, 天之一曰誠, 人之一曰敬, 非謂誠是敬, 敬是誠也."

고 한 것도 能과 所能을 혼칭하는 병폐가 있습니다."라고 지적하고, "주자가 이른바 어지럽힐 수 없는 것이라고 한 것은 이러한 곳입니다."라고 강하게 비판했다.[66]

소재는 비록 '敬은 一이다' 라고 생각하는 자신의 견해가 敬과 誠이 일치함을 주장하는 것이 아니라고 해명하기는 하였지만, "一하게 하는 所以가 敬이라면 一에 이른 것도 敬이다."라는 그의 설명에는 敬을 誠에 가까운 것으로 생각하려는 경향이 내재하여 있다. 즉 '敬은 一이다' 라는 소재의 주장은 程顥의 "함양하면 나는 하나가 된다."라는 설에 가까운 것이었다. 정호의 말에서 '하나가 된다' 는 것은 誠 그 자체가 됨을 가리킨다. 誠은 하늘의 도로써 힘쓰지 않고 들어맞고 생각하지 않고 얻어서 그대로 도에 적중하는 성인의 경지를 말한다.[67] 소재는 정호와 마찬가지로 경을 하면 곧바로 하늘과 일치하는 경지에 도달할 수 있다고 생각한 것이다. 정호의 主敬涵養은 程頤의 主敬涵養과는 다른 것이었다. 정이는 涵養을 致知의 바탕이라는 점에서 긍정하여 "함양은 모름지기 敬으로 해야 하고 학문에 나아감은 致知에 있다."고 하였다. 정이의 수양법을 계승한 것이 주희의 공부 방법이다. 주희는 "敬은 반드시 格物致知와 竝進해야 한다."고 강조하였다.

진도에 유배되기 이전에는 소재 또한 敬을 설명하면서 항상 格物致知와 竝行해야 한다고 강조하였다. 그가 세자에게 『서경』을 강의하면서 "涵養

---

66) 이황, 상동, "右三條, 河西所論, 大約皆一意也. 而公不以爲然, 然反覆參究, 終是河西說有理. 公曾見朱子能與所能之說乎? 說見大全書四十八答呂子約第十三書, 可考見也. 今以其說揆之於此, 如敬卽所謂能也, 一則所能之謂也, 而一上須著主字, 或一下須著之字, 乃可謂能耳. 又誠則所能之謂, 而誠上須著思字, 或誠下須著之字, 方可謂之能耳. 然則其曰 '敬者一而已' 者, 非以能爲所能之病乎? 曰 '夫一, 在天曰誠, 在人曰敬', 非能與所能之混稱之病乎? 愚恐朱子所謂不可亂者, 正在此等處也. 且謹按以下所論, 以一爲此箴之旨, 舊看甚好, 今更細看, 一箴本旨專主於敬."

67) 손병욱, 「마음을 다스리는 공부」, 『조선유학의 개념들』, 예문서원, 2002, 329면.

도 致知가 선재하지 않으면 涵養할 대상이 없다."라고 한 것은 그 예이다. 그러나 앞서 살펴보았듯이 을사사화를 겪고 섬에서 유배생활을 하면서 소재의 심성론과 공부론은 조금씩 변화하기 시작하였다. 그는 心과 性, 心과 天理를 엄격하게 구분하는 심성론과 외재하는 사물에서 천리를 인식하는 격물치지를 회의하기 시작하였다. 천리를 마음에서 구하려는 지향이 강렬해지면서 격물 공부에서 멀어지자, 소재의 경 또한 격물치지와 병진하는 주희의 경과 일치할 수 없게 되었다. 소재는 이 시기에 敬을 天理인 마음의 본체를 유지하는 방법으로 여겼고, 이러한 생각이 "敬하면 一이 된다."라는 주해로 드러난 것이다.

반면 '敬은 所能이 아니고 能이며 一이 아니라 一之'라고 강조한 퇴계는 심과 성, 심과 天理을 엄격하게 구분하려는 입장이라고 할 수 있다. 소재는 「숙흥야매잠해」에 대한 퇴계와 하서의 비판을 대부분 수용하였지만 「숙흥야매잠」의 종지를 一로 파악한 총론 부분에 대해서는 끝내 수정을 거부하였다. 퇴계와 하서 그리고 소재 사이에 있었던 主敬涵養에 대한 논쟁은 심과 성을 하나로 보는 경향이 있는 소재와 심과 성을 엄격하게 분리하고자 한 퇴계 · 하서의 심성관의 차이에서 오는 것임을 알 수 있다.

4. 洪仁祐와의 邂逅와 『傳習錄』 『困知記』의 수용

「夙興夜寐箴解」의 초고를 완성하고 河西 · 退溪와 논변을 시작할 무렵인 1553에서 1554년 사이에 소재는 젊은 날 성균관에서 절친하게 지냈던 耻齋 洪仁祐(1515~1554)로부터 한 통의 편지를 받았다.[68]

---

68) 이 편지는 『穌齋集』에는 실려 있지 않고 『耻齋遺稿』에만 실려 있다.

홍인우는 字가 應吉이고 호는 敬齋·耻齋이다. 치재는 25세 때 花潭 徐敬德을 찾아가 학문을 물었고, 이후 朴淳·許曄 등 주로 화담의 제자들과 교유했기 때문에 화담의 문인으로 알려졌다. 그는 또 38세 때 당시 한양에 머물고 있던 퇴계와 왕래하면서 여러 차례 학문을 논하고 서간을 주고받았기 때문에 「陶山及門諸賢錄」에 퇴계의 문인으로 기록되어 있다. 그러나 치재는 화담의 제자로 자처하지 않았고,[69] 퇴계와도 학문적 입장이 일치하지 않았다.

치재의 아우 應休 洪仁祉는 소재와 함께 이연경의 문하에서 수학한 동문이다.[70] 치재 형제에게 이연경은 먼 친척이었고 치재 집안의 별서가 驪州에 있었기 때문에, 치재와 그의 아우 홍인지는 여주에서 강학하던 김안국과 충주에서 강학하고 있던 이연경의 학문에서 깊은 영향을 받았다.

소재는 성균관에서 공부할 무렵에 치재, 許伯琦[71]의 아들인 國善 許忠吉, 이연경의 제자이자 사위인 元叔 康惟善과 긴밀하게 교유하였다. 소재와 성균관에서 교유하던 이 젊은 사류들은 기묘사림의 후학들로 세인들의 주목을 받고 있었다.[72] 이들은 서로의 집을 오가며 『心經』을 강론하였고,[73]

---

69) 홍인우, 『치재유고』, 권2, 「日錄鈔」, '丙午' "八月初三日, 頤正以花潭先生挽, 索余一章, 敬題三十餘句以送. 挽尾欲以門人書之, 更料得只以洪某書也."

70) 권4, 「次韻贈洪應休」, 158면, 自註, "仁祉予二人, 於聘君先生俱是師承, 而兄應吉, 予之執友也."

71) 趙光祖의 문인이다.

72) 홍인우, 『耻齋遺稿』, 권2, 「日錄鈔」, 43면, '癸卯(1543년)' "十一月二十八日夕, 國善來訪曰, '日者, 泮中東西下齋, 今方以齒坐.' 余曰, '誰倡之?' 曰, '有一年少嶺南人也. 一日, 感慨尙古人之風, 謂同儕曰, 首善之地, 長幼無序, 何哉? 自今日可以年序坐. 於是多有應者. 然或有不肯者, 故稟定于大司成, 已許之矣.' 又曰, '諸上舍亦可此事, 將告于君, 於君意何如?' 余曰, '此甚美事, 不可止之, 其如時俗不好古何? 凡事之之定, 必出於在上者, 然後能行矣. 今之堂長掌議, 皆是庸庸疾善之徒, 而吾輩非其任, 如何如何? 況君與我, 自顧其身, 名節雖愧於古人, 而衆方以己卯後學, 目而斥之, 切不可下手矣. 徒駭俗見, 反生士林之變矣."

73) 상동 '任寅(1542년) 1월', "十六日夕, 寡悔致遠來訪, 相與討心經, 至夜三更而罷." ; "二

함께 어울려 술을 마시며 士禍에 대한 두려움으로 자신이 지향하는 학문을 韜晦하고 있는 동료들을 비판하기도 하였고,[74] 김안국 등 정계에 재진출한 기묘사림의 정치적 행보를 주시하면서 그들의 득실을 논하기도 하였다.[75] 이들은 또한 중종 말기와 인종 즉위년에 성균관 유생들을 규합하여 조광조의 신원을 탄원하는 상소를 조정에 올리기도 하였다.[76] 이처럼 성균관에서 소재와 교유하던 치재, 허충길, 강유선 등의 젊은 사류들은 기묘사림을 계승하려는 강렬한 지향을 가지고 있었다.

기묘사림을 계승하려 했던 이 젊은 사류들은 을사사화, 양재역 벽서사건, 충주옥사 등으로 인하여 큰 화를 입게 된다. 소재는 을사사화로 순천에 유배되었다가 양재역 벽서사건으로 진도로 이배되어 기나긴 유배 생활을 하였다. 허충길 또한 양재역 벽서사건으로 유배되었고, 강유선은 충주옥사 때 역모죄로 몰려 杖殺 당하였다. 소재는 강유선이 장살된 이후 도덕에 대한 지향과 허무의식이 갈등하는 마음의 분열을 겪으면서 극심한 정신적

月初一日, 與國善寡悔, 講質心經, 夜已中矣."

74) 상동, '庚子(1540년)', "九月初九日, 與國善佩酒到寡悔家, 相與訪愚翁共酌. 又往見韓永叔, 永叔蓋諱其學, 欲避禍者, 佯發雜談. 余曰, '知君面雖久, 然心則未也.'"

75) 상동, '辛丑(1541년) 4월', "十八日, 寡悔元叔(康維善)自泮來訪. 應休謂我曰, '去初八日, 主上己卯人收職牒者杪啓事傳教矣.' 余曰, '趙先生(光祖)金先生(淨)奇先生(遵)金先生(湜), 可在其中.' 休曰, '慕齋以一樣底人, 獨蒙聖恩從仕, 無顏色矣.' 曰, '日者, 聞慕齋白上曰, 臣以己卯同罪人, 濫被上恩, 趙金奇冤, 可以洩矣. 上曰, 此人身犯重罪, 不可赦也.'"; '壬寅(1542년) 8월', "二十三日, 國善曰, '去十二月間, 慕齋於經筵啓曰, 趙某光祖, 可給職牒, 以明示士林. 上命三公議, 皆不可.' 余曰, '去四月又啓, 不允, 今亦再啓, 於比益見其爲國之心也.'"

76) 상동, '甲辰(1544년) 5월', "十六日, 有友云, '比者, 下求言之教, 甚懇惻, 非例求之比.' 余謂前月泮中, 以趙先生事將上疏, 而吾等不肯者, 良以出位爲嫌. 今此教適下, 幾不可失也? 但堂長執綱, 率多怯禍福者, 誰能從我者乎? 西齋掌議洪碩福, 可人也. 卽就聞其言, 則亦不能先倡者, 然可與同事者也. 洪字叔亨, 其兄舜福, 己卯名儒也, 臨刑, 以顧菴命題主云. 李正甫, 稍有志節者, 金祥甫, 亦同志者, 皆欲共我擧事云, 可喜可喜. …… 二十九日, 詣闕下拜疏."

고통에 시달리고 있었다. 치재 또한 이 사건이 발생한 이후 관직에 진출하려는 뜻을 완전히 버리게 되었다.

치재는 38세 되던 해인 1552년 6월 18일에 한양에 있던 퇴계를 처음 만나게 된다. 치재는 이때 퇴계와 '未發之中' 문제를 토론하였는데, 그는 퇴계에게 보낸 편지에서 "미발의 중은 학자들이 가장 힘을 써서 공부해야 하는 곳입니다. 身心에서 실제로 얻은 바가 있어야만 일에서 체증할 수 있으니, 그런 연후에야 보통 사람들도 모두 中이 없었던 적이 없음을 알게 될 것입니다."77)라고 하였다.

몇 차례의 만남을 통해 퇴계는 치재의 성실한 학문 태도를 인정하게 되었던 듯하다. 퇴계는 1553년에는 빈번하게 치재의 집을 방문하였고, 치재 또한 매부 南彦經과 함께 자주 퇴계를 찾아가 학문을 논하곤 하였다. 이해 4월 치재는 남언경·허충길과 금강산을 유람하고 여행의 전말을 기록한 「關東錄」을 저술하였다. 「관동록」에는 치재 학문 연원을 유추할 수 있는 글이 보인다.

정이 "유점사는 외산의 큰 사찰인데 어찌하여 구경하지 않으십니까?"라고 물었다. 나는 다음과 같이 대답하였다. "내가 산수를 찾는 것은 속세를 벗어나 노닐고자 해서이고 맑고 그윽한 곳을 찾기 위해서네. 泉石은 만폭동이 지극히 좋고 올라 조감하기는 비로봉이 최고지. 게다가 땅에는 높고 낮은 것이 있고 풍경에는 크고 작은 것이 있으니 높은 것은 낮은 것이 쌓여서 이루어지고 큰 것은 작은 것의 극치일세. 높고 큰 것을 이미 내 눈에 들였으니 작고 낮은 것 때문에 내 다리를 피곤하게 할 필요가 있겠는가. 또 이러한 말이 있다네. 높고 낮은 것

77) 홍인우, 『치재유고』, 권1, 「上退溪書」, "未發之中, 最是學者用力下手地. 正自有實得於心身, 方體驗於事爲, 然後庶知常人俱未有無."

과 크고 작은 것은 外物이네. 萬殊의 측면에서 보면 나의 動靜은 物의 動靜이 아니지만 一本의 측면에서 보면 만물이 바로 나일세. 두 가지로 보면 푸른 산과 아득히 흐르는 물은 한갓 형체와 색이 내 눈과 귀를 어지럽히는 것일 뿐이지만, 一로써 깨달으면 푸른 산과 아득히 흐르는 물이 모두 내 性情 속의 物이지. 道는 物我의 간격이 없고 理는 彼此의 구별이 없네. 큰 것을 보아 작은 것을 포괄하고 높은 것을 들어서 낮은 것을 깨닫는 것은 본디 도에 해가 되지 않는다네. 이것이 내가 유점사를 구경하지 않으려는 이유이네."[78]

안내하는 스님이 유점사를 방문하지 않으려는 이유를 묻자 이에 대해 치재가 답한 것이다. 치재는 이미 금강산의 가장 아름답고 높고 큰 광경을 보았으니 굳이 자잘한 것들을 구경하려고 애쓰지 않아도 된다고 말하면서, '一本'과 '萬殊'에 대한 자신의 사상적 관점을 거론하였다. 그는 사물과 나는 萬殊의 측면에서 보면 서로 분명하게 구별되지만 하나의 근원에서 나왔다는 측면에서 보면 만물과 나는 一體라고 하였다. 그리고 하나의 근본을 깨달으면 만물이 모두 나의 性情 속에 있게 되기에, 큰 것을 보아 작은 것을 포괄하고 높은 것을 배워 낮은 것을 깨우치는 것은 실로 도에 해가 되지 않는다고 주장하였다.

치재의 이러한 주장은 상산학의 영향을 받은 것으로 보인다. 육구연은 마음과 천리가 하나라고 주장하면서 "만물은 빽빽하게 마음속에 들어 있다. 마음에 가득한 것이 발하여 우주를 채우니, 이 理가 아닌 것이 없다."라

78) 홍인우, 『치재유고』, 권3, 「關東錄」, "淨曰, '楡岾, 外山之巨刹, 何不歷賞?' 余曰, '儂爲山水, 爲遠遊, 爲淸幽. 以爲泉石, 則萬瀑洞盡也, 以爲登眺, 則毗盧峯獨也. 況地有高下, 景有大小, 故高者下之積, 大者小之極. 高且大, 已爲吾目所收, 小且下, 何必勞吾足? 又有說焉. 高下大小, 物也. 以萬殊則吾之動靜, 非物之動靜, 以一本則物亦吾也. 以二視則山之蒼然水之渺然, 吾徒知形色之亂吾耳目, 以一會則蒼然渺然, 皆吾性情中物. 道無物我, 理無彼此, 見其大管其小, 擧其高喩其卑, 固亦無害於道, 此吾不賞楡岾之意也.' "

고 하였다. 그리고 만물을 포괄하는 이 본심을 회복하는 것이 맹자가 말한 '먼저 큰 것을 세우는' 일에 해당한다고 하면서, 모든 공부의 근본으로 중시하였다. 이러한 육구연의 공부 방법은 객관 사물에 흩어져 있는 分殊의 理를 하나하나 인식하여 理一에 도달할 것을 강조한 주희의 공부 방법과는 다른 것이었다. 주희는 理一分殊에 대해, "성인은 일찍이 理一에 대해 말씀하지 않으셨고 다만 分殊에 대해 말씀하신 것이 많았다. 대개 분수 중의 事事物物 하나하나에서 마땅히 그러해야 하는 이치를 이해한 연후에야 마침내 理가 본래 하나로 관통하고 있음을 알게 될 것이다."라고 하였다.[79] "하나의 근본을 깨달으면 만물이 내 성정 속에 있게 될 것이니, 큰 것을 깨달아 작은 것을 아우르는 것이 도에 해가 되지 않는다."고 한 치재의 공부 방법은 주희의 공부 방법보다는 육구연의 공부 방법에 근접한 것이었다.

치재는 1553년 6월 9일에 時甫 南彦經과 함께 퇴계를 방문하여 明의 여러 儒者들의 학문에 대하여 토론하다가 밤이 늦어서야 돌아왔다. 이때 치재와 시보는 王守仁의 『傳習錄』과 羅欽順의 『困知記』에 대해 논하는 퇴계의 견해를 유심히 듣고 왔다.[80] 당시 치재는 퇴계에게 『傳習錄』과 『困知記』를 빌려달라고 부탁했던 듯하다. 퇴계는 다음 날 두 책을 치재에게 보내면서 "禪學은 기름때와 같아 가까이하면 문득 더러워집니다. 게다가 양명은 웅변으로 글을 이루었기에 더욱 쉽게 사람을 미혹시키니 공들은 반드시 조심해야 할 것입니다."라고 충고하였다.[81] 치재는 『곤지기』와 『전습록』

79) 주희, 『朱子語類』, 권27, "聖人未嘗言理一, 多只言分殊. 蓋能於分殊中, 事事物物, 頭頭項項, 理會得其當然, 然後方知理本一貫."

80) 홍인우, 『耻齋遺稿』, 권2, 「日錄鈔」, 54면, '癸丑(1553년) 6월', "初十日. 前宵, 因景浩公聞王陽明傳習錄, 求見."

81) 이황, 『퇴계집』, 권13, 「與洪應吉」, "昨夕對床論話, 多幸. 但於鄙言, 無所銓揀, 而俱曰'是', 此豈有益於懞滯耶? 繼此切望痛加辨詰, 庶精義不差也. 兩書皆呈. 但禪學如膏油, 近人則輒汚. 陽明又以雄辯濟之, 尤易惑人, 諸公須戒之, 勿作徐曰仁輩始明終昏而自以爲得."

을 받아본 그날 일기에 "오로지 마음을 안으로 삼고 天地萬物을 밖으로 삼으며, 格物致知를 부정하고 簡要한 공부만을 옳다고 한다."라고 기록하여 왕수인의 사상을 비판하였다.[82] 그리고 퇴계에게 편지를 보내어 "나흠순의 학문은 정밀한 곳이 많지만, 人心을 已發로 道心을 未發로 보아 인심과 도심을 둘로 나눈 것은 아주 잘못된 견해이다."라고 비판하였다. 그리고 나흠순의 학문은 바르지 않으니 그가 과연 왕수인의 잘못을 비판할 만한 자격이 있는지 회의하였다.[83]

『전습록』에 담긴 왕수인의 사상을 비판한 치재의 일기는 『전습록』을 충분히 검토하지 않은 상태에서 쓴 것이었다. 치재는 『전습록』을 받은 즉시, 전날 들었던 퇴계의 비판을 염두에 두면서 대강 눈으로 열람하고 이때 마음에 떠오른 생각을 일기에 그대로 기록하였던 듯하다. 치재는 이후 『전습록』을 자세히 읽어서 『전습록』의 내용과 관련하여 매부인 時甫 南彦經과 토론하기도 하였다. 치재의 일기 1553년 7월 30일 조에는 치재와 시보가 『전습록』에 대해 토론한 일이 기록되어 있다.

> 시보가 "양명은 증자가 공자의 '一以貫之'의 가르침에 예라고 대답한 때가 '나는 하루에 세 가지를 반성한다'라는 말을 하기 전이라고 주장했는데, 이는 잘못된 견해입니다."라고 했다. 나는 "주자도 '명확하게 알 수는 없지만 忠信은 철두철미한 공부이다.'라고 말씀하셨으니 이는 先後를 구분한 적이 없다는 뜻일세. 雲峯胡氏는 '一唯'가 '三省'의 이전이라고 했고, 新安陳氏는 '一唯'가 '三

82) 홍인우, 『耻齋遺稿』, 권2, 「日錄鈔」, 54면, '癸丑(1553년) 6월', "初十日. 前宵, 因景浩公聞王陽明傳習錄, 求見, 則其爲學, 大槩務爲好異, 專以一心爲內, 天地萬物爲外, 以格致爲非, 徑約爲是. 故羅欽順著困知記, 以攻其失."

83) 홍인우, 『耻齋遺稿』, 권1, 「上退溪書」, 20면, "前迫日暮, 未作穩質爲恨. 就省困知記, 試思這做學多有精到處. 然其以人心爲已發, 道心爲未發, 作兩般看, 最是錯認了, 豈辨倒王陽明差路乎? 然則羅整菴亦可謂儘出正者, 天下道學難得嫡派如是, 未審高明以爲如何?"

省' 의 이후라고 했으니, 여러 설이 이처럼 일치하지 않네. 그러나 주자께서는 '증자가 用에서는 이미 정밀하게 살피고 힘써 행하고 있었지만 體의 一을 아직 깨닫지 못하였다.' 라고 하셨는데, 一은 性命의 源頭일세. 공자께서 문인들에게 性과 天道에 대하여 쉽게 말씀하지 않으신 것은 반드시 생각하신 바가 있어서일 것이네." 라고 하였다. 그러자 시보가 "옳습니다." 라고 대답하였다.[84)]

남언경은 왕수인이 "一以貫之의 가르침에 증자가 '예' 라고 대답했던 때가 '나는 하루에 세 가지를 반성한다.' 라는 말을 했을 때보다 앞선다." 고 주장했다고 지적하면서, 이 왕수인의 설에 대한 치재의 견해를 물었다. 『전습록』을 살펴보면 남언경이 언급한 왕수인의 주장과 관련되어 있는 구절이 보인다.

國英이 "증자가 세 가지로써 매일 반성했던 공부는 비록 절실한 것이기는 하지만 공자의 一以貫之의 가르침을 아직 듣지 못했을 때의 공부인 듯합니다." 라고 물었다. 선생이 말씀하였다. "一以貫之는 증자가 공부의 핵심이 무엇인지 깨닫지 못하고 있는 것을 부자께서 보시고 그에게 고하신 말씀이다. 배우는 사람이 과연 忠恕에 힘을 쓸 수 있다면 어찌 一以貫之가 아니겠는가. 一은 나무의 뿌리와 같고 貫은 나무의 枝葉과 같으니 뿌리를 배양하지 않고 어찌 지엽을 얻을 수 있겠는가. 體와 用은 근원이 하나니 체가 아직 서지 않았는데 용이 어디에서 생겨나겠는가. 주자가 '증자는 用에서 이미 일에 따라 정밀하게 살피고 힘써 행하고 있었지만 體의 一을 알지 못했다' 라고 한 것은 미진한 말인 듯하다."[85)]

---

84) 홍인우, 『치재유고』, 권2, 「日錄鈔」, 55면, '癸丑(1553년) 7월', "三十日, 時甫曰, '陽明以曾子一唯, 在三省前, 是見差.' 余曰, '朱子亦嘗云, 不見得. 然忠信徹頭徹尾底, 則是不曾分先後. 雲峯胡氏, 以一唯在三省前, 新安陳氏爲一唯在三省後, 諸說不同如是. 然朱子曰曾子於用處, 已精察力行, 但未知體之一, 一卽性命源頭也. 夫子於門人, 性與天道, 不容易說導, 必有意也.' 時甫曰, '然.'"

왕수인은 증자가 공자의 '一以貫之' 가르침에 '예' 라고 대답했던 일이 하루에 매일 세 가지로써 반성하던 때보다 앞선다고 직접적으로 말하지는 않았다. 그러나 "'一' 은 뿌리에 해당하고 '貫' 은 지엽에 해당하니 뿌리를 배양하지 못하면 지엽을 얻을 수 없고, 體가 서지 않으면 用이 불가능하다." 고 하면서, 이런 공부의 요체를 증자가 깨닫지 못했기 때문에 공자가 일이관지의 가르침을 내신 것이라고 하였다. 그리고 결론적으로 "증자는 用에서 이미 일에 따라 정밀하게 살피고 힘써 행하고 있었지만 體의 一을 알지 못했다." 라고 했던 주자의 견해는 미진하다고 표명하였다. 남언경은 이러한 왕수인의 언급을 "증자의 一唯가 三省 이전에 있었다." 는 주장으로 해석하였다.

남언경의 물음에 대해 치재는 우선 "주자는 '一唯' 와 '三省' 중 어느 것이 먼저 있었는지 분명하게 나누어 말하지 않았고, 여러 학자들의 설도 일치하지 않는다." 고 하였다. 그러나 그는 결론적으로 "공자께서 性과 天道에 대해 쉽게 말씀하지 않으신 점에 비추어 보면 '증자가 用의 공부에 힘을 쓰고 있었으나 아직 體의 一을 깨닫지 못하여 공자께서 一以貫之의 가르침을 주신 것이다.' 라고 했던 주자의 설[86]이 옳다." 라는 견해를 밝혀, 주희의 손을 들어주었다.

치재가 남언경과 『전습록』의 내용에 대하여 토론한 날은 1553년(명종 8년) 7월 30일이었다. 이 토론이 있고 얼마 지나지 않아 치재는 진도에 유배되어 있던 소재에게 편지를 보냈다. 이 편지의 전문은 다음과 같다.

---

85) 왕수인, 『전습록』, 상권, "國英問, '曾子三省雖切, 恐是未聞一貫時工夫.' 先生曰, '一貫是夫子見曾子未得用功之要, 故告之. 學者果能忠恕上用力, 豈不是一貫? 一如樹之根本, 貫如樹之枝葉, 未種根, 何枝葉之可得? 體用一源, 體未立, 用安從生? 謂 '曾子於其用處, 蓋已隨事精察而力行之, 但未知其體之一', 此恐未盡.'"

86) 朱熹, 『論語集註』, 「里仁」, "曾子於其用處, 蓋已隨事精察而力行之, 但未知其體之一爾. 夫子知其眞積力久, 將有所得, 是以呼而告之, 曾子果能默契其指, 卽應之速而無疑也."

> 근자에 『연평답문록』을 읽고서 비로소 周濂溪가 二程으로 하여금 공자와 안연이 즐거워한 게 무엇인지 찾아보게 한 의도를 알게 되었네. 이천은 매번 정좌한 사람을 보면 곧 그가 공부를 잘한다고 칭찬하였지. 까닭에 귀산 · 예장 · 연평 · 고정이 서로 전수한 心法은 모두 喜怒哀樂이 발하기 이전의 기상에 힘쓰는 것이었으니 이는 이른바 천하의 큰 근본을 세우는 일이었네. 曾子가 '예[唯]하고 대답한 일'과 子思의 '致中', 孟子의 '性善', 張子의 '理一'은 같은 경지를 말한 것이지. 저 本源에서 확실히 공부하지 않는다면 分殊處에서 반드시 잘못이 많을 것이네. 자네는 이미 자득의 영역으로 넉넉히 들어갔으리라 생각되니 이 일에 힘써서 지난날 품었던 뜻을 저버리지 말기를 바라네. 나머지는 어찌 자잘하게 말할 만한 것이 있겠는가! 도를 위해 결연히 힘쓰기를 바랄 뿐이네.[87]

치재는 이 편지에서 근자에 『延平答問錄』을 읽었다고 했다. 치재의 일기인 「日錄鈔」의 '癸丑年(1553) 7월 29일' 조에 "時甫를 통해 『延平答問』을 구해 읽었다."라는 기록이 있고,[88] 치재는 1554년 11월 부친의 거상 중에 졸하였기에, 이 편지는 1553년 7월 29일에서 1554년 11월 사이에 보낸 것임을 알 수 있다.

치재는 소재에게 보낸 편지에서 증자의 '一唯'와 '三省'의 문제를 다시 거론하였다. 편지에서 치재는 "一以貫之를 깨닫는 것이 공부의 본령이자 근본이니, 근본에서 착실하게 공부하지 않으면 분수처에서 잘못이 많을

---

87) 홍인우, 『치재유고』, 권1, 「與盧寡悔書」, 25면, "近讀延平答問錄, 乃知濂溪令二程尋孔顔所樂何事. 伊川每見人靜坐, 便嘆其善學. 故龜山豫章延平考亭相授心法, 皆用力於喜怒哀樂未發前氣象, 所謂立天下之大本. 曾子之唯, 子思之致中, 孟子之性善, 張子之理一, 同貫說地頭. 若這路脈, 不分明用功, 其分殊處, 必多謬. 想吾兄優入於自得之域, 此間相勉, 毋負昔日之志. 餘何敢屑? 冀爲道千萬."

88) 홍인우, 『치재유고』, 권2, 「日錄鈔」, 55면, '癸丑(1553) 7월', "二十九日. 因時甫得見延平答問, 實後學本領底指南也."

것이다."라고 하였다. 이는 뿌리와 體가 바로 서야 지엽이나 用도 가능하다는 왕수인의 견해를 긍정하는 것이자, 分殊의 리를 하나하나 인식하여 理一을 깨닫는 주희의 공부 방법을 支離하다고 비판하면서 "먼저 큰 것을 세우라.[先立乎其大者.]"고 했던 맹자의 말에 근거하여 마음의 본체를 확립하는 것을 모든 공부의 시작으로 중시하였던 육상산의 心學을 지지하는 견해라고 할 수 있다. 치재는 일기에는 기록하지 않았던 양명학에 동조하는 자신의 속내를 젊은 날의 동지였던 소재에게 전했던 것이다.

그런데 이 문제와 관련하여 주목해보아야 할 시가 『耻齋遺稿』에 실려 있다.

〈寄盧穌齋〉

嘗思尼父欲無言	공자께서 말이 없고자 하신 뜻 생각하나니
性命流行貫一原	성명 유행하여 一理가 만물에 관통해 있다네
寂未動時須顧體	고요한 미발의 때에 體를 살펴야만
感方通處可求根	감응하여 통할 때 뿌리를 찾을 수 있네
中何湛一微難見	中은 너무도 순수하나 미약해서 보기 어렵고
誠固散殊養則存	誠은 본래 흩어져 있지만 기르면 보존된다네
晩會天人非二義	늦게 하늘과 사람이 둘이 아님을 알게 되었는데
遺經獨抱共誰論	경전 홀로 읽고 있지만 누구와 토론할 수 있을까
賦予無私孰最尊	만물에 공평하게 부여했으니 무엇이 가장 귀하리
正偏通塞卽同源	正偏通塞의 기 다르지만 같은 근원에서 나왔다네
聖由賢執困能勉	성인 말미암고 현인 지키니 애쓰면 행할 수 있는데
欲蔽氣拘用始昏	욕망에 가리고 기품에 구애되어 용이 어두워지네
存發有幾宜主靜	보존하고 발함에 기틀 있으니 고요함 위주로 해야 하고
助忘由我更何痕	조장하고 잊음 나로 말미암으니 다시 무슨 자취 있으랴

自從蕭寺論心後	쓸쓸한 절에서 그대와 마음을 논한 후로
誰識恥齋長閉門[89]	치재가 길이 문을 닫고 지내는 줄 누가 알랴

위의 시의 제목은 「寄盧穌齋」이다. 소재는 젊은 날 寡悔라는 字와 伊齋라는 號를 주로 사용하였기 때문에 이 시를 제외한 모든 치재의 저작에 소재는 언제나 寡悔 혹은 伊齋로 지칭되었다. 노수신이 호를 穌齋로 바꾼 것은 그의 나이 38세 때인 壬子年(1552) 12월에 옥주성 밖 바닷가에 조그마한 집을 마련하고 이를 '穌齋'로 명명하면서부터였다. 치재가 계축년(1553) 7월 29일 이후에 보낸 것으로 추정하는 편지의 제목도 「與盧寡悔書」이니, 계축년 7월 29일 이전까지 치재는 노수신이 '穌齋'로 자호한 것을 모르고 있었던 듯하다. 그렇다면 위의 시는 그가 7년 만에 소재에게 편지를 보내고 나서 얼마쯤 시간이 흐른 뒤 다시 써서 보낸 것임을 알 수 있다.

치재는 첫 번째 시의 서두에서 공자께서 하늘을 본받아 말이 없고자 하신 뜻을 생각해 보면 하늘과 만물이 하나로 이어져 있음을 알 수 있다고 하였다. 이를 미련에서 다시 부연하여 인간과 하늘이 하나라고도 했다. 함련에서는 미발의 때에 마음의 본체를 살펴야만 외물에 감응하여 마음이 움직일 때 이 본체를 잃어버리지 않을 수 있다고 하였다. 치재는 이 첫 번째 시에서 하늘과 인간의 마음은 일치하며, 마음의 본체를 보존하는 미발 함양이 모든 공부의 핵심이라고 주장한 것이다.

치재는 두 번째 시에서 만물에 부여된 본성은 모두 동일하다고 하였다. 비록 바르고 치우치고 통하고 막힌 기의 차이로 인하여 만물은 각기 다양한 차별상을 지니고 있지만 그 근원은 하나라는 생각이다. 따라서 聖人의 경지와 賢人의 공부는 엄격하게 구별되고 욕망과 기품에 구애되면 마음이

89) 『恥齋遺稿』, 권1, 16면.

움직일 때 어두워지기도 하지만, 마음의 본체를 조장하지도 잊지도 않는 미발 함양을 통하여 잘 지켜갈 수 있다면 성인과 다름없는 인간의 본래 면목을 회복할 수 있다고 하였다.

앞서 언급했듯이 치재는 여주와 충주에서 강학한 김안국, 이연경의 학문에 영향을 받았고, 서울에 올라와 성균관에서 공부하던 무렵에는 소재, 강유선 등 이연경의 제자들과 주로 교유하였다. 따라서 치재는 소재와 마찬가지로 20대에 이전에 충주 일대에서 강학한 스승들의 영향을 받아 양명학을 접했을 가능성이 있다. 치재는 39세 때 퇴계에게 『전습록』과 『곤지기』를 빌려와 읽으면서 왕수인의 사상에 관심을 두게 되었다. 『전습록』을 구해 읽은 직후 치재는 소재에게 7년 만에 편지를 보내어, 마음의 본체를 체득하는 공부가 어떤 공부보다도 중요하다고 역설하면서, 소재에게 젊은 날 지향했던 학문을 저버리지 말라고 당부하였다. 그리고 얼마 후 다시 두 수의 시를 보내어 미발의 심체와 하늘이 일치하며 이 미발의 심체를 보존하는 공부가 모든 공부의 핵심이라고 주장하였다. 이는 양명학으로 전환한 40대 이후 소재가 새롭게 주장한 심성론과 공부론의 핵심에 해당하는 내용이다.

소재는 1559년 羅欽順의 『困知記』의 영향을 받은 「인심도심변」과 「집중설」을 저술하였고, 이후로 『傳習錄』 초간본에 보이는 왕수인의 사상을 지지하는 철리시를 지속적으로 창작하였다. 소재가 이 때 읽은 『곤지기』와 『전습록』은 치재가 1553년 퇴계에게서 빌려와서 읽고 있던 그 책이었을 가능성이 높다. 치재는 『곤지기』와 『전습록』을 읽고 있던 무렵 진도에 유배되어 있는 소재에게 편지를 보냈는데 이때 자신이 읽고 있던 이 책들을 전했을 것으로 추정된다. 치재와의 접촉이 있은 이후 소재의 사상은 크게 변화하기 시작하였다.

●제5장●

陽明學으로의 전환

1. 外的 形式의 거부와 自得의 추구

유배가 장기화하면서 소재는 도덕의지와 허무의식이 갈등하는 마음의 분열을 겪고 있었다. 소재는 도덕을 지향하는 가운데 횡포한 현실에 저항하려 하였는데 도덕에 대한 지향은 規範과 禮를 실천하는 삶에 대한 지향에 다름 아니었다. 그런데 소재는 섬에 유배되어 군주 · 부모 · 형제 · 사우들과 단절되어 있었기 때문에 여러 儀禮의 실천이 불가능한 상태였다. 만약 예의 실천을 통해서만 인간이 자신의 도덕적 본질을 실현할 수 있다고 한다면 섬에서의 소재의 삶은 완전히 무의미한 것이 되어버린다. 소재는 도덕을 예제 등의 외적인 형식과 일치하는 것으로 인식하면 할수록 마음이 더욱 허무 쪽으로 이끌리는 것을 강하게 느끼게 된다.

소재는 섬에서의 오랜 사색 끝에 인간이면 누구나 마땅히 따라야 한다고 믿는 삶의 형식들이 내 마음의 본질과 맞지 않는 강제된 허상일 수도 있으며, 내 마음의 본질과 일치하지 않는 삶의 형식들은 마음을 짓누르는 무거운 짐이 된다는 사실을 깨닫게 되었다. 외적인 삶의 형식이 마음의 본질과 일치하지 않을 수 있다는 회의는 다음과 같은 시로 드러났다.

〈手寫陶詩數篇 仍書其後〉

先生不知何許人	선생은 어디 사람인지 알 수 없으니
無懷民與葛天民	무회 씨의 백성인가 갈천 씨의 백성인가
萬古四海晦翁筆	만고사해에서 제일 뛰어난 회옹의 붓은
書晉處士陶潛卒 [1]	진나라 처사 도잠이 졸했다고 썼네

소재는 이 시에서 도연명의 傳記 기술방식과 주희의 역사 기술방식을 대비함으로써 도연명과 주희의 정신지향의 차이점을 상징적으로 드러내었다. 도연명은 사마천의 『史記』에서 시작된 傳의 형식을 차용하여 자신의 행적을 기술한 「五柳先生傳」을 지었다. 일반적인 전의 양식에 따르면 전의 도입부는 立傳 인물의 家系와 이름 등을 기록하는 것으로 시작한다. 그런데 도연명은 「五柳先生傳」의 첫머리에서 "선생은 어디 사람인지 알 수 없고 그 성씨도 자세하지 않다.[先生不知何許人, 亦不詳其姓字.]"고 기록하였다. 傳의 양식에 따르면 출신 가계와 성명의 기록은 한 인간의 정체성을 확인하는 데 있어 빠뜨릴 수 없는 요소이기에 반드시 첫머리에 기재하게 되어 있었는데, 도연명은 이를 의도적으로 누락시킨 것이다.[2] 소재는 이 시에서 「오류선생전」의 서두를 그대로 인용함으로써 출신 가계와 성명이 한 인간의 본질을 말해주는 중요한 정보가 될 수 없다고 생각하는 도연명의

1) 권3, 123면.

2) 가와이 코오조오 저, 심경호 역, 『중국의 자전문학』, 소명출판, 2002, 96면.

삶의 태도를 상징적으로 드러내었다. 도연명은 「飮酒」 시의 결미에서 "此中有眞意, 欲辨已忘言."이라고 노래한 것에서도 알 수 있듯이, 인간의 내적인 진실이나 삶의 진정한 의미는 언어 이전에 그 자체로 존재하는 것이라 생각하였다. 이러한 도연명의 지향은 「오류선생전」의 결미 부분에서도 드러난다. 도연명은 傳의 양식대로 사관이 立傳 인물을 평가하는 贊을 달고, 찬의 마지막 부분에서 "無懷氏之民歟, 葛天氏之民歟."라고 하였다. 無懷氏와 葛天氏는 文字와 利器, 도덕과 법률이 생겨나기 이전인 아득한 상고시대의 왕들이다. 도연명이 자신을 무회씨의 백성이자 갈천씨의 백성이라고 贊한 것은 利器 · 文字 · 道德 등의 외적인 형식에 기대지 않고 자신의 본질대로 자유롭게 살아가는 삶에 대한 지향을 드러낸 것이라고 할 수 있다.

소재는 시의 후반부에서 도연명의 전기 기술방식과는 대조되는 주희의 『通鑑綱目』의 구절을 인용하였다. 주희는 『통감강목』에서 "元嘉四年丁卯, 晉處士陶潛卒."[3]이라고 기록하였다. 주희는 "宋 대에 벼슬을 하지 않고 절개를 지킨 晉의 處士이자, 陶씨 姓의 이름은 潛인 사람이 卒했다."라고 하여, 한 자도 더하고 뺄 수 없는 확고부동한 객관적 언어로 단호하게 도연명의 삶을 정리한 것이다.

소재는 시의 전반부에서 출신 가계와 성명으로 자신의 본질을 규정하려 하지 않은 도연명의 특이한 서술 방식을 그대로 차용하였고, 시의 후반부에서 출신지와 성명을 명확하게 기록하여 晉나라에 절개를 지킨 강직한 인물로 도연명의 삶을 규정한 주희의 역사 기록을 인용하였다. 소재는 절구의 형식적인 특징의 하나인 전반부와 후반부의 대립 구도를 활용하여 마음의 본질에 충실하려는 도연명과 외적인 삶의 형식들을 중시하는 주희를 대립시켜 놓은 것이다. 소재는 전환이 이루어지는 3구에서 "萬古四海晦

3) 『通鑑綱目』의 원문은 "晉徵士陶潛卒"이다.

翁筆" 이라고 하여 주희의 역사 기술방식이 정확하고 바른 것임을 강조하였지만, 이 시에는 도연명과는 다른 주희의 정신경계에 대한 회의가 은밀하게 내재하여 있는 것으로 보인다.

다음의 시에도 주자학만을 진리로 인식하는 일반적인 유자들의 경직된 사고와는 거리가 있는 소재의 의식이 드러나 있다.

〈惠遠軸 有六峰先生韻 次贈〉

爾住廬岡禮白雲	너는 여산 언덕에 머물며 흰 구름에 예 올리고
我歸蓬島念朱文	나는 봉래섬으로 돌아가 주자의 글 염하리라
他年消得知巴鼻	훗날 깨달음에 이르는 실마리 알게 되면
不惜靈珠乞與君[4]	허령한 구슬 아낌없이 그대에게 주리

왜구의 침입으로 육지로 피난 나와 道岬寺에 머물 때 그곳에 거주하는 惠遠 스님에게 써준 시이다. 소재는 혜원이 머무는 산을 주희의 백록동서원이 있었던 廬山으로, 자신이 돌아가야 하는 유배지 진도를 봉래섬으로 지칭하였다. 그리고 혜원의 수양 방법을 흰 구름에 禮를 올리는 것으로, 자신의 공부 방법은 주자의 글을 念하는 것으로 표현하였다. 소재는 이처럼 통상적인 의미와 다른 의미를 가지도록 언어를 뒤틀어 사용함으로써, 주자학과 선학을 구별하는 주요한 기준인 공부 방법의 차이를 무의미한 것으로 만들어 버렸다.

朱子學과 禪學의 형식적인 차이에 구애되지 않으려는 소재의 의식은 시의 후반부에서도 드러난다. 소재는 혜원에게 훗날 도에 이르는 실마리를 알게 되면 허령한 구슬을 아끼지 않고 전해주겠다고 말한다. 여기서 허령

4) 권4, 142면.

한 구슬은 마음의 본체를 비유하는 말이다. 소재는 마음의 본체를 깨닫고자 하는 지향에서는 유자와 불자가 다름이 없으므로 공부 방법의 차이에 구애되지 않고 깨달음을 전수할 수 있다고 생각하고 있었다.

주자학과 선학의 형식적인 차이에 구애되지 않으려는 소재의 의식은 「夙興夜寐箴解」의 초고를 놓고 퇴계·하서와 논변하는 과정에서도 이미 드러났다. 그는 "마음에 주재가 있다면 수양 방법을 표현하는 몇 마디의 말이 비록 禪과 비슷하다 해도 별로 문제 될 것이 없다."는 주장을 하여 퇴계와 하서의 거센 반발을 불러일으켰었다.

삶의 외적 형식에 구애되지 않으려는 소재의 지향은 다음의 시에서도 볼 수 있다.

〈觀駒戱 詠二首〉

壬戌仲春半	날은 임술년 2월 중순이고
牝而紅白毛	망아지는 붉고 흰 털 가진 암놈일세
天機不可相	천기를 볼 수 없으니
恐作九方皐	구방고가 되는 게 두렵구나
不願霜蹄疾	빨리 달리는 말이 되길 원치 않으니
何須老智專	어찌 노련한 지혜 독차지해야 할까
花文覺日變	꽃무늬 날로 변하는 것 보면서
更驗畫前天[5]	다시 획 그어지기 전 先天을 징험한다네

이 두 수의 시는 망아지 유희를 구경한 뒤 그 감회를 서술한 것이다. 소

5) 권4, 156면.

재는 첫 번째 수에서 자신이 관찰한 망아지가 흰 점박이 무늬의 붉은 털을 가진 암놈이라고 기술하였다. 그리고 자신은 털빛 등의 外觀이나 雌雄 여부가 아닌 말의 天機를 보았던 구방고가 될 수 없다고 하였다. 제2수에서 소재는 망아지가 질풍처럼 내달리는 빠른 말이 되기를 원치 않듯이 자신도 구방고처럼 노련한 지혜를 독차지한 사람이 되기를 바라지 않는다고 하였다. 그리고 자신은 망아지 털에 있는 꽃무늬가 날로 변하는 것에서 先天을 징험한다고 했다.

소재는 망아지가 천리마가 아닌 흰 점이 있는 붉은색 털을 가진 암놈인 자신을 그 자체로 긍정하고 있듯이, 자신 또한 있는 그대로의 망아지의 모습에서 그것의 진실한 본질을 본다고 하였다. 소재는 천리마가 아닌 망아지도 그 자신만의 아름다움이 있듯이 사람의 본질은 그 사람의 출신이나 처지, 그가 가진 지식의 양과 관련이 없다고 믿고 있었다.

다음의 시에는 자연적인 본질과 일치하지 않는 인위적인 삶의 형식을 거부하는 그의 의식이 더욱 뚜렷하게 드러나 있다.

〈次古人韻〉

萬品於生成　　모든 존재는 새끼를 낳고 기름에 있어
有卵必伏卵　　알이 있으면 반드시 알을 품게 마련이지
鴨躁豈毛寒　　오리 시끄럽다고 어찌 털이 차가울까
鷄靜豈羽暖　　닭이 조용하다고 어찌 깃이 따뜻하리
由人審巧拙　　사람이 교묘함과 졸함을 따져
用長以就短　　긴 것을 짧은 데 붙이는 계교 써서
誤鷄令子之　　닭이 오리 새끼를 자식으로 삼게 하니
匪鴨解納款　　엄마 오리 아닌데도 좇아다닐 줄 아네
稍見鴨意移　　오리 새끼의 변심 차츰 보이더니

未覺鷄恩斷	어느새 닭의 사랑 끊어져 버렸네
柵裏小與池	목책 안 한 연못에서 잠시 함께 살았는데
畢竟安也悺	결국 편안하다 근심하게 되었구나
鳧性則有慈	오리의 본성에도 자애로움 있으니
人心不待算	사람 마음으로 헤아릴 필요 없다네
隱几雙眼開	안석에 기대어 두 눈 뜨고 바라보니
落日掛山限[6]	지는 해 산의 가장자리에 있네

梅堯臣의 시 「鴨雛」를 읽고 화운한 작품이다. 매요신의 시는 다음과 같은 내용으로 되어 있었다. 시인은 오리가 날마다 물결 위에 떠 있는 것을 보고는 그 깃이 차가우리라고 판단하고는 오리 알을 닭의 둥지에 넣어 닭으로 하여금 품게 하였다. 닭은 알을 깨고 나온 오리를 자기 새끼인 줄 알고 정성껏 길러주었는데 어느 날 물가에 이른 오리는 본래의 성품대로 헤엄쳐서 떠나갔다고 한다.[7] 매요신의 원시는 信義를 가볍게 저버리는 인간사회를 풍자한 작품이다. 이 시에 화운한 소재의 시는 매요신의 시에 묘사된 정황에서 얻은 삶의 깨달음을 표현한 것이다.

소재는 우선 닭, 오리를 비롯한 모든 존재는 생명을 낳고 기르는 본능이 있다고 하였다. 그런데 닭과 오리를 기르는 사람은 닭이 조용하고 오리는 떠들썩하다는 겉으로 드러난 모습에 근거하여 닭은 자애롭고 오리는 새끼를 돌볼 줄 모른다고 자의적으로 판단하였다. 그리고 오리 새끼를 좀 더 잘 기르려는 의도에서 닭으로 하여금 오리 새끼를 기르게 하였다. 그러나 오

---

6) 권4, 156면.

7) 梅堯臣, 『宛陵先生集』, 권31, 「鴨雛」, "春鴨日浮波, 羽冷難伏卵. 嘗因雞抱時, 託以雞窠暖. 三旬㲉旣坼, 乳毛寒腔短. 雞寧辨其雛, 翅擁情款款. 一日向水涯, 所稟殊未斷. 泛然去中流, 雞呼心悹悹. 人之茍異懷, 負義不足算. 有志在養毓, 勿論報德限."

리 새끼는 처음에는 닭의 사랑을 받아들이는 듯하더니 나중에는 점차 닭을 멀리하였고, 오리 새끼를 제 새끼처럼 돌보던 닭도 어느새 애정을 끊어버려, 결국 오리 새끼는 의지할 곳이 없는 괴로운 처지가 되어버렸다. 사람이 오리 새끼를 잘 기르려고 계교를 내었던 것이 오히려 오리 새끼를 고통스럽게 만든 꼴이 되어버린 것이다.

오리와 닭을 기르는 사람은 오리와 닭의 겉으로 드러난 모습을 가지고 그것들의 성품을 자의적으로 판단하였다. 그리고 그들의 성품에 어울리는 삶의 방식을 자기 마음대로 설정하여 그들에게 따르도록 강요하였다. 그러나 오리와 닭이 원래 지닌 자연스러운 본성과 어울리지 않는 인위적인 삶의 방식은 오히려 그들을 고통스럽게만 할 뿐이었다. 소재는 이 시를 통해 어떤 존재의 자연스러운 본질과 어울리지 않는 인위적인 삶의 형식은 그 존재를 고통스럽게 할 뿐이라는 생각을 드러내었다.

소재 당대에 모든 사람이 반드시 따라야 한다고 믿고 있던 삶의 형식은 禮로 대표될 수 있다. 예에 대한 소재의 견해는 다음의 시에서 살펴볼 수 있다.

〈從文廣文覓禮記〉

抱疾中年昏又放	중년 이후 병들어 마음 어둡고 또 잃어버렸으니
一生何用禮經探	평생 禮記 공부했던 게 무슨 소용 있나
屬思前夜開還塞	글 짓느라 어젯밤 펼쳤다가 다시 덮었으니
數段要從樂記參[8]	몇 단 따르고자 한다면 樂記를 참고하리

49세 때 쓴 시이다. 이 시에서 소재는 禮를 통해 마음을 다스리고자 했던

8) 권4, 158면.

지난날의 지향이 모두 헛된 일이었음을 깨닫게 되었다고 고백했다. 38세 때 『禮記』 「檀弓」 편을 읽고 지은 시에서 "아 나는 禮를 좋아하는 성품이니, 禮를 알지 못하면 도덕주체로 설 수 없다네."[9]라고 했던 것을 보면, 소재는 40대 이전에는 도덕주체로 살아가기 위해서는 반드시 예를 알아야만 한다고 생각하고 있었고, 또한 『禮記』를 읽는 것을 매우 좋아하고 있었음을 알 수 있다. 그렇지만 소재는 중년 이후로 『예기』의 글이 마음을 수양하는 데 효용이 없음을 발견하고 『예기』 읽기를 멀리하고 있었다. 그런 그가 글을 짓기 위해 『예기』를 다시 진지하게 읽어보게 되었다. 소재는 『예기』를 읽고 다시 덮으며 이 책에서 참고할 것은 오직 「樂記」의 몇 단뿐이라고 단정적으로 말한다.

소재는 「樂記」의 몇 단을 제외하고는 『예기』의 글이 자신의 마음과 맞지 않았다고 하였다. 『예기』는 인간의 도덕적 본질을 드러내는 행동 양식이자 사회적으로 공인된 올바른 행위 규범인 禮를 기록한 經典이다. 『中庸』의 首章에서는 이 禮와 經이 성립되는 과정을 다음과 같이 설명하였다. 『중용』에서는 "본성을 그대로 따르는 것이 도이다.[率性之謂道.]"라고 하여 본성을 자연스럽게 따르는 것과 道理를 실천하는 것이 일치함을 천명하였다. 그리고 이를 이어서 "修道之謂教"라고 하여 본성을 그대로 따르는 것이 도이기는 하지만 모든 인간이 도에 맞는 삶을 살기 위해서는 道가 사회적인 규범과 예제로 형식화되는 과정이 필요하다고 하였다. 이에 대해 주희는 "보통 사람들은 氣質의 장애로 인하여 마음이 본성을 온전하게 실현하지

9) 권3, 「夜讀檀弓」, 124면, "司晨失其職, 我興不遲急. 撥灰燈火親, 拭案聖賢集. 戴氏首記敬, 夫子雅言執. 我讀第二篇, 處變欲素習. 其辭信灝噩, 其義自深岌. 倉卒謹堤坊, 分毫審梯級. 拘嫌預凶事, 達謂非道入. 伊我則不肖, 不敢不企及. 寧自免行冥, 受人稱口給. 節文熟言縣, 本實盡參伋. 目擊諒倚衡, 手書常在笈. 疏懶稍警惕, 精神遂收拾. 顧鑽一束紙, 其能應呼吸. 反覆經百千, 酬酢儀九十. 庶將四方購, 奈玆孤嶼縶. 吁予性嗜禮, 不知無以立."

못하기 때문에 도를 실천함에 모자라고 지나침의 차이가 있어, 성인이 적절한 中庸을 취해 禮를 제정하게 되었다."라고 설명하였다.[10] 주자학에서는 규범과 예제의 실천을 통하여 도덕적인 본성을 실현할 수 있다고 생각한다.

소재도 섬에 유배되기 이전에는 예를 절대불변의 가치를 지닌 것으로 신뢰하였고, 모든 인간은 이러한 삶의 형식을 지킴으로써 기질의 영향을 극복하고 이상적인 인격에 도달할 수 있다고 믿고 있었다. 그러나 섬에서 오랜 사색과 수양의 시간을 보내고 나서, 예는 본래 도덕적인 본질을 드러내는 형식으로 성립된 것이기에 그것이 마음의 본질과 맞지 않는다면 굳이 집착할 필요가 없다는 생각에 도달하게 되었다. 그리고 이러한 생각을 기반으로 경전에 실린 자잘한 禮의 형식을 익히느라 시간을 낭비하기보다 자신의 진실한 마음을 기르고 보존하는 데 힘써야 한다고 주장하기 시작하였다.[11]

외적인 형식에 얽매이기보다는 내 마음의 진실을 지키는 것이 더 중요하다는 의식은 經典의 권위를 부정하는 것으로도 나타났다. 경전은 옛 성현의 말이나 그들의 행적을 담고 있는 절대 진리성이 보증된 고전을 말한다. 주자학에서 경전은 사회 가치의 근원으로서 확고부동한 권위를 지니며 사람은 누구나 경전의 가르침을 따라 성현의 경지로 나아가야 한다고

---

10) 주희, 『中庸章句』, "性道雖同, 而氣稟或異, 故不能無過不及之差, 聖人因人物之所當行者, 而品節之以爲法於天下, 則謂之敎, 若禮樂刑政之屬是也."

11) 소재가 이 시기 이후 禮를 완전히 부정하였던 것은 결코 아니다. 그가 부정하려고 했던 것은 진실한 마음에 근본하지 않은 공허한 형식으로서의 예이다. 그는 명종의 비였던 仁順王后의 상례 문제로 국론이 분열되었을 때 국왕은 『국조오례의』를 따라야 한다고 주장하는 대신들에 맞서 국왕도 古禮를 따라야 한다는 士林의 견해를 적극 지지하여 관철했다. 또한 부친이 돌아가시자 퇴계에게 두 차례의 서신을 보내어 喪制의 절차를 질문하고 이에 따라 상을 치렀다.

생각한다. 소재는 이 시기 주자학자라면 발설할 수 없는, 경전에 얽매이지 말라는 주장을 시로 표명하기 시작하였다.

〈題大學書後贈蘇生〉

爲學規模盡此書	학문하는 규모가 모두 이 책에 들어있으니
且寬期限緊工夫	시간을 넉넉히 두고 철저하게 공부해야 하리
不應把作終身誦	그러나 잡고서 평생 외울 필요는 없나니
認取周公以上無[12]	周公 이전에 이 책이 없었음을 알기 때문이라네

「人心道心辨」을 저술한 이듬해에 창작한 시이다. 소재는 이 시를 『大學』 책의 말미에 써서 진도로 찾아와 가르침을 청한 후배 蘇澳에게 주었다. 소재는 훗날 소오의 輓詞를 쓰면서 『대학』 책을 주었던 이 순간을 회고하였다.[13] 소오에게 『대학』 책을 주었던 일은 소재와 소오의 교제에 있어 가장 기록할 만한 중요한 사건이었다. 소재는 소오에게 『대학』이 학문의 규모를 보여주는 책이기는 하지만 이를 평생 외울 필요는 없다고 전한다. 그리고 아득한 상고 시대에는 원래 『대학』이라는 경전이 없었는데도 요순문무는 성인이 될 수 있었다고 했다. 소재는 유배된 직후에 쓴 시에서도 경전을 평생 외우지 않아도 마음의 본질을 지킬 수 있다면 인간은 자유롭고 행복하게 살아갈 수 있다고 주장했었다. 40대 후반에 자신의 이 견해가 바른 것이었음을 다시 확신한 소재는 후학에게 경전의 문구에 얽매이지 말라는 가르침을 내리게 되었던 것이다.

소재는 유배 전기에도 天理는 내 마음에서 자연스럽게 흘러나온다고 주

12) 권4, 153면.

13) 권5, 「挽蘇澳」, 165면, "匹馬春風至, 孤魂秋日終. 老懷元自異, 驚慟更誰同. 大學還書裏, 尊兄赴簡中. 飛霜北堂暮, 一爲問蒼穹."

장했는데 이는 性善說을 긍정하는 모든 주자학자도 동의하는 견해이다. 그러나 40대 이후 소재가 새롭게 제기한, 經典을 읽고 禮制를 익히는 것보다는 마음의 본질을 지키는 것이 중요하다는 주장은 주자학 내에서는 용납할 수 없는 사유였다. 소재가 이 시기 禮와 經典을 익히는 것보다 마음을 보존하는 것이 중요하다고 주장하기 시작한 것은 마음의 본질에 대한 새로운 통찰이 그에게 있었기 때문이었다.

〈次性眞軸中韻〉

性不容言眞	본성은 진실하게 한다는 말 용납하지 않고
心無所着恙	마음은 병이 자리할 곳 없지
宋人欲揠苗	宋人은 싹 뽑아 올리려 했고
葛伯還仇餉[14]	葛伯은 들밥 나르는 아이와 원수 되었네

性眞 스님에게 써준 河西 金麟厚의 시에 차운한 작품이다. 하서의 원시는 다음과 같다.

渠能得性眞	그대는 성을 진실하게 했는데
我未免心恙	나는 마음이 병든 것 면치 못했네
相對兩忘之	마주 앉아 둘 다 잊고서
石蓴請一餉[15]	석순이나 먹어보세

이 시에서 하서는 性眞 스님의 이름에 착안하여 스님은 법명대로 본성

14) 권4, 151면.
15) 상동.

을 진실하게 하는 경지에 도달했으나 자신은 마음에 병이 들었다고 하였다. 소재는 하서의 시에 나타난 이러한 심성론에 이의를 제기한다.

소재는 起句에서 인간의 본성은 그 자체로 완전하기에 수양을 통해 진실하게 만드는 것이 아니라고 하였다. 그리고 만약 본성을 진실하게 만들려고 한다면 이는 어리석은 송나라 사람이 싹이 자라는 것을 도우려고 싹을 뽑아 올려 시들게 한 것과 같은 폐단이 있게 된다고 하였다. 이는 수양을 통해 본성을 바로잡으려 한다면 도리어 본성을 해치게 된다는 뜻을 표명한 것이다. 승구에서는 본성과 마찬가지로 마음도 병이 자리 잡을 곳이 없는 본래 선한 것이라고 했다. 그러나 소재는 마음이 움직이는 대로 放棄하면 악한 私欲으로 흘러갈 가능성이 있음을 분명하게 지적한다. 결구에 보이는 "葛伯仇餉"은 『書經』에서 온 말인데 맹자는 이에 대해 다음과 같이 설명하였다. 탕 임금은 이웃 나라 葛이 조상에게 제사를 올리지 않는 것을 근심하여 자신의 백성들을 葛의 땅에 보내어 제사에 올릴 곡식을 대신 경작해주게 하였다. 그런데 무도한 葛伯은 갈의 땅에서 일하는 탕의 백성에게 들밥을 내가는 어린아이를 중도에 습격하여 죽이고 먹을 것을 빼앗았다고 한다.[16] 소재는 마음은 그 자체로 선하기는 하지만 잡아 지키지 않으면 결국 갈백처럼 큰 악행을 저지르게 된다고 우려하였다.

소재는 위의 시에서 인간의 본성은 그 자체로 완전하여 수양할 필요가 없다고 하였다. 그리고 여기에서 더 나아가 마음은 잡아 지키지 않으면 악으로 흐를 가능성이 있기는 하지만 그 본래의 모습은 선하다고 주장했다. 이 소재의 심성관은 주희의 심성관과 다르지 않은 것으로 보인다. 주희도

---

16) 『孟子』, 「滕文公下」, "湯居亳, 與葛爲鄰, 葛伯放而不祀, 湯使人問之曰, '何爲不祀?' 曰, '無以供犧牲也.' 湯使遺之牛羊, 葛伯食之, 又不以祀. 湯又使人問之曰, '何爲不祀?' 曰, '無以供粢盛也.' 湯使亳衆往爲之耕, 老弱饋食, 葛伯帥其民, 要其有酒食黍稻者, 奪之, 不授者, 殺之. 有童子, 以黍肉餉, 殺而奪之. 書曰 '葛伯仇餉', 此之謂也."

"本性은 수양한다는 말을 용납하지 않으니 본성을 닦는 것은 싹을 뽑아 올리는 것이다."라고 했고,[17] 수양을 하는 곳은 마음이고 이 마음이 주재가 되어 위태로운 情을 다스려야 한다고 하였다. 그러나 위의 시에서 소재가 묘사한 마음은 주희의 심성관과 미묘한 차이가 있는 것으로 보인다. 주희는 인간의 본성은 완전하게 善하지만 인간의 마음은 氣質과 욕망의 영향을 받기 때문에 위태로운 것이라고 생각하였고, 마음과 본성은 반드시 구별해야 한다고 주장하였다. 소재는 인간의 본성과 마찬가지로 마음 또한 병이 깃들 곳이 없는 그 자체로 선한 것이라고 주장하여 주희의 심성관의 바로 이러한 면을 부정하려 하였다.

되풀이해서 말하지만 소재는 섬에서 허무의식과 도덕의지가 갈등하는 마음의 분열을 겪고 있었다. 도덕에 대한 지향이 강렬할수록 마음은 더욱 허무 쪽으로 기울어져 갔고 그러는 가운데 마음의 고통은 가중되었다. 소재는 극한의 고통 속에서 禪과 유사한 미발함양을 통하여 감정이 일어나기 전의 고요하고 텅 빈 마음에서 진정한 실존의 가능성을 새롭게 발견하였다. 소재는 마음이 아직 발하지 않은 상태에서 자신이 성인과 다름없이 완전한 존재임을 깨닫게 되었고, 세상의 모든 존재가 자신의 마음과 하나로 연결되어 있는 것을 느끼게 되었다. 그리고 남쪽 바다 끝의 섬에 갇힌 채 무의미한 삶을 이어가는 자신이 그 자체로 긍정할 만한 존재라고 생각하게 되었다.

〈次性眞軸中韻〉

霜毛種種裋藍藍	흰머리 우북하고 해진 옷은 누덕누덕
朝齧葵莖暮飮潭	아침에 아욱 씹고 저녁에 못 물 마신다네

17) 주희, 『주자어류』, 권62, "性不容修, 修是揠苗."

老去何思祗自笑	늙어가며 근심할 게 무언가 다만 웃을 뿐이지
僧來不語試相探[18]	스님 와서 말없이 이 경지를 찾아보누나

소재는 시의 기구에서 누덕누덕 기운 옷을 입고 머리에는 서리가 우북한 자신의 모습을 묘사한다. 그리고 아침에는 아욱 줄기를 씹고 저녁에는 물로 배를 채우는 곤궁한 삶을 묘사하였다. 소재는 이러한 유배지에서의 허접한 삶을 더 이상 고통으로 여기지 않고 조용히 웃음 짓고 있다. 마음의 본체가 그 자체로 완전한 것임을 깨달은 소재는 자신이 비록 섬에 갇혀 초라하게 늙어가고 있지만 마음을 온전히 지켜낼 수 있다면 결국 자유로운 삶을 살 수 있으리라고 확신하게 되었던 것이다.

〈四夜鷄鳴 憶得先聘君先生入京時有無名子投詩 感歎次韻〉

語默行藏任一身	말하고 침묵하고 행하고 숨는 것 일신에 맡기셨으니
不淪於物不離人	외물에 빠지지 않고 세상도 벗어나지 않으셨지
陰崖地下精靈在	음애의 정령이 지하에 계신다면
肯作王良一例頻[19]	기꺼이 왕량과 한가지로 분주하리라

어느 날 새벽, 옛날 어떤 無名人이 스승 李延慶의 집에 던져 넣고 간 시를 떠올리고는 이에 화운한 작품이다. 이연경은 기묘사화 이후 충주의 탄금대 근처에 은거하였는데 이때 兎溪에 은거하고 있던 陰崖 李耔와 자주 왕래하며 학문을 강론하고 산수에서 노닐곤 하였다. 음애 선생이 하세한 뒤 탄수가 서울에서 잠시 머무르고 있을 때 어떤 노복이 담 너머로 글 한 통을

18) 권4, 151면, 제2수.

19) 권4, 159면.

던지고 사라졌다. 거기에는 다음의 시가 적혀 있었다고 한다.[20)]

城市風塵豈被身	성시의 먼지바람을 몸에 어찌 맞으리
鹿門高節政驚人	녹문의 높은 절개 진정 사람을 놀라게 하네
陰崖地下精靈在	음애 선생의 정령이 지하에 계신다면
應愧王良屑屑頻[21)]	응당 자잘하게 바쁜 왕량을 부끄러워하리라

無名人은 시의 전반부에서 기묘사화 이후 은거하여 절개를 지켰던 음애와 탄수의 삶의 태도를 찬양하였다. 그리고 시의 후반부에서는 서울에 머무르고 있는 탄수를 자잘하게 바쁜 왕량에 비유하면서, 만약 음애의 정령이 지하에 있어 지금의 탄수의 모습을 본다면 부끄럽게 여길 것이라고 하였다. 왕량은 東漢 때의 사람이다. 그가 높은 벼슬에 이르렀을 때 옛 친구를 찾아가니 그 친구가 만나려 하지 않으며 "충성스러운 말과 뛰어난 계책이 없으면서도 높은 자리를 얻어놓고 어찌 바쁘게 오가며 번거로움을 꺼리지 않는가?"라고 비난했다고 한다. 무명인이 서울에 머무르고 있는 탄수를 자잘하게 바쁜 왕량에 비유한 것은 탄수가 은거의 삶을 견지하지 않고 세상과 타협하여 성시에 드나들고 있음을 풍자한 것이다.

위의 시에 화운한 소재의 시는 무명인의 견해를 부정하는 내용을 담고 있다. 소재는 탄수가 평소 말하고, 침묵하고, 세상에 나가고, 은거하는 삶의 형식들을 모두 마음 가는 대로 결정하였다고 회고하였다. 그리고 이러

20) 권9, 「有明朝鮮國弘文館校理李灘叟先生墓誌銘」, 252면, "黨禍起, 機穽四出, 中廟謂某却只一布衣, 南袞不敢復言. 退而築室琴臺之下龍灘之上, 時陰崖公寓陰城, 或遊兎溪, 常還往, 講說不已, 以溪翁灘叟相命, 學者就稱之. 公旣下世, 先生要省, 姑客洛, 有蒼頭投一封書, 忽不見. 其詩曰, '城市風塵豈被身, 鹿門高節政驚人. 陰崖地下精靈在, 應媿王良屑屑頻.' 先生讀之憮然曰, '異人也.'"

21) 권4, 159면.

한 탄수의 삶의 태도는 외물에 빠지지도 않고 세속도 멀리 하지 않아 어느 곳 어느 때에 처해 있더라도 항상 자유로운 경지였다고 설명한다. 소재는 이러한 삶의 태도를 탄수뿐만 아니라 음애도 지향하고 있었다고 생각한다. 그렇기 때문에 그는 만약 음애의 정령이 지하에 계신다면 그 자신도 기꺼이 바쁜 왕량이 되었을 것이라고 확신한다.

소재는 위의 시를 통하여 외적인 삶의 형식에 얽매이지 않고 자신의 마음에 충실해지려 했던 탄수의 자득한 삶의 태도를 칭송하였다. 마음의 본래 모습을 지켜갈 수 있다면 몸은 어디에 있더라도 자유로울 수 있다고 생각하게 된 소재는 유배지의 삶을 긍정하기에 이른다.

〈醉次廣文韻〉

蘭亭水竹古來稱	난정의 물가 대나무 예로부터 칭송되었는데
春晩邊頭已鬱蒸	늦은 봄 변방에도 이미 울창하게 자라났네
薄酒猶堪消永日	떫은 술로도 오히려 긴 날을 보낼 만하니
休論泡沫與風燈[22]	인생이 물거품 바람 앞의 등불이라 말하지 마라

소재는 변방의 유배지에 울창하게 자라난 대나무가 옛날 蘭亭의 물가에 있던 대나무와 다름없이 아름답다고 하였다. 그는 변방에서 시골 선비와 떫은 술을 주고받고 있는 초라한 자신의 술자리가 난정에서 베풀어졌던 귀족 문사들의 화려한 연회와 다를 바가 없다고 생각하고 있는 것이다. 이처럼 객관적인 삶의 조건들에 얽매이지 않고 봄날의 아름다운 풍광을 즐길 수 있게 된 그는 더 이상 인생을 물거품이나 바람 앞의 등불처럼 허무한 것으로 생각하지 않게 되었다.

22) 권4, 158면.

40대 후반에 접어들면서 소재는 여러 시에서 경전과 예제, 외적인 삶의 형식에 얽매이지 않고 마음의 본질대로 자유롭게 살아가려는 지향을 드러내었다. 이러한 의식의 변화는 주자학의 심성론과는 다른 새로운 심성론을 수립하였기에 가능한 것이었다. 그가 수립한 새로운 사상의 구체적인 내용은 다음의 절에서 자세히 살펴보기로 한다.

2. 감정과 욕망의 肯定

남쪽 바다의 끝에 있는 섬에 갇혀 모든 사람들에게 잊혀가던 소재는 주희의 人心道心說에 이의를 제기하는 「인심도심변」을 저술하여 사류들 사이에 큰 파문을 불러일으킨다. 『書經』「大禹謨」의 "人心惟危, 道心惟微, 惟精惟一, 允執厥中"에 대하여 주희는 "形氣의 私에서 생긴 것이 人心이고 性命의 正에서 근원한 것이 道心이다."라고 규정하고, "인심은 위태로워 불안하고 도심은 미약하여 드러나기 어려우니, 도심과 인심을 정밀하게 변별하고 도심을 굳세게 지키는 공부를 하여야 한다."고 하였다.[23] 소재는 이러한 주희의 인심도심설을 수정하여, "도심은 천리가 未發의 마음에 갖추어져 있는 것으로 아직 드러나지 않았기 때문에 미묘하고, 인심은 도심이 형기를 타고 情으로 드러난 것으로 中節하고 不中節함이 있는 까닭에 위태롭다."라고 새롭게 규정하였다.[24] 소재의 새로운 인심도심설은 明儒

23) 주희, 「中庸章句序」, "心之虛靈知覺, 一而已矣, 而以爲有人心道心之異者, 則以其或生于形氣之私, 或原于性命之正, 而所以爲知覺者, 不同. 是以或危殆而不安, 或微妙而難見耳. …… 精則察夫二者之間而不雜也, 一則守其本心之正而不離也."

24) 내집, 하편, 「人心道心辨」, 376면, "道心則天理具於心者, 而其發也以氣, 故謂之人心. 便有中節不中節, 故危, 而其未發則無形, 故微."

羅欽順의 人心道心說의 영향을 받은 것이지만[25], 나흠순의 『困知記』를 보기 전에 소재에게는 이미 주희의 인심도심설에 대한 회의가 있었다.

인심도심에 대하여 程頤는 "인심은 人欲이고 도심은 天理이다."라고 규정하여 도심을 善에 인심을 惡에 귀속시켰다. 그러나 주희는 『주자어류』 곳곳에서 "인심은 인욕이 아니다."[26]라고 하였고, 「中庸章句序」에서도 "사람이면 누구나 形氣를 가지고 있으므로 비록 자질이 매우 뛰어난 사람이라도 人心이 없을 수 없다."[27]고 하여 정이와는 다르게 인심을 악한 인욕으로 보지 않았다. 주희는 만약 인심을 악으로 규정하여 인심을 다 없애려고 한다면 도심도 공허해져서 노장과 불교의 경지에 떨어지게 된다고 우려하였다.[28] 그렇지만 인심을 그 자체로 긍정하면 도덕적 행위의 근거를 확립할 수 없다는 문제가 생긴다. 인심을 완전히 긍정할 수도 부정할 수도 없는 딜레마에서 결국 주희가 나아간 길은 인심 도심의 발출 근원을 形氣의 私와 性命의 正으로 분리하여 도덕의식의 절대성을 확보하는 것이었다.[29]

소재는 이 「中庸章句序」에 보이는 주희의 규정은 正과 私의 관계에서 살펴보면 인심을 악한 인욕으로 해석한 것이기 때문에 인심을 긍정하는 주희 자신의 논리와 서로 모순된다고 생각하였다. 그리고 만약 주희의 언급대로 人心이 악한 人欲이 아니고 善惡의 幾微라면 이미 발한 선한 도덕의식은 인심 안에 당연히 포함되기에, 굳이 다시 "道心惟微"를 쓸 필요가 없다

---

25) 羅欽順, 『困知記』, 권上, "道心性也, 人心情也. 心一也而兩言之, 自動靜之分, 體用之別也.", "道心寂然不動者也, 至精之體, 不可見故微, 人心感而遂通者也, 至變之用, 不可測故危."

26) 주희, 『朱子語類』, 권78, "若便說作人欲, 則屬惡了, 何用說危." ; 상동, "人心, 人欲也, 此語有病. 雖上智不能無此, 豈可謂全不是."

27) 주희, 「中庸章句序」, "然人莫不有是形, 故雖上智不能無人心."

28) 주희, 『주자어류』, 권62, "若專用人心, 而不知道心, 則固流於放僻邪侈之域. 若只守道心, 而欲屛去人心, 則判性命爲二物, 而所謂道心者, 空虛無有, 將流於釋老之學."

29) 최진덕, 『주자학을 위한 변명』, 청계, 2000, 232~237면.

고 생각하였다.[30)]

인심이 인욕이라면 도심은 이발이라고 하는 것이 옳다. 그러나 인심이 선악의 기미라면 도심은 미발이라고 해야 옳다. 당시에 이에 대해 물어서 결론을 내리지 않았던 것이 애석하도다. 혹 제자들이 선악을 겸했다는 설을 들었어도 대개 도심을 性命에서 發한 것으로 인심은 形氣에서 발한 善惡으로 삼아 三截로 보는 것일 뿐이라고 여기고, 인심이 선악을 포괄하고 있다면 성명에서 발한 것은 이미 그 가운데 절로 있다는 것을 결코 생각하지 못했다.[31)]

소재는 만약 인심이 악한 사욕이 아니라 선악의 기미라면 이미 발한 도심은 선한 인심으로 인심에 속할 텐데, 인심과는 층차가 다른 도심을 다시 말했으니 도심은 미발일 수밖에 없다고 생각한다. 주희는 인심이 도심에 맞아 선하게 된 것을 도심이라고 할 수도 있지만, 이 선한 인심 또한 형기에서 발한 것이기 때문에 성명에서 발한 도심과는 근원적으로 다르다고 생각하였다.[32)] 주희의 이론에 따르면 선한 인심과 도심은 일치하지 않으며 인심이 도심을 포함하고 있는 관계도 아니다. 소재는 이러한 주희의 견해를 "性命에서 발한 善과 形氣에서 발한 善惡으로, 마음을 세 가지로 나누어 보는 것이다."라고 지적하였다.

---

30) 내집, 하편, 「人心道心辨」, 375면, "愚於中年, 常竊敬誦此傳, 因見有謂 '人心不可謂人欲' 者, 乃自疑曰, '旣以私屬人心, 以正屬道心, 善惡分矣, 人心便是人欲. 不然, 是幾善惡也, 複着下句, 何也?' "

31) 내집 하편, 「人心道心辨」, 376면, "人心爲人欲, 則道心爲已發可也. 人心爲善惡, 則道心爲未發可也. 惜乎, 當時無有以此爲請而定之也! 或者弟子雖聞兼善惡之說, 其意亦不過槩以道心爲性命之發, 人心爲形氣之善惡, 作三截看而已, 殊不思善惡屬人心, 則性命之發, 已自在其中矣."

32) 『朱子語類』, 권78, "問, '人心道心, 如飮食男女之欲, 出於其正, 卽道心矣, 又如何分別?' 曰, '這箇畢竟是生於血氣.' "

소재는 주희의 인심에 대한 규정이 불분명하게 된 근본적인 이유가 인심도심의 근원을 성명과 형기로 이원화한 데 있다고 판단하였다. 그는 理와 氣는 서로 분리되어 존재할 수 없고 性이 발하여 情이 된다는 주희의 이론에 근거하면 人心도 性命에서 발한 것일 수밖에 없다고 생각했고, 그렇기 때문에 인심과 이미 발한 도심을 구분한 주희의 인심도심설을 수긍할 수 없었다. 소재는 나흠순도 이러한 점에 대하여 자세하게 논의하지 않았기에 애석하다고 하면서 인심도심을 새롭게 규정하려 하였다.[33)]

소재는 나흠순의 학설을 참고하여 인심도심을 새롭게 규정하여, "도심은 天理가 마음에 갖추어져 있는 것인데 그것이 기를 통해 발하기 때문에 인심이라고 한다."고 하였다.[34)] 소재는 形氣와 性命은 서로 떨어질 수 없는 관계이기 때문에 성명과 형기에서 각각 발한 것으로 도심과 인심을 분리할 수 없고, 인심과 도심을 굳이 구별하고자 한다면 未發已發, 性情, 體用의 관계일 수밖에 없다고 생각하였다.

혹자는 또 "耳目口鼻四肢의 욕망에서 발하는 것은 正과 不正이 있지만 惻隱羞惡辭讓是非의 四端에서 발한 것은 不善함이 없다. 『書經』에서 발하는 곳이 한두 가지가 아니라고 거론한 것은 또한 갖추어진 것이 아니겠는가!"라고 묻을 것이다. 나는 다음과 같이 대답한다. "바르게 발한 것은 바로 선이 발한 것이고 발하여 바르지 못하게 된 것은 곧 선에서 발한 것이 아니다. 대저 形氣와 四端은 서로 교섭하지 않은 적이 없으니, 그렇다면 형기는 어찌 사단이 타는 바의 기틀이

33) 내집 하편, 「人心道心辨」, "整庵又不備擧詳著以惠後學, 尤可惜也.

34) 상동, "然今以其說推之, 道心卽天理具於心者, 而其發也以氣, 故謂之人心. 便有中節不中節, 故危, 而其未發則無形, 故微. 見其危而知其微, 所以必加精一之功. 精者, 察人心, 卽所謂察夫二者之間而不雜也, 在學者則動時功也. 一者, 存道心, 卽所謂守其本心之正而不離也, 在學者則靜時功也."

아니며 사단은 어찌 형기가 싣는 바의 주인이 아니겠는가! 까닭에 주자는 일찍이 "인심이 도리에 합치된 것이 바로 도심이다."라고 했으니, 이 말은 "情이 도리에 합치된 것이 바로 性이다."라는 말과 같다. 또 인심도심을 들고서 이어서 횡거의 이전의 설을 인용하여 그것을 밝혔으니 이는 마음이 人心과 道心을 통섭하고 있다는 말과 같다. 그렇다면 도심은 성이고 인심은 정이며 정은 자연히 형기와 사단을 겸하고 있다.[35]

이 문단은 혹자의 물음을 상정하고 이에 대해 답하는 형식으로 되어 있다. 혹자의 견해는 形氣의 욕망에서 발하여 인심은 正·不正이 있지만 四端이 발한 도심은 순수하게 선하니 인심도심은 그 발하는 근원이 같지 않다는 것이다. 이는 주자학을 지지하는 학자들의 견해로, 특히 퇴계의 관점과 유사하다. 이에 대해 소재는 바르게 발한 것은 바로 선한 도심이 발한 것이고, 발하여 바르지 못하게 된 것은 선한 도심에서 발한 것이 아니라고 답한다. 情·人心은 모두 性·道心이 발한 것인데, 정으로 드러나는 과정에서 바르게 발한 것은[發之正] 도심이 발한 선한 인심이 되고 발하여 바르지 못하게 되면[發而不正] 도심에서 온 것은 사라지고 악한 人欲으로 변하게 된다는 의미이다. 이는 인심은 도심이 발한 것으로 비록 악으로 흐를 가능성은 있지만 악한 인욕과는 구별된다는 주장이다.

情·人心의 긍정은 소재 사상의 중요한 특징을 이루는데 다음 구절에서도 이를 확인할 수 있다. 소재는 "形氣는 四端이 타는 바의 기틀이고 四端

---

35) 상동, 376면, "曰, '發於耳目口鼻四肢之欲者, 有正不正, 發於惻隱羞惡辭讓是非之端者, 無有不善. 書所擧所發之非一二者, 不亦備矣乎!', 曰, '發之正, 卽是善之發, 發而不正, 卽不是發於善. 夫形氣四端, 何嘗不相交涉, 則形氣豈不爲四端所乘之機, 而四端豈不爲形氣所載之主乎! 故朱子嘗謂人心合道理處便是道心, 如言情之合道理處便是性也. 又擧人心道心, 繼引橫渠前說以明之, 如言心統人與道也. 然則道心是性, 人心是情, 情自兼形氣四端者也.'"

은 形氣가 싣는 바의 주인이다."라고 했다. 주희는 理와 氣가 서로 떨어질 수 없는 관계임을 설명하기 위해 "태극은 사람과 같고 동정은 말과 같으니, 말은 사람을 싣고 사람은 말을 탄다."고 하였다.[36] 소재는 이 주희의 이기론을 심성론에 적용하여 인간의 모든 감정은 사단이 형기를 타고 움직이는 것이라고 주장하였다. 소재는 이 글에서 도심을 사단으로 보았는데, 이는 나흠순이 도심을 性으로 규정한 것과 다른 견해이다. 소재는 또한 "인심이 도리에 합치된 것이 바로 도심이다."라고 했던 주희의 말이 "情이 도리에 합치된 것이 바로 性이다."라는 말과 같은 의미라고 주장하였다. 소재에게 性과 선한 情, 性과 四端은 구별되지 않는 것이었고 이는 왕수인의 견해와 일치한다.[37]

주희의 철학에서 情은 두 가지 용법으로 사용되는데 '四端'은 순선한 도덕의식이고, 七情은 인간의 자연스러운 감정과 욕망을 의미한다. 주희는 性이 드러난 것이 情이라고 하면서 四端은 완전히 선한 것이고 七情은 선과 악이 섞여 있다고 하였다. 그렇다면 칠정의 악한 부분은 순선한 성에서 온 것이라고 할 수 없게 되는데 주희는 이러한 모순에 대하여 설명한 적이 없다. 다만 주희는 人心道心을 논하면서 "人心은 形氣에서 발하고 道心은 性命에서 발한다."라고 하여 인심과 도심의 발출 근원을 분리하여 말하였다. 인심도심의 발출 근원이 다르다는 논리를 四端과 七情에 적용하면 四端은 理가 발한 것이라서 순수하게 선하고 칠정은 氣가 발한 것이라서 선

---

36) 주희, 『朱子語類』, 권94, "太極理也, 動靜氣也. 氣行則理亦行, 二者相依而未嘗離也. 太極猶人, 動靜猶馬, 馬所以載人, 人所以乘馬, 馬之一出一入, 人亦與之一出一入, 蓋一動一靜, 而太極之妙未嘗不在焉."

37) 왕수인, 『전습록』, 상권, "澄問, '仁義禮智之名, 因已發而有?' 曰, '然.' 他日澄曰, '惻隱羞惡辭讓是非, 是性之表德邪?' 曰, '仁義禮智也是表德, 性一而已. 自其形體也, 謂之天, 主宰也, 謂之帝, 流行也, 謂之命, 賦於人也, 謂之性, 主於身也, 謂之心. 心之發也, 遇父便謂之孝, 遇君便謂之忠, 自此以往, 名至於無窮, 只一性而已.'"

악이 있다는 해석을 낳을 수 있다.[38] 주희는 사단은 리가 발한 것이고 칠정은 기가 발한 것이라고 언급한 적이 있다.[39] 퇴계의 사단칠정론은 주희의 이 발언과 인심도심론에 기반하여 나온 학설이었다.

소재는 퇴계의 四端七情論과는 반대의 길로 나아가 性이 드러나 情이 된다는 성정론만을 긍정하고 인심도심의 발출 근원을 분리한 이론에 대해서는 반대하였다. 소재는 위의 글에서 "선한 인심이 바로 도심이고, 情이 도리에 합치된 것이 바로 性이다."라고 하였다. 소재는 性·道心이 드러나서 情·人心이 된다면 선한 인심이 바로 도심이고 선한 情이 바로 性일 수 있다고 생각하였던 것이다. 이 소재의 인심도심론은 心과 性을 엄격히 구분하는 주자학의 심성론을 거부하고 人心과 道心, 心과 性의 거리를 무화시키는 방향으로 나아간 것이었다.

소재의 인심도심설은 사단과 칠정을 발출 근원에서 분리한 퇴계의 사단칠정론과 다르다. 사실 소재의 「인심도심변」은 퇴계의 四端七情論을 겨냥하여 그에 대한 반론으로 제출된 논문이었다. 소재는 「인심도심변」을 1559년 2월에 저술하였는데 이는 고봉 기대승이 퇴계의 사단칠정론을 비판하는 첫 번째 편지를 작성하기 한 달 전이었다.[40] 퇴계는 이에 앞서 "四端은 理가 발한 것이고 七情은 氣가 발한 것이다."라는 이론을 제기하였고, 1558년 6월에는 도산서원에서 제자들에게 주희의 인심도심설을 강론하였다. 소재는 퇴계의 사단칠정론을 비판하기 위하여 그 입론의 근거라고 할 수 있는 주희의 인심도심설에 내재된 모순점을 지적하려 한 것이다. 율곡은 "소재는 인심과 도심에 있어 나정암의 설을 따르려 하였으니, 이 역시

38) 진래, 『송명성리학』, 예문서원, 1997, 465면~468면.

39) 주희, 『주자어류』, 권53, "四端是理之發, 七情是氣之發"

40) 기대승의 사단칠정을 논한 첫 번째 편지는 1559년 3월에 작성하여 8월에 보낸 것으로 되어 있다. 「인심도심변」은 1559년 2월에 작성되었다.

互發說을 옳지 않다고 여겼기 때문이다."라고 하였는데, 이러한 견해는 소재가 「인심도심변」을 저술한 의도를 명확하게 파악한 것이라 할 수 있다.[41]

소재의 인심도심설은 理氣는 서로 분리되어 존재할 수 없기에 四端은 七情에 포함된다고 주장한 고봉의 사단칠정론과 人心道心은 모두 七情에 포함된다고 주장한 율곡의 人心道心論의 先端에 위치한 것이다. 그러나 소재의 인심도심설이 이들의 이론과 일치하는 것은 아니다. 고봉은 사단이 칠정에 포함된다는 설을 주장하면서 그 증거로 四端도 中節하지 못할 때가 있다는 주희의 언급을 들었고, 율곡은 道心도 中節하지 못하면 人心으로 변한다고 하였다. 이러한 이론에 따르면 사단·도심을 포함하는 인간의 모든 감정은 氣의 영향을 벗어나지 못하는 것이 되어, 사단·도심은 칠정과 인심을 다스리는 절대적인 기준이 되지 못한다. 이는 본성에서 발출한 선한 사단을 칠정과 분리하여 칠정을 다스리는 기준으로 제시한 퇴계의 사단칠정론과도 다르지만 인심은 도심이 발한 것이라서 도심과 다름이 없이 본래 선하다는 소재의 인심도심설과는 더욱 배치되는 이론이다.

소재의 인심도심설은 나흠순의 인심도심설을 계승한 것으로 알려졌지만 나흠순의 인심도심설과도 완전히 일치하는 것이 아니다. 조남호는 나흠순은 "인심은 人欲이다."라고 하여 인욕을 긍정하고 있는데 소재는 "인심은 인욕이 아니다."라고 하여 인욕을 부정적인 것으로 파악하고 있다고 했다. 결국 나흠순의 인심도심론의 핵심이라고 할 수 있는 인욕에 대한 긍정 부분을 제외하였기 때문에 소재의 인심도심론은 나흠순의 인심도심론과 일치하는 것이 아니라는 것이다.[42] 그러나 이는 「인심도심변」에 보이는

41) 이이, 『栗谷全書』, 권10, 「答成浩原」, 自註, "穌齋於人心道心, 欲從整菴之說, 此亦以互發之說, 爲不然故也."

"인심은 인욕이 아니다."라는 구절이 어떠한 문맥에서 나온 것인지 살피지 않았기 때문에 도출된 잘못된 견해이다. 나흠순이 "인심은 인욕이다."라고 했을 때 그가 말한 인욕은 인간의 자연스러운 욕망과 감정을 의미한다. 주희는 정이의 "인심은 인욕이다."라는 인심에 대한 규정을 수정하여 "인심은 인욕이 아니다."라고 하였는데, 이때 정이와 주희가 언급한 인욕은 악한 私欲의 의미로 한정하여 사용한 것이다. 소재가 「인심도심변」에서 "인심은 인욕이 아니다."라고 한 것은 주희의 이 언급을 인용한 것이기 때문에 소재가 나흠순과 달리 인욕을 부정하는 사유를 가지고 있었다는 주장은 타당하지 않다.

주희는 인심을 악한 사욕과 분리하여 善惡의 기미로 규정했으면서도, 인심과 도심의 발출 근원을 분리하고 인심은 도심의 명령을 들어야 한다고 하여 결국 인심을 사욕에 가까운 부정적인 것으로 해석했다. 주희는 비록 인심을 완전히 부정하지는 않았지만 반드시 도덕의식으로 억제해야만 하는 위태로운 욕망으로 생각하였는데, 퇴계는 이러한 주희의 견해를 계승하였다.

> "喜怒哀樂이 발하지 않은 것을 中이라 하고 발하여 모두 절도에 맞은 것을 和라 한다."는 자사의 말은 옳지만, "人心의 미발을 中이라 한다."고 말하면 옳지 않습니다. 정자가 "中이 발하여 七情이 나온다."라고 말한 것은 옳지만, "中이 발하여 人心이 나온다."고 말하면 옳지 않습니다.[43]

42) 조남호, 「나흠순의 철학과 조선학자들의 논변」, 서울대 박사논문, 1999, 58면.

43) 이황, 『퇴계집』, 권37, 「答李平叔」 343면, "子思謂 '喜怒哀樂之未發, 謂之中, 發而皆中節, 謂之和' 則可. 若曰 '人心之未發, 謂之中云云' 則不可. 程子曰 '其中動而七情出焉' 則可, 曰 '其中動而人心出' 焉則不可."

인심은 인욕의 뿌리이고 인욕은 인심의 放逸입니다. 형기에서 생겨나는 마음은 성인도 없을 수 없으니 다만 인심이라 해야 하지 곧바로 인욕이라 할 수 없습니다. 그러나 인욕이 일어나는 것은 실제로 인심에서 시작되니 인심은 인욕의 뿌리라고 할 수 있습니다.[44]

퇴계는 인심이 인욕이 아니라고 하면서도 인심이 악한 인욕의 뿌리임을 강조하였다. 퇴계가 천발한 대로 주희의 인심은 그 자체 인욕은 아니지만, 본성에서 발한 칠정과도 다른 인욕에 가까운 위태로운 욕망이었다. 소재는 주희의 인심도심설의 바로 이 점을 부정하려 하였다.

〈次韻奉呈鄭僉使廻軒 復題一篇 憑達一齋侍者〉

元來道與器非鄰	원래 道와 器는 분리된 것이 아니니
可認人心是外塵	人心을 外塵이라 할 수 있겠는가
須就道心爲大本	道心이 大本이 되고
用時還見道乘人[45]	움직일 때 도심이 인심을 타고 있음을 보아야 하리

인심도심을 논한 이 시에서 소재는 道와 器는 원래 떨어질 수 없는 관계라서[46] 도심은 마음의 본체가 되고 마음이 움직일 때는 이 도심이 인심에 실려 움직인다고 했다. 이처럼 인심은 도심이 발한 것이기에 인심과 도심은 분리할 수 없고 인심은 外塵인 사욕이라 할 수 없다.

---

44) 이황, 『퇴계집』, 권40, 「答喬姪問目」, 391면, "人心者, 人欲之本, 人欲者, 人心之流. 夫生於形氣之心, 聖人亦不能無, 故只可謂人心, 而未遽爲人欲也. 然而人欲之作, 實由於此, 故曰人欲之本."

45) 권4, 157면, 제2수.

46) 소재는 『중용』의 "君子之道 費而隱"을 해석하면서 "道 없는 器가 없고 또한 器 없는 道가 없다."라고 하여 道와 器가 서로 떨어질 수 없는 관계라고 주장하였다.

소재는 인간의 본성인 도심은 인심으로 드러나는 것이기에 인심은 도심과 다름이 없다고 주장하였다. 소재의 이러한 견해는 58세에 西涯 柳成龍에게 보낸 시에서 "인간의 욕망은 모든 사람이 가지는 본성이기 때문에 닦아서 도에 들이는 것이 아니다."라고 한 것에서 더욱 명확하게 표현되었다.[47] 소재는 욕망・정・인심을 인간의 본성으로 긍정하고 악한 사욕과 분리하고자 한 것이다. 욕망의 긍정은 소재 사상의 중요한 특징이었고 따라서 욕망을 긍정하지 않았다는 점에서 나흠순의 인심도심론과 소재의 인심도심론을 구별하는 것은 핵심을 벗어난 지적으로 보인다.

나흠순의 인심도심론은 禪學과 陽明學을 비판하기 위해 제기된 것이었다. 그는 心과 性을 엄격하게 구별해야 한다는 전제에서 선학은 마음의 作用과 性을 일치시킨다고 비판하였다. 그리고 양명학도 知覺에 불과한 良知를 天理와 일치시키고 있기 때문에 禪과 본질적으로 다른 것이 아니라고 주장하였다. 나흠순이 道心을 性으로 人心을 情으로 규정하여 주희의 인심도심론을 수정한 것도 같은 맥락에서 이해할 필요가 있다. 그는 도심을 이미 발한 마음이라고 한다면 마음으로 마음을 다스리려고 하는 禪學・陽明學과 다를 바가 없다고 판단하였던 것이다.

소재는 나흠순의 인심도심론에서 이러한 양명학 비판 관점을 취하지 않는다. 인심도심을 발출 근원에서 구별한 주희의 해석대로라면 도덕의식이 욕망과 감정을 끊임없이 검열하고 억제해야 하는데 이러한 의식의 분열 상태는 소재가 늘 벗어나고자 했던 고통스러운 마음의 상태였다. 도심과 인심이 한마음 안에 대립하고 있는 두 마음이어서는 안 된다고 생각하였기에 소재는 인심도심을 未發已發 性情 體用의 관계로 해석하는 나흠순의 논의에 동의했던 것이다.

---

47) 권6, 「贈柳修撰」, 202면, "欲者人之性, 人皆不可無. 何修以入道, 吾老竟歸愚."

소재의 새로운 인심도심설은 심과 성을 엄격하게 구분한 주희의 심성론을 부정하고 人心·情·욕망이 本性과 일치한다고 주장한 것이었다. 소재의 이러한 심성론을 퇴계는 象山學, 禪學에 물든 것으로 규정하여 엄중하게 비판하였다.

> 얼마 전 사람들이 寡悔의 학문에 禪學의 기미가 있다고 말하는 것을 들었고 중간에 다시 그가 『곤지기』를 존신한다는 말을 들었지만 저는 그래도 믿지 않았습니다. …… 一齋가 얼마 전 剛而에게 편지를 보내어 整庵의 실책에 대해 논했다고 합니다. 강이가 그 논쟁의 전말을 보내와서 살펴보니 일재의 견해는 과연 정밀하지 못하였고 논한 것은 오류가 많았습니다. 바로 그대가 말씀하신 그대로였습니다. 그렇지만 이 노인은 그다지 독서를 하지 않고 섣부르게 자신한 것이 지나쳤기 때문이니 그의 오류는 학문적인 근거가 있는 것이 아닙니다. 그렇지만 과회의 오류는 선학으로 말미암아 잘못된 길로 접어든 것이니 이전에 들었던 말이 헛소문이 아니었군요. 보내주신 편지에 적힌 대로 『주자어류』와 집주 등은 모두 취하지 않는다면 이는 바로 窮理의 번거로움을 싫어하여 간단하고 빠른 길로 서둘러 나아간 것이니 정말 크게 우려할 만합니다.[48]

소재가 진도에서 괴산으로 막 이배되었을 무렵 高峯 奇大升은 소재를 방문하여 인심도심에 대해 질문하였다. 이 만남 후 기대승은 퇴계에게 편지를 보내 소재가 나흠순의 理氣一物說과 人心道心體用說을 긍정했다고 전했

---

48) 이황, 『퇴계집』, 권29, 「重答奇明彦」, 441쪽, "往者, 人言寡悔頗悅禪味, 中間又聞其尊信困知記, 渠猶不之信. …… 李一齋嘗與李剛而書, 論整庵之失. 剛而寄示來, 其所見果未精, 其爲說亦多誤, 正如來諭之云. 然聞此老不甚讀書, 而徑自信太過, 其所誤未必有所從來. 若寡悔誤處, 似是從禪學中錯入路頭來, 往者所聞, 爲不虛矣. 故如來諭所謂語類輯註之類, 皆不取, 乃厭窮理之煩, 而欲徑趨簡捷, 此尤可憂之大者."

다. 기대승은 소재처럼 人心을 情으로 규정하면 情은 근본적으로 선하다고 했던 주희의 학설과 위배된다고 지적하였다. 기대승의 이러한 비판은 소재의 인심도심설을 제대로 이해하지 못한 상태에서 나온 것이었다. 또한 기대승은 이 편지에서 소재가 『주자어류』와 사서 · 오경의 주석서 등은 읽을 필요가 없다고 주장했다고 전했다.[49)]

위의 인용문은 고봉의 편지에 대한 퇴계의 답신이다. 퇴계는 소재의 인심도심설이 禪學으로 말미암아 잘못된 길로 나아간 것이라고 하였다. 그리고 소재가 "窮理를 번거롭게 여겨서 간단하고 빠른 길로 서둘러 나아갔다."고 비판하였다. 퇴계는 양명학을 禪學으로 규정하였는데,[50)] 퇴계가 소재의 인심도심설의 근원으로 지적한 선학은 양명학을 지칭한 것이다. "궁리를 번거롭게 여겨 빠르고 간편한 길로 달려갔다."는 지적도 격물 공부를 중시하지 않는 양명학의 공부 방법에 대한 비판이다.

다음의 자료를 살펴보면 퇴계가 소재의 학문을 양명학으로 규정하고 있었음을 더욱 분명하게 알 수 있다.

> 지금 세상에 능히 학문할 수 있는 사람은 누구인지 묻자, 선생님은 "아직 그 사람을 보지 못했네."라고 대답하셨다. "고봉과 龜巖 李楨은 어떻습니까?"라고

---

49) 기대승, 『高峰先生文集』, 권2, 「兩先生往復書 · 先生前上狀」, 43쪽, "大升問曰, '若如高明之見, 則情何以謂之危也?' 答曰, '可以爲善, 可以爲惡, 故曰危.' 又問, '整菴正坐以理氣爲一物, 故其論如是. 若高明之見, 理氣是二物, 是一物?' 答曰, '前賢雖有曰理曰氣指名之異, 而豈有二義云云.' 當時盧丈已困杯勺, 而大升亦不敢强辭辨詰, 歸來思繹, 不勝怪歎. 按朱子曰, '人之情, 本但可以爲善', 而不可以爲惡, 此不易之論也. 今曰, '可以爲善, 可以爲惡, 故命之曰危,' 則是本無準則, 而可以無所不爲也, 而可乎? 按理氣雖不可謂二物, 而若以爲一物, 則又無道器之分矣, 今曰 '指名之異而無二義', 則是聖賢之所謂理所謂氣者, 初無其實, 而假借以言之也. 凡此二端, 皆不能無疑. 而又以朱子語類, 是門人所錄, 不必觀, 四書五經輯註, 是後人所纂修, 亦不必觀. 此論尤礙理, 深恐流傳漸廣, 致誤學者."

50) 이황, 『退溪集』, 권41, 「白沙詩教傳習錄抄傳, 因書其後」, 419쪽, "滉謹按陳白沙王陽明之學, 皆出於象山, 而以本心爲宗, 蓋皆禪學也."

하니 "이 사람들은 인품이 중후하여 인에 가깝고 바른길을 따라가서 결코 머리 돌려 다른 길로 벗어날 사람들이 아니지. 다만 아직은 큰 강령을 꿰뚫어 보지 못했으니 이것이 애석할 뿐이네. 대개 세상에는 근본에서 절실하게 공부하는 사람이 없는데, 다만 남명이 장자의 학을 창도하고 있고 소재가 육상산의 견해를 고집하고 있으니 매우 근심스럽네. 고봉이 백척간두에서 다시 한 걸음을 내디뎌 편안하게 이치를 따르고 호연하게 돌아올 수 있을지 모르겠네. 그렇지 않다면 陸氏의 학문이 성대하게 유행하는 게 유독 중국의 일만이 아니게 될 것이야."라고 하셨다.[51]

퇴계는 제자 艮齋 李德弘과 당대 학자들에 대하여 논하면서 고봉과 소재를 비교하였다. 그는 고봉이 주자학을 성실하게 공부하여 이단의 학설에 눈을 돌리지 않을 인물이지만 아직 대강령을 깨닫지 못하였다고 하였다. 이어서 세상에는 근본에서 절실하게 공부하는 사람이 없는데, 다만 南冥 曺植이 老莊學을 주창하고 있고 소재는 象山學을 고집하고 있으니 근심스럽다고 하였다. 그리고 만약 고봉이 분발하지 않는다면 명나라처럼 상산 계열의 심학인 양명학이 우리나라에서도 크게 유행하게 되리라고 우려하였다.

소재는 37세 때인 명종 6년(1551) 진백의 「夙興夜寐箴」을 주해한 「夙興夜寐箴解」를 저술하고 이를 퇴계와 하서에게 보내어 질정을 구했다. 퇴계는 명종 9년에 소재에게 편지를 써서 우리나라에서 정주학이 사라지지 않는 한 이 저술은 길이 남겨지게 되리라고 찬상하였다.[52] 소재는 이 퇴계의

---

51) 이덕홍, 『艮齋集』, 권6, 「溪山記善錄」, 91쪽, "問今世誰能學問, 先生曰, '未見其人.' 曰, '如奇高峯李龜巖者, 何如?' 曰, '此人厚重近仁, 而循途守轍, 必終不回頭, 向別處去. 但所見猶未能透得大綱領, 這可惜耳. 大凡世無切己根本上做工夫底人, 只有曹南冥唱南華之學, 盧蘇齋守象山之見, 甚爲懼也. 不知高峯百尺竿頭, 更進就一步, 怡然其順而浩然其歸乎? 不然則陸氏之盛, 恐不獨於中原也."

편지를 받은 이후인 명종 14년(1559) 봄에 「인심도심변」을 저술하였다. 앞서 언급했듯이 소재의 「인심도심변」은 퇴계의 사단칠정론을 비판하기 위해 제출된 논문이다. 「인심도심변」은 곧 학자들 사이에 격렬한 논쟁을 불러일으켰고 많은 학자가 진도를 방문하여 소재에게 학문을 묻기 시작하였다. 이 시점은 퇴계의 사단칠정론에 대하여 기대승이 이의를 제기한 때(1559년)와 완전히 일치한다.

퇴계는 명종 15년에 「숙흥야매잠해」를 논하는 두 번째 편지를 보내어 소재의 공부론이 선학에 물든 혐의가 있다고 비판하였다. 그리고 고봉에게 보낸 편지에서 소재의 인심도심설에 학자들의 관심이 집중되는 것을 크게 근심하면서, "만약 소재와 논쟁하여 시비를 가리려 한다면 같은 학문을 하는 사람끼리 모순이 있어 다투다가 이단의 학설이 세를 타고 유행하게 될 것이다."라고 우려하였다.[53] 퇴계는 「인심도심변」을 가지고 소재와 논쟁한다면 학자들의 관심이 소재의 사상에 더욱 집중될 수 있다고 판단하였다. 그는 소재의 인심도심설을 문제 삼는 대신 「숙흥야매잠해」에 나타난 소재의 미발함양을 주희의 敬과 구별하면서 소재의 공부론을 선학에 물든 것으로 비판하였고, 한편으로는 자신의 사단칠정론을 주희의 학설에 근거하여 비판하는 고봉의 편지에 열정적으로 대응하였다.

고봉은 理와 氣는 서로 분리하여 존재할 수 없다는 점에 근거하여 사단

---

52) 李滉, 『소재집』, 내집 상편, 「寄伊齋書」, 356쪽, "吾東方性理之學, 講明者固鮮, 而著述寥寥, 間或有之, 而率未免罅縫之出, 未滿於人意者, 無他, 略見彷彿, 而遽自爲主張之太過故也. 竊見此解, 非他人著述之比, 斯道不亡於吾東, 則此解必傳於後世."

53) 이황, 『退溪集』, 권17, 「答奇明彦(丙寅)」, 439쪽, "盧寡悔量移, 士類交慶, 知要見於路, 亦令人起懷想也. 就中別紙示及緒論, 謹已具悉, 卽當一一報稟, 自以蹤跡如此, 正當此時, 與人往復辨論, 聞見必致脣舌, 於理亦似不穩, 姑未果, 後日當不忘也. 大槩來喩得之矣. 年前, 偶得見寡悔人心道心兩絶, 心甚疑之, 今知其見如此, 大是朋友之憂也. 似聞都下諸人, 稍以此事爲意者, 見識議論, 亦多類此, 欲與之一一勘明, 則吾人中自相爭鬧矛盾, 爲卞莊子所乘, 不然則名爲此學, 而適以亂道, 不是小事. 柰何柰何!"

과 칠정의 근원을 理氣로 二元化한 퇴계의 사단칠정론을 비판하였다. 소재의 인심도심설의 주요 내용 또한 도심과 인심의 근원을 性命과 形氣로 이원화한 주희의 인심도심설이 주희의 理氣論과 모순된다는 것이었다. 그런데 위의 인용문에 드러나듯이 퇴계는 고봉의 학문은 朱子學으로 소재의 학문은 상산학으로 규정하였다. 그리고 만약 고봉이 분발하지 않는다면 상산 계열의 학문이 명나라뿐만 아니라 우리나라에서도 크게 세를 떨치게 되리라고 근심하였다. 이러한 기록들을 종합해보면 퇴계는 소재의 인심도심설이 당시 明에서 한창 유행하던 陽明學의 영향을 받은 것으로 판단하였음을 알 수 있다. 퇴계는 만약 사류들이 소재의 새로운 학설에 이끌리게 되면 우리나라도 양명학이 크게 유행할 것이라고 우려하고 있었다.

퇴계는 소재의 인심도심설이 양명학에 물들었다고 비판하였지만 소재의 인심도심설을 직접 논하는 글을 남기지 않았다. 다만 나흠순의 인심도심설에 대하여 "도심을 未發의 性으로 인심을 已發의 情으로 나누게 되면 도심은 인륜 · 질서 · 정치에 관여하는 바가 없고 인심은 선은 없고 악만 있게 된다."고 비판하였다.[54] 퇴계는 나흠순처럼 도심과 인심을 性과 情, 미발과 이발로 나누면 도심과 인심을 완전히 분리하여 서로 관여하는 바가 없게 하는 잘못이 있게 된다고 생각하였다. 나흠순의 인심도심설은 理와 氣를 일원적으로 파악하는 이기론에 근거하여 인심과 도심 또한 일원적으로 이해하려 한 것이기 때문에 퇴계의 비판은 적절하지 않은 것이었다. 그렇지만 앞서도 언급했듯이 나흠순의 인심도심설은 양명학의 심성론

54) 이황, 『退溪集』, 권17, 「答友人論學書, 今奉寄明彦」, 444쪽, "若羅氏困知記, 則又謂道心, 性也, 人心, 情也, 至靜之體不可見, 故曰微, 至變之用不可測, 故曰危. 此其爲說頗近似, 非湛氏之比, 然其爲害則爲尤甚. 夫限道心於未發之前, 則是道心無與於敍秩命討, 而性爲有體無用矣. 判人心於已發之後, 則是人心不資於本原性命, 而情爲有惡無善矣. 如是則向所謂不可見之微不可測之危, 二者之間, 隔斷橫決, 欲精以察之, 則愈精而愈隔斷, 欲一以守之, 則愈一而愈橫決, 其視朱子說體用精粗工夫功效該貫無遺者, 爲如何哉!"

을 비판하기 위해 제기된 것이기도 했다. 나흠순은 상산학과 양명학이 마음만을 알고 性을 알지 못했기 때문에 禪學과 다름이 없다고 비판하였다.[55] 그가 도심을 성으로 해석한 것은 도심을 知覺인 良知로 해석하는 양명학을 비판하기 위해서였다. 나흠순은 도심이 절대적인 기준이 되기 위해서는 그것이 인심과 같은 층차의 이발의 마음이어서는 안 되고 아직 발하지 않은 性이어야 한다고 생각했다. 나흠순의 인심도심설은 심과 성을 엄격하게 구분하려는 의도에서 나온 것임을 알 수 있다. 따라서 퇴계의 나흠순의 인심도심설에 대한 비판은 심과 성을 엄격히 구분하려 한 나흠순의 의도를 바르게 파악한 것이라 할 수 있다.

이처럼 퇴계는 나흠순의 인심도심설을 양명학의 영향을 받은 학설로 인식하지 않았다. 퇴계는 나흠순이 理氣一物說을 주장하고 주희의 학설에 이견을 세웠다는 점에서 비판하였지만, 그가 양명학에 대하여 비판적인 태도를 견지하고 있음을 인정하였다.[56] 그런데 퇴계는 소재의 인심도심설에 대해서는 분명하게 선학 곧 양명학으로 말미암아 잘못된 길로 들어섰다고 비판하였다. 퇴계가 소재의 인심도심설을 문제 삼은 것은 나흠순의 학설을 수용했기 때문이 아니라 양명학을 받아들였기 때문임을 분명하게 알 수 있다.

55) 나흠순, 『困知記』, 부록, 「答允恕弟」, "象山之學, 吾見得分明是禪學, 弟則以爲似禪, 似之爲言, 彷彿之謂也. 以余觀之, 佛氏有見於心, 無見於性, 象山亦然. 其所謂至道皆不出乎靈覺之妙, 初不見其有少異也, 豈有彷彿云乎?" : 續集 卷上, "『傳習錄』有云, 吾心之良知卽所謂天理也. 又云道心者良知之謂也. …… 此皆以知覺爲性之明驗也." (최중석, 『나정암과 이퇴계의 철학사상』, 심산, 2002, 112~113쪽에서 재인용.)

56) 『퇴계집』, 卷13, 「答洪應吉」 350쪽, "示喩整庵所見, 於大頭腦處錯了, 其他精到處, 似未足尙. 只要見近古中原文獻, 如何? 且猶能與陽明角立, 以爭禪學之非, 是爲整庵而已."

3. 誠意를 근본으로 하는 공부

소재는 인심도심에 대한 규정뿐만 아니라 "惟精惟一"의 수양 방법에서도 주희와 견해를 달리하였다. 주희는 精을 擇善 · 致知로 一은 固執 · 力行으로 설명하면서, 致知에 근본하여 力行으로 나아가야 한다고 하여 知先行後의 공부론을 주장하였다. 소재는 이를 수정하여 마음이 막 발한 순간에는 도심에서 온 것을 잘 살펴 그것이 온전하게 발현할 수 있도록 하고 마음이 발하기 전에는 도심을 잘 함양하는,[57] 즉 마음의 省察과 涵養에 중점을 두어 "惟精惟一"을 설명하였다. 소재는 「인심도심변」을 저술하고 3년 지나 다시 수양의 문제만을 집중적으로 논하는 「執中說」을 저술하였다. 그는 이 글에서 誠意를 모든 공부의 근본이자 핵심으로 주장하는 자신의 독특한 수양론을 제기하였다. 「집중설」을 분석해보면 소재가 주희의 인심도심론을 수정하려 한 두 번째 이유가 드러나는데, 그것은 바로 知先行後를 핵심으로 하는 주희의 주지주의적 공부론을 비판하기 위한 것이었다.

소재는 道心과 人心을 未發已發의 관계로 해석하면서 "允執厥中"도 "이발의 때에는 마음의 용이 지나치거나 모자라지 않는 和의 상태를 지키고 미발의 때에는 마음의 체가 치우치거나 기대지 않은 中에 있는 것이다."라고 새롭게 규정하였다.[58] 이는 執中의 中을 未發의 中과 已發의 和를 모두 포섭하고 있는 것으로 해석한 것이다. 미발의 중과 이발의 화는 『중용』 首章의 "喜怒哀樂이 발하지 않은 것을 中이라 하고, 발하여 모두 절도에 맞은 것을 和라고 한다."라는 구절에서 온 것이다. 주희는 『中庸或問』에서 "미발

57) 내집, 하편, 「인심도심변」, 376면, "精者, 察人心, 則所謂察夫二者之間而不雜也, 在學者則動時功也. 一者, 存道心, 卽所謂守其本心之正而不雜也, 在學者則靜時功也."

58) 內集 下篇, 「執中說」, 378면, "自心已發而察之, 爲能守之於無過不及之用. …… 自心未發而存之, 爲能守之於不偏不倚之體."

의 中은 잡을 수 없다."고 하면서 "본래 볼 수도 없는 것인데 하물며 그것을 좇아 잡으려[執] 하면 그 치우침과 기댐이 심할 것이니 어찌 中이라고 할 수 있겠는가."[59]라고 주장하였다. 그리고 "允執厥中"을 모든 행위가 법도에 맞는 상태인 '時中'으로 해석하였다. 소재는 미발의 中에 執자를 두는 것은 불가하다는 주희의 견해에 이견을 제시하였다.

소재는 執中의 執을 '잡아서 지킨다'는 의미로 파악하였다.[60] 주희는 "中은 執할 수 없다."고 했지만, 소재는 『시경』의 "民之秉彝"와 『논어』의 "據於德"에서 마음에 갖추어져 있는 도덕 본성을 잡는다는 표현 용례를 찾을 수 있다고 했다. 또 『예기』의 "視於無形"와 『서경』의 "不見是圖"에서 드러나기 이전의 마음을 살피고 도모한다는 뜻을 볼 수 있다고 했다. 소재는 이러한 예들의 秉, 據, 視, 圖의 쓰임처럼 '執'이라는 글자는 형체가 있는 어떤 것을 실제로 움켜쥔다는 의미로만 쓰이는 것이 아니라 드러나지 않은 마음을 잡지 않으면서 잡는다는 의미로도 쓰일 수 있다고 말한다. 그리고 이 잡지 않으면서 잡는 행위는 의도나 집착이 없는 상태이기 때문에 中에 있는 것에 해가 되지 않는다고 주장하였다.[61]

> 孟子의 存之·養之·事之는 執之의 다른 이름이고, 子思의 戒愼恭懼와 致中의 致는 執之와 실질이 같은 것이다. 치우치지도 기울지도 않은 때는 이른바 本性·天理·마음의 본체이자 秉하고 據하고 視하고 圖하는 대상이니, 어찌 存養

---

59) 주희, 『중용장구』, 혹문, "未發之前, 則宜其不待著意推求, 而瞭然心目之間矣. 一有求之之心, 則便爲已發, 固已不得而見之, 況欲從而執之, 則其爲偏倚亦甚矣, 又何中."

60) 內集 下篇, 「執中說」, 378면, "堯舜之中, 何中也? 體用之中也. 何謂執? 執猶守也,

61) 상동, "雖然執字何謂也? 以字言之爲持, 以義訓之爲守. 如使無着於意, 持以不持而守之, 則夫何傷於在中乎? 詩曰 '民之秉彝', 彝自是具於心矣, 不可移奪若秉然, 是不秉而秉也. 語曰 '據於德', 德自是得於心矣, 守之不失若據然, 是不據而據也. 記曰 '視於無形', 旣是無形, 更有何視? 是不視之視也. 書曰 '不見是圖', 旣是不見, 亦有何圖? 是不圖之圖也."

戒懼하여 미발의 때에 執하는 법도이자 준칙이자 기준이 아니겠는가.[62]

이어서 소재는 『맹자』의 存心·養性·事天에서 存之·養之·事之와 『中庸』의 戒愼恐懼·致中의 致가 執之와 같은 의미라고 하였다. 이에 따르면 本性·天理·心의 本體가 바로 道心이자 미발의 中이고, 執中은 이 本性·天理·心體를 戒愼恐懼를 통하여 잡아 지킨다는 의미임을 알 수 있다.

「집중설」에서 소재가 궁극적으로 주장하려 했던 점은 『中庸』의 首章에서 말한 未發의 中이 『書經』「大禹謨」에서 말한 道心이자 允執厥中의 中이며, 戒愼恐懼와 愼獨이 執中의 공부라는 것이다. 人心道心이 본격적으로 학자들의 관심 대상이 된 것은 주희가 「中庸章句序」에서 그 의의를 서술하면서부터이다. 주희는 이 서문을 통해 "孔門에서 전수한 心法을 조술한 책이 바로 『中庸』이다."라고 했던 정이의 언급을 진리로 선언했다. 그리고 孔門에서 전한 심법의 요체는 舜이 말한 "人心惟危, 道心惟微, 惟精惟一, 允執厥中." 16자 가르침에 있다고 하였다. 주희는 이 서문에서 惟精惟一은 『중용』 중반부에 나오는 誠之의 道인 "擇善而固執之"에 해당한다고 했다. 이러한 주장에 따르면 유정유일 공부는 善惡을 정밀하게 가리는 知적인 공부와 善을 견고하게 실천하는 行 공부로 해석된다.[63] 그런데 『중용』의 首章에서는 미발의 함양에 해당하는 戒愼恐懼와 마음이 막 움직이기 시작할 때의 성찰 공부인 愼獨을 나란히 제시하였다. 『四書』의 일반적인 구성에 근거해 보면

62) 상동, "至於存之養之事之者, 孟子執之之異名也. 戒焉懼焉致焉者, 子思執之之同實也. 蓋其不偏不倚之時, 卽所謂性天心德之體而所秉所據可視可圖者, 豈非存養戒懼爲執於未發之節度標的程度也哉!"

63) 주희, 『주자어류』, 78권, "惟精者, 精審之而勿雜也, 惟一者, 有首有尾, 專一也. 此自堯舜以來所傳, 未有他議論, 先有此言, 聖人心法, 無以易此. 經中此意極多, 所謂擇善而固執之, 擇善卽惟精也, 固執卽惟一也. 又如博學之審問之謹思之明辨之皆惟精也, 篤行又是惟一也. 又如明善是惟精也, 誠之便是惟一也. 大學致知格物非惟精不可能, 誠意則惟一矣. 學則是學此道理, 孟子以後失其傳, 亦只是失此."

首章은 『중용』 전체의 體要라고 할 수 있다. 그런데도 주희는 戒愼恐懼와 愼獨이 아닌 擇善固執을 惟精惟一에 해당하는 공부라고 규정하였다. 이러한 규정은 知行分離, 知先行後의 공부론을 경전의 권위를 빌어 유가의 정통으로 확립하려는 의도에서 나온 것이라고 할 수 있다. 「중용장구서」에서 惟精惟一을 擇善固執으로 규정한 것은 誠意를 중심으로 하는 『禮記』 본 『대학』을 개정하여 格物致知의 傳文을 새롭게 만들어 誠意의 傳文 앞에 둠으로써 격물치지를 유가 공부의 핵심으로 제시했던 것과 동일한 의미를 가진다.

소재는 26세 때 지은 「時習箴」에서는 "聖人 문하의 공부 절목은 그 큰 요체가 다만 知와 行에서 벗어나지 않는다. 舜과 禹가 서로 말로써 전하기를 "惟精惟一"이라 했으니 대개 精은 知에 있어서 섞이지 않게 하는 것이고 一은 行에 있어서 섞이지 않게 하는 것이니 순서에 맞게 사람을 잘 이끈다고 할 만하다."[64]라고 하여, 惟精惟一을 擇善固執으로 규정한 주희의 견해를 지지하였다. 그러나 「집중설」에서는 「중용장구서」에 보이는 주희의 惟精惟一에 대한 해석을 부정하였다. 그는 우선 『書經』 「大禹謨」의 16자 가르침이 요가 순에게 전한 심법의 요체이고, 이러한 심법의 요체가 『中庸』에 祖述되어 있다는 주희의 논리를 그대로 인정한다. 그리고는 四書의 일반적인 편차 원리에 따르면 首章이 『중용』 一書의 體要가 된다는 점에 근거하여 執中의 中은 『중용』의 首章에 보이는 미발의 中과 이발의 和를 아우르는 것이어야 하고 惟精惟一 공부도 擇善固執이 아니라 首章에서 말한 미발의 함양 공부인 戒愼恐懼와 이발의 성찰 공부인 愼獨에서 찾아야 한다고 주장하였다. 이러한 주장은 道問學에 치중하는 주희의 主知主義的 공부 방법을 부정

64) 권7, 「時習箴」, 207, "聖門用功節目, 其大要不過曰知與行而已. 昔者, 舜禹始相受授以言曰 '惟精惟一', 蓋精則知而不雜, 一則行而不雜, 可謂循循然善誘人也.

하고 誠意를 유가 공부의 핵심으로 다시 강조하려는 의도에서 나온 것이라고 할 수 있다.

「집중설」의 결어에서 소재는 공자의 "敬以直內"와 "操則存", 정이의 "敬而無失"과 "靜中有物"이 執之와 같은 의미라고 해석한다. 그리고 靜中有物은 바로 知覺 상태라고 했다.[65] 이러한 설명에 근거하면 소재가 말한 執中이 주희의 미발 涵養과 일치하는 것 같다. 그런데 주희는 사람의 마음과 본성을 하나로 보아서는 안 된다고 강조하였고, 이러한 심성론에 기반하여 마음을 보존하는 主敬涵養과 함께 외재하는 天理를 인식하여 본성을 일깨우는 格物致知가 반드시 병진해야 한다고 주장하였다. 주희는 마음이 본성을 완전하게 드러내는 것은 격물의 공부가 오랜 세월 누적되어 사사물물의 리에 활연관통한 이후에야 가능하다고 생각하였다.[66] 그러나 소재는 인간이면 누구나 가지고 있는 미발 심체가 바로 本性·天理라고 생각했고, 이 심체를 戒愼恐懼와 愼獨을 통해 잡아 지키는 存心이 모든 공부의 근본이라고 주장하였다.

"道心은 本性·天理이자 미발의 中이며, 유정유일은 계신공구와 신독을 통해 도심을 잘 보존하여 인심으로 온전하게 드러나게 하는 것이다."라는 소재의 견해는 왕수인이 「象山先生全集序」에서 心學의 연원을 기술하면서 주장한 내용과 일치한다. 왕수인은 『상산집』 서문에서 『서경』의 16자 전심결이 바로 心學의 근본이라고 언급한 뒤, '道心은 仁이며, 바로 中이다'라고 규정하였다. 그리고 공자와 맹자의 학문은 바로 마음 안에 있는 天理인

65) 상동, 379면, "孔子曰, '敬以直內', 又曰, '操則存'. 而程子謂 '操之之道, 敬以直內而已'. 操存亦不是着力把持, 只是操一, 操便在這裡. 又曰, '敬不可謂之中, 敬而無失, 卽所以中也', 是則執之爲義, 亦敬而無失焉已矣. 敬而無失, 卽所謂靜中有物, 便只是知覺. 程子却以爲知覺便是動, 何? 朱子有伊川說太重之云也."

66) 진래, 『주희의 철학』, 예문서원, 2002, 331면.

仁을 구하는 것이었다고 하면서 마음과 천리를 분리하고 천리를 마음 밖에서 구하는 학문이 유가의 전통에서 어그러지는 것임을 천명하였다.[67]

소재는 치재 홍인우와 서신을 주고받은 이후 『곤지기』와 『전습록』을 읽게 되었다. 그는 왕수인의 사상을 주희의 사상과 비교하면서 정밀하게 검토하였던 것으로 보인다. 그리고 결국 마음과 천리를 엄격하게 분리하는 주희의 심성론과 마음 밖에서 천리를 구하는 주희의 공부론이 유가의 전통과는 다른 것임을 확신하게 되었고, "미발의 中이 天理 · 本性 · 마음의 본체인 道心이며, 人心은 道心과 분리되지 않는다."는 새로운 인심도심설과, 마음의 본체인 道心을 잡아 지켜 人心으로 온전히 발현되도록 하는 戒愼恐懼와 愼獨이 모든 공부의 핵심이라는 새로운 공부론을 제시하였다.

소재는 「인심도심변」과 「집중설」을 저술한 이후 많은 양의 哲理詩를 창작하였다. 이 시에서 그는 주희의 格物致知를 부정하고 『맹자』의 求放心과 『大學』의 誠意가 모든 공부의 시작이자 핵심임을 주장하였다.

〈邊將辭請敎〉

求放心爲下手端	놓아버린 마음을 구하는 것이 공부의 시초이고
立誠意是萬條根	성의를 세우는 것이 만 가지 조목의 근본이라네
雖云未學吾云學	그러면 학문하지 않았어도 나는 공부했다 하리니
不管絲毫極細論[68]	털끝처럼 극히 자잘하게 토론하는 일과 무관하다네

67) 王守仁, 「象山先生全集序」, "聖人之學, 心學也. 堯舜禹之相授受曰, '人心惟危, 道心惟微, 惟精惟一, 允執厥中', 此心學之源也. 中也者, 道心之謂也. 道心精一之謂仁, 所謂中也. 孔孟之學, 惟務求仁, 蓋精一之傳也. 而當時之弊, 固已有外求之者, 故子貢致疑於多學而識, 而博施濟衆爲仁. 夫子告之以一貫, 而敎以能近取譬, 蓋使之求諸其心也. 迨於孟氏之時, 墨氏之言仁, 至於摩頂放踵, 而告子之徒, 又有仁內義外之說, 心學大壞. 孟子闢義外之說, 而曰, '仁人心也, 學問之道, 無他, 求其放心而已矣.' 又曰, '仁義禮智, 非由外鑠我也, 我固有之, 弗思耳矣."

학문을 묻기 위해 진도로 찾아왔던 邊士貞에게 준 시이다. 소재는 이별 즈음에 가르침을 청하는 변사정에게 『맹자』의 '求放心'과 『大學』의 '誠意'가 모든 공부의 시작이자 근본이라고 말한다. 그리고 만약 어떤 사람이 마음을 성실하게 할 수 있다면, 그가 학문에 종사하지 않았다 해도, 그를 학문한 사람이라고 부르겠다고 했다. 이 시구는 『논어』에 보이는 子夏의 말에서 취한 것이다. 子夏는 "현자를 좋아하는 마음으로 여색을 밝히는 마음을 고치고, 부모를 모심에 힘을 다할 수 있고, 임금을 섬김에 그 몸을 바칠 수 있고, 친구들과 사귐에 신의가 있다면, 비록 그가 학문하지 않았다 하더라도 나는 반드시 학문한 사람이라고 하리라."[69]라고 했다. 소재는 이 자하의 말을 인용하면서 경전의 글을 세세하게 분석하고 토론하는 주희 식의 격물 공부는 진정한 공부라 할 수 없다고 주장하였다.

주희가 격물 공부를 강조한 본래 의도는 객관의 도리를 인식하여 인간의 도덕의식을 확충하고, 이 도덕의식으로 기질의 영향을 받는 위태로운 감정과 욕망을 다스리기 위한 것이었다.[70] 그러나 후대에 주희의 의도와 다르게 격물 공부는 도덕성 제고와는 관련 없는 번쇄한 지식 탐구로만 흐르는 경향이 있었다. 게다가 속된 유자들은 격물 공부를 통하여 얻은 공허한 지식을 名利를 구하는 수단으로 이용하고 있었다. 소재는 일찍부터 세속적인 유자들의 타락한 학문 태도를 厭惡하고 있었다. 소재 나이 39세에 쓴 다음의 시는 격물 공부를 타락한 형태로 행하던 속물적인 유자들에 대한 비판을 담고 있다.

---

68) 권4, 154면.

69) 『論語』, 「學而」, "子夏曰, '賢賢易色, 事父母能竭其力, 事君能致其身, 與朋友交, 言而有身, 雖曰未學, 吾必謂之學矣.'"

70) 주희, 『대학혹문』, "致知之要, 當知至善之所在, 如父止於慈, 子止於孝之類. 若不務此而徒欲汎然以觀萬物之理, 則吾恐其如大軍之遊騎出太遠而無所歸也."

〈次韻答秀夫 兼示無悔德老〉

有物本無影	본래 그림자도 없는 것이 있으니
四時終一般	사계절 내내 한결같다네
非因間通塞	통하고 막힌 차이 때문이 아니라면
何以別靈頑	어찌 허령함과 완악함 구별하리
口歎西山餓	입으로는 백이의 굶주림 찬탄하고
心嫌陋巷艱	마음으로는 안연의 곤궁 싫어하니
誰眞知畏虎	누가 호랑이를 진정 두려워할 줄 아는가
才見管中斑[71]	겨우 대롱으로 무늬 한 점 보았을 뿐인데

시의 수련에서 형체가 없고 그림자도 없으며, 언제나 불변하는 어떤 것이 있다고 했다. 이 형체도 없고 불변하는 어떤 것은 인간의 본성을 가리킨다. 주희는 『맹자집주』에서 "仁義禮智의 本性은 그림자도 형체도 없다."고 했는데,[72] 이 시구는 주희의 이러한 언급에 기반한 것이다. 함련에서는 通塞의 차이로 인하여 마음의 허령함과 완고함이 구별된다고 하였다. 이는 마음이 본성과 통하고 막히는 차이로 인하여 허령함과 완악함의 구별이 생기게 된다는 의미이다.

주희는 격물 공부를 통하여 오랜 세월 동안 불순한 기질과 사욕을 제거하면 虛靈한 마음의 본체를 회복할 수 있다고 하였다. 그런데 소재가 생각하기에 격물 공부를 하는 秀夫를 비롯한 당대의 유자들은 입으로는 백이숙제의 굶주림을 찬탄하면서 내심으로는 안연의 가난을 싫어하는, 즉 내면과 외면이 분리된 거짓된 공부를 하고 있을 뿐이다.[73] 주희는 『대학혹문』

71) 권3, 129면.

72) 주희, 『孟子集註』, 「公孫丑上」, "仁義禮智本體, 自無形影, 要捉模不着, 只得將他發動處, 看却自見得."

에서 격물치지가 모든 공부의 시초가 된다는 주장을 하면서 호랑이를 진정으로 무서워할 줄 아는[眞知] 사람에 대해 언급한 程頤의 말을 인용하였다. 정이는 "호랑이가 사람을 해치는 무서운 짐승임을 누구나 알고 있지만 직접 호랑이에게 상처를 입은 경험이 있는 사람만이 진정으로 호랑이를 무서워할 줄 안다."라고 하면서, "사람들이 옳지 않은 줄 알면서도 不善을 행하는 것은 眞知에 이르지 않았기 때문이다."라고 했다.[74] 소재는 이 『대학혹문』의 글을 차용하여 당대 유자들의 격물 공부가 대롱을 통해 호랑이 털의 무늬 한 점을 보고 호랑이의 존재를 아는 것과 같은 경우라고 풍자한다. 대롱으로 호랑이의 털 무늬 한 점을 보고서는 호랑이가 정말 무서운 동물임을 알 수 없듯이, 당대의 유자들은 마음 수양과 무관한 지엽적인 지식만을 추구하고 있다는 의미이다.

소재는 사화가 끊이지 않던 당대의 정치적 혼란이 사대부들의 타락과 세속화에 원인이 있다고 생각했다. 섬에서의 오랜 사색 끝에, 소재는 당대 사대부들의 타락과 세속화가 격물 공부를 중핵으로 하는 그들의 주지주의적 공부 태도에 기인한다는 결론에 이르게 되었다. 위의 시는 「숙홍야매잠해」를 저술하고 2년 정도 지나 창작한 것인데 이때까지 소재는 격물 공부를 완전히 부정하지는 않았다. 그러나 「인심도심변」을 저술한 이후부터는 격물 공부를 부정하고 誠意가 모든 공부의 근본이라고 주장하기 시작하였다.

---

73) 이 시에는 "秀夫의 시에 가난을 근심하는 뜻이 있었기 때문에 이에 답한다."는 소재의 註가 달려있다.

74) 주희, 『대학 혹문』, "夫人之性, 本無不善, 順理而行, 宜無難者, 惟其知之不至, 而但欲以力爲之, 是以苦其難而不知其樂耳. …… 昔嘗見有談虎傷人者, 衆莫不聞, 而其間一人神色獨變, 問其所以, 乃嘗傷於虎者也. 夫虎能傷人, 人孰不知? 然聞之有懼有不懼者, 知之有眞有不眞也. 學者之知道, 必如此人之知虎, 然後爲至耳. 若曰知不善之不可爲而猶或爲之, 則亦未嘗眞知而已矣. 此兩條者, 皆言格物致知所以當先而不可後之意也."

이와 관련하여 주목할 점은 「집중설」을 저술한 이후에 창작한 소재의 철리시에는 敬에 대한 언급이 거의 나타나지 않는다는 점이다. 「숙흥야매잠해」와 관련하여 퇴계 · 하서와 소재 사이에 있었던 논쟁의 핵심은 敬의 문제였다. 퇴계와 하서가 소재의 공부 방법을 비판했던 주된 이유는 소재의 敬이 格物致知와 병진하는 주희의 敬과 차이가 있었기 때문이었다. 당시 心과 性을 하나로 보는 심성론에 이끌리고 있던 소재는 敬을 본성과 일치하는 마음의 본체를 유지하는 방법으로 이해하였다. 소재는 「執中說」을 저술한 이후부터는 격물치지와 경이 병진하는 주희의 공부론을 부정하고 대신 '誠意' 와 '求放心' 이 모든 공부의 시작이자 근본이라고 주장하였다.

〈平生歷敍令人拊膺 誠知作輟爲患便已近道矣〉

爲學別無法	학문하는 데 다른 방법 없으니
其要惟在誠	그 요체는 오직 誠에 있다네
不然那有物	誠하지 못하면 어찌 物이 존재하리
由此乃能明	이것으로 말미암아야 밝아질 수 있다네
萬理所根本	만 가지 이치가 나오는 근본이자
千邪之甲兵	천 가지 사악함을 막는 무기와 갑옷
端爲徹上道	실로 상달할 수 있는 도이니
只得終身行[75]	종신토록 행할 뿐이라네

『중용』에서는 "誠으로 말미암아 밝은[明] 것은 性이라 하고, 밝음으로 말미암아 誠한 것은 教라 하니, 誠하면 밝을 것이고 밝으면 誠할 것이다."[76]

75) 권4, 154면.

76) 『中庸』, '21장', "自誠明, 謂之性, 自明誠, 謂之敎, 誠則明矣, 明則誠矣."

라고 하였다. 주희는 『중용』의 이 구절을 설명하면서 "誠하여 밝지 않음이 없는 것은 성인의 경지이고 밝음으로 말미암아 誠으로 나아가는 것은 賢人의 공부이다."[77]라고 하여 知先行後가 성인이 아닌 보통 사람의 근기에 기반한 올바른 공부의 순서임을 강조하였다.

그런데 소재는 이 시에서 誠을 통하여 明으로 나아가야 한다고 하여 주희의 공부 순서를 뒤집어 놓았다. 그는 자신 주장의 근거로 『중용』의 "不誠無物"을 들었다. 『중용』의 이 구절에 따르면 誠하지 못하면 사물이 존재할 수 없기 때문에 마음을 성실하게 하지 않으면 격물도 불가능하다는 것이다. 주희는 "不誠無物"을 두 가지 의미로 해석하였다. 그는 우선 誠을 實理로 해석하여 세상에 존재하는 모든 것은 실리에 의해 생겨나고 실리가 다하면 사라진다고 하였다. 그리고 이러한 본체론에 기초하여 마음이 성실하지 않으면 어떤 일을 하더라도 그 일을 하지 않은 것과 같다고 설명하였다.[78] 이는 "不誠無物"의 物을 事로 이해한 것이다. 이처럼 주희는 마음의 성실함을 物의 객관적 실재와 연결시키지 않았다. 주희는 "格物致知"의 物을 주체의 객체에 대한 실천 활동인 事와 외재하는 객관사물 모두를 포함하는 것으로 해석했기 때문에 그에게 "格物致知"의 物과 "不誠無物"의 物은 같은 것이 아니었다. 그러나 소재는 이 시에서 "不誠無物"의 物과 "格物致知"의 物을 같은 것으로 보아서 格物의 物을 事로 해석하였다.

소재의 格物에 대한 해석은 왕수인과 일치한다. 왕수인은 『중용』의 "不誠無物"에 근거하여 "마음 밖에 리가 없고 마음 밖에 물이 없다.[心外無理, 心外無物.]"고 하고, 格物의 物을 意가 향하는 바의 일로 규정하였다.[79] 소

77) 주희, 『중용장구』, "德無不實而明無不照者, 聖人之德, 所性而有者也, 天道也. 先明乎善而後能實其善者, 賢人之學, 由教而入者也, 人道也."

78) 주희, 『중용장구』, "天下之物, 皆實理之所爲, 故必得是理, 然後有是物, 所得之理, 既盡則是物亦盡而無有矣. 故人之心, 一有不實, 則雖有所爲, 亦如無有, 而君子必以誠爲貴也."

재는 왕수인과 마찬가지로 『중용』의 "不誠無物" 에 근거하여, 모든 일의 道理는 마음의 성실함에서 나오는 것이기 때문에 공부의 요체는 다만 誠意에 있다고 주장하였다.

모든 공부의 시작이자 요체로 성의를 중시한 소재의 견해는 誠意를 『대학』의 요체로 설명했던 왕수인의 초기 대학설과 유사하다. 왕수인의 공부론은 誠意를 중시하는 초기의 학설에서 만년의 致良知說로 변화해갔다. 「인심도심변」과 「집중설」을 저술할 무렵 소재가 쓴 시에는 주로 誠意를 『대학』의 요체로 설명하였던 왕수인의 초기 공부론에 대한 지지가 드러나 있다. 이 시기 소재가 『전습록』 초간본에 보이는 왕수인의 초기 사상을 수용하였다는 사실은 이러한 시들을 통해 추론할 수 있다. 다음의 시에도 왕수인의 대학설을 지지하는 소재의 의식이 드러나 있다.

〈次韻李純仁〉

衰慵不解受人牽	늙고 게으른 이 사람 남에게 이끌리지 않는데
何事投人想夢邊	무슨 일로 그대의 그리는 꿈에 이르렀던가
問業二端緣志遜	학업의 두 단서 물은 것은 뜻이 겸손해서고
寓詩千里爲心憐	천 리 밖에서 시 보낸 것 나를 연민해서지
有誠方可論知虎	誠이 있어야 비로소 眞知를 논할 수 있고
無物徒能近坐禪	物이 없다면 한갓 좌선에 가까우리
早覺爲人終喪己	일찍 알았나니 爲人하면 결국 자신을 잃어서

79) 王守仁, 『傳習錄』, 卷上, "愛曰, '昨聞先生之教, 亦影影見得功夫須是如此, 今聞此說, 益無可疑. 愛昨曉思, 格物的物字, 卽是事字, 皆從心上說.' 先生曰, '然. 身之主宰便是心, 心之所發便是意, 意之本體便是知, 意之所在便是物. 如意在於事親, 卽事親便是一物, 意在於事君, 卽事君便是一物, 意在於仁民愛物, 卽仁民愛物便是一物, 意在於視聽言動, 卽視聽言動便是一物. 所以某說無心外之理無心外之物. 中庸言不誠無物, 大學明明德之功, 只是箇誠意, 誠意之功, 只是箇格物.' "

不如私鑄做官錢[80]　私錢을 官錢으로 쓰는 소인만도 못하게 된다는 것을

후배 이순인이 窮理와 居敬에 대해 질문한 시를 보내오자 이에 대한 답으로 쓴 시이다.[81] 시의 수련과 함련은 이순인이 머나먼 섬에 유배된 자신에게 학업의 일을 물어 따스한 情誼를 드러낸 것에 대해 감사의 뜻을 표한 것이고, 경련과 미련이 이순인의 질문에 대한 답변 부분이다. 경련에 보이는 '知虎'는 앞에서 이미 살펴보았듯이 『대학혹문』에서 온 시어이다. 소재는 『대학혹문』의 이 부분을 인용하면서 주희와 다르게 意가 誠實해야만 眞知에 대하여 논할 수 있다고 하였다. 이는 격물치지에서 성의로 나아가는 공부 순서를 강조한 주희의 공부론을 거부하고 誠意가 致知할 수 있는 기반이라고 주장한 것이다. 소재는 한편으로는 意를 誠實하게 하는 공부가 일상의 사물과 관련이 없다면 이것은 禪에 가까운 것이라고 우려하였다. 일상에서 구체적인 일을 만나 일어나는 마음의 움직임을 진실하게 하는 것이 진정한 공부라는 이러한 주장은 왕수인의 공부론과 일치한다.

미련에서는 "다른 사람의 눈에 들려고 한다면 결국 자기를 잃게 되니 이는 사전을 주조하여 관전으로 쓰는 것만도 못하다."고 하였다. 주희는 『대학』의 誠意 공부에 대해 "마음은 惡에 이끌리면서 겉으로만 善한 척하는 것은 私錢을 주조하여 官錢으로 쓰는 더할 나위 없는 소인의 행태와 같다."고 하였고, 이는 "道理를 아는 것이 眞實하지 못하여 不知不覺 중에 자신을 속이는 自欺와도 차원이 다른 무지막지한 소인의 행태"라고 설명하였다.[82] 소재는 이를 인용하여 마음을 성실하게 하는 爲己之學에 힘쓰지 않

80) 권4, 161면.

81) 이 시에는 "이순인이 궁리거경의 일을 물었다.[李問窮理居敬事.]"는 소재의 自註가 달려 있다.

82) 주희, 『주자어류』, 권16, "所謂心之所發, 陽善陰惡, 乃是見理不實, 而不知不覺地陷於自

고 다른 사람에게 잘 보이기 위해 겉만 꾸미는 위선적인 학자들을 비판하였다.

이 시에서 주목해야 하는 것은, 이순인은 소재에게 窮理와 居敬의 관계를 물었는데 소재는 이를 誠意와 格物致知의 문제로 치환하여 대답하였다는 점이다. 「平生歷敍令人拊膺 誠知作輟爲患便已近道矣」에서도 『中庸』의 誠을 말하면서 『대학』의 格物致知를 함께 논하고, 誠意가 전제되지 않으면 格物致知가 불가능하다고 주장하였다. 앞서도 언급했듯이 격물치지와 성의를 한 쌍의 대립 개념으로 다루어 공부 순서를 논하는 것은 성의를 중심으로 『대학』을 강론하였던 왕수인의 초기 사상에만 보이는 것이다.

『전습록』 초간본은 왕수인이 47세 되던 해인 1518년에 간행되었다. 47세 이전의 왕수인 사상은 誠意를 근본으로 하는 것이었다. 『전습록』 초간본에는 다음과 같은 기록이 보인다.

> 채희연이 "주자의 『대학』 신본에서는 格物致知를 앞에 두고 誠意를 뒤에 두어 공부가 首章의 차례와 서로 합치되는 듯합니다. 선생님처럼 구본을 따르면 誠意가 도리어 格物致知의 앞에 있게 되니 이 부분은 여전히 석연치 않습니다."라고 하였다. 이에 선생께서 말씀하였다. "대학의 공부는 바로 明明德인데 明明德은 단지 誠意이며 誠意의 공부는 格物致知일 뿐이다. 誠意를 위주로 하여 格物致知를 하면 공부는 비로소 손을 댈 수 있게 된다. 만일 신본의 체계처럼 사물의 理를 먼저 궁구하라고 한다면 아득하여 도무지 손댈 곳이 없어서 '敬' 자를 첨가해야만 겨우 몸과 마음의 영역으로 끌어올 수 있다. 그러나 결국 근원은 없다. 반드시 '敬' 을 첨가해야 한다면 왜 孔門에서는 도리어 가장 긴요한 한 글자

欺, 非是陰有心於爲惡而詐爲善以自欺也. 如公之言, 須是鑄私錢, 假官會, 方爲自欺, 大故無狀小人, 此豈自欺之謂耶!"

를 빠뜨린 채 천여 년 뒤의 사람이 보충해 주기만을 기다렸겠는가? 誠意를 중심에 두게 되면 '敬' 자를 첨가하지 않아도 되기 때문에 誠意를 거론하여 논의를 폈던 것이다. 이것이 바로 학문의 큰 요체이다."[83]

소재는 「夙興夜寐箴解」를 저술할 무렵부터 격물치지와 병진하는 경에 대한 회의를 완곡하게 드러내기 시작하였고, 「인심도심변」과 「집중설」을 저술할 무렵에는 誠意가 전제되지 않으면 격물치지를 할 수 없다는 견해를 밝혔다. 「숙흥야매잠해」를 저술한 이후의 소재의 공부론은 위의 글에 나타난 왕수인의 공부론과 일치한다.

소재는 「인심도심변」에서 "오래전부터 주희의 인심도심설에 대한 여러 가지 의혹이 있었는데 羅欽順의 『困知記』를 읽고 이를 해결하게 되었다."고 밝혔다.[84] 『곤지기』에는 왕수인이 나흠순에게 보낸 「大學古本序」가 인용되어 있는데 이는 왕수인 문집에 전하는 「대학고본서」와는 다소 내용의 차이가 있다. 왕수인은 「대학고본서」를 1518년 작성한 뒤 몇 차례 개정하였는데 나흠순의 『곤지기』에는 1518년에 지은 원래의 서문이 인용되어 있다. 1518년에 작성한 「대학고본서」는 『양명전서』 실린 「대학고본서」와는 달리 致良知說이 나타나지 않고 다만 誠意를 중심으로 『大學』을 설명하였다.[85]

---

83) 왕수인, 『傳習錄』 上卷, "蔡希淵問, '文公大學新本, 先格致而後誠意, 工夫似與首章次第相合. 若如先生從舊本說, 卽誠意反在格致之前, 於此尙未釋然.' 先生曰 "大學工夫卽是明明德, 明明德只是個誠意, 誠意工夫只是格物致知. 若以誠意爲主去用格物致知的工夫, 卽工夫始有下落, 如新本先去窮格事物之理, 卽茫茫蕩蕩都無着落處, 須用添個敬字方才牽擰得向身心上來. 然終是沒根源, 若須用添個敬字, 緣何孔門倒將一個最緊要的字落了, 直待千餘年後要人來補出? 正謂以誠意爲主卽不須添敬字, 所以提出個誠意來說, 正是學問的大頭腦處." (진래, 『양명철학』, 전병욱 옮김, 예문서원, 2003, 215면에서 재인용.)

84) 내집 하편, 「人心道心辨」, 375면.

85) 진래, 2003, 『양명철학』, 예문서원, 202~213면 참조.

『대학』의 요체는 誠意일 뿐이고, 誠意의 공부는 格物일 뿐이다. 성의의 궁극은 '지선에 자리 잡음' 일 뿐이다. …… 나는 성의에 바탕을 두지 않고 격물만 추구하는 태도를 支離하다고 이르고, 격물을 일삼지 않고 성의만 추구하는 태도를 空虛하다고 이른다. 지루하고 공허한 것은 모두 至善으로부터 멀어진 것이다. 敬이라는 글자를 더하자 더욱 구차해졌고 傳을 보충하자 더욱 支離해졌다. 나는 학문이 지선으로부터 날로 멀어지는 것을 걱정하여 장구로 나눈 것을 없애고 舊本을 회복하였다.[86)]

소재가 「平生歷敍令人拊膺 誠知作輟爲患便已近道矣」에서 "학문하는 데 별도의 방법이 없으니, 그 요체는 오직 성에 있네. 誠하지 못하면 어찌 物이 있으리, 이것으로 말미암아 밝아질 수 있다네.[爲學別無法, 其要惟在誠. 不然那有物, 由此乃能明.]"라고 한 것이나, 「次韻李純仁」에서 "誠이 있어야 비로소 眞知를 논할 수 있고, 물이 없다면 한갓 좌선에 가까우리.[有誠方可論知虎, 無物徒能近坐禪.]"라고 한 것은 『곤지기』에 수록된 왕수인의 「고본대학서」에서 온 것으로 보인다.

이러한 점들을 통해 소재가 40세를 전후하여 나흠순의 『곤지기』와 함께 1518년 간행된 『전습록』 초간본을 읽었고, 이의 영향으로 格物致知와 敬이 병진하는 주희의 공부론을 부정하고 誠意를 근본으로 하는 새로운 공부론을 제기하였음을 추론할 수 있다. 소재는 지금까지 나흠순의 『困知記』를 수용한 학자로만 알려졌다. 나흠순은 王守仁과 동시대 인물로 당시 陽明學을 비판할 수 있었던 몇 안 되는 朱子學者 가운데 하나였다.[87)] 그는 당대에

86) 나흠순, 『困知記』 續上, "庚辰春王伯安以大學古本見惠, 乃戊寅七月所作, 序云, '大學之要, 誠意而已矣. 誠意之功, 格物而已矣. 誠意之極, 止至善而已矣. …… 是故不本於誠意而徒以格物者謂之支, 不事格物而徒以誠意者謂之虛, 支與虛, 其於至善也遠矣. 合之以敬而益綴, 補之以傳而益離. 吾懼學之日遠於至善也, 去分章而復舊本."

유행하던 禪學과 陽明學을 비판하면서 심과 성을 엄격히 구분하려 하였고, 공부론에서도 주희의 格物致知說을 지지하였다. 그렇지만 그의 理氣一物說과 人心道心體用說, 그리고 欲望의 긍정은 명대 氣哲學의 영향을 받은 것으로 주자학과는 이질적인 요소를 지니고 있었다.[88] 소재는 나흠순의 사상 가운데서도 理氣一物說과 人心道心體用說, 그리고 欲望을 긍정하는 사유만을 수용하였다. 그리고 나흠순이 지지했던 주희의 격물치지설을 부정하고 성의를 모든 공부의 요체로 주장한 왕수인의 공부론을 수용하였다. 그의 인심도심설 또한 나흠순의 인심도심설과는 다르게 인심과 도심, 심과 성을 하나로 보는 양명학적 사유를 내포하고 있다. 소재는 이 시기 나흠순의 사상이 아닌 양명학에 이끌리고 있었던 것이다.

87) 진래, 『송명성리학』, 예문서원, 1997, 434면.
88) 조남호, 「나흠순의 철학과 조선학자들의 논변」, 서울대 박사논문, 1999, 49면.

제6장

陽明學의 적극적인 闡發

1. 經典을 넘어서는 마음

소재가 유배지 진도에서 주희의 심성론과 격물치지설을 부정하는 새로운 주장을 산문과 시를 통하여 거듭 표명하자 퇴계와 퇴계를 따르는 사류들은 소재의 사상을 陽明學에 물든 것으로 규정하여 거세게 비판한다. 그러나 소재는 이들의 비판에 맞서며 양명학을 지지하는 자신의 학문적 입장을 철회하지 않았다. 이는 해배되어 정계에 복귀한 뒤에도 마찬가지였다.

다음의 시는 소재가 明으로 사신가는 누군가를 전별하면서 쓴 작품이다.

〈送人赴京〉

朱陸曾聞異	주회암과 육상산이 다름을 일찍이 들었고
羅王更見差	나정암과 왕양명의 차이 다시 알았네
存心皆聖域	마음을 보존하는 일 모두 성인의 영역이고

論學各賢科	학문에 대한 논의는 각 현인의 몫이라네
宇宙公言在	우주에 공정한 의론이 있고
遼燕隱士多	요동과 연경 사이에 은사 많으리니
銘神力搜訪	마음에 새겨두고서 힘껏 찾아보라
吾道竟如何 [1]	우리 도가 결국 어떠해야 하는지

소재는 시의 전반부에서 마음을 보존하는 것이 聖學의 공통 영역이고, 주희와 육구연, 나흠순과 왕수인의 학문에 대한 논의는 각기 다른 현인들의 분파에 불과하다고 주장하였다. 이러한 소재의 견해는 儒家의 道統을 이은 학문으로 주자학을 절대시하던 당대 사류들의 의식과는 현격하게 다른 것이다. 게다가 마음을 보존하는 것이 성인의 영역이라는 주장에는 尊德性을 모든 공부의 근본으로 생각하는 陸王의 心學을 지지하는 견해가 투영되어 있다. 육상산과 왕양명을 지지하는 소재의 의식은 시의 후반부에서도 볼 수 있다. 소재는 명으로 사신가는 사람에게 명에 가서 우리 유가의 도가 결국 어떠해야 하는지 힘껏 찾아보고 오라고 말했다. 소재는 明으로 사신가는 李純仁에게 준 전별시에서도, "心學의 학설을 구매하여 와서, 책에만 매여 있는 세속의 학자를 논파하라.[購求心上說, 討破俗間書.]" 고 하였다.[2] 당시 명나라의 학술은 양명학이 주류를 이루고 있었다. 퇴계를 비롯한 조선의 유자들은 명의 이러한 학문적 분위기를 위기로 인식하여 대단히 우려하고 있었다. 그러나 소재는 사신가는 사람에게 명에 가서 儒家의 道가 결국 어떠해야 하는지 분명하게 보고 오라고 부탁하였다. 이는 양명학을 유가의 도통을 이은 학문으로 인정하는 자신의 견해를 완곡하게 표

---

1) 권6, 195면, 제2수.

2) 권6, 「送李伯生赴燕」, 196면.

현한 것이라고 할 수 있다.

碧梧 李時發은 이 시에 대해 "許美叔이 명에 사신 갈 때 소재가 준 이별 시이다."라고 하였다.[3] 이런 기록을 통해 소재가 이 시를 준 대상이 許篈임을 알 수 있다. 허봉은 草堂 許曄의 아들이다. 허엽은 恥齋 洪仁祐와 함께 소재가 젊은 날 성균관에서 교유하였던 친구이다. 소재는 해배되어 정계에 돌아온 뒤 허엽, 그리고 허엽의 자제인 許篈, 許筠 등과 긴밀한 관계를 유지하고 있었는데, 그들은 東人이라는 당색과 主氣論을 지지하는 학문적 경향 등 공유하는 면이 많았다. 소재가 쓴 草堂의 「神道碑銘」을 살펴보면 정주학을 회의하고 있는 소재와 초당의 공통된 의식을 볼 수 있다.

> (초당이) 하루는 탄식하면서 "程朱學이 일어나기 전에 학술이 어둡지 않았다고는 할 수 없으나 사람들이 도달한 정신경계를 논해보면 볼만한 것이 많았는데, 정주학이 일어난 후 학술이 밝아지지 않은 것은 아니나 사람들이 수립한 바는 도리어 漢唐의 아래에 있다. 이는 自得을 추구하는 학문과 見聞을 추구하는 학문의 차이에서 기인 것이 아니겠는가."라고 하였다.[4]

초당이 젊은 날 책을 읽다 발한 탄식을 기록한 것이다. 이 글을 통해 수학의 초기 단계에서부터 정주학과는 계합할 수 없었던 초당의 의식과 이에 동조하는 소재의 의식을 확인할 수 있다.

소재가 60세에 작성한 「晦齋先生集序」에는 양명학을 지지하는 소재의

---

3) 李時發, 『碧梧遺稿』(『한국문집총간』74, 민족문화추진회, 1988), 권7, 「謾記」, "許美叔赴京師, 蘇齋贈別詩曰, '朱陸曾聞異, 羅王更見差. ……' "

4) 권10, 「有明朝鮮國嘉善大夫慶尙道觀察使許公神道碑銘」, 279면, "一日喟然曰, '程朱未出, 學非不晦, 論人所到, 多有可觀. 程朱以後, 學非不明, 其所樹立, 反下漢唐, 豈自得與聞見有異也與?' "

견해가 좀 더 분명하게 드러나 있다. 소재는 灘叟 李延慶의 문하에서 공부하였지만, 누차 자신의 학문 연원이 晦齋 李彦迪에게 있음을 강조하였다.[5] 소재는 회재의 학문을 다음과 같이 요약하였다.

> 맹자께서는 "학문의 도는 다른 것이 아니라 놓아버린 마음을 구하는 것일 뿐이다."라고 하셨는데 우리 文元公 晦齋 선생이야말로 실로 이른바 학문하신 분이다. 선생의 학문은 오로지 내적인 것에 힘을 써서 誠意에 기반을 두어 致知로 발하는 것이었으니, 까닭에 일마다 모두 眞實하고 밝은 지혜가 비치지 않는 곳이 없었다.[6]

소재는 "회재의 학문은 놓아버린 마음을 구하는 맹자의 心學을 이은 것이자, 誠意에 기반을 두어 致知로 드러나는 것이었다."라고 하였다. 주희에 의하면 致知는 격물 공부의 누적을 통하여 내 마음의 도덕 지각 능력이 극치에 도달한 상태를 말한다.[7] 주희는 致知하여 善惡을 바르게 분별할 수 있어야만 진실하게 선을 좋아하고 악을 미워하는 誠意가 가능하다고 하였다. 그런데 소재는 회재의 학문 경지를 致知에서 誠意로 나아가는 것이었다고 하지 않고 誠意에 기반을 두어 致知로 발하는 것이었다고 설명했다. 다음 글에서도 이러한 견해가 드러난다.

> 言論風旨가 誠에서 나와 明으로 이루지 않은 것이 없으니 내가 지난날 보고들

---

5) 권7, 「晦齋先生集序」, 211면, "予嘗在辛丑年間, 以書爲贄而禮焉. 望儼卽溫, 親承謦欬, 竊窺有方寸之學."

6) 권7, 「晦齋先生集序」, 211면, "孟子曰 '學問之道無他, 求其放心而已矣.' 若吾文元公晦齋先生, 其眞所謂學問者哉! 先生之學, 專用心於內, 基於誠意而發於致知, 故事皆有實而明無不燭."

7) 진래, 『주희의 철학』, 예문서원, 2002, 321면.

> 은 것과 합치되지 않음이 없다. 이를 본 연후에 더욱더 선생의 마음이 하루도 놓인 적이 없음을 구체적으로 알게 되었다. 대개 이 마음이 이미 수렴되어 專一하고 虛靜하게 되면 道理가 밝게 드러나 자연스럽게 흘러나오는 것이 이와 같은 것을 어찌 속일 수 있겠는가! 생각해보면 맹자가 말씀하신 이 가르침은 爲己之學을 하라는 뜻임이 명백한데, 나는 마음에 돌이켜 구하지 않고 "이와 같으면 속학이다, 이와 같으면 이단의 학문이다, 이와 같아야 유자의 학문이다."라고 생각만 하고 있으니 실로 선생의 죄인이다. 어찌 슬프지 않겠는가![8]

소재는 "회재의 경지가 誠에서 나와 明으로 이룬 것이었다."고 설명하였다. 주희는 성인이 아닌 보통 사람은 明으로 말미암아 誠으로 나아가야 한다고 하여 知적인 공부가 실천 공부 앞에 있어야 함을 강조하였는데, 소재는 誠에서 나와 明을 이루는 것이 진정한 공부라고 거듭 주장하고 있었다. 소재는 주희와는 달리 진실한 마음에서 자연스럽게 道理가 흘러나온다고 생각하고 있었던 것이다.

소재는 이어서 "자신의 마음에서 구하지 않고, '이와 같으면 속학이다, 이와 같으면 이단이다, 이와 같아야 유자의 학문이다' 라고 생각만 하고 있으니 나는 실로 선생의 죄인이다."라고 하였다. 이는 진리의 기준을 자신의 마음에 두고 타인의 비난에 흔들리지 않는 것이 爲己之學을 추구하는 학자의 태도임을 주장한 것이다. 이러한 소재의 생각은 왕수인의 학문 태도와 일치한다. 왕수인은 "학문은 마음에서 얻는 것을 귀하게 여긴다. 마음에서 구하여 그르면 비록 그 말이 공자에게서 나왔다 하더라도 옳다고

---

8) 권7, 「晦齋先生集序」, 211면, "言論風旨, 無非出於誠而濟以明者, 比昔所見聞, 鮮有不合, 然後益驗先生之心未嘗一日而放也. 盖此心旣收, 專一虛靜, 則道理昭著自然流出有若是者, 焉可誣哉? 仍念孟子指出此竅, 爲己明矣. 若予者不知反求而曰 '如此爲俗學, 如此爲異學, 如此爲儒者之學', 實先生之罪人也. 亦可哀已."

할 수 없으니 하물며 공자보다 못한 사람의 말은 어떻겠는가!"[9]라고 하였고, 또 "군자가 학문을 논할 때 요체는 마음에서 얻는 데 있다. 사람들이 모두 옳다고 하는 것이라도 자기 마음과 맞지 않으면 감히 옳다고 여길 수 없고, 사람들이 모두 그르다고 하더라도 자기 마음과 맞으면 감히 그르다고 여길 수 없다."고 했다.[10]

「晦齋先生集序」를 쓸 무렵, 소재는 宣祖의 知遇를 입어 우의정 자리에 있었지만, 주자학을 신봉하는 당대 사류들의 집중적인 비판을 받아 진도에 있을 때보다도 더 심한 고립감을 느끼고 있었다. 위의 글은 자신의 학문 태도가 孟子가 말한 爲己之學에 도달하지 못했음을 반성하는 뜻도 있지만, 이와 함께 자신의 학문을 禪學[11]으로 규정하여 공격하던 당대 사류들을 비판하려는 의도도 내포되어 있다. 주자학이 국교가 되어 있던 시대에 상대방의 학문을 禪學으로 매도하는 것만큼 상대에게 큰 타격을 주는 것은 없었다.[12] 그러나 소재는 자신의 학문을 禪學으로 규정한 사류들을 향해 당신들이야말로 진정한 학문의 길에서 멀어진 위선적인 학자에 불과하다고 지적하면서 맞서고 있었다.

〈有感〉

讀得千編辨得精	천 편의 책을 읽고 정밀하게 변별하면
干人何事竟無成	奸人이 무슨 일이든 이루지 못하랴
心猿意馬應難捉	원숭이 같은 마음 말 같은 意 붙잡기 어려우니

9) 왕수인, 「傳習錄」, 中卷, "夫學貴得之于心, 求之于心而非也, 雖其言之出于孔子, 不敢以爲是也, 而況其未及孔子者乎!"

10) 왕수인, 『陽明全書』, 권32, 「答徐成之」, "君子論學, 要在得之於心. 衆皆以爲是, 苟求之心而未合焉, 未敢以爲是也. 衆皆以爲非, 苟求之心而有契焉, 未敢以爲非也."

11) 退溪는 陽明學을 禪學이라고 규정하였다.

12) 아리키 겐고, 『불교와 양명학』, 혜안, 1996, 73면.

穀種花根必不生	곡식의 싹과 꽃의 뿌리 필시 생겨나지 않으리
浪詆虛無寂滅妄	허무적멸의 그릇된 학문이라 멋대로 비난하지만
自迷眞實本源淸	진실한 근원의 맑음에 저 자신은 어둡구나
幾時遣了閑言語	어느 때나 쓸데없는 언어를 버리고
解反吾身養性情 13)	내 몸에 돌이켜 성정을 기를 수 있으려나

〈夜悲〉

私意還如几上塵	私意는 책상 위의 먼지 같아서
須臾不掃只陳陳	잠시 쓸지 않으면 무더기로 쌓이는데
未嘗就此收功些	이 공부에서 조금도 공을 거둔 것 없으면서
終日儒談曰是眞 14)	종일 유자의 도를 논하며 이게 眞理라 하네

소재가 생각하기에 당대의 유자들은 수많은 책을 읽어 是非를 자잘하게 변별하고, 결국 그 지식을 이용하여 남을 모함하는 일이나 꾸미는 奸人에 불과하다. 이들은 밖으로 마구 내달리려고 하는 마음을 잘 수렴하여 선한 본성이 온전하게 싹트게 하는 진정한 공부의 길에서 멀어진 타락한 유자들이다. 따라서 소재는 자신을 虛無寂滅을 추구하는 선학에 물든 학자로 매도하는 당대 유자들의 비난에 조금도 마음이 흔들리지 않는다. 오히려 그는 그들에게 쓸데없는 언어에 얽매여 옳고 그름을 논쟁하는 일로 인생을 허비하지 말고 性情을 기르는 진정한 학문의 길로 돌아오라고 촉구하고 있었다.

소재는 두 번째 시에서도 선한 마음을 가리는 外塵, 즉 私欲을 제거하는

13) 권5, 187면.

14) 권5, 188면.

것이 진정한 공부임을 천명한다. 그리고 당대의 사류들은 이러한 진실한 공부에서 조금도 공을 거두지 못하고 이단과 진리를 변별하는 무의미한 논쟁을 하느라 시간을 허비하고 있다고 힐난하였다.

소재는 책에서만 진리를 찾는 '독서인' 을 매우 부정적으로 생각하고 있었는데 다음의 시에서도 이러한 의식이 분명하게 드러나 있다.

〈法岑卷裏, 次龜巖龜谿韻〉

山河大地法王身	산하대지가 법왕의 몸이라는 가르침
已近誰能辨亂眞	진리에 이미 가까운데 누가 亂眞으로 변별할 수 있나?
辨得眞時方洞豁	진을 변별했을 때 비로소 통달한다지만
人間終是讀書人	결국 인간 세상의 독서인에 불과할 뿐[15)]

소재는 1구에서 '山河大地가 모두 法王의 몸' 이라고 했던 불교의 학설을 제시하였다. 2구에서는 "불교의 학설은 더욱 진리에 가깝기에 오히려 크게 진리를 어지럽힌다." 고 했던 주희의 말을 인용하였다.[16)] 주희는 격물 공부를 통하여 모든 사물의 眞妄과 是非를 정밀하게 변별하여 천하의 이치에 豁然貫通해야 聖人의 경지에 이를 수 있다고 생각했다. 그러나 소재는 세상에 존재하는 모든 것이 부처라면 시비와 진망을 자잘하게 변별하는 격물 공부를 통해서는 성인이나 부처에 이를 수 없고 겨우 '독서인' 이나 되는 데 그칠 것이라고 조롱하였다.

소재에게 마음은 天理와 일치하는 절대적인 가치를 지니는 것이었고, 經典은 이 마음과는 이미 한 겹을 격한 불완전한 언어에 지나지 않았다. 따

15) 권5, 170면.

16) 朱熹, 『中庸章句』, 「中庸章句序」, "異端之說, 日新月盛, 以至於老佛之徒出, 則彌近理而大亂眞矣."

라서 소재는 학문의 본령은 經典을 읽는 데 있는 것이 아니라 性情을 기르고 마음을 보존하는 데 있다고 거듭 주장하였다.

소재는 선조 7년 5월 30일 경연에서 "사람은 마땅히 存心에 힘써야 할 것이며 文字로는 일을 성취할 수가 없습니다. 경전의 가르침은 이미 그 뜻을 이해했으면 문자를 잊어버리는 것이 좋으니 만약 마음속에 놓아두면 해가 됩니다. 上古에 무슨 文字가 있었겠습니까. 다만 存心을 말했을 뿐입니다."라고 하여, 경전을 읽은 것보다 마음을 보존하는 공부가 중요함을 역설하였다. 이는 "학문하는 사람은 傳註도 소홀히 해서는 안 된다."는 주희의 말을 인용하면서 독서궁리 공부를 강조한 유희춘의 의견과 대립하는 것이었다.[17] 소재는 선조 7년 10월 15일 경연에서도 "마음은 온갖 조화의 주재이기에 마음이 맑아진 연후에야 온갖 이치를 궁구할 수 있고 온갖 일을 처리해갈 수 있습니다. 조금이라도 물욕에 빠져 바름을 얻지 못하면 학문하는 것이나 일을 처리하는 것이 모두 헛것이 됩니다. 그러므로 마음을 맑게 하는 것이 곧 근본입니다."라고 주장하였다. 이에 대하여 김우옹은 "마음을 맑게 하는 것이 진실로 근본이기는 합니다. 그러나 마음은 스스로 맑아질 수 있는 것이 아니라 반드시 일상에서 생각마다 성찰하여 이기심을 극복하고 天理를 보존하기를 오래 해야 말갛게 청명해지는 것입니다."라고 하였다. 홍적은 "마음을 맑게 한다는 설은 너무 고원해서 절실하지 못합니다."라고 비판하였고,[18] 史官은 "守愼은 陸學을 하므로 그의 논의가

17) 『선조실록』, 7년, 5월 30일, "盧守愼曰, '人當只務存心, 文字不濟事, 至如經訓, 旣解其意, 則文字可忘. 苟有留濟於胸中, 旣害. 且上古, 那有文字? 只相言語存心而已.' 希春曰, '不然. 朱子曰, 所以維持此心者, 只有書耳. 謂可遽指爲糟粕 而轠轢不觀乎? 要在以心驗之, 以身體之而已. 若駁雜不正之書, 則固不足觀, 聖賢經訓, 豈可忘乎? 朱子曰, 學者不可擺落傳註, 傳註猶不可棄, 況經訓乎?' 守愼曰, '傳註不必留心也', 希春曰, '諸家之註, 不得聖賢之意, 略之猶可, 至如朱子四書三經註, 妙得聖賢之心, 豈可輕乎?' 守愼曰, '雖善註, 亦不足觀也.'"

이와 같은 게 많았다."라고 註記를 달아 놓았다.[19] 같은 해 11월 5일 경연에서도 소재는 역시 "마음을 맑게 하는 것이 가장 중요합니다. 마음이 욕망에 빠지지 않는다면 비록 날마다 사물을 접하더라도 혼란스럽지 않을 것이지만 만일 한갓 章句에만 뜻을 둔다면 청명해질 때가 어찌 있겠습니까."라고 말했다.[20]

소재는 경연에서 經典 학습을 부정하고 存心이 모든 수양의 근본임을 거듭 주장했을 뿐만 아니라 知行合一을 주장하기도 하였다. 선조 7년 4월 28일 경연에서 『書經』「說命」의 "알기가 어려운 것이 아니라 행하기가 오직 어려운 것이다.[非知之艱, 行之惟艱.]"에 대해 강론할 때 유희춘은 南軒 張栻의 말을 인용하면서 知先行後의 공부 순서가 바른 것임을 주장하였다. 장식은 "高宗은 甘盤에게 배워 의리를 이미 잘 알고 있었기에 부열은 알기가 어려운 것이 아니라고 하였다. 이는 知者를 위해 한 말이니 만약 고종이 知者가 아닌데도 '아는 것이 어려운 게 아니다'라고 말했다면 부열이 실언을 한 것이다."라고 하였다.[21] 유희춘은 이 장식의 말을 인용하면서 "고종과 같은 知者가 아닌 일반 학자나 보통 사람에게 말을 하는 경우라면 부열은

18) 『선조실록』, 7년, 10월 15일, "朝講, 領事盧守愼啓曰, '心者萬化之主也. 一心澄明然後, 萬理可窮, 萬事可做. 一爲物漬而不得其正, 則學問處事, 都是虛了. 故澄心, 乃本源事也.' 宇顒曰, '澄心, 固是本源. 然心不能自澄, 必日用之間, 念念省察, 克己存理, 久之, 澄然淸明矣.' 迪曰, '澄心之說, 太高而不切實.'"

19) 『선조수정실록』, 7년, 10월 15일, "守愼爲陸學, 其論多如此."

20) 『선조실록』, 7년, 11월 5일, "盧守愼曰, '淸心最要, 心不泊於欲, 則雖日接事物, 不至擾亂, 若徒玩心章句, 豈有淸明時節.'"

21) 張栻, 『南軒集』, 권30, 「答朱元晦」, "孔子觀上世之化曰, '大哉知乎!' 雖堯舜之民, 比屋可封, 亦能使之由之而已, 知者凡聖之分也, 豈可易云乎哉? 傅說之告高宗, 高宗蓋知之者. 恭默思道, 夢帝賚予良弼, 非知之者, 有此乎? 此舊學于甘盤之所得也. 故君奭篇稱 '在武丁時, 則有若甘盤', 而未及乎傅說, 蓋發高宗之知者甘盤也. 知之非艱, 行之惟艱, 說之意亦曰, '雖已知之, 此非艱也. 貴於身親, 實履之.' 此爲知之者言也. 若高宗未克知之, 而告之曰 '知之非艱', 則說爲失言矣."

반드시 格物致知를 先務로 삼아야 한다고 말했을 것이다."라고 주장하였다.[22] 유희춘은 성인을 제외한 일반 사람에게 적용되는 올바른 공부의 순서는 格物致知가 실천에 선행해야 한다고 주장한 것이다. 유희춘의 주장에 대하여 소재는 "知와 行은 두 가지 일이 아닌데 朱子가 분별하여 말을 하여 세상의 유자들이 완전히 다른 두 가지 일로 여기니 이는 온당하지 못합니다."라고 반박하였다.[23] 그는 또 '知眞'이라는 법명을 가진 스님에게 준 시에서도 "지진은 진정으로 아는가? 행하면 실제로 그러할 것이네.[眞也眞知否, 行焉是實然.]"[24]라고 하여 "眞知는 실천을 통해서 이를 수 있다."고 주장하였다. 이 시의 내용은 "眞知는 行으로 드러나니 行하지 못하는 것은 知라고 할 수 없다."[25]라고 했던 왕수인의 언급과 유사하다. 또한 그는 옥당에서 관료들과 사적인 대화를 하면서도 격물치지에서 誠意 正心으로 나아가는 공부 순서를 주장한 주희의 견해가 반드시 경전적인 근거가 있는 것은 아니라고 주장하였다.[26]

소재는 이처럼 만년에 다수의 시와 경연의 발언을 통해 경전 학습을 부정하고 存心을 모든 공부의 요체로 제시하며 지행합일을 주장했다. 이러한 소재의 공부론은 왕수인의 공부론을 계승한 것이었다. 소재의 이기론과 심성론 또한 주자학과는 차이가 있고 양명학에 가까운 것이었다. 이는 다음 장에서 자세히 살펴본다.

---

22) 『선조실록』, 7년 4월 28일, "柳希春入講. …… 又講非知之艱, 行之惟艱, 曰, '南軒張栻以爲高宗學於甘盤, 多知義理, 傅說以爲非知之艱, 若他人則須以格物致知爲先.'"

23) 『선조실록』, 7년 4월 28일, "盧守愼曰, '知行不至二事, 而朱子分辨言之, 世儒以爲判然二事, 此未穩也.'"

24) 권5, 「贈知眞」, 174면.

25) 왕수인, 「陽明全書」, 권2, 「答顧東校」, "眞知卽所以爲行, 不行不足謂之知."

26) 尹根壽, 「月汀漫筆」, 『大東野乘』, "余與蘇齋同在玉堂, 蘇齋於語次曰, "大學格致誠心, 固有次第等級, 其他散出於語孟者, 未必皆有次第等級如朱子之說也. 後學以先儒之言, 莫敢異同, 其實未必然也." 此其意以朱子之言, 爲未可盡從也."

2. 사람과 하늘의 合一

소재는 「人心道心辨」을 저술할 무렵부터 일관되게 氣一元論을 견지하였는데, 이는 그가 羅欽順의 理氣一物說을 지지한 데서 분명하게 드러난다. 주희는 『大學或問』에서 "사람과 物이 생겨남에 반드시 이 理를 얻은 후에 健順仁義禮智의 本性이 있게 되고, 반드시 이 氣를 얻은 이후에 魂魄五臟百骸의 몸이 있게 되니, 周子께서 '無極의 眞과 二五의 精이 妙合하여 엉겼다' 라고 말한 것은 바로 이를 이름이다."라고 하였다.[27] 이에 대하여 나흠순은 "무릇 사물은 반드시 둘로 나뉜 뒤에 합쳐짐을 말할 수 있는 것인데, 太極과 陰陽이 과연 두 가지 물인가? 그것이 과연 둘이라면 그것이 합해지기 전에는 각각 어디에 존재하고 있었는가?"라고 지적하였다. 그리고 "주희가 주돈이의 「태극도설」에 근거하여 평생 理와 氣를 별개의 두 사물처럼 여긴 것은 옳지 않다."고 비판하였다.[28] 소재는 주희의 이기론을 비판한 이 나흠순의 견해를 긍정하면서, "주희의 眞精妙合에 대한 해석이 명백하지 않은 것은 아니나 둘로 여기는 기미가 있는 듯하다. 정자는 둘로 나누면 옳지 않다고 했고 陰陽이 道일뿐이다라고 했으며, 주자도 陰陽은 道의 전체라고 했으니 이 세 가지 설이 가장 정묘하다."고 하였다.[29]

理와 氣는 결코 둘로 나눌 수 없다는 소재의 견해는 다음의 시에 분명하

27) 주희, 『대학혹문』, "故人物之生, 必得是理, 然後有以爲健順仁義禮智之性, 必得是氣, 然後有以爲魂魄五臟百骸之身. 周子所謂 '無極之眞, 二五之精, 妙合而凝' 者, 正謂是也."

28) 羅欽順, 『困知記』, 권下, "至于 '無極之眞, 二五之精, 妙合而凝' 三語, 愚亦不能無疑. 凡物必兩而後可言合, 太極與陰陽爲二物耶? 其爲物也果二, 則方其未合之先各安在耶? 朱子終身認理氣爲二物, 其源蓋出於此."

29) 내집 하편, 「荅金都事書」, 382, "眞精妙合, 非不明白, 特恐其二之也. 程子 '二之則不是' 與 '陰陽只是道', 朱子 '陰陽卽道之全體', 三說最妙. 高明試思之, 整庵所以不能無疑於合字者, 可見已."

게 개진되어 있다.

〈贈朴訓導〉

只見陰陽一	다만 陰陽은 하나라고 알고 있으니
那知理氣岐	어찌 理와 氣가 분리되어 있다 하랴
先儒憂欲辨	先儒가 뒤섞일까 우려하여 변별하려 했으니
後學執爲辭	후학들이 집착하여 말을 만들어 내네
說夢縱橫合	꿈 이야기처럼 종횡으로 합치되는 듯하나
觀場展轉離	난장이의 연극 구경처럼 점점 벗어나게 되네
應將三日別	사흘 동안 이별해 있으리니
條破百年疑 [30]	평생의 의심을 깨트려버려 괄목하게 만들게

시의 수련에 보이는 "陰陽은 一이다."라는 말은 음양 二氣가 결국 一太極의 서로 다른 존재 양태라는 의미이다. 二氣와 太極이 하나라는 주장은 氣에 선재하는 理를 인정하지 않는 것이다. 주희는 理와 氣가 서로 떨어질 수 없는 관계임을 강조하였지만, "理가 氣에 先在한다."라고 하거나 "理가 氣를 낳는다."라고 언급하여 氣에 先在하는 理의 절대성 또한 인정하였다.[31] 소재는 이 시에서 "주희는 理와 氣를 하나로 여기는 것을 우려하여 理와 氣를 분리하는 듯한 말을 했고, 이 주희의 말에 후학들이 집착하여 결국 理와 氣를 서로 섞일 수 없는 별개의 사물처럼 생각하는 지나친 견해들

30) 권6, 202면.

31) 주희, 『朱子語類』, 권1, "未有天地之先, 畢竟也只是理. 有此理便有此天地, 若無此理便亦無天地, 無人無物, 都無該載了. 有理便有氣, 流行發育萬物." ; 『晦庵集』, 권46, 「答劉叔文」, "若在理上看, 則雖未有物, 而已有物之理. 然亦但有其理而已, 未嘗實有是物也." ; 『朱子語類』, 권95, "未有這事, 先有這理, 如未有君臣, 已先有君臣之理."

이 생겨났다고 했다. 理와 氣가 서로 분리되어 있다고 고집하는 후학들의 견해는 마치 꿈 이야기를 하는 것처럼 허황되며, 키 작은 어린애가 어른들 뒤에 서서 연극을 구경하다가 어른들이 웃으면 자신도 따라 웃는 것과 같이 아는 것 없이 附和雷同하는 것에 불과하다고 비판한다. 그러면서 이 시를 받아볼 사람에게 이러한 미망에서 빨리 깨어나라고 촉구하였다.

소재는 위의 시에서 理와 氣를 분리하는 기미가 있는 주희의 말에 집착하여 주희의 원래 의도와 다르게 理와 氣를 엄격하게 분리한 후대의 학자들을 비판하였다. 소재가 위의 시에서 비판한 대상은 퇴계와 퇴계를 따르는 사류들이었다. 퇴계는 나흠순의 理氣一物說을 다음과 같이 비판하였다.

> 공자는 "역에 태극이 있어 이것이 양의를 낳는다."라고 하였다. 周子는 "태극이 움직여서 陽을 낳고 고요하여 陰을 낳는다."라고 하였고, 또 "無極의 眞과 二五의 精氣가 묘합하여 응결되었다."고 하였다. 지금 살펴보면 공자와 주자는 음양은 태극이 낳은 것이라고 분명히 말씀하셨는데, 리와 기가 一物이라고 한다면 太極이 바로 兩儀인데 어떻게 낳을 수 있겠는가?[32]

"理가 氣를 낳는다."는 퇴계의 견해는 초경험적인 리가 외부에서 존재의 근거로서 만물에 부여되었음을 인정하는 것이다.[33] 리의 초월성을 인정하는 퇴계의 理氣論은 인간의 도덕적 본성과 이 본성에서 발하는 도덕의식의 절대성을 강조하는 심성론의 근거가 된다.

소재가 진도에서 괴산으로 이배되었을 무렵 高峯 奇大升과 草堂 許曄 사

---

32) 이황, 『退溪集』, 권41, 「非理氣爲一物辯證」, "孔子曰, '易有太極, 是生兩儀.' 周子曰, '太極動而生陽, 靜而生陰', 又曰, '無極之眞, 二五之精, 妙合而凝'. 今按孔子周子明言陰陽是太極所生, 若曰 '理氣本一物', 則太極卽是兩儀, 安有能生者乎!"

33) 양국영, 『양명학』, 예문서원, 1994, 36면.

이에 『中庸』의 "君子之道, 費而隱"에 대한 해석 문제로 논쟁이 있었다. 당시 초당은 費는 器이고 隱은 道라고 해석하였고, 고봉은 費와 隱을 모두 道로 해석해야 한다고 주장하였다. 이에 대하여 퇴계는 "'隱'과 '費'는 道로써 말했으니 곧 形而上의 理이다."라고 자신의 견해를 밝혔다.[34] 그는 만약 "形而下를 道의 用으로 여기면 이는 입고·먹고·움직이고·쉬고·보고·듣고·손을 들고·발을 움직이는 그대로를 道라고 하고 그것의 義理準則이 道임을 알지 못하는 것이다."라고 비판하였다.[35] 퇴계는 理와 氣, 道와 器를 엄격히 구분하여 氣에 의해 영향을 받지 않는 理의 절대성을 강조하려는 입장이다. 퇴계는 이러한 본체론에 기반을 두어 사단과 칠정, 인심과 도심의 발출 근원을 리와 기로 이원화하는 심성론을 제기하였다. 퇴계는 본성과 이 본성에서 발하는 道心의 절대성을 인정하지 않고 인심, 즉 욕망과 감정이 그 자체로 본성과 일치하는 것임을 강조하게 되면, 마음이 가는 대로 행동하는 것이 바로 道라고 주장하는 禪으로 흘러들어 가게 된다고 우려하였다.

소재는 고봉과 초당 사이에 있었던 논쟁에 대하여 다음과 같이 의견을 개진하였다.

> 費는 形而下이고 隱은 形而上이니, 費는 비록 器이지만 道가 아닌 것이 없습니다. 道 없는 器가 없고 또한 器 없는 道도 없으니, 만약 費가 形氣를 벗어나 있다고 생각한다면 이도 잘못입니다. 까닭에 一陰一陽을 道라고 한 것입니다. (費는 道이고 隱은 器라고 주장하는 이가) '도심은 隱이고 인심은 費이다'라고 한 것

34) 이황, 『퇴계집』, 권26, 「答鄭子中」, 118면, "費隱, 以道言, 乃形而上之理也. 以其顯而言, 則謂之費, 以其微而言, 則謂之隱, 非有二也."

35) 상동, 119면, "今專以形以下, 爲道之用, 則便是以衣食作息視聽擧履爲道, 而不知其義理準則之爲道."

> 은 말이 되지 않습니다. 오직 道心만 道가 된다면 人心은 道가 아닌 게 됩니다. 나는 까닭에 費는 隱의 費이고 隱은 費의 隱이라고 했던 것입니다. 지금 두 설의 쟁점을 상세하게 살펴보니 대개 道에 절로 體用이 있고 器에 깃드는 것을 아는 까닭에, 혹자[허엽]는 費가 氣임을 생각하고 道가 되지 않는다고 의심하였고 혹자[기대승]는 費가 道이지 器에 속하지 않는다고 의심한 것이니 모두 미진하다고 하겠습니다. 道의 體가 器에 있는 것이 隱이고 道의 用이 器에 있는 것이 費이니 제 설이 鶻突하기가 이와 같습니다.[36)]

소재는 "費는 形而下이고 隱은 形而上이니 費는 비록 器이기는 하지만 그렇다고 道가 아니라고 해서는 안 되고, 道 없는 器가 없고 器 없는 道가 없기에 費는 形氣가 아니라는 주장도 잘못이다."라고 하였다. 이는 理와 氣는 서로 분리될 수 없고, 道는 器를 떠나 존재할 수 없다는 사유를 표명한 것이다.

이처럼 소재는 道와 理를 경험적인 현실을 초월하여 있는 원리로 인정하지 않았다. 그리고 이를 기반으로 본성인 道心과 인간의 자연스러운 감정・욕망인 人心은 분리할 수 없다고 주장하였다. 그가 위의 편지에서 "오직 道心만 道가 되면 人心은 道가 아닌 게 된다."고 한 것은 "人心은 道心이 발한 것이기 때문에 도심과 다름이 없다."라고 주장했던 「人心道心辨」의 主旨와 일치한다.

소재는 理와 氣는 서로 분리할 수 없다는 이기론에 근거하여 본성과 인

36) 내집 하편, 「荅尹司成書」, 385면, "所喩費隱, 以僕荒廢, 何與焉? 然以文義推之, 費是形下, 隱是而上, 費雖是器, 莫非道也. 未有無道之器, 亦未有無器之道, 若便以費爲離形氣則非矣. 故曰, 一陰一陽之謂道. 如 '道心是隱, 人心是費', 不成說, 惟道心爲道, 卽人心非道, 吾故曰, 費者隱之費, 隱者費之隱. 今詳二說所爭, 蓋聞道自有體用, 而寓於器, 故或疑費是器而不爲道, 或疑費是道而不屬器, 皆未也. 道之體在器而爲隱, 道之用卽器之爲費, 鄙說鶻突若此."

간의 자연스러운 감정・욕망을 엄격하게 구분한 주자학의 심성론을 거부하였다. 그는 이러한 사유를 더욱 심화시켜서 인간의 자연스러운 욕망을 본성으로 긍정하였다.

〈贈柳修撰〉

欲者人之性	욕망은 인간의 본성이라서
人皆不可無	사람들 모두 없을 수 없으니
何修以入道	어찌 닦아서 도에 들인다 하랴
吾老竟歸愚	나는 노년에야 결국 어리석음으로 돌아왔네
病眼三年淚	삼 년 동안 병든 눈으로 눈물 흘렸고
離懷八月湖	이별의 회포 팔월 호숫가에 넘치는데
幾人曾此論	몇 사람이나 일찍이 이런 논의를 했던가
今日更長吁 [37]	오늘 다시 길게 탄식하누나

소재가 柳成龍을 전별하면서 써준 시이다. 이 시에서 소재는 "욕망은 本性이다."라고 선언하였다. 그리고 "天命之謂性, 率性之謂道, 修道之謂教."라고 했던 『中庸』의 사유를 계승하여 "본성을 따르는 것이 道이니, 본성인 욕망은 닦아서[修] 도에 들이는 것이 아니다."라고 주장하였다.[38] 유배기 이후 소재 사상의 가장 큰 특징은, 이 시에 확연하게 드러난 것처럼, 인간의 자연스러운 감정과 욕망을 긍정하는 데 있다.

함련에 보이는 '歸愚'는 韓愈의 시 「秋懷」에서 온 시어이다. 한유는 "정계에서 은퇴하여 고향으로 돌아와서야 진정한 삶의 경지가 무엇인지 깨닫

---

37) 권6, 202면.

38) 이는 주희와 일치하는 견해이다. 『주자어류』 권62에서 "성은 닦을 수 없다. 본성을 닦는 것은 싹을 뽑아 올리는 것이다.[性不容修, 修是揠苗.]"라고 하였다.

게 되었다."고 하면서 이러한 상태를 '歸愚'라고 표현하였다.[39] 소재는 한유의 시어를 차용하여 욕망은 본성이기 때문에 닦을 필요가 없다는 자신의 견해가 만년에야 도달한 인간의 심성에 대한 참된 깨달음임을 드러내었다.

인간의 자연스러운 욕망을 그 자체로 긍정하는 소재의 사유는 퇴계의 거센 비판을 불러일으켰다. 퇴계가 지은 다음의 시는 위의 시에 차운하여 소재의 사상을 직설적으로 비판한 작품이다.

〈病中 偶記前日無字韻和句 錄呈存齋〉

末學紛蹊徑	천박한 학자들 지름길로 내달려가고
高人眩有無	高明한 선비는 無에 현혹되니
舊聞狂作聖	광인도 성인이 될 수 있단 말 옛날에 들었는데
今見智歸愚	지혜로운 사람이 바보로 돌아가는 것 지금 보네
邈邈朱山嶽	아득히 높은 교산 태악 같은 주자학을
滔滔陸海湖	역류하는 바다 호수 같은 상산학이 덮치고 있으니
中原及東國	중원, 그리고 우리나라를
回首謾嗟吁	머리 돌려 바라보며 부질없이 탄식하누나[40]

李樿이 퇴계 이 선생이 일찍이 소재 노상공과 주고받은 시라고 하면서 이 시의 경련과 미련을 인용하였고,[41] 이 시의 운이 소재의 「贈柳修撰」과

39) 韓愈, 『五百家注昌黎文集』, 권1, 「秋懷詩十一首」, "離離掛空悲, 慼慼抱虛警. 露啼秋樹高, 蟲弔寒夜永. 觧退就新懦, 趨營悼前猛. 歸愚識夷塗, 汲古得脩綆. 名浮猶有恥, 味薄眞自幸. 庶幾遺悔尤, 卽此是幽屏."

40) 이황, 『退溪集』, 권5 속내집, 148면.

41) 李樿, 『藥圃先生遺稿』, 권7, 「藥圃先生遺事」, 113면, "退溪文純公李先生嘗酬蘇齋盧相公詩曰, 邈邈朱山嶽, 滔滔陸海湖, 中原及東國, 回首一長吁."

같은 것을 보면, 퇴계가 쓴 「病中 偶記前日無字韻和句 錄呈存齋」는 소재의 「贈柳修撰韻」에 차운한 시임을 알 수 있다. 소재의 원시는 류성룡이 수찬에 오른 1570년에 8월 무렵에 지은 것이다. 퇴계는 1570년 12월 8일에 생을 마쳤기 때문에, 퇴계의 차운시는 그가 임종하기 직전인 1570년 8월에서 12월 사이에 지은 것임을 알 수 있다.

퇴계는 소재의 시에 쓰인 중요한 시어의 하나인 '歸愚'를 그대로 가져다 쓰면서, 지혜로웠던 소재가 허무적멸을 추구하는 이단의 학설에 빠져 결국 바보가 되었다고 격렬하게 비판하였다.[42] 시의 후반부에서는 주자학을 泰山 · 喬岳으로, 상산학을 홍수로 인해 범람하여 태산 · 교악을 덮치고 있는 호수와 바다로 비유하였다. 이는 상산 계열의 양명학이 주자학을 압도하고 있는 明과 우리나라의 학술 상황을 홍수로 인해 호수가 넘치고 바다가 역류하여 물결이 높은 산을 덮치고 있는 형상으로 상징한 것이다.[43]

고봉 또한 이 시에 화운하는 시를 지어 소재가 異端에 물들어 성인의 도를 더럽히고 백성을 잘못된 길로 이끈다고 격렬하게 비판하였다.[44] 소재

---

42) 이는 유도원이 이황의 이 시를 해설하면서 "高明한 선비가 無에 현혹되어 결국은 空虛의 경지에 빠져들었던 까닭에 바보로 돌아갔다고 하셨다."라고 한 것을 통해 유추할 수 있다.

43) 이는 유도원이 "滔滔象湖海"의 시구를 "歎陸禪之懷襄"이라고 해설한 것에서 알 수 있다. 懷襄은 홍수로 인하여 강물이 산의 꼭대기까지 치솟는 상태를 의미한다. 이식 또한 이황이 명나라에서 양명학이 강물이 산의 꼭대기까지 치솟는 형세로 유행하고 있음을 근심하였다고 기록하였다. (이식, 『택당집』, 별집 권15, 「추록」, 526면, "至於退溪, 愍中原禪學之懷襄, 講辨著述, 毫釐必察.)

44) 기대승, 『高峯集』, 속집, 권1, 「次蘇齋韻」, "欲者人之性, 人皆不可無. 斯言何所出, 剩語恐相愚. 有物當知則, 如魚必在湖. 同行情却異, 宗孼正堪吁."; "性惡荀卿說, 欲論何代無. 機鋒釋氏捷, 科級聖人愚. 慮世天垂日, 誣民地托湖. 能言吾豈敢, 獨立夐長吁."; "陰陽豈是一, 理氣不容岐. 見一元乖實, 言岐却失辭. 幾人迷似悟, 今日合還離. 鑽仰猶瞻忽, 前賢亦有疑."; "率性斯爲道, 亡羊問幾歧. 見差應害事, 心謬可徵辭. 聖學精粗合, 禪家體用離. 百年須有志, 三日詬無疑."

가 영의정으로 있을 때인 선조 21년, 趙憲은 상소를 올려서 "소재는 글이나 읽을 줄 아는 정도인데 이황과 대립하였다."고 비판하고, 소재의 학문을 僞學으로 규정하면서 그 증거로 이 시를 인용하였다.[45)]

소재 사후에도 이 시는 두고두고 논란이 되었다. 소재의 행장을 쓴 蒼石 李埈(1560~1635)은 「題穌齋詩後」에서 "소재를 賢祠에 合祀하려 할 때 어떤 사람이 '이 어른은 욕망을 本性으로 알았으니 배향할 수 없다'라고 하자 뭇 사람들이 화창하여 그들의 견해를 깨트릴 수 없었다."라고 기록하였다.[46)]

李埈은 소재가 위의 시에서 말한 性은 氣質之性인데, 字數가 일정하게 정해져 있는 詩의 형식적 제약으로 인하여 말이 원만하게 구비될 수 없었기 때문에 오해가 생긴 것이라고 힘써 변명하였다. 그리고 소재가 사람들이 우려하는 것처럼 욕망을 본성으로 여기지 않았음을 증명하기 위해 소재의 젊은 날 저작인 「晴窓手錄」의 기록들을 두루 인용하였다.[47)] 앞에서 이미 살

---

45) 『선조실록』, 권22, 선조 21년, 1월 己丑, "彼盧守愼, 粗知讀書, 而與滉相反, 僞學也. 引其欲者人之性."

46) 李埈, 『蒼石集』(『문집총간』65, 민족문화추진회, 1991), 續集 권5, 「題蘇齋詩後」, "上年秋蘇齋自賢祠從祀而躋配位, 人有言此老認欲爲性, 不合配享, 羣唱而和, 堅不可破."

47) 李埈, 『蒼石集』, 속집 권5, 「題穌齋詩後」, 33면, "穌齋贈西厓詩曰, '欲者人之性, 人皆不可無.' 此因論學而患物欲之爲心害而發也. 古之言性, 多從氣質而言, 曰動心忍性, 曰人之性有昏明强弱, 曰食色固出於性, 曰惡亦不可不謂之性, 穌齋之所謂性, 其亦類於此歟. …… 其言曰, '人之生也, 性仁義禮智, 然寓在形氣, 則不能無耳目口鼻愛惡之欲, 但中理中節爲天理, 無理無節爲人欲. 此聖人所以必加精一之功也云云.' 此言天性本善, 而滾在氣質中, 有食色之欲, 所謂欲卽人心惟危, 雖上智不能無者也. 其理欲之分, 剖析之詳如是, 則其詩之所謂性者, 可知其指氣質, 而然無註脚以明之, 而惟孤行五字, 則其語意旣欠於圓備矣." ; 속집 권4, 「與鄭景任」, 8면, "近閱穌齋集, 見其論性處, 多少洞快, 尤信 '欲者人之性' 一句, 乃就形氣上言. 嘗爲此老每謂此性字指形氣而言, 分疏雖力, 人皆不信. 今見此言, 始知此見之不謬也. 玆錄其說如左, 朝講因不邇聲色而進言曰, '蓋人之生也, 性仁義禮智. 然寓在形氣, 則不能無耳目口鼻愛惡之欲, 舜所謂人心也. 天理人欲, 同行異情, 聲色之心, 堯桀無異, 但中理中節爲天理, 無理無節爲人欲. 二者雜於方寸之間, 不知所以治之, 則人心之危, 其發也如銛鋒悍馬, 任情縱欲云云.' 夫人欲之非天性, 凡人尙皆知之, 豈此老之所昧?

펴본 대로 「청창수록」에 내포된 소재의 사상은 주자학을 충실하게 계승한 것이어서 晩年의 사상과는 다른 것이었다. 따라서 이준이 변호한 것처럼 소재가 욕망을 氣質之性으로 한정한 것은 아니었다. 게다가 소재는 욕망이 氣質之性에서 발한 七情의 하나라고도 하지 않고 욕망이 바로 본성이라고 주장했다. 소재의 심성론은 본성과 인간의 자연스러운 욕망・감정을 분리하지 않는 양명학적인 사유에서 영향을 받은 것이다.

〈別四耐翁〉

山河大地百千花	산하대지의 백 가지 천 가지 꽃
盡在尋常百姓家	모두 평범한 백성의 집에 있는데
可笑舊都安處士	우습구나, 옛 도읍의 안처사여!
自知其性有增加[48]	性에 보탤 것이 있다 알고 있다니

소재가 四耐翁 安慶昌에게 준 시이다. 안경창은 花潭의 문인으로 평생 벼슬하지 않고 개성에서 은거하였던 奇人이었다. 소재는 만년에 그와 긴밀하게 교유하였다.[49]

시 전반부의 "산하대지의 백 가지 천 가지 꽃이 모두 평범한 백성의 집에 있다."는 구절은 "山河大地가 法王의 몸"이라고 했던 불가의 말에서 온 것이다. 소재는 세상에 존재하는 모든 것이 부처라고 했던 불가의 설을 차용하여, 평범한 백성이 모두 부처이자 성인이라고 말하였다. 이는 "길거리

而人之功之者甚迫, 尙以爲歎, 今幸所疑之始豁然也. 若退溪先生之詩, 恐是朋友間責望之語. 且念蘇老人心道心之辨, 爲先生所嘗規正, 豈非此老所見之差, 而更加規益於此詩也. 在先生規之則可矣, 在後學不當輕論先輩也."

48) 권6, 199면.

49) 허균, 『惺所覆瓿稿』, 권24, 說部, "松都有安慶昌者, 自號四耐, 以耐寒暑飢飽故云然. 自少棄家, 遊山水間, 七十貌不衰. 蘇齋相黃芝川及亡兄俱善之."

에 지나다니는 모든 사람이 성인이다.[滿街人都是聖人.]"라고 했던 왕수인의 발언[50]과 일치한다.

소재는 인간은 누구나 무엇 하나 보탤 것이 없는 완전한 性을 부여받아 태어나기 때문에 평범한 사람이 바로 성인이라고 주장했다. 주희 또한 天理인 天命之性을 부여받았다는 점에서 모든 사람이 성인이 될 가능성을 가지고 태어난다고 하였다. 그러나 주희는 天理가 인간의 마음에 부여되는 바로 그 순간 이미 기질의 영향을 받아 천리로서의 완전성을 상실한다고 하였다.[51] 이러한 주희의 생각은 『대학혹문』의 明德을 설명한 부분에서 살펴볼 수 있다. 『대학혹문』에서 주희는 인간은 맑고 바른 기를 받아 태어나기 때문에 그 본성이 가장 귀하고 마음에 온갖 이치를 갖추고 있다고 하였다. 그리고 이것이 인간이 요순의 경지에 다가갈 수 있는 근거라고 하였다. 그러나 주희는 이어서 인간의 맑고 바른 氣도 清·濁·美·惡의 차이가 없을 수 없기 때문에 인간은 선험적으로 지혜로운 사람과 어리석은 사람, 현자와 불초자 등등의 차별상을 가지고 태어난다고 하였다.[52] 주희는 이러한 심성론에 기반을 두어, 기질의 한계를 극복하고 본성을 회복하기 위해서는 오랜 세월에 걸친 지적인 공부의 누적이 필요하다고 주장했다. 따라서 주희는 불교와 양명학에서 말하는 것처럼 "모든 인간이 바로 성인이

---

50) 왕수인, 『전습록』, 하권, "一日, 王汝止出遊歸, 先生問曰, '遊何見?' 對曰, '見滿街人都是聖人.' 先生曰, '你看滿街人是聖人, 滿街人倒看你是聖人在.' 又一日, 董蘿石出遊而歸, 見先生曰, '今日見一異事.' 先生曰, '何異?' 對曰, '見滿街人都是聖人.' 先生曰, '此亦常事耳. 何足爲異.'"

51) 주희, 『文集』, 권61, 「答嚴時亨」, "人生而靜是未發時, 以上卽是人物未生時, 不可謂性. 才謂之性, 便是人生以後此理墮在形氣之中, 不全是性之本體矣."

52) 주희, 『대학혹문』, "唯人之生, 乃得其氣之正且通者, 而其性爲最貴. 故其方寸之間, 虛靈洞徹, 萬理咸備. 蓋其所以異於禽獸者, 正在於此, 而其所以可爲堯舜, 而能參天地, 以贊化育者, 亦不外焉. 是則所謂明德者也. 然其通也, 或不能無淸濁之異, 其正也, 或不能無美惡之殊. 故其所賦之質, 清者智而濁者愚, 美者賢而惡者不肖, 又有不能同者."

다." 라고 주장하지 않았다.

주희의 심성관을 부정한 것이 바로 왕수인의 「大學問」이다. 왕수인은 「대학문」에서 "모든 인간은 天命의 性에 근본한 영묘하고 밝은 明德을 가지고 있기에, 만약 사욕이 가리지만 않는다면 소인의 마음과 대인의 마음은 차등이 없다." 고 하였다. 그러면서 "대인에 이르는 학문은 사욕을 제거하여 저절로 명덕이 밝게 드러나게 하는 것일 뿐이니 이 본체의 밖에서 더하거나 보탤 것이 있는 것이 아니다." 라고 했다.[53] 소재가 위의 시에서 '그 무엇도 보탤 것이 없는 본성을 가지고 있으므로 평범한 백성이 바로 부처이다' 라고 한 것은 「대학문」에 나타난 왕수인의 심성관과 유사한 점이 있다.

소재는 氣質之性과 天命之性을 구별하지 않았고, 모든 인간은 기질지성이자 천명지성인 본성을 똑같이 가지고 있다는 점에서 '평범한 백성이 바로 성인이다' 라고 주장했다. 氣質之性과 天命之性의 분리와 통합의 문제는 四端七情論爭과 人物性同異論爭에 있어 핵심적인 쟁점의 하나였다. 퇴계와 퇴계학파는 理와 氣, 四端과 七情을 엄격하게 구분하려는 의도에서 天命之性을 氣質之性에서 분리해서 생각해야 한다고 주장하였다.[54] 퇴계는 천명

---

53) 왕수인, 「大學問」, "是其一體之仁也, 雖小人之心, 亦必有之. 是乃根於天命之性, 而自然靈昭不昧者也. 是故謂之明德. …… 苟無私欲之蔽, 則雖小人之心, 而其一體之仁, 猶大人也. 一有私欲之蔽, 則雖大人之心, 而其分隔隘陋, 猶小人矣. 故夫爲大人之學者, 亦惟去其私欲之蔽, 以自明其明德, 復其天地萬物一體之本然而已耳. 非能於本體之外, 而有所增益之也."

54) 이황, 『退溪集』, 권16, 「答奇明彦」, 408면, "子思所謂天命之性, 孟子所謂性善之性, 此二性字所指而言者, 何在乎? 將非就理氣賦與之中, 而指此理原頭本然處言之乎! 由其所指者, 在理不在氣, 故可謂之純善無惡耳. 若以理氣不相離之故, 而欲兼氣爲說, 則已不是性之本然矣. 夫以子思孟子洞見道體之全, 而立言如此者, 非知其一不知其二也, 誠以爲雜氣而言性, 則無以見性之本善故也. 至於後世程張諸子之出, 然後不得已而有氣質之性之論, 亦非求多而立異也, 所指而言者, 在乎稟生之後, 則又不得純以本然之性混稱之也. 故愚嘗妄以爲情之有四端七情之分, 猶性之有本性氣稟之異也. 然則其於性也, 旣可以理氣分言之, 至

지성을 기질지성과 구분하지 않고 인간의 모든 감정이 기질지성에서 나온다고 한다면 본성의 순선함을 보장할 수 없게 되기 때문에 유가의 성선의 이념이 흐려진다고 우려하였다.

율곡과 율곡학파는 천명지성과 기질지성을 엄격하게 구분한 퇴계의 논리가 주희의 이론과 맞지 않는다고 비판하였다. 그러면서 天命之性은 氣質之性 안에 있는 순수한 理의 측면을 말하는 것이며, 인간의 성은 氣質之性 하나라고 주장하였다. 율곡은 본성은 선하지 않음이 없지만 性이 氣를 타고 情으로 드러나는 과정에서 善惡이 나타난다 하였다. 그러나 인간의 감정에 선과 악이 혼재되어 있음을 인정한 채 인간의 감정이 나오는 근원을 氣質之性으로 一元化시키게 되면, 인간의 본성에도 악의 가능성이 내재하여 있음을 완전히 부정할 수 없게 된다. 이렇게 되면 퇴계가 지적한 것처럼 유가의 性善의 이념이 약화될 우려가 있다.[55)]

소재는 퇴계나 율곡과 달리 인간의 본성은 순수하게 선한 天命之性 하나라고 보았다. 그리고 「人心道心辨」에서 人心은 순선한 本性인 道心이 발한 것이기 때문에 악한 人欲과는 다른 것이라고 주장하였고, 여러 시를 통하여 인간의 마음은 그 자체로 선한 것이라고 주장하였다. 그는 모든 인간의 본성은 순선한 天命之性이라고 생각했기 때문에 性에서 발한 情도 그 자체로 선하다고 생각하였다.

퇴계는 天命之性에서 직접 발하는 四端을 氣에 의해 발한 七情과 분리하였다. 그러나 퇴계의 이론은 소재가 이미 지적했듯이 理와 氣는 분리될 수 없다고 했던 주희의 본체론과 모순이 된다. 율곡은 퇴계와 달리 사단과 칠정이 모두 性에서 발한다고 하면서 성을 天命之性이 아닌 氣質之性으로 파

於情, 獨不可以理氣分言之乎."

55) 안영상, 「인간성의 두 측면」, 『조선유학의 개념들』, 예문서원, 2002, 175~184면 참조.

악했다. 그런데 이렇게 되면 앞서 언급했듯이 性善에 대한 믿음이 약화할 우려가 있었다. 소재는 주희의 심성론에 내재하여 있는 모순을 퇴계 · 율곡과는 다른 방식으로 해결하려고 하였다. 소재는 '性이 발하여 情으로 드러난다'는 유가의 전통적인 심성론을 긍정한다. 그리고 모든 인간의 본성은 맹자가 말한 순선한 性이자 『중용』에서 말한 天命之性으로 보았다. 결국 이 순선한 天命之性이 발하여 情, 人心으로 드러나기 때문에 인간 감정과 욕망은 본래 선하다는 주장이 성립한다.

천명지성과 기질지성, 그리고 本性과 情, 本性과 欲望이 일치한다고 주장한 소재는 자연스럽게 정신 경지에서도 주희와는 다른 방향으로 나아갔다. 주희는 敬을 위주로 한 엄숙한 자기 극복의 공부를 중시하였다.[56] "욕망은 인간의 본성이다."라고 했던 소재의 시를 주자학적인 내용을 지닌 것으로 해석하여 소재를 변호하려고 애썼던 이준은, 소재가 평생 敬으로 자신을 다스렸던 학자였음을 칭송하는 글을 남기기도 했다.[57] 그러나 소재는 「숙흥야매잠해」를 저술한 이후로는 敬에 대하여 거의 언급하지 않았고, 모든 수양의 근본으로 매번 誠을 말하였다. 게다가 시에서 "敬을 깨뜨린 것은 우롱이 아니지만, 현자를 막은 일은 장애라네."[58]이라고 하여 敬을 부정하였던 蘇軾의 견해를 옹호하기도 하였다. 다음의 시에는 경을 위주로 하는 엄숙한 자기 극복의 공부보다는 공자와 안연의 즐거움의 경지를 지향하는 소재의 의식이 드러나 있다.

---

56) 진래, 『양명철학』, 예문서원, 2003.

57) 李埈, 『蒼石集』, 권12, 「書蘇齋年譜後」, "萬曆甲申春, 余隨沙滄省克兩公, 謁蘇齋先生於沙谷之山廬, 是時先生年已七十矣. 燕居危坐, 肩背竦直, 慄慄捧盤水. 及其命觴賦詩, 風流嫺雅, 亦不出於繩尺之外. 可見敬之一字爲先生一生受用之地, 不以老而暫輟也, 心醉而歸, 歎服累日."

58) 권5, 「東坡館有感用王先生韻」, 184면, "破敬非愚弄, 妨賢是障魔."

〈復題 二首〉

高天玄默亦何語	높은 하늘 고요하니 또한 무슨 말을 하리오
一氣流行還此心	한 기가 유행하여 다시 이 마음이 되었네
惟有程公眞好學	오직 정명도만이 진정 학문하기 좋아하여
只將顔樂細參尋[59]	다만 안연의 즐거움을 자세하게 찾아보았다네

소재는 시의 첫머리에서 "높은 하늘 고요하니 또한 무슨 말을 하리오." 라고 했다. 이는 『논어』의 다음 구절에서 온 詩句이다.

> 공자께서 "나는 말이 없고자 한다."라고 하셨다. 자공이 "부자께서 말씀하지 않으시면 저희는 무엇을 조술할 수 있겠습니까?"라고 하였다. 공자가 대답하시기를 "하늘이 무슨 말을 하더냐! 사계절이 순환하고 만물이 생성될 뿐, 하늘이 무슨 말을 하더냐!"[60]

공자에게 하늘은 사계절이 순환하고 만물이 생성되는 가운데 마음으로 認證되는 무엇이었다. 이처럼 하늘과 마음으로 계합해 있었던 공자는 하늘과 마찬가지로 말이 없고자 하였다. 소재는 이 시에서 하늘은 그저 一氣의 유행이자 인간의 마음일 뿐이라고 했다. 소재는 공자와 마찬가지로 하늘이 인간의 마음에서 실증되는 어떤 것, 즉 인간의 덕성과 서로 통하여 하나가 되어 있는 어떤 것으로 생각하였다.[61] 따라서 그는 하늘과 契合해 있는 이 마음의 본래 면목을 회복하는 것이 진정한 공부라고 주장한다. 顔淵의

---

59) 권5, 188면, 제1수.

60) 『論語』, 「陽貨」, "子曰, "予欲無言." 子貢曰, "子如不言, 則小子何述焉?" 子曰, "天何言哉! 四時行焉, 百物生焉, 天何言哉!"

61) 그가 理와 氣가 서로 떨어져서 존재할 수 없다는 본체론을 굳게 견지했던 것도 이러한 체증이 있었기 때문이었다.

즐거움을 자세하게 찾아보았던 程顥야말로 진정으로 학문하기 좋아했던 사람이라는 말은 이러한 의미를 담고 있다.

二程의 스승이었던 周敦頤는 二程을 가르칠 때 늘 안연이 즐거워한 경지가 무엇인지를 찾아보게 했다고 한다. 공자는 안연이 富貴・窮達 등의 삶의 조건에 얽매이지 않고 樂天의 인격 경계에 도달하였음을 칭찬하였다.[62] 안연의 즐거움을 주희는 인욕이 다 사라져서 마음과 하늘이 하나 되는 경계에 도달했을 때 자연스럽게 느껴지는 정감이라고 설명하였다. 그러면서 그는 학문하는 사람이 섣부르게 이러한 경계에 도달하기를 구하는 것은 옳지 않다고 하면서, 천지간에 있는 道理를 철저하게 窮究하여 지극히 미세한 것에 이르기까지 완전하게 꿰뚫어 다하지 않음이 없으면, 극기복례의 공부를 통하여 보고 듣고 말하고 움직이는 것을 삼가고 다스리는 과정이 오래되고 오래되어 익숙해지고 나면 이러한 경계에 도달할 수 있다고 했다.[63] 주희는 공부하는 사람은 안연의 즐거움을 선불리 추구해서는 안 되고 자신을 다스리고 극복해 가는 克己復禮의 공부에 힘써야 한다고 생각했다.

주희의 이러한 생각을 퇴계는 지지하였다. 그러나 퇴계는 주희의 지나친 엄숙주의를 다소 수정하여 공부의 과정에서도 즐거움의 경지가 있음을 긍정하였다.

---

62) 『論語』, 「雍也」, "賢哉! 回也. 一簞食, 一瓢飮, 在陋巷, 人不堪其憂, 回也不改其樂, 賢哉! 回也."

63) 주희, 『주자어류』, 권31 "問 '顏子之樂, 只是天地間至富至貴底道理, 樂去求之否?' 曰, '非也. 此以下未可便知, 須是窮究萬理要極徹.' 已而曰, '程子謂將這身來放在萬物中一例看, 大小大快活. 又謂人於天地間, 竝無窒礙, 大小大快活, 此便是顏子樂處. 這道理在天地間, 須是直窮到底至纖至悉十分透徹, 無有不盡, 則與萬物爲一, 無所窒礙, 胸中泰然, 豈有不樂?'; 권31, "先賢到樂處, 已自成就向上去了, 非初學所能求. 況今之師, 非濂溪之師, 所謂友者, 非二程之友, 所以說此事, 却似莽廣. 不如且就聖賢着實用工處求之, 如克己復禮致謹於視聽言動之間, 久久, 自當純熟充達向上去."

〈樂天〉

聞道樂天斯聖域	도를 깨달아 하늘을 즐김은 성인의 경지
惟顔去此不爭多	안연만이 이 경지에서 그리 멀지 않았지
我今唯覺天堪畏	나는 지금 하늘은 敬畏할 만하다고 알 뿐이지만
樂在中間可詠歌[64]	그 사이에도 즐거움 있어 노래할만 하다네

퇴계는 하늘과 합일되는 데서 오는 즐거움은 공자와 같은 성인만이 느낄 수 있는 경지라고 규정한다. 그리고 안연만이 공자의 경지에 거의 다가갈 수 있었다고 하였다. 전환이 이루어지는 3句부터는 공자와 안연의 경지에 미치지 못하는 퇴계 자신의 정신경계를 서술한 것이다. 퇴계는 자신이 지금 공자의 경지는 물론 안연의 경지에도 도달하지 못해 다만 하늘을 畏敬하고 있을 뿐이라고 했다. 그러나 그는 결구에서 하늘을 외경하면서 자신을 극복해 가는 공부의 과정에도 즐거움이 있음을 인정하였다. 퇴계는 공자와 안연의 즐거움을 섣부르게 추구해서는 안 되고 하늘을 畏敬하면서 자신을 엄숙하게 다스리는 공부에 힘써야 한다고 강조하였지만, 동시에 그는 자신을 다스리는 공부 과정에도 즐거움이 존재함을 긍정하였다.

안연이 즐거워했던 경지를 찾는 것이 진정한 공부라는 소재의 주장은 주희의 敬이 지닌 엄숙주의를 거부하는 것이었다. 그뿐만 아니라 소재가 찾으려 했던 즐거움은 불완전한 자신을 극복해 가는 과정에서 느끼는 퇴계의 즐거움과도 일치하는 것이 아니다. 소재는 인간의 마음은 그 자체로 하늘과 일치하는 것이라고 생각하고 있었다. 그에게 공부는 하늘과 일치된 본래의 자기를 시시각각으로 체증하는 일이었고 그것은 결국 천지만물과 일체가 되는 체험이기에 그 자체로 즐거운 경지이다. 그러나 퇴계가 위

64) 이황, 『퇴계집』, 권3, 101면.

의 시에서 '하늘은 다만 외경할 만한 존재' 라고 말한 것에서 확인할 수 있듯이, 주희와 퇴계는 인간과 하늘 사이에 거리가 엄존함을 강조하였다. 따라서 퇴계는 하늘과 합일되는 경지에 도달하기 위해서는 불완전한 자기를 극복하는 克己의 공부가 오랜 세월 누적되어야 한다고 생각하였다.

소재의 공부 방법이 주희의 공부 방법과 다른 것이었음은 「復題」의 제2수인 다음의 시에서도 명확하게 볼 수 있다.

參尋此境方知道	이 경계에 참여하여야 바야흐로 도를 아는 것이니
道在何時在靜虛	도는 어디에 있는가 虛靜한 마음에 깃들어 있네
糟粕已多光景遠	고인이 남긴 말 너무 많아 본원에서 멀어졌으니
不容長負百年居[65]	인을 오래도록 버려두는 것 용납해서는 안되네

소재는 안연이 즐거워했던 경계에 참여해야만 도를 알 수 있다고 말한다. 안연이 즐거워했던 경지는 바로 하늘과 합일되는 경지이다. 소재는 하늘·道가 虛靜한 마음에 존재한다고 생각한다. 그에게는 성인의 말씀을 기록한 經典도, 원래 말이 없는 하늘 그리고 이와 일치된 허정한 마음과는 이미 멀어진 불완전한 언어에 불과한 것이다. 그리고 그렇기 때문에 경전의 문구에 집착하는 것은 인간이 마땅히 머물러야 하는 집[66]인 마음을 버려두고 이와 멀어진 곳에서 길을 잃고 헤매는 것이 된다.

위의 시들은 敬을 위주로 하는 엄숙주의와 경전에 대한 학습을 강조한 주희의 공부론을 부정하는 내용을 담고 있다. 이러한 소재의 공부론은 마음과 천리를 하나로 보는 그의 심성관과 긴밀하게 관련되어 있었다. 소재

---

65) 권5, 188면.

66) 『맹자』, 「滕文公下」, "居天下之廣居, 立天下之正位, 行天下之大道."

의 독특한 심성관은 晦齋의 別墅를 찾아가서 창작한 연작시인 「玉山十四詠」에 아주 뚜렷하게 제시되어 있다.

〈洗心臺〉

有物本無形	본래 형체가 없는 物이 있으니
垢埃靡所汚	더러운 먼지가 물들일 수 없다오
將何以洗之	장차 어떻게 씻어서
得見眞面目[67]	진면목을 보겠는가!

玉山은 晦齋 李彦迪의 세거지인 안강 양좌동의 紫玉山을 말한다. 회재는 이곳에 別墅를 짓고 독서와 수신의 장소로 삼았다. 위의 시는 회재의 별서에 있는 洗心臺를 읊은 작품이다. 소재는 누대의 이름을 풀이하면서 자신의 독특한 심성관을 제기하였다. 그는 우선 마음은 본래 형체가 없기 때문에 먼지와 때가 침입할 수 있는 것이 아니라고 말한다. 그리고 이어서 먼지와 때가 침입할 수 없는 마음은 원래 씻을 수 있는 것이 아니라고 하였다.

소재는 "욕망은 인간의 본성이니 닦아서 도에 이르는 것이 아니다."라고 했었다. 이 시에서도 마음은 원래 완전하기에 먼지와 때가 더럽힐 수 있는 것이 아니니 원래 씻을 수 없다고 주장하였다. 이 시에서 소재가 형용한 마음은 주자학에서는 本性에 해당한다. 주희는 '그림자도 형체도 없는 物'이라는 용어를 주로 본성을 형용할 때 사용하였다. 그리고 "본성은 닦을 수 없으니 본성을 닦는 것은 싹을 뽑아 올리는 것이다."라고 하였다.[68] 그러나 소재는 본성과 마음을 구별하지 않고 마음은 그 자체로 완전한 것이

67) 권5, 191면.

68) 주희, 『주자어류』, 권62, "性不容修, 修是揠苗."

라서 씻어야 할 만한 먼지와 때가 없다고 말한다. 소재의 이러한 심성론을 양명학의 심성론을 계승한 것이라고 할 수 있다.

3. 『大學集錄』의 편찬

소재는 母親喪으로 여막에서 지낼 때인 69세(1583년) 때부터 70세(1584년)까지 송명의 유자들과 우리나라의 권근 · 이언적의 대학설을 모아서 『大學集錄』을 편찬하는 작업을 진행하였다.[69] 『大學』은 원래 『禮記』에 속해 있었는데 정이와 주희가 독립된 하나의 책으로 정리하여 『四書』에 포함하면서 성리학의 핵심 典籍이 되었다. 주희는 『대학』의 全文을 三綱領 八條目을 제기한 經과 이 경을 해설한 傳으로 나누고, 經은 孔子의 뜻을 曾子가 서술한 것이고 傳은 曾子의 뜻을 그의 제자들이 기록한 것이라고 하였다. 주희는 이 傳이 經의 三綱領과 八條目을 순서에 따라 조목조목 설명한 것으로 생각하여, 『예기』본 『대학』에서 誠意에 대한 설명이 傳의 첫머리에 있는 것은 글의 순서가 뒤바뀐 것[錯簡]이고, 格物致知에 대한 설명이 없는 것은 원래 있던 것이 사라져버린 것[闕文]이라고 주장하였다. 그리고 스스로 傳의 次序를 옮기고 格物致知의 傳을 보충해 넣어 『대학장구』를 만들었다.[70] 이 주희의 『대학』 개정 작업은 格物致知를 중심으로 하는 主知主義的 공부 방법을 유가 공부법의 핵심으로 확정하려는 의도와 관련되어 있다.

---

69) 「소재선생연보」에서는 소재가 1583년 12월에 『대학집록』을 편찬하였다고 기록하였다. 그러나 『대학집록』에 1584년 2월에 지은 「회재선생대학보유후발」이 수록되어 있는 것을 보면 『대학집록』을 편찬하는 일은 1583년에 시작되어 1534년 2월 이후에 완성되었음을 알 수 있다.

70) 진래, 『양명철학』, 예문서원, 2003, 202~203면 참조.

소재의 『대학집록』은 이 주희의 『대학』 개정 작업을 부정하는 宋明의 유자들과 우리나라 先儒들의 대학설을 모아 편집한 책이다.

이 책의 목차는 다음과 같다.

1. 程顥 「改正大學」
2. 程頤 「改正大學」
3. 黃震 『黃氏日抄』, 「讀禮記」
4. 蔡淸 『蒙引』
5. 『宋史』 「王柏傳」
6. 王守仁 「古大學」
7. 王守仁 「大學問」
8. 王守仁 「大學古本序」
9. 都穆 『聽雨紀談』
10. 權近 『入學圖說』,
11. 盧守愼 「晦齋先生大學補遺後跋」

이 책에서 가장 주목할 것은 왕수인의 「大學問」과 「大學古本序」가 실려 있다는 점에 있다. 「大學問」과 「大學古本序」는 모두 양명학의 핵심을 전하는 왕수인의 중요 저작들이다. 소재가 이 책을 편찬한 때는 퇴계가 양명학을 적극적으로 변척한 직후였고 퇴계를 따르는 사류들 사이에서 양명학 비판의 분위기가 고조되어 가던 시기였다.[71] 게다가 퇴계가 이미 董槐, 黃震 등의 대학설이 잘못되었다고 명확하게 지적하고,[72] 율곡이 회재의 『大

71) 퇴계는 1566년 「傳習錄論辯」을 지어 양명학을 변척하였다.

72) 이황, 『퇴계집』, 권11, 「答李仲久 別紙」, 307면.

學章句補遺』를 적극적으로 비판한 뒤였다. 소재는 퇴계와 율곡이 비판했던 先儒들의 대학설을 모아서 책을 편찬하고 이를 학자들이 참고하기를 바랐다. 소재가 이 책을 편찬한 목적은 陽明學을 후대의 학자들에게 전하려는 의도와 무관하지 않은 것으로 보인다.

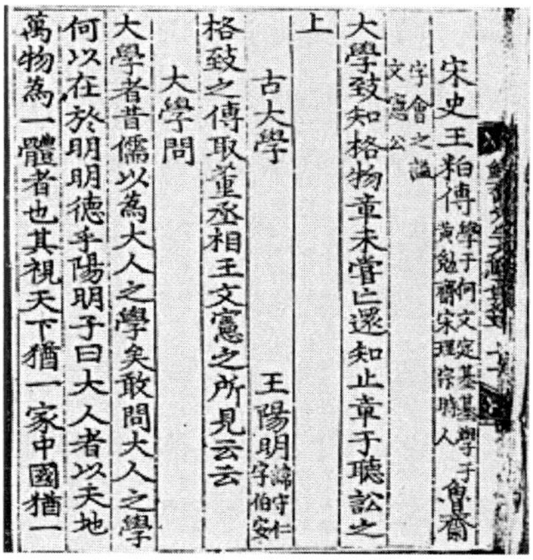

『穌齋先生大學集錄』

소재 종가에 보존된 『大學集錄』은 표지 제목이 『先祖穌齋先生大學集錄』이고 版心題는 『穌齋先生大學集錄』인, 1책 10行 18字 25장, 四周雙邊, 內向3葉花紋魚尾의 목판본이다. 이 책에는 跋文이나 刊記가 남아 있지 않기 때문에 刊行年이나 刊行者를 알 수 없다.

『穌齋先生大學集錄』 외에 소재가 編輯한 것으로 되어 있는 『改正大學』이라는 제목의 책이 연세대학교 도서관과 玉山書院에 소장되어 있다.[73] 이 『改正大學』의 말미에는 '1602년 玉山書院에서 重刊하였다[萬曆壬寅, 玉山重刊]' 는 刊記가 있다. 그런데 흥미롭게도 옥산서원에서 간행한 『개정대학』에는 왕수인, 권근, 노수신의 저작이 모두 빠진 채 나머지 학자들의 글만이 실려 있다. 『改正大學』은 晦齋 李彦迪의 대학설을 왕수인의 대학설과 연관하여 설명하고 있는 소재의 저작이 사류들 사이에서 유통되는 것을 막기 위해서 옥산서원에서 의도적으로 간행한 책으로 추정된다.[74]

소재는 생전에도 그랬지만 사후에도 주희의 인심도심설에 이견을 제시

73) 이 책은 아세아문화사에서 출판한 『大學章句補遺』에도 실려 있다.

74) 이 옥산서원 간행본 『개정대학』은 아세아문화사에서 영인한 회재의 『대학장구보유』에도 실려 있다.

했고 퇴계와 사상적으로 대립했다는 점에서 후배 사류들로부터 거센 비판을 받았다.[75] 소재 사후 제자들은 소재의 젊은 날 저작들을 끌어다가 소재의 만년 사상이 주자학에 위배되는 것이 아니었음을 증명하기 위해 애를 쓰고 있었다.[76] 소재를 곁에서 모신 가장 가까운 제자였던 康復誠은 「年譜」에서 소재가 편찬한 책을 『改正大學』이라고 命名하고 하고, 이를 "『大學』의 錯簡을 개정한 宋과 明의 유자들의 대학설을 모은 책이다."라고 설명하였다.[77] 소재가 원래 편찬한 책에는 『개정대학』에 실려 있는 錯簡을 改正한 宋明 儒者들의 대학설뿐만 아니라 주희의 錯簡說과 闕文說을 모두 부정하고 고본 『대학』의 체제가 그 자체로 완전하다고 주장한 왕수인의 대학설

---

75) 李埈, 『蒼石集』(『문집총간』65, 민족문화추진회, 1991), 續集 권5, 「題齋詩後」, 33면 "上年秋穌齋自賢祠從祀而躋配位, 人有言 '此老認欲爲性, 不合配享', 滕羣唱而和, 堅不可破." ; 『선조실록』, 권22, 선조 21년, 1월 5일, "'彼盧守愼, 粗知讀書, 而與滉相反, 僞學也.' 引其欲者人之性."

76) 李埈, 『蒼石集』, 속집 권5, 「題穌齋詩後」, 33면, "穌齋贈西厓詩曰, '欲者人之性, 人皆不可無.' 此因論學而患物欲之爲心害而發也. 古之言性, 多從氣質而言, 曰動心忍性, 曰人之性有昏明强弱, 曰食色固出於性, 曰惡亦不可不謂之性, 穌齋之所謂性, 其亦類於此歟. …… 其言曰, '人之生也, 性仁義禮智, 然寓在形氣, 則不能無耳目口鼻愛惡之欲, 但中理中節爲天理, 無理無節爲人欲. 此聖人所以必加精一之功也云云.' 此言天性本善, 而滾在氣質中, 有食色之欲, 所謂欲卽人心惟危, 雖上智不能無者也. 其理欲之分, 剖析之詳如是, 則其詩之所謂性者, 可知其指氣質, 而然無註脚以明之, 而惟孤行五字, 則其語意旣欠於圓備矣." ; 속집 권4, 「與鄭景任」, 8면, "近閱穌齋集, 見其論性處, 多少洞快, 尤信 '欲者人之性' 一句, 乃就形氣上言. 嘗爲此老每謂此性字指形氣而言, 分疏雖力, 人皆不信. 今見此言, 始知此見之不謬也. 玆錄其說如左. 朝講因不邇聲色而進言曰, '盖人之生也, 性仁義禮智. 然寓在形氣, 則不能無耳目口鼻愛惡之欲, 舜所謂人心也. 天理人欲, 同行異情, 聲色之心, 堯桀無異, 但中理中節爲天理, 無理無節爲人欲. 二者雜於方寸之間, 不知所以治之, 則人心之危, 其發也如銛鋒悍馬, 任情縱欲云云.' 夫人欲之非天性, 凡人尙皆知之, 豈此老之所味? 而人之功之者甚迫, 尙以爲歎, 今幸所疑之始豁然也. 若退溪先生之詩, 恐是朋友間責望之語. 且念蘇老人心道心之辨, 爲先生所嘗規正, 豈非此老所見之差, 而更加規益於此詩也. 在先生規之則可矣, 在後學不當輕論先輩也."

77) 강복성, 『穌齋集』, 「穌齋先生年譜」, 305면, "撰輯改正大學. 大學錯簡, 自程朱至于大明諸儒, 各有改正, 互相不同, 先生裒集爲一册, 以便學者考閱."

과 우리나라의 권근 · 이언적의 대학설이 함께 수록되어 있었다. 강복성은 소재의 대학 관련 저작을 『개정대학』으로 명명하였다. 강복성은 소재의 다른 제자들과 마찬가지로 소재의 사상을 이단으로 지적하는 후인들의 비판에서 소재를 보호하고자 하는 의도에서 이렇게 기록한 것으로 보인다.

소재 종가 소장본 『穌齋先生大學集錄』은 간행 일자가 『개정대학』보다는 이를 것으로 추정한다. '1602년 玉山書院에서 重刊하였다[萬曆壬寅, 玉山重刊]' 는 刊記가 있는 것을 통해 알 수 있듯이, 『개정대학』은 『대학집록』을 옥산서원에서 다시 편집하여 간행한 판본이다. 澤堂 李植이 "소재가 『대학』을 개정하였는데 그것이 모두 陸王의 뜻에서 나왔다."[78]라고 언급한 것을 통해 원래 소재가 편찬한 책에는 왕수인의 대학설이 포함되어 있었음을 알 수 있다. 旅軒 張顯光은 "소재의 『개정대학』에 黃震, 蔡清, 方孝儒, 都穆의 대학설이 실려 있었다."고 하였다.[79] 여헌이 본 책은 옥산서원에서 간행한 『개정대학』이었을 것이다. 靜觀齋 李端相은 "蘇齋의 『大學集錄』을 열람하였는데 떨어져 나간 것이 많았다."라고 하고, "고금의 여러 『대학』 개정본과 격물치지설을 모아 소재가 이미 편집한 책을 모방하여, 상하 두 편으로 나누어 『예기』 원본과 정명도 · 정이천 · 고정 선생이 개정한 것과 동괴 · 황진 · 채청 등 여러 선현께서 경전의 내용을 고친 것을 상편으로 삼고 회재 선생의 「대학보유」로 마무리하였고, 왕백 · 송렴 · 방효유 · 도목 · 나흠순 · 왕수인에서 우리나라의 권양촌 · 이퇴계 · 노소재 · 율곡 선생과 우리 선조 월사 선생 등 여러 선현께서 격물치지의 전에 대해 논한 것을 하편으로 삼고 장여헌의 회재선생보유도로 마무리를 하여 『大學集覽』

78) 李植, 『澤堂集』, 別集 권15, 「示兒代筆」, "又改定大學章句, 其言皆陸王意也."

79) 張顯光, 『旅軒先生集』(『문집총간』60, 민족문화추진회, 1988), 속집 권5, 「錄疑俟質」, "黃慈溪震字東發, 著日抄, 蔡虛齋著蒙引, 方正學孝孺題大學篆書正文, 後吳郡都穆有聽雨記談, 皆各有是說, 而備載於盧蘇齋編集改正大學中."

을 편찬하였다."라고 하였다.[80] 정관재가 소재의 저작을 모방하여 편찬한 『대학집람』에 왕수인과 우리나라 학자들의 대학설이 수록되어 있는 것을 보면 정관재가 본 책은 옥산서원 간행본 『대정대학』이 아닌 종가 소장본 『穌齋先生大學集錄』과 동일한 책이었을 것이다.

소재는 『대학집록』의 첫머리에 程顥와 程頤의 『대학』 개정안을 간략하게 기재하였다. 정호의 『대학』 개정안은 주희의 『대학장구』와 비교하면 "康誥曰" 이하 삼강령을 설명하는 傳文을 "物有本末"의 일절 아래에 두었던 점과 "子曰聽訟"의 일절을 治國平天下의 傳文에 편입시킨 점이 다르다. 정이의 『대학』 개정안은 經에서 "子曰聽訟"의 일절을 經文 끝에 둔 것과, 傳에서 격물치지의 傳文으로 남아 있던 구절인 "此謂知本, 此謂知之至也"를 삼강령을 풀이하는 "康誥曰" 앞에 두었다는 점이 주희와 다르다.

정호와 정이의 『대학』 개정안에 이어서 주희의 格物致知 補傳을 부정하고 『대학』 經文에서 격물치지의 傳을 찾아 보충하였던 黃震과 蔡淸의 대학설을 기재하였다. 黃震은 『黃氏日抄』 「讀禮記」에서 『예기』 본 『대학』 원문을 기록한 「禮記元文」과 주희의 『대학장구』와 『대학혹문』을 합하여 간략하게 만든 『대학장구』 요약본, 그리고 마지막으로 자신의 『대학』 개정안을 순서대로 기재하였다. 황진의 『대학』 개정안은 송의 董槐의 설을 참용하여 『대학』 經文에서 "知止而后有定, 定而后能靜, 靜而后能安, 安而后能慮, 慮而后能得"의 一節과 "物有本末, 事有始終, 知所先後, 則近道矣"의 一節, 그리고

80) 李端相, 『靜觀齋集』(『문집총간』130, 민족문화추진회, 1994), 권8, 「答宋同春」, "曾見盧蘇齋有大學集錄, 而多有疎漏處." ; 李端相, 『靜觀齋集』, 권14, 「關西問答錄跋」, "不佞又嘗妄以晦齋先生大學章句補遺一篇, 仍加裒集, 遂以古今大學改正諸本及格致諸說, 倣蘇齋盧相國之所已編錄者, 而分爲兩篇, 以禮記元本及明道伊川考亭三先生所改正者與董丞相黃慈溪蔡虛齋諸先正之所移易經傳者爲上篇, 而以晦齋先生補遺終焉, 以王魯齋宋潛溪方正學都南濠羅整菴王陽明, 以至我朝權陽村退溪先生盧蘇齋栗谷先生與不佞先祖考月沙先生諸先正之論格致傳之說爲下篇, 以張旅軒之晦齋先生補遺圖終焉, 名曰大學集覽."

"子曰聽訟吾猶人也, 必也使無訟乎! 無情者不得盡其辭, 大畏民志, 此謂知本, 此謂知之至也"의 一節을 하나로 묶어 격물치지의 傳文으로 삼은 것이었다. 소재는 황진의 「讀禮記」에서 「예기원본」과 황진의 『대학』 개정안의 격물치지 전과 관련된 부분만 절취하여 수록하고 나머지는 생략하였다. 여기까지만 보아도 『대학집록』의 편집 목적이 주희의 격물치지설을 부정하려는 데 있음이 드러난다.

明의 채청은 『四書蒙引』 『대학』 부분에서 '宋의 董槐, 王柏, 葉夢鼎, 明의 宋濂, 方孝儒 등이 주희의 闕文說을 부정하고 經文에서 格物致知 傳文을 찾아 보충하는 설을 내었음을 설명하고, 이들의 대학설을 약간 수정한 자신의 『대학』 개정안을 제시하였다. 그의 대학설은 황진과 거의 유사하나 "知止而后有定"의 일절과 "物有本末"의 일절의 순서를 바꾸어 "物有本末"의 일절을 앞에 둔 것만이 다르다. 그는 "聖賢의 經傳은 一家의 책이 아니므로 그 설명 또한 한 사람이 온전히 다 할 수 있는 것은 아니다."라고 하면서, 주희의 격물치지 보전의 의의를 부정하였다. 소재는 채청의 『四書蒙引』에서도 격물치지 錯簡說과 관련된 이 부분들만을 수록하였다.

소재는 이외에도 『宋史』의 「王柏傳」에서 "대학의 致知格物 傳은 없어진 것이 아니며 '知止' 章은 '聽訟'의 위에 있었다."라고 했던 王柏의 대학설을 기록한 구절과, 都穆의 『聽雨記談』에서 황진, 동괴, 방효유, 송약수의 대학설을 소개하는 단문을 절취하여 『대학집록』에 수록하였다.

『대학집록』에서 가장 많은 분량을 차지하는 것은 왕수인의 저작인 「古大學」, 「大學問」, 「大學古本序」이다. 「고대학」에서는 "격물치지의 설은 동괴와 왕백의 설을 취한다."는 짧은 구절만을 절취하여 수록했고, 「대학문」과 「대학고본서」는 全文을 수록하였다. 「대학문」은 왕수인이 죽기 1년 전에 구술한 것을 錢德洪이 받아 적은, 王門의 敎典이라고 불리는 중요한 글이다. 이 글에 내포된 왕수인의 대학설은 다음과 같다. 첫 번째 明德은 仁

이고 인을 실현하는 데 있어 明明德이 體가 되고 親民은 用이 되니 明明德과 親民은 구별되는 두 가지 일이 아니다. 두 번째 至善은 마음 밖에 객관적으로 존재하는 천리가 아니라 바로 明德이고 良知이다. 셋째 身·心·意·知·物은 공부가 행해지는 條理로 대상은 다르지만 실은 一物이며 格·致·誠·正·修는 조리에서 행하는 공부로 이름은 다르지만 실은 한 가지 일이다. 넷째 致知는 내 마음의 良知를 확충하는 것이지 지식을 넓히는 것이 아니다. 다섯째 格物의 物은 意가 향하는 바의 物이고 格은 이를 바로 잡는 것으로 선을 행하고 악을 제거하는 것이다. 이처럼 「대학문」에는 왕수인 사상의 핵심이 거의 모두 표명되어 있다.

「대학고본서」는 誠意를 중심으로 하는 고본 『대학』이 그 자체로 완전한 책임을 주장하는 글이다. 왕수인은 이 글에서 "格物, 致知, 誠意는 서로 분리할 수 없는 것인데 성인이 마음 밖에서 至善을 구할까 우려하여 그 말을 반복하였다."고 하고, "주희가 구본을 잘라서 분장한 것으로 말미암아 성인의 뜻이 사라지게 되었다."고 하였다.[81]

앞에서 살펴본 황진과 채청 등의 대학설이 주희의 錯簡說을 인정한 바탕에서 주희의 격물치지 보전의 의의만을 부정하는 것이라고 한다면 왕수인의 「대학문」과 「대학고본서」는 주희의 『대학』 개정 작업을 전면적으로 부정하고 고본 『대학』이 그 자체로 완전한 책임을 주장한 것이다.

소재는 이 책에 우리나라 학자인 권근과 이언적의 대학설도 수록하였

81) 王守仁, 『穌齋先生大學集錄』, 「大學古本序」, "至善也者, 心之本體也. 動而後有不善, 而本體之知, 未嘗不知也. 意者, 其動也, 物者, 其事也. 致其本體之知, 而動無不善. 然非卽其事而格之, 則亦無以致其知, 故致知者, 誠意之本也, 格物者, 致知之實也. 物格則知致, 意誠而有以復其本體, 是之謂止至善. 聖人懼人之求之於外也, 而反覆其辭, 舊本析, 而聖人之意亡矣. 是故不務於誠意, 而徒以格物者, 謂之支, 不事於格物, 而徒以誠意者, 謂之虛, 不本於致知, 而徒以格物誠意者, 謂之妄. 支與虛與妄, 其於至善也遠矣. 合之以敬而益綴, 補之以傳而益離. 吾懼學之日遠於至善也, 去分章而復舊本, 傍爲之釋."

다. 권근은 『入學圖說』에 보이는 대학설을 수록하였다. 소재는 『입학도설』「大學指掌之圖說」에서 주희의 格物致知 補傳에 대해 논한 부분만을 절취하여 『대학집록』에 수록하였다. 권근은 이 글에서 자신이 經의 "知止而后有定"의 일절과 "物有本末"의 일절을 격물치지의 傳으로 삼았던 董槐와 黃震의 설을 지지했던 적이 있었음을 밝혔다. 그러나 그는 곧 "知止而后有定"의 일절은 격물치지를 통해 얻은 효과를 말한 부분이고 격물치지는 공부에 있어 가장 먼저 착수해야 하는 곳이기 때문에 이 부분이 격물치지의 전이 될 수 없다고 생각하게 되었다고 했다. 그리고 "能得도 明明德과 新民이 머물 바를 얻었음을 말한 것이기 때문에 격물치지의 전문이 될 수 없고, 게다가 이 절이 격물치지의 전이 되면 이 절을 설명하고 있는 聽訟 章은 놓아둘 곳이 없게 된다."고 했다.[82] 이는 경문의 "知止而后有定, 定而后能靜, 靜而后能安, 安而后能慮, 慮而后能得"의 一節을 격물치지의 전문으로 볼 수 없다는 견해이다. 그러나 권근은 다음과 같은 주장을 덧붙였다.

> 다만 이른바 格物은 窮理의 일이고 扞格外物이 아님은 다른 책을 증거로 삼을 필요도 없이 이 절의 문세에서 살펴 알 수 있을 것이다. 이미 "物有本末, 事有始終, 知所先後, 則近道矣."라고 했고 또 "致知在格物"이라고 했으니, 物은 外物이 아니고 格은 扞格이 아니며 (격물은) 치지와 더불어 두 가지 일이 될 수 없다는 의미가 절로 명백하게 드러난다. 전에 비록 궐문이 있기는 하지만 經文에서 절로 上文의 語緖를 찾아볼 만한 것이 있다.[83]

---

82) 權近, 『入學圖說』, 「大學指掌之圖說」, "學者問曰, '先賢董公嘗以大學經中自知止而后有定至則近道矣兩節爲格物致知之傳, 黃氏亦取之矣. 是果能得朱子之所未得者歟?' 曰, '愚嘗觀此, 服其用意之深, 而所見之卓, 服膺不忘, 蓋亦有年. 以今考之, 有未安者. 夫所謂知止者, 物格知至以後之效, 而格物致知者, 大學最初用力之地也. 諸傳自誠意章而下, 皆以工夫而言, 不應於此遽先以效言之也. 所謂能得者, 明明德新民皆得所止之事, 不應遽及於致知之傳也. 且以此節爲致知之傳, 則聽訟章, 又無所着落矣. 朱子於此, 豈不遽之審哉!"

여기서 권근은 '格物은 扞格外物이 아니다' 라고 하였다. 扞格外物은 司馬光의 격물 해석으로 '외물의 유혹을 물리친다' 는 의미이다. 이에 대하여 주희는 "道와 物은 서로 떨어져 존재하는 것이 아니기 때문에 外物을 버리고 도를 구하는 것은 옳지 않다." 고 하면서, 이러한 수양법은 불가의 수양법과 유사한 것이라고 비판하였다. 권근은 이러한 주희의 설을 지지한다. 그렇지만 그는 또 "格物의 物은 外物이 아니고 格物과 致知는 두 가지 일이 아님을 경문의 物有本末의 절에서 볼 수 있다." 고도 했다. 권근은 비록 주희의 격물치지 보전의 의의를 긍정하고는 있었지만, 格物의 物이 外物이 아니라고 하여 주희와는 다른 설을 내었고 "物有本末" 일절에서 격물치지에 대한 설명의 일단을 볼 수 있다고 하여 황진과 동괴의 대학설도 완전히 부정하지는 않았다.

"知止而后有定" 의 일절이 격물치지의 효과를 말하고 있기 때문에 격물치지의 전이 될 수 없다는 권근의 견해에 대하여, '고본 『대학』에 격물치지의 傳으로 남아 있는 결어가 "此謂知之至也" 이기 때문에 이 결어 위에 있었던 궐문은 知至의 효과를 말하는 부분이어야 한다' 는 異議가 제기될 수 있다.[84] 이러한 異議에 대하여 권근은 "此謂知之至也" 앞에 격물치지의 효과를 말한 부분이 와야 하는 것은 맞지만, 공부를 말하지 않고 갑자기 효과만을 말하는 것은 옳지 않다고 하면서 만약 이 절이 격물치지의 전이라고 하더라고 그 앞에는 반드시 공부를 말한 궐문이 있을 것이라고 하였다.[85]

---

83) 권근, 『入學圖說』, 「大學指掌之圖說」, "但所謂格物爲窮理之事, 而非扞格外物者, 則必不證以他書, 而於此節文勢, 可尋而知之矣. 既曰 '物有本末事有始終, 知所先後則近道矣.', 又曰 '致知在格物', 則物非外物, 格非扞格, 而與致知非爲兩事者意明白, 其傳雖闕, 而於經文自有上文語緖之可尋者矣."

84) 권근, 『입학도설』, 「大學指掌之圖說」, "子曰, '以知止爲物格, 知止以後之效, 不應先言於用力之初者.' 似矣. 然以傳之結語考之, 則曰此謂知之至也, 則其上闕文必以知至之效言者也."

이러한 주장을 살펴보면 권근이 동괴·황진의 격물치지설을 완전히 부정하지는 않았음을 다시 확인할 수 있다.

『대학집록』의 말미에 소재가 직접 쓴 「晦齋先生大學章句補遺後跋」이 수록되어 있다.[86] 소재는 먼저 회재의 대학설이 宋의 동괴, 황진, 왕백, 송약수, 방효유, 채청과 같이 주희의 격물치지 보전을 회의하고 대학의 경문에서 격물치지의 전문을 찾아 보충하는 것이었다고 서술하였다. 동괴·황진 등의 대학설은 "知止而后有定"의 일절과 "物有本末"의 일절 그리고 "子曰聽訟"의 일절을 격물치지의 전으로 삼는 것이었고, 채청은 "知止而后有定"의 일절과 "物有本末"의 일절의 순서를 바꾼 것만이 이들과 다르다. 회재의 대학설은 채청과 마찬가지로 "物有本末, 事有始終, 知所先後, 則近道矣."의 일절과 "知止而后有定 定而后能靜, 靜而后能安, 安而后能慮, 慮而后能得."의 일절을 합쳐서 격물치지의 전으로 삼되 채청과는 다르게 "子曰聽訟" 이하의 일절을 따로 분리하여 經文의 끝에 두는 것이었다.[87] 소재는 이러한 회재의 대학설을 지지하면서 회재가 동괴, 황진, 채청 등의 대학설을 다시 개정한 이유를 설명한다.

앞서 살펴본 대로 권근은 "知止而后有定"의 일절이 격물치지의 효과를 말한 부분이기 때문에 격물치지의 전이 될 수 없다고 하였다. 그리고 지금 남아 있는 격물치지의 전문이 "此謂知之至也"이기 때문에 이 앞에는 격물치지의 효과를 말한 부분이 와야 한다는 의문이 제기되자 "知止而后有定"의 일절이 격물치지의 전이 된다 하더라도 앞에 반드시 공부를 말하는 궐

85) 상동, "曰, 傳之結語以效而言, 則其上闕文必是知止之效, 然必先言其功而後及其效, 有如補傳之意矣. 不應不言其功而遽及其效, 故雖將此節爲傳, 知止之上, 又當別有闕文也."

86) 이 글은 『蘇齋集』에도 실려 있다.

87) 권7, 「晦齋先生大學補遺後跋」, 215면, "乃董文靖公持拈知止物有聽訟三節, 爲格致傳, 如王黃宋方蔡公諸見皆同, 惟虛齋以中節居首, 至吾先生說, 與之暗合若符節. 但斷以其末節, 上係經文, 爲結語曰從程子者, 爲獨異."

문이 있을 것이라고 하였다. 이러한 주장은 권근뿐만 아니라 율곡 이이에 의해서도 제기된 바 있다. 율곡은 「晦齋大學補遺後議」에서 회재처럼 "物有本末"의 일절을 격물치지의 전으로 삼아 物의 本末終始만을 궁구하는 것으로 格物을 설명한다면 窮理 공부에 빠지는 것이 있게 된다고 비판하면서, '사물의 所當然과 所以然을 窮究하여 사물의 表裏精粗에 이르지 않음이 없는 것'으로 설명한 주희의 설이 타당하다고 하였다. 그는 또 "知止而后能定"의 일절은 格物致知를 통하여 얻은 효과를 말하는 것이니 만약 이 절이 격물치지의 전이라면 격물치지의 공부를 실제로 어떻게 해야 하는지에 대해서는 알 수 없게 된다."고 주장하였다.[88] 소재는 이러한 비판에 맞서 "表裏精粗는 本末始終을 해석한 것이고 全體大用은 知止能得을 해석한 것이니 주희의 보전과 회재의 설이 맞지 않는 것이 없다."고 주장한다.[89] 소재는 "物有本末"의 일절은 天理를 窮究하여 사물의 表裏精粗에 이르는 格物工夫를 말한 부분이고 "知止而后有定"의 일절은 내 마음의 全體大用이 밝혀지지 않음이 없는 경지인 致知를 말한 부분임을 설명한 것이다. 소재는 권근이 동괴, 황진의 대학설을 신뢰할 수 없는 근거로 제기한 문제들이 회재의 대학설에서 해소되었음을 논리적으로 설명하면서 율곡의 회재 대학설에 대한 비판에 반론을 제시하였다.

소재는 이어서 회재가 황진, 채청의 대학설을 수정하여 "子曰聽訟"의 일절을 경문의 끝에 둔 것을 긍정한다. 권근은 만약 "物有本末"의 일절이 격

88) 이이, 『栗谷全書』(『문집총간』45, 민족문화추진회, 1988), 권14, 「晦齋大學補遺後議」, 300면, "經文二節置之格物之章, 文義似順, 第未知必然否也. 但窮理者, 窮其所當然與其所以然, 而表裏精粗, 無所不盡, 則本末先後, 在其中矣. 若只窮其本末始終而已, 則無乃窮理功夫有所遺漏乎? 知止云云一節, 只言其效而已, 由是觀之, 雖欲由經文而下格物致知功夫, 實不得其下手處矣, 不如程朱二先生之說爲詳盡而有功程可進也."

89) 권7, 「晦齋先生大學補遺後跋」, 215면, "試就補傳而讀之, 以表裏精粗, 釋本末終始, 全體大用, 釋知止能得, 不見其有不合, 非耶!"

물치지의 傳이 된다면 주희에 의해 經의 "物有本末"의 일절을 설명하는 傳으로 해석한 "子曰聽訟"의 일절을 놓아둘 곳이 없게 된다고 비판하였다. 그러나 회재의 대학설은 "子曰聽訟"의 일절을 經文의 끝에 두는 것이기 때문에 문제될 것이 없다. 게다가 소재는 "子曰聽訟의 일절이 경문 끝에 오면 바로 위에 있는 '自天子至於庶人, 壹是皆以修身爲本'과 서로 부합하여 修身이 八條目의 근본이 된다는 의미가 명료해진다."고 주장한다.[90]

이와 관련하여 소재는 주희가 "物有本末"에 대하여 明德을 本으로 新民을 末로 하여 두 가지의 物이 相對하는 것으로 本末을 해석한 것은,[91] '本末'의 원래 字意와 맞지 않는 무리한 해석이라고 비판하였다.[92] 왕수인은 「大學問」에서 이 주희의 本末 해석을 비판하면서 "나무의 根幹을 本이라고 하고 나무의 가지 끝을 末이라고 하니, 하나의 物이기에 本末이라고 하는 것이다. 만약 두 가지 物이면 이미 두 가지 物이지 어찌 本末이라고 말할 수 있겠는가. 新民의 의미는 이미 親民과는 다르니 明德의 공부와 新民은 절로 두 가지로 나뉘게 된다. 만약 명덕을 밝혀서 백성을 친애하고 백성을 친애하여서 명덕을 밝히는 것임을 안다면 明德과 親民을 갈라서 두 가지로 삼을 수 있겠는가."라고 하였다.[93] 이처럼 왕수인은 "物有本末"의 일절에 근거하여 주희처럼 親民을 新民으로 고치는 것이 옳지 않음을 주장하였다.

---

90) 권7, 「晦齋先生大學補遺後跋」, 215면, "至如無訟, 與爲本正相合. 不知朱子何故不作八條修身之本, 以成說約之結, 乃作兩物相對之本, 以起無例之釋? 又不知董蔡諸公亦何爲以聯於二節之左? 固皆有意義, 而莫之曉也."

91) 주희, 『대학혹문』, "明德新民, 兩物而內外相對, 故曰本末."

92) 권7, 「晦齋先生大學補遺後跋」, 215면, "至如無訟與爲本, 正相合, 不知朱子何故不作八條修身之本, 以成說約之結, 乃作兩物相對之本, 以起無例之釋?"

93) 王守仁, 『陽明全書』, 「古大學」, "但不當分本末爲兩物耳. 夫木之幹, 謂之本, 木之梢, 謂之末, 惟其一物也, 是以謂之本末, 若曰兩物, 則旣爲兩物矣, 又何可以言本末乎! 新民之意, 旣與親民不同, 則明德之功, 自與新民爲二. 若知明明德以親其民, 而親民以明其明德, 則明德親民, 焉可析而爲兩乎?"

소재는 회재가 "子曰聽訟"의 일절을 경문의 끝에 두었던 점을 긍정하면서 우회적으로 明明德과 親民, 修身과 治國平天下가 本末의 관계로 하나로 이어져 있다는 왕수인의 설을 지지하는 자신의 생각을 드러내었다. 소재는 또 회재가 "治國平天下" 이하를 모두 仁에 귀결시켰던 점을 지극한 뜻이 담겨 있는 뛰어난 견해라고 하였는데, 여기에서도 주희의 新民說을 부정하고 왕수인의 親民說을 긍정하는 소재의 견해를 볼 수 있다.[94]

마지막으로 회재가 "安而后能慮"의 '慮'를 『중용』의 "不思而得"의 '思'로 "止於至善"의 '至善'을 『중용』의 '中'으로 해석한 것은 前賢이 발명하지 못했던 독창적인 견해라고 칭송하였다.[95] 그는 앞서 "知止而后有定, 靜而后能安, 安而后能慮, 慮而后能得"을 格物致知의 傳文으로 삼은 회재의 대학설에 대하여 "慮와 得은 行에 속하기 때문에[96] 격물치지 傳의 내용이 될 수 없다."는 비판이 제기될 수 있음을 상정하고, "아! 窮理함에서 思로써 하지 않으며 완전하게 실천하려고 하지 않는 것이 어찌 가능하겠는가. 知와 行을 판연하게 둘로 나누는 것은 道가 아니다."[97]라는 말로 변호하였다. 그는 경연에서 한 발언과 시를 통하여 지행합일을 주장한 것과 마찬가지로 회재의 대학설을 옹호하면서 知와 行은 분리될 수 없다는 자신의 견해를 밝혔다. 회재가 "止於至善"의 '至善'을 『中庸』의 中으로 해석한 것을 칭송한 소재의 견해 또한 주목을 요한다. 주희는 지선을 "事理當然之極"이라고 주석하여 마음 밖에 객관적으로 실재하는 天理로 해석하였고, 왕수인은 至善을 마음의 본체인 良知라고 하였다. 소재는 왕수인과 유사하게 至善을

---

94) 권7, 「晦齋先生大學補遺後跋」, 215면, "因論爲治而歸之仁, 蓋又前賢所未發者, 其旨矣乎!"

95) 상동, "若夫以慮爲思, 以至善爲中, 因論爲治而歸之仁, 蓋又前賢所未發者, 其旨矣乎!"

96) 주희는 '慮'를 '일에 임해 다시 자세하게 살피는 것'이라고 하여 行에 가까운 것으로 해석하였다.

97) 권7, 「晦齋先生大學補遺後跋」, 215면, "或疑慮得屬行, 吁! 其有窮理不以思, 不要得者, 判而二之, 非道也."

마음의 본체로 해석하는 회재의 설을 지지하고 있었다.

> 아아! 經籍을 發明하는 것은 一家의 일이 아니니 조금 다르게 말하더라도 어찌 道에 해가 되겠는가. 다만 뭇사람들이 믿은 지 오래되어 새로 깨달은 것을 망령되다고 지적하나 이것 또한 편벽된 견해일 뿐이지 어찌 공론이라고 할 수 있겠는가. 나는 주희의 『대학장구』를 읽고 神明처럼 받들고는 있지만, 도대체 삼강령과 팔조목 이외의 傳에 무슨 의의가 있는지 알지 못하겠고 또 격물치지의 傳도 원래 없어진 것이 아닐지 모른다고 생각했다. 그래서 회재의 이 글을 보고 '뒷날의 유자들은 後生인 것을 불행으로 생각하지 않으리라' 고 감탄하였다.[98]

주희의 『대학』 개정 작업에 대해 소재가 자신의 견해를 직접 밝힌 부분이다. 소재는 『대학』은 經의 내용이 중요한 것이지 傳에는 큰 뜻이 없다고 하였고, 격물치지의 전도 원래 사라지지 않았을 것이라고 하였다. 소재는 傳의 次序를 옮기고 格物致知의 傳文을 새로 만들어 넣은 주희의 『대학』 개정 작업의 의의를 전면적으로 부정하고 있었음을 알 수 있다.

앞서 잠깐 언급했듯이 율곡도 회재의 『大學章句補遺』를 논하는 「晦齋大學補遺後議」을 남겼다. 이 글에서 율곡은 회재의 대학설을 조목조목 비판하였다. 그는 우선 "子曰聽訟이하의 一節을 경문 끝에 둔 것은 타당한 듯하나, 經이 공자의 말을 증자가 기록한 것이라는 주희의 설에 따르면 '子曰' 이라 칭한 것이 문제가 된다."고 하였다.[99] 이어서 회재가 "靜而后能安, 安

---

98) 권7, 「晦齋先生大學補遺後跋」, 214면, "發明經籍, 非一家事, 遷就小差, 何損於道? 顧衆信旣久, 指一得爲妄, 亦只是辟, 豈公論哉? 守愼自受讀章句, 奉之如神明, 獨未解綱條外傳有何義? 又焉知格致元傳有不亡? 乃歎曰, '後之儒者, 其無以後生爲不幸矣夫.'"

99) 이이, 『栗谷全書』, 권14, 「晦齋大學補遺後議」, 300면, "聽訟一節, 別爲釋本末章, 尋常未知其穩當, 置之經文之末, 恐爲得宜. 但經一章, 朱子則以爲孔子之言, 晦齋則以爲曾子之言, 未知何據? 若是曾子之言, 則以子曰結之, 宜矣, 若是孔子之言, 則不應更稱子曰, 此不可知也."

而后能慮"에서 '安'을 『맹자』의 "居之安"의 '安'으로, '慮'를 『中庸』의 "不思而得"의 '思'로 해석한 관점을 비판하면서, 주희에 의하면 "靜而后能安"의 '安'은 아는 바[所知]에 편안한 것일 뿐이지 행에는 아직 미치지 못한 경지이기 때문에 자득의 효과로 지행을 겸해서 말한 맹자의 "居之安"과는 다른 것이라고 했고, "知止而后有定"의 일절은 격물치지의 효과를 말하는 부분이기 때문에 격물치지 공부에 해당하는 '思'로 '慮'를 해석하는 것은 옳지 않다고 하였다.[100] "物有本末"의 일절과 "知止而后能定"의 일절이 격물치지의 전이 될 수 없다는 율곡의 견해는 이미 살펴본 대로이다. 율곡은 또 회재가 '至善'을 『중용』의 中으로 해석한 것은 타당하기는 하지만 그의 독창적인 견해는 아니라고 하였다. 그리고 마지막으로 회재의 仁설에 대하여서도 혹독한 비판을 한다. 그는 "만약 회재의 논의가 사화의 참극을 목도하고 한때를 경책하기 위해 나온 것이라면 괜찮지만, 그게 아니라면 아마도 지리멸렬한 쓸모없는 말들을 만들어내어 先師를 경멸하는 것이니 뒷날의 군자 가운데 밝게 변별하는 이가 있으리라."라고 하였다.[101]

율곡의 「晦齋大學補遺後議」와 소재의 「晦齋先生大學補遺後跋」을 비교해 보면 두 사람이 문제 삼고 있는 회재의 대학설이 거의 일치하고 있음을 발견하게 된다. 소재는 율곡의 「晦齋大學補遺後議」이 나온 이후에 「晦齋先生大學補遺後跋」을 작성하였다.[102] 소재는 주희의 대학설에 근거하여 회재의

---

100) 상동, 300면, "安謂所處而安, 雖似指身而實是所知之安耳, 未及於行也. 若孟子所謂居之安, 則乃深造自得之效, 合知行而言, 不止於知一邊也. 然則大學定靜安之安, 與孟子居之安之安, 雖似相近而輕重不同, 晦齋合而一之, 恐是未安. 以慮爲思, 雖不大悖, 但思是格物之路, 當初不思, 則無以知止而有定矣, 不應於物格知至之後, 乃更有思底功夫也. 先賢以慮處於知行之間, 而謂之臨事更精詳云云, 恐是不易之論也."

101) 상동, 301면, "鄙意晦齋目覩慘禍, 故作此論以警一時, 欲救萬一耳. 不然則恐不當作支蔓之剩語, 以輕先師也, 後之君子, 必有能辨之者."

102) 율곡은 1584년 1월에 병으로 卒하였다. 소재는 「晦齋先生大學補遺後跋」의 끝에 1584년 2월에 이 발문을 지었다고 명기하였다.

대학설을 비판하였던 율곡의 견해를 왕수인의 대학설에 근거하여 다시 부정하였던 것이다.

퇴계 또한 經에서 격물치지의 傳文을 찾은 先儒들의 대학설을 적극적으로 비판한 적이 있다. 그는 李仲久에게 보낸 書簡에서 다음과 같이 말하였다.

> 커다란 집 한 채가 있어 정침은 커다랗고 아름다워 결함이 없는데 곁채 가운데 한 군데가 무너진 상태였다. 大匠이 이를 보고서 보수하니 재목은 좋았고 마름질은 아름다워 조금도 비난할 만한 것이 없었다. 그런데 그 후 세인들이 良工이라고 일컫는 자가 지나가다 보고는 이 집에 자기가 손댈 곳이 하나도 없음을 부끄러워하였다. 이에 억지로 생각과 꾀를 내어서 그 사이에서 팔을 걷어붙이고 보수해놓은 곳을 허물어버리고는 정침의 재목 몇 개를 뜯어 와서 그 부순 곳을 보수하고자 하면서 정침의 재목이 애초에 곁채의 재목과 다르다는 것을 생각지 못했다. 완전하기를 도모한 곳도 완전해질 수 없었고 정침 또한 이미 허물어져 버렸으니, 이것은 이른바 도움이 되지 않을 뿐만이 아니라 오히려 해가 되는 일이다.[103]

퇴계는 이 서간문에서 『대학』의 체제를 집의 구조로 설명하였다. 그는 대학의 經을 집의 正寢으로 傳을 곁채로 비유하고, 보충한 주희가 格物致知의 傳文을 보충해 넣은 것을 大匠이 곁채 가운데 한 곳이 무너져버린 것을 보고 좋은 재목을 가져다 솜씨 좋게 마름질하여 보수한 것으로 비유하였다. 그리고 주희의 이 작업을 부정하고 경문에서 격물치지의 전문을 찾았

103) 이황, 『퇴계집』, 권11, 「答李仲久別紙」, 307면, "今有巨室於此, 正寢輪奐無闕, 而廊廡有一缺處. 大匠見之, 作而補修, 材良制美, 少無可議. 其後有世所謂良工者, 過而相之, 恥己之一無措手於此室也. 於是强生意智, 攘臂其間, 折壞其所補處, 撤取正寢數架材來, 圖欲補完其所壞處, 更不計正寢之材初非廊廡之材也. 圖完處不見其完, 而寢屋則已成敗屋矣, 此所謂非徒無益而又害之者也."

던 先儒들의 작업을 세칭 良工이라 불리는 자가 大匠이 잘 보수해놓은 곁채를 다시 허물어버리고 정침의 재목을 뜯어다가 다시 보수한 것으로 비유하였다. 퇴계는 결론적으로 애초에 정침과 곁채를 만든 재목은 같은 것이 아니기 때문에 良工의 작업은 곁채를 수리하는 데 아무런 도움이 되지 않을 뿐만 아니라 정침마저 허물어버리는 결과를 초래했다고 비난하였다.

퇴계는 이 서간의 말미에서 "사람의 마음이 대체로 새로운 이견을 제시하는 것을 좋아하기에, 후세의 匠人들은 大匠의 생각을 헤아리지 못하고 한결같이 良工이 한 일을 찬미하고 부화하니 슬프다."[104]고 하였다. 이는 주희의 『대학』 개정 작업의 의의를 부정한 先儒와 이들을 지지하는 당대 사류들에 대한 비판이라고 할 수 있다. 소재는 퇴계가 비판한 先儒들의 관점만을 편집하여 책을 만들고 『대학』을 공부하는 학자들이 참고하게 하고자 하였다. 소재의 『대학집록』은 퇴계의 대학설을 부정하려는 것이기도 했다.

4. 시조 창작과 양명학의 전파

주지하다시피 주자학과 양명학의 분기는 『대학』의 격물치지에 대한 해석 차이에서 비롯되었다. 주희는 인간의 마음에 본성으로 존재하는 천리와 객관 사물에 존재하는 천리가 일치하며 聖人이 제정한 禮나 성인의 말씀을 기록한 經典이 절대적인 가치를 지닌다고 믿었다.[105] 여기에서 외재하는 천리인 객관 사물의 이치, 사회의 규범과 禮, 그리고 經典에 실린 성

104) 이황, 상동, "然人情大率好立異趨新, 後至之工, 皆不究大匠之神算, 而一向贊歎, 和附於世所謂良工之所爲, 悲夫!"

105) 아리키 겐고, 『불교와 양명학』, 혜안, 1996, 71~73.

인의 가르침을 학습하는 가운데 점진적으로 성인의 경지에 다가갈 수 있다는 주장, 다시 말하면 격물치지가 聖人을 지향하는 공부에 있어 핵심에 해당한다는 주장이 생겨났다.

주희가 格物致知의 중요성을 강조한 결과 지식인들은 마음의 수양과 사회적 실천을 도외시한 채 서책에만 파묻히는 경향이 있게 되었다.[106] 게다가 도덕과 행위의 주체인 마음이 분리되어 윤리 도덕이 주체와 상관없는 타율로 존재하게 되었고 경전을 읽고 예를 익힌 사대부들이 사적인 이익을 위해 악행을 저지르는 일이 만연하였다. 이러한 주자학의 타락을 주시하면서 성인에 이르는 공부 방법을 새롭게 정립하고자 한 인물이 王守仁이다.

왕수인이 청년기에 대나무를 바라보며 격물 공부를 시도했다가 정신이 혼란해져 중도에 포기하면서 '성인이 될 자질을 타고난 사람은 따로 있나 보다' 라고 탄식했다는 일화는 유명하다. 이러한 일화를 통해 왕수인 또한 젊은 날 주희의 격물을 성인에 도달하기 위한 핵심적인 공부 방법으로 인식하고 있었고 열성적으로 이를 시험하고자 했다는 사실을 알 수 있다. 왕수인은 오랜 학문적인 방황과 모색 끝에 유배지 용장에서 마음이 바로 天理라는 깨달음을 얻었고, 이를 통해 마음 밖에서 천리를 인식하고자 한 주희의 格物致知가 성인에 이르는 핵심적인 공부 방법이 될 수 없음을 분명하게 자각하였다.

『傳習錄』 초간본에는 용장에서의 깨달음 이후 致良知說을 제기하기 이전까지의 왕수인의 초기 사상이 드러나 있다. 앞서 살펴보았듯이 소재는 왕수인의 초기 사상에 큰 영향을 받은 학자이다. 소재가 왕수인의 공부론을 지지하고 있었다는 사실은 다음의 철리시에 가장 분명하게 드러나 있다.

106) 양국영, 『양명학』, 예문서원, 1994, 39면.

〈寄許草堂〉

此心無外物無形	이 마음 밖이 없고 物은 형체가 없으니
格得窮時卽是明	바로잡아 궁리하는 것이 바로 明明德이네
人物揚心誰得一	사람과 사물 마음 흔드는데 누가 純一할 수 있나
吾儕賴有草堂誠	우리들은 초당의 誠에 의지한다네
立誠乃是大功程	誠을 세우는 일이 바로 중대한 공부이니
然後規模始得成	연후에야 학문의 규모 비로소 이룰 수 있네
萬僞消來千念滅	만 가지 거짓 사라지고 천 가지 邪念 소멸하면
終無表裏與粗精[107]	결국 表裏와 精粗가 없어지게 되네

『大學』의 格物致知와 誠意, 『中庸』의 明과 誠의 문제를 시화하여 草堂 許曄에게 보낸 두 수의 연작시이다. 주희는 格物의 格을 '이르다' 라는 의미의 '至' 로 풀이하고, 格物을 '객관 사물에 나아가 理를 탐구한다[窮理]' 는 의미로 해석하였다. 王守仁은 格을 '바로잡는다' 는 의미의 '正' 으로 物은 '마음이 향하는 바의 일[事]' 로 풀이하면서, "天理가 바로 明德이며, 窮理가 바로 明明德이다.[天理卽是明德, 窮理卽是明明德.]" 라고 하였다.[108] 왕수인은 또한 마음을 벗어나서 존재하는 理가 없고 마음을 벗어나서 존재하는 物이 없다고 하고, 『중용』에서 '성실하지 않으면 사물도 없다' 고 한 것에 의거하여 "명명덕이 곧 성의이고 성의는 곧 격물이다.[明明德之功, 只是箇誠意, 誠意之功, 只是箇格物.]" 이라고 주장하였다.[109]

---

107) 권6, 198면.

108) 왕수인 『전습록』, 상권, "格物如孟子大人格君心之格, 是去其心之不正, 以全其本體之正. 但意念所在, 卽要去其不正, 以全其正, 卽無時無處不是存天理, 卽是窮理. 天理卽是明德, 窮理卽是明明德."

소재는 첫 번째 시의 1구에서 '마음은 밖이 없고 物은 형체가 없다' 고 하였다. 이를 통해 소재가 格物의 '物' 을 주희처럼 마음 밖에 존재하는 객관 사물로 여기지 않고 왕수인처럼 마음 안의 일로 이해했음을 알 수 있다. 따라서 2구의 "格得窮時"는 '객관 사물에 나아가서 천리를 인식한다' 는 의미로 해석할 수가 없고, '마음 안의 일을 바로잡아 천리를 찾는다' 라는 의미로 해석해야만 한다. 소재는 2구에서 "格得窮時卽是明"라고 하였다. 이는 마음 안의 일을 바로잡아 窮理하는 것이 바로 明明德이라는 주장으로, 이는 "天理卽是明德, 窮理卽是明明德" 이라고 했던 왕수인의 격물설과 일치한다.

소재는 두 번째 시 전반부에서 "誠을 세우는 것이 가장 중대한 공부이며, 그것을 통해 학문의 규모가 이루어진다."고 했다. 시의 후반부에서는 "거짓과 삿된 생각이 사라져 마음이 성실하게 되면[誠意], 결국 사물의 表裏精粗가 없어지게 된다."고 하였다. 주희는 격물 공부가 쌓이고 쌓여서 활연관통하게 되면 사물이 表裏精粗의 구분 없이 모두 이해되고 내 마음의 全體大用이 완전히 밝혀지는 '致知' 의 경지에 이르게 된다고 하였다.[110] 그러나 소재는 이 시에서 거짓된 의념을 바로잡으면 그 즉시 사물의 표리정조가 남김 없이이해되는 치지의 경지에 이르게 된다고 주장하였다. 이는 意念을 바로잡는 誠意가 바로 格物致知라는 의미이다.[111] 소재는 왕수인처럼 天理는 마음 안에 있으니 意念을 바로잡아 천리를 회복하는 것이 바로 격물치지이자 明明德이라고 생각하였다.

---

109) 왕수인, 『전습록』, 상권, "身之主宰便是心, 心之所發便是意, 意之本體便是知, 意之所在便是物. 如意在於事親, 卽事親便是一物, 意在於事君, 卽事君便是一物, 意在於仁民愛物, 卽仁民愛物便是一物, 意在於視聽言動, 卽視聽言動便是一物. 所以某說無心外之理, 無心外之物. 『中庸』言 '不誠無物', 『大學』 '明明德' 之功, 只是箇誠意. 誠意之功, 只是箇格物."

110) 주희, 『대학장구』, "必使學者, 卽凡天下之物, 莫不因其已知之理, 而益窮之, 以求至乎其極. 至於用力之久, 而一日豁然貫通焉, 則衆物之表裏精粗無不到而吾心之全體大用無不明矣."

111) 이는 왕수인의 격물치지 해석과 일치한다.

왕수인의 대학설을 지지하는 소재의 견해는 다음의 시조에서도 명확하게 드러난다.

明明德 스른 수뤼 어듸메를 가더인고
物格치 너머드러 知止고ㄱ1 지나더라
가기야 가더라마는 誠意關을 못 갈네라

이 시조는 『소재집』에는 실려 있지 않고, 18세기 후반에서 19세기 전반에 편찬한 가집인 『詩歌』와 19세기 말의 가집인 『歌曲源流』 계 이본 10종, 그리고 1915년에 편찬한 잡가집인 『無雙新舊雜歌』, 단국대 도서관에 소장된 필사본 가곡집 『시조』에 실려 있다. 『시가』에서는 이 시조를 무명씨의 작품으로 분류하였지만, 규장각 본 『가곡원류』를 제외한 9종의 『가곡원류』 계 이본들과 『無雙新舊雜歌』, 단국대 소장 『시조』에서는 이 시조의 작자를 모두 盧守愼으로 明記하였다.[112]

먼저 시조의 내용을 살펴보면, 시의 초장과 중장에서 '明明德을 실은 수레가 物格치를 넘어서 知止고개를 막 지나고 있다' 고 했다. 주희는 明明德의 과정에서 가장 먼저 해야 하고 가장 중요한 공부가 格物致知라고 주장하면서, 격물 공부를 통해 사물의 이치를 하나하나 인식해서 천하의 事理에 관통하게 되면[物格], 인간이 마땅히 머물러야 하는 지극한 선의 소재를 알 수 있다[知止]고 하였다. 『전습록』 초간본에는 주희의 이러한 학설을 비

112) 위의 시조는 『소재집』에 보이지 않는다. 시조는 연행의 현장에서 창작하여 구비 전승되어 내려오다가 어느 시기에 문자로 정착된 것이 대부분이기 때문에 가집의 작자 표기는 정확하지 않은 것이 많다. 따라서 시조의 작자를 확정하는 일은 다양한 정황들을 참조하여 신중하게 해야 한다. 졸고 「시조를 통해 본 양명학의 전래와 확산」에서 이 시조가 소재의 작품임을 자세하게 논증하였다.

판하는 왕수인의 관점이 드러나 있다. 왕수인은 “사사물물에서 이치를 구하는 주희 식의 격물 공부는 유가의 전통에서 벗어난 것이며, 至善이 바로 마음의 본체이기 때문에 至善을 외부의 사물에서 구할 필요가 없다.”고 하였다.[113] 이 시조의 초장과 중장에서 明明德을 실은 수레가 物格치를 넘어서 知止고개를 지나고 있다고 했다. 이는 수레가 지나가는 길로 객관 사물에 존재하는 理致를 하나하나 탐구하여 至善의 所在를 인식하고자 한 주희의 공부 방법을 비유한 것이다. 중장까지 소재는 주희의 공부 방법에 대해 어떠한 견해도 드러내지 않았다. 다만 ‘가더인고’와 ‘지나더라’라는 표현을 통해 이러한 공부 방법을 따르고 있는 존재, 즉 수레를 몰고 있는 사람이 소재의 목소리를 대변하는 시조의 화자가 아닌 것은 알 수 있다.

종장에서는 ‘이 수레가 길을 가기는 가고 있지만 결국 誠意關에는 도착하지 못할 것이다’라고 하였다. 이를 통해 이 수레가 지금 바른 길을 가고 있는 것이 아니라 길을 잃고 헤매고 있는 상태라는 사실이 드러난다. 시조의 종장은 초장에서 중장까지 이어진 시상을 전환하고 의미를 종결하는 부분이다. 따라서 시조의 종장에는 대개 작자가 말하고자 하는 핵심적인 내용이 담겨 있다. 결국 이 시조는 格物 공부를 통해서 至善의 소재를 인식하여야만 誠意의 단계로 나아갈 수 있다고 한 주희의 주장을 비판한 것임을 알 수 있다. 소재는 마음 밖의 사물에서 天理를 찾는 주희의 격물 공부가 유가의 본질적인 공부와 관련이 없는 支離하고 공허한 것임을 길을 잃고 헤매고 있는 수레의 모습으로 풍자한 것이다.

소재의 고향인 상주 지역의 사림으로 소재보다 16살 후배인 杜谷 高應陟

113) 왕수인, 『전습록』 상권, “愛問, ‘知止而後有定 朱子以爲事事物物有定理, 似與先生之說相戾.’ 先生曰, ‘於事事物物上求至善, 却是義外也. 至善是心之本體.’”; “愛問, ‘至善之求諸心, 恐於天下事理, 有不能盡.’ 先生曰, ‘心卽理也. 天下又有心外之事, 心外之理乎?’”

(1531~1605)은 『대학』을 소재로 한 14수의 시조 작품을 남겼는데, 이 가운데 소재의 시조에 나타난 공부론을 직접 비판한 작품이 존재한다.

格致로 눈ᄂᆞᆯ ᄣᅥ서 誠意로 건게 하니
눈 ᄠᅳ고 건거니 무ᄂᆞ 아니 드러가랴
엇 ᄧᅡ셔 고금에 사ᄅᆞ믄 몯 보고셔 ᄃᆞᆮᄂᆞᆫ다[114)]

고응척의 문집인 『杜谷集』에 실려 있는 시조이다. 이 시조는 다음의 한시와 내용이 일치한다.

〈入德門曲〉

一卷大學冊	한 권의 대학책
何稱入德門	무엇을 입덕문이라고 했는가
格致兩眼明	格致는 두 눈을 밝게 뜨는 것이고
誠意兩足蹇	ㄴ誠意는 두 다리로 조심스럽게 걷는 것이니
眼明足又蹇	눈을 밝게 뜨고 발로 조심스럽게 걸으면
不難入藩垣	담장 안에 들어가는 일 어렵지 않으리
如何今古儒	어찌하여 고금의 유자들은
不見足欲奔	보지 않고 발로 내달리려고 하여
聖門不可望	성인의 문은 바라보지도 못하고
躓彼荊棘樊	저 가시나무 울타리에서 넘어져 있는가[115)]

114) 高應陟, 『杜谷集』(경인문화사, 2007), 두곡가곡 권1, 104면.
115) 고응척, 『두곡집』, 권2, 「入德門曲」, 41면.

고응척의 시조와 한시는 소재의 시조와 마찬가지로 격물치지와 성의를 중심으로 『대학』에 나타난 성리학의 공부 방법에 대하여 논한 것이다. 구체적으로 고응척의 시조는 格物致知의 知적인 공부를 눈을 뜨는 것으로 誠意의 行적인 공부를 두 다리로 조심스럽게 걷는 것으로 비유하였다. 고응척은 먼저 눈을 밝게 떠야지만[格物致知] 걷는[誠意] 데 잘못이 없어서 결국은 聖人의 경지[門]에 들어갈 수 있다고 하였다. 이는 "物格치를 지나서 知止 고개를 넘어가는 길로 나아간다면 결국은 길을 잃어 誠意關에 도달하지 못하리라."라고 한 소재 시조의 주지와 완전히 반대되는 내용이다. 고응척은 종장에서 "어찌하여 고금의 사람들은 눈을 뜨지 않고 내달리려고 하느냐."고 힐난하였다. 한시에서는 이를 "고금의 유자들은 눈을 뜨지 않은 상태에서 뛰다가 방문 근처에도 이르지 못하고 가시나무 울타리 밖에 넘어져 있다."고 하였다. 고응척은 격물치지하지 않고 성의를 먼저 한다면, 객관규범을 준수하지 않고 마음이 가는 대로 행동하여 결국 放縱猖狂하는 지경으로 떨어지게 될 것이라고 우려하였다. 이는 주희의 공부론에 입각한 양명학의 공부론에 대한 비판이라고 할 수 있다.

고응척은 소재의 저작을 모방하여 소재의 양명학을 비판한 여러 저작을 남겼다. 앞서 살펴보았듯이 소재는 주희의 『대학』 개정 작업을 부정하는 先儒의 대학설을 편집하여 『대학집록』을 편찬하였다. 고응척도 소략하기는 하지만 『대학』을 개정한 저작인 「大學改正」을 남겼다. 소재의 『대학집록』은 주희의 격물치지설을 비판하고 양명학의 공부론을 제자들에게 전수하려는 목적으로 편찬한 책이다. 그러나 고응척의 「대학개정」의 주된 내용은 주희의 格物致知 補傳의 의의를 지지하는 것이었다.[116] 고응척의 「夢覺關賦」과 「人鬼關賦」는 誠意에 앞서는 格物致知의 순서를 강조한 철학

116) 고응척, 『杜谷集』, 권5, 「大學改定」, 88~89면.

적 내용의 賦이다. 이 작품들은 몽교관을 통과해서 인귀관으로 나아가야 한다고 한 주희의 공부론을 예찬한 것으로서, 소재가 30대 초반에 창작한 「讀大學有感示弟」에서 인귀관 앞에 몽교관이 있다고 한 주희의 대학설을 비판한 것과는 상반되는 내용으로 이루어져 있다. 고응척은 「學莫先於致知賦」에서도 모든 공부에 앞서는 격물치지의 중요성을 거듭 강조하였다.[117] 그리고 이 賦를 "욕망은 인간의 본성이다.[欲者人之性.]"라고 노래한 소재의 시에 화운한 퇴계의 시를 인용하는 것으로 마무리하였다. 이 시에 달려 있는 주석에 따르면 "고응척은 제자들과 함께 한 자리에서 퇴계의 시를 읊어서 소재의 양명학을 비판하곤 하였다."고 한다. 이러한 기록을 통하여 고응척의 「學莫先於致知賦」 등의 여러 저작이 소재의 양명학을 비판하기 위해 지어진 것임을 알 수 있다.

고응척은 소재가 양명학에 물든 학자라는 사실을 분명하게 인지하고 있었던 주자학자였다. 또한 고응척은 소재의 고향인 상주 지역의 사림으로, 역시 상주 지역의 사림이자 소재의 제자들인 鄭經世 · 李埈 등과 교유하던 인물이다.[118] 조선 전기의 시조는 주로 부모형제와 친지, 스승과 제자가 함께 어울린 연회 자리에서 歌唱하는 방식으로 향유되었다. 양명학을 지지한 소재의 시조 또한 소재가 고향 등지에서 친지 · 제자들과 연회를 베풀 때 가창되었을 것이다. 고응척은 소재의 고향인 상주 지역 사림으로 소재의 제자들과도 교유하고 있었기 때문에 이러한 연회 자리에서 가창되는 소재의 시조를 직접 혹은 간접으로 접하였을 가능성이 높다.

소재의 시조와 고응척의 시조는 여러 가지 면에서 유사함을 발견할 수 있다. 먼저 『대학』에 보이는 공부 조목인 격물치지와 성의의 순서를 중심

117) 고응척, 『杜谷集』 권1, 「學莫先於致知賦」, 7면, "有大人先生謂學者曰, '學聖之方, 千言萬語. 致知二字, 最先於八目之序.'"

테마로 삼고 있다는 점에서 서로 유사하다. 격물치지와 성의를 한 쌍의 대립 개념으로 다루면서 격물치지와 성의의 순서를 논하는 것은 왕수인의 초기 사상의 영향을 받은 소재의 철학 산문과 철리시에만 나타나는 독특한 내용이었다. 양명학을 배척한 주자학자들은 대개 尊德性과 道問學을 한 쌍의 범주로 거론하면서 도문학을 무시하고 존덕성에만 힘쓰는 양명학의 공부 방법을 비판하곤 하였다. 따라서 격물치지와 성의의 순서를 논하면서 양명학을 비판한 고응척의 시조는 철리시 계열에서도 대단히 특수한 내용을 담고 있는 예에 해당한다. 이는 소재의 시조와 고응척의 시조가 서로 긴밀하게 연관되어 있음을 시사한다. 또한 소재의 시조가 수레를 타고 언덕과 고개를 넘어 관문으로 나아가는 旅程으로 공부 과정을 비유한 것과 유사하게 고응척의 시조는 길을 걸어서 담장을 지나 방문으로 들어가는 과정으로 공부 과정을 비유하였다. 소재의 시조와 고응척의 시조는 비유 구조 또한 서로 비슷한 것이다. 게다가 고응척은 소재의 저작을 모방하여 소재가 지지한 양명학을 비판한 저작을 남겼다. 이러한 사실들을 참고한다면 고응척의 시조가 소재의 시조를 패러디하여 소재의 양명학을 비판한 작품임을 알 수 있다.

소재의 시조를 패러디한 고응척의 시조가 존재한다는 것은 소재의 시조가 소재 당대에 가창되고 있었다는 사실을 증명한다. 소재의 시조를 당대와 후대의 많은 사람들이 향유하고 있었다는 사실은 다음의 시조가 존재하는 것을 통해서도 유추할 수 있다.

人生 시른 수레 가거놀 보고 온다

---

118) 정경세와 이준은 소재에게 학문을 배웠지만, 나중에는 류성룡에게 나아가 공부한 주자학자들이다. 정경세와 이준은 고응척의 죽음을 애도하는 輓詩를 남겼다.

七十 고기 너머 八十 드르흐로 건너가거늘 보고 왓노라
가기는 가더라마는 少年行樂을 못닉 일너 ᄒ더라[119]

인생이 저물어감을 상심하면서 즐거웠던 젊은 날을 못 잊는 화자의 심정을 담은 시조이다. 시조의 작자는 초장과 중장에서 인생을 실은 수레가 칠십 고개를 넘어 팔십 들판으로 건너가고 있는 것을 보았다고 하였다. 그리고 종장에서 수레가 가기는 가고 있지만 지나온 젊은 날을 아직 다 말하지 못하였다고 하였다. 늙음을 탄식하는 이 시조와 공부 방법을 논한 소재의 시조는 주제상 서로 관련성이 없다. 그러나 시상의 전개 방식이 매우 유사하고 많은 시어가 서로 일치하기 때문에, 이 시조와 소재의 시조는 '한쪽이 다른 한쪽을 모방적으로 재현한 텍스트' [120]임을 알 수 있다.

『청구영언진본』에서 이 시조는 蔓橫淸類로 분류되었다. 『청구영언진본』의 만횡청류에는 18세기에 한창 유행하던 여항의 무명인이 지은 變格의 시조들이 수록되어 있다. "시가장르의 형성과정으로 보아, 단순하고 제약의 틀이 엄격한 형식을 모방하여 복잡하고 자유로운 형식을 이루어내는 것이 보편적" [121]이기 때문에, 變格의 소재 시조가 원래의 버전이고 이 시조는 소재 시조의 파생 버전임을 추론할 수 있다. 소재의 시조를 모방한 이 시조가 존재한다는 사실을 통해 소재의 시조를 많은 사람이 가창하고 있었음을 알 수 있다. 소재의 시조가 당대에 유행하던 노래였기 때문에 이를 모방하는 노래 또한 만들어질 수 있었을 것이다.

119) 『역대시조전서』, 『甁歌』, 『靑珍』, 『海一』, 『詩歌』, 『靑歌』 등에 실려 있는 시조이다.
120) 김학성, 「시조의 텍스트 파생 양상과 담론의 의미」, 『한국 시가의 담론과 미학』, 보고사, 2004, 81면.
121) 신은경, 「평시조를 패로디화한 사설시조 연구」, 『국어국문학』 104호, 국어국문학회, 1990, 89면.

시조는 청자와의 소통을 중시하여, 청자와 공유할 수 있는 보편적인 감정이나 신념을 주로 표출하는 장르이다.[122] 퇴계가 「도산십이곡」을 창작하고 율곡이 「고산구곡가」를 창작한 것은 子孫과 門徒들이 이 노래를 歌唱하는 가운데 자연에서 天理를 찾고[123] 經典을 통해 성인의 가르침을 탐구하는,[124] 주자학적 삶의 방식에 자연스럽게 동화되기를 바랐기 때문이다.[125] 그리고 퇴계와 율곡이 지향한 삶의 태도와 공부 방법을 긍정한, '벗님' · '우리' 등으로 표현된[126] 다수의 聽者가 있었기에 「도산십이곡」과 「고산구곡가」는 오랜 세월 가창될 수 있었다.

소재의 시조에는 양명학의 입장에서 주자학의 공부 방법을 비판하는 소재의 신념이 분명하게 드러나 있다. 소재가 활동하던 때에는 퇴계와 퇴계를 추종하는 사류들이 여러 저술과 논변을 통하여 적극적으로 양명학을 변척하고 있었다. 지금까지 철학 연구자들은 퇴계를 비롯한 주자학자들의 양명학 변척 활동에 주목하여, 조선에서는 양명학이 뿌리를 내리지 못하였다고 기술하였다. 그런데 양명학에 대한 지지를 직설적으로 표명한 소재의 시조가 오래 세월 구비 전승되어 18세기와 19세기의 여러 가집에 실렸다는 사실에 근거한다면 기존 사상사의 관점은 재검토해야 할 필요성이 있다. 이 시조의 존재는 양명학에 동조하는 학자들이 소재가 활동하던 16세기 중반부터 19세기에 이르기까지 지속적으로 존재했음을 증명하고 있

122) 김대행, 『시조유형론』, 이화여대출판부, 1986, 138면.

123) 이황, 「도산십이곡」, "青山ᄂᆞᆫ 엇뎨ᄒᆞ야 萬古애 프르르며, 流水ᄂᆞᆫ 엇뎨ᄒᆞ야 晝夜애 긋디 아니ᄂᆞᆫ고, 우리도 그치디 마라 萬古常青 호리라."

124) 이황, "天雲臺 도라드러 玩樂齋 소쇄ᄒᆞᆫᄃᆡ, 萬卷 生涯로 樂事ㅣ 無窮ᄒᆞ애라, 이 듕에 往來 風流를 닐어 므슴ᄒᆞᆯ고."

125) 이이, 「고산구곡가」, "高山 九曲潭을 사ᄅᆞᆷ이 모로더니, 誅茅卜居하니 벗님ᄂᆡ 다 오신다, 어즈버 武夷를 想像ᄒᆞ고 학주자를 ᄒᆞ리라."

126) 이이, 상동 ; 퇴계, 「도산십이곡」, "雷霆이 破山ᄒᆞ야도 聾者ᄂᆞᆫ 몯 듣ᄂᆞ니, 白日이 中天ᄒᆞ야도 瞽者ᄂᆞᆫ 몯 보ᄂᆞ니, 우리ᄂᆞᆫ 耳目 聰明 男子로 聾瞽 ᄀᆞᆮ디 마로리."

기 때문이다.

소재 당대와 후대에 양명학이 유행하고 있었다는 사실은 다음의 한시를 통해서도 알 수 있다.

〈病中偶吟 奉牛溪清案〉

擧世滔滔趨象山	온 세상 사람들 象山의 학문을 추종하니
後生誰復尊朱子	후생 가운데 누가 다시 朱子를 존숭할까
九曲山中點小堂	九曲山中에 작은 집을 지은 것은
已知先正有深意	先賢의 깊은 뜻을 이미 알았기 때문이네[127]

위의 시는 藥圃 李海壽(1536~1599)가 지은 것이다. 이해수는 이이 · 성혼과 긴밀하게 교유하던 주자학자이다. 그는 牛溪 成渾(1535~1593)과 함께 1593년에 石潭精舍에 가서 李珥를 위해 제사를 올린 뒤에 위의 시를 지었다.[128] 이 시에서 이해수는 이이가 석담정사를 세울 무렵에 우리나라에서 양명학이 크게 유행하고 있었다고 기록하였다. 그리고 대다수 학자들이 양명학에 휩쓸리고 있을 때 이이는 누구보다도 먼저 주자의 깊은 뜻을 이해하여 석담정사를 세우고 제자들과 더불어 주자학을 강론하였다고 하였다. 이이가 석담정사를 세울 무렵 소재는 정승의 지위에 있으면서 많은 학자들에게 영향을 미치고 있었다.

李亨夏는 李海壽의 「행장」에서 위의 시 「病中偶吟 奉牛溪清案」를 인용한 뒤, "이이가 졸하고 난 뒤 세상에 다시 주자학을 비판하는 상산학자들의

127) 李海壽, 『藥圃遺稿』(『한국문집총간46』, 고전번역원), 권1, 34면.

128) 李亨夏, 『藥圃先生遺稿』, 권7, 「高祖考贈資憲大夫 …… 尙瑞院正藥圃先生家狀」, 97면, "公與牛溪, 尋石潭書院, 拜謁廟祠, 設栗谷靈位於聽溪堂, 操文以祭之. 有感懷絶句四篇, 有曰, ……"

주장이 거세게 일어났다."고 기록하였다.[129] 이해수의 한시와 이형하의 기록을 통해 이이의 석담정사에서의 강학 활동이 양명학의 유행을 막고 주자학을 홍기시키기 위한 노력의 일환이었다는 사실과 이이 사후에 양명학이 유행하고 있었다는 사실을 알 수 있다.

양명학이 유행하던 16세기 후반부터 17세기 초반 조선의 학술 상황은 張經世(1547~1617)의 시조에도 반영되어 있다. 장경세는 퇴계의 「도산십이곡」을 모방하여 12曲의 시조를 창작하였는데, 이 가운데 後六曲은 주자를 높이고 상산을 변척하는 내용으로 이루어져 있다.[130] 장경세가 변척한 상산학 또한 16세기 후반 이후 조선에서 유행하던 상산 계열의 심학인 양명학이다.

공맹의 적통이 ᄂᆞ려 晦庵ᄭᅴ 다ᄃᆞᄅᆞ이
精微 學文은 窮理 正心 ᄭᅳᆫ닐넌늬
엇더타 江西 議論은 그를 支離타 ᄒᆞ던고

江西의 議論이 높고 茶飯은 蒲塞로다
菽粟의 맛술 아던동 모르던동
술릐에 ᄒᆞᆫ 바퀴 업ᄉᆞ이 갈 길 몰나 ᄒᆞ노라[131]

129) 李亨夏, 『藥圃先生遺稿』, 권7, 「高祖考贈資憲大夫 …… 尙瑞院正藥圃先生家狀」, 97면, "先是, 栗谷創建一祠宇於石潭, 潭之下流, 有九曲. 祠中奉安朱子畫像, 朝起率諸生瞻拜, 退與講學終日. 及其卒也, 世道大變, 而朱陸之辨, 又盛行於世."

130) 黃胤錫, 『頤齋遺藁』(『한국문집총간246』, 고전번역원), 권20, 「金溝縣令沙邨張公行狀」, 439면, "嘗慕退溪李先生道學之盛, 世好之隆, 得其題僧軸詩次韻以見志. 又倚陶山六曲, 作江湖戀君歌, 前六曲則愛君而憂國也, 後六曲則尊朱而斥陸也."

131) 張經世, 『沙村集』(『한국문집총간속6』, 고전번역원), 권2, 「江湖戀君歌」, 30면.

장경세는 첫 번째 시조의 초장과 중장에서 공맹의 도통을 주희가 계승하였고 유가의 학문은 원래 窮理 공부와 正心 공부를 같이 말하였다고 하였다. 그는 객관 사물에서 이치를 인식하는 도문학 공부와 마음을 바로잡는 존덕성 공부를 함께해야 한다고 주장한 주자학의 공부 방법을 긍정한 것이다. 종장에서는 江西의 학자들, 즉 양명학자들이 외재하는 사물에서 이치를 인식하려는 주희의 공부 방법을 支離하다고 비판한 것은 옳지 않다고 지적하였다. 장경세는 이 시조를 통해 주자학의 공부 방법이 유가의 도통을 이은 것임을 분명하게 밝히고, 양명학의 공부 방법은 유학의 본류에서 벗어난 것임을 주장하였다.

두 번째 시조는 당대인들의 공부 태도를 비판한 작품이다. 초장에서 '강서의 의론이 높다' 라고 한 것은 당대에 많은 학자들이 양명학을 신봉하고 있음을 지적한 것이다. 다음 구절에 보이는 '茶飯' 은 일상적으로 먹는 음식을 말하며 시문에서는 항상 하는 일이라는 의미로 주로 쓰인다. '蒲塞' 은 佛敎 용어인 伊蒲塞의 준말로, 五戒를 받은 재가 남자 불교 신도를 말한다. 따라서 '茶飯이 蒲塞로다' 라고 한 것은 학자들이 일상적으로 선학을 공부하고 있다는 의미이다. 장경세가 보기에 지금 이 시대에는 양명학이 크게 유행하고 있고 대부분 학자들은 선학에 빠져 있다. 따라서 매일 먹어도 질리지 않는 콩 · 기장과 같이 담담하면서도 깊은 맛이 있는 주자학의 참 의미를 아는 사람이 없다.

장경세는 종장에서 당대의 퇴폐한 학문 경향을 바퀴가 하나 달아나서 더 이상 길을 갈 수 없게 된 수레로 비유하였다. 주희는 "涵養과 窮理는 어느 하나도 폐할 수 없으니, 이는 마치 두 개의 수레바퀴와 같다."[132]고 하였다. 여기서 함양은 마음을 수양하는 존덕성 공부에 해당하고 궁리는 사물

132) 주희, 『주자어류』, 권9, "涵養窮索二字不可廢一, 如車兩輪."

의 이치를 탐구하는 도문학 공부에 해당한다. 따라서 "수레에 한 바퀴가 없다."는 구절은 객관적인 이치에 대한 탐구를 결하고 마음공부에만 치중하는 양명학의 공부 방법을 비유한 것으로 볼 수 있다. 결국 이 시조는 바퀴가 하나 없어져서 길을 가지 못하고 있는 수레로 당대 양명학자들의 잘못된 공부 태도를 비판한 것이라고 할 수 있다.

고응척 · 장경세의 시조와 이해수의 한시에는 양명학이 한창 유행하던 16세기 후반 조선의 학술 상황을 근심하는 주자학자의 목소리가 반영되어 있다. 이이의 석담정사에서의 강학 활동이 양명학의 유행을 막고 주자학을 홍기시키려는 의도에서 행해진 것이라는 기록도 있다. 양명학을 지지하는 내용의 소재의 시조가 19세기 말까지 지속해서 가창되었고, 양명학이 유행하던 조선의 학술 상황을 개탄하는 시조와 한시가 16세기 후반과 17세기 초반에 창작되었다는 것에 근거한다면 양명학에 기울어진 학자들이 소재 사후 지속해서 존재했다는 사실을 추론할 수 있다. 16세기 후반 이후 나타난 양명학의 유행은 소재의 영향과 무관하지 않을 듯하다.

소재 사후 澤堂 李植은 소재의 학문을 양명학으로 지목하면서 다음과 같이 논하였다.

> 퇴계에 이르러 중국에서 禪學이 산을 덮치는 홍수처럼 유행하는 것을 근심하여 변척하고 저술하여서 털끝만 한 차이도 반드시 살피니 학자들이 흡족하게 따르고 감히 이론을 세우지 않았다. 노소재가 섬에서 돌아와 문득 선학을 하니 퇴계가 매우 놀랐지만, 또한 그와 더불어 변론할 수가 없었다. 때로 시구를 가지고 그를 이끌었는데 소재의 대답 또한 매우 준열하였다. 이때부터 도학을 공부하는 사람이 선학을 섞는 일이 있게 되었으니 이는 실로 소재로부터 말미암은 것이다. 진정 주자의 때에 홀연 나타난 육상산이라고 할만하다.[133)]

이식은 먼저 퇴계가 활동하던 시대에 우리나라에 정주학이 융성하게 발전한 것과는 다르게 중국에서는 선학이 홍수의 기세로 천하를 덮쳤다고 하였다. 이식이 말한 선학은 명에서 유행하던 양명학을 지칭하는 것임을 알 수 있다. 이식은 이어서 퇴계는 양명학이 우리나라에서도 유행할 것을 근심하여 힘써 강론·변척하고 저술하였다고 하였다. 이는 이황이 여러 학자들과 토론하고, 「傳習錄論辯」, 「白沙詩教傳習錄抄傳因書其後」, 「抄醫閭先生集附白沙陽明抄後復書其末」 등을 저술하여 양명학을 적극적으로 변척하였던 사실을 말한다. 이식은 퇴계의 이러한 노력으로 우리나라에는 양명학을 공부하는 학자가 없었는데 소재가 진도에서 풀려난 뒤부터 갑자기 양명학을 창도하였다고 하였다. 이식은 결론적으로 "우리나라에서 도학을 하면서 선학을 섞는 일은 소재에게서 시작되었다."고 하여, 소재가 우리나라 최초의 양명학자임을 밝혀 놓았다.

그동안 학계에서는 우리나라에 왕수인의 『傳習錄』이 전래한 시기를 중종 16년(1521년)으로 상정하고 퇴계의 양명학에 대한 적극적인 변척이 시작되는 명종 말기를 양명학이 본격적으로 우리나라에 수용되는 시기로 파악하였다. 그러면서 최초의 양명학자로 東岡 南彦經(1528~1594)을 지목하였다. 남언경은 퇴계의 서간과 치재 홍인우의 일기, 그리고 『선조실록』 등에 그가 양명학에 관심을 두고 있었음을 드러내는 단편적인 기록들이 남아 있는 인물이다.

소재를 최초의 양명학자로 지목한 이식은 같은 글에서 남언경의 학문에 대해서도 논하였다. 그는 "홍인우와 남언경은 모두 화담에게 배우고 퇴계

133) 李植, 『澤堂集』, 권15, 「雜著·追錄」, "至於退溪, 懋中原禪學之懷襄, 講辨著述, 毫釐必察, 學者洽然從之, 無敢異論. 盧蘇齋自海中還, 忽爲禪學, 退溪大駭, 亦不能與之辨, 時以詩句挑之, 而蘇又答之甚峻. 自是爲道學者, 間雜禪學, 實自蘇齋啓之. 眞如朱子之時, 忽出陸象山也."

와 교유하였다. 홍인우는 행실이 독실한 군자였는데 治喪하다 일찍 목숨을 잃었다. 남언경은 양생술을 좋아하여 곁으로 『참동계』 등의 서적을 익혔는데, 서울과 지방에서 벼슬살이하면서 행실에 실책이 많았으니 학문한 바를 온전히 지킨 사람이라고 할 수 없다."[134]라고 하였다. 이식은 남언경이 화담과 퇴계에게서 배웠지만, 학문이나 행실이 바르지 못한 사람이라고 언급했을 뿐, 그를 양명학자로 지목하지 않았다.

선조 7년(1574)에 남언경은 소재에게 편지를 보내어 나흠순의 학설이 주자학에 위배되는 禪學이라고 비판하였다.[135] 나흠순의 사상을 선학으로 비판하는 남언경의 견해는 기대승 등의 당대 주자학자의 경직된 태도와 일치한다. 소재는 이 편지에 답하면서 "性과 情의 구별은 명목상에 불과한 것이다."라고 주장하였고, "이러한 자신의 견해를 남언경이 비웃을 것이다."라고 덧붙였다.[136] 이때 소재의 나이가 60세였고 남언경은 47세였다. "남언경에게 수학한 자들은 대부분 양명을 숭상한다."는 『선조실록』 27년(1594) 7월 17일 기록에 근거해 보면 남언경이 말년에 양명학을 공부하였을 가능성은 있다. 그렇다고 하더라도 남언경이 양명학에 관심을 둔 때는 소재보다 이른 시기가 아니었다. 게다가 그는 양명학과 관련된 저술을 남기지도 않았다. 따라서 '도학을 공부하면서 양명학을 섞는 일이 소재로부터 비롯되었다'라고 이식이 분명하게 기록하였듯이 우리나라 최초의 양

134) 이식, 『택당집』, 별집 권15, 「追錄」, 524쪽, "南靜齋彦經 · 洪恥齋仁佑, 皆從遊花潭而友退溪. 洪篤行君子, 守喪早沒. 南好養生, 旁習參同契等書. 又其仕宦內外, 頗失操持, 以此不得爲完人."

135) 남언경, 『소재집』, 내집 하편, 「答南時甫問」, 384~385쪽, "又其所謂審其幾者, 是天理人欲之幾也, 抑所謂動靜之幾也? 若曰動靜之幾, 而守靜不動則禪也. 若曰天理人欲之幾, 而使道心爲主, 而人心聽命則還是朱子之說也 恐非羅氏之本意."

136) 내집 하편, 「答南時甫問」, 385쪽, "夫人之爲學, 惟求心而已. 苟心旣求, 則所謂性情道德體用動靜等字, 不過爲形容此心之語, 而必無先後輕重之可言矣. 鄙見如此, 想當冷笑."

명학자는 소재라고 해야 할 것이다.

소재는 「인심도심변」을 저술한 명종 14년(1559)경부터 주희의 심성론과 공부론을 부정하고 心과 性을 하나로 보는 심성론과 誠意를 근본으로 하는 공부론을 제기하여 왕수인의 사상에 대한 지지를 표명하기 시작하였다. 그리고 해배되어 환로에 복귀하고 나서도 자신의 학문을 이단에 물든 것으로 비판하는 당대의 유자들에 맞서면서 양명학에 대한 지지를 철회하지 않았다. 그는 76세로 졸할 때까지 왕수인의 大學說과 知行合一說, 그리고 심과 성 · 심과 천리를 하나로 보는 심성론을 적극적으로 천발하였다. 따라서 소재는 양명학을 받아들여 주자학을 비판하고 새로운 심성론과 수양론을 제기하였던 우리나라 최초의 양명학자라고 할 수 있다.

5. 聖人의 욕망을 따르는 삶

소재는 유배기 내내 전고를 치밀하게 배치하고 파격적인 자법을 구사하여 삶의 悲哀를 토로하고 자신의 일상을 自嘲하는 시들을 창작하였다. 그런데 유배 생활을 마치고 정계에 복귀하여 정승의 자리에 오른 60대 이후에도 소재는 悲哀를 말하고 삶을 自嘲하는 시들을 지속적으로 창작하였다.

〈十青亭〉

雙雙雙對復雙雙	쌍쌍쌍으로 마주 서고 다시 쌍쌍으로 마주 서서
凡我同盟孰可降	모두 나와 동맹을 맺었으니 누가 무너뜨리겠는가
造化神功當亂世	조물주의 신묘한 재주로 생겨나 난세를 만났고
風塵晩節在危邦	먼지바람 가득한 말세에 위태로운 나라에 있네
枝間杖屨氷漫砌	가지 사이를 산책하다 보면 얼음이 섬돌에 가득하고

葉際圖書雪打窓	잎들 곁에서 책을 읽을 때 눈은 창을 때리는데
沙谷乾川隔煙樹	저 너머에 있는 사곡과 건천의 안개 낀 나무들 그리워
幾回羈夢淚沾釭	몇 번이나 나그네 꿈에서 눈물로 등잔 적셨던가[137]

72세의 나이로 영의정의 지위에 있을 때 창작한 작품으로, 당대와 후대의 많은 시인이 和韻하였던 소재의 대표작이다. 소재의 이 시는 '雙' 자를 다섯 번이나 반복하는 파격적인 형식으로 奇拔하게 시작하고 있다. 소재는 '雙' 자의 반복으로 만들어진 격앙된 어조로 자신의 집 뜰에 줄지어 마주 서 있는 열 그루의 나무를 묘사하고 자신이 그들과 누구도 무너뜨릴 수 없는 동맹을 맺었다고 하였다. 이 열 그루의 나무는 생명을 낳고 기르는 신묘한 조화의 힘으로 생겨나 난세를 만났다. 따라서 이들은 도가 행해지지 않는 위태로운 나라에 있는 소재와 처지가 같은 同類들이다.

열 그루의 푸른 나무와 일체화되어 있는 소재의 일상은 경련에서 구체적으로 묘사된다. 소재는 푸른 나무들 사이를 산책하다 얼음이 가득한 섬돌을 바라보고, 푸른 나뭇잎이 어른거리는 서재 창가에서 책을 읽으며 눈이 창을 때리는 소리를 듣는다. 그는 얼음과 눈이 가득한 시련의 시절을 견디고 있는 뜰의 나무들을 보면서 문득 고향인 상주 沙谷과 자신이 태어난 한양 乾川洞에 있던 나무들을 떠올린다. 고향의 나무들은 언제나 자신이 닿을 수 없는 아득한 곳에 있었다. 소재는 평생 이 나무들이 서 있는 고향집, 바로 자신이 이상적으로 생각하는 삶의 경계가 닿지 못하여 비감에 젖어 있다.

137) 권5, 192면.

〈賜几杖宴席〉

可愛迎恩日	성은을 맞은 이 날을 사랑할 만하니
須開奉禮廳	예를 받드는 대청을 개방해야 하리
尊崇一太史	한 명의 존숭할 만한 태사가 오고
齒德盡孤卿	모두들 연세와 덕이 높은 고관대작일세
雪竹侵高話	눈 쌓인 대나무는 고상한 대화에 끼어들고
風松倚半醒	바람 부는 소나무에 술이 반쯤 깬 사람 기대누나
明朝門復掩	내일 아침이면 다시 문을 닫고
伏枕笑平生	베개에 엎드려 평생의 삶 비웃으리라[138]

이 시는 소재가 나이 71세로 영의정 자리에 있을 때 선조로부터 안석과 지팡이를 하사받고 이를 기념하기 위해 지은 것이다. 안석과 지팡이는 나라에 공이 있는 年老한 大臣에게 임금이 하사하는 물건이다. 소재는 임금의 은혜를 받든 이 기쁜 날을 기념하기 위해 집의 대청을 개방하고 고귀한 손님을 초대하여 잔치를 열었다.

경련은 이 잔치 자리에서 소재가 느낀 행복감을 묘사한 것이다. 소재는 눈 맞은 대나무가 서 있는 뜰에서 귀한 손님과 술을 마시며 고상한 대화를 나누었다. 그리고 술자리에서 홀로 빠져나와 바람 부는 소나무에 기대서서 술이 반쯤 깨었다. 여기에서 '雪竹'은 소재와 손님이 나눈 고상한 대화의 정취를 암시하는 경물이고, '風松'은 술이 반쯤 깨어 맑아진 소재의 정신 상태를 암시하는 경물이다. 소재는 잔치가 계속되고 있을 때 홀로 소나무에 기대서서 아름다운 풍경, 고귀한 사람들과 하나가 된 이 밤이 저물어 가는 것을 느낀다. 그리고 내일 날이 밝으면 세상을 향한 문을 다시 굳게

138) 권6, 196면.

닫고 베개에 엎드려 삶을 비웃고 있을 자신을 상상한다.

소재는 이 시에서 기쁨이 극에 도달한 순간 돌연 삶을 自嘲하고 있는 자신을 묘사하였다. 이러한 내용은 만년기 시에 빈번하게 나타난다.

〈耆老宴作〉

壽到稀年且達官	나이 칠십이고 높은 관직에 오른 사람
九人而已亦才難	아홉 명뿐이니 인재 얻기가 또한 어렵구나
金章鳩杖聯翩來	금 인장 차고 비둘기 지팡이 짚고 줄지어 들어와
入溪敞宇華筵開	시내 안 넓은 누각에서 화려한 잔치 벌이네
小至霜風振駝駱	동지 전날의 서릿바람 타락산을 뒤흔드는데
今者不樂餘幾日	생이 얼마나 남았다고 지금 즐기지 않는가
我如老牛鞭不動	나는 채찍 맞아도 움직이지 않는 늙은 소처럼
未罷歡娛更蕭瑟	흥겨운 잔치 파하기도 전에 마음 쓸쓸해하네[139]

70세 이상의 고위 관료들을 위해 나라에서 베푼 기로연에 참석하여 지은 시이다. 수련에서 소재는 "아홉 명뿐이니, 인재 얻기가 또한 어렵구나." 라고 하였다. 이는 "인재 얻기 어렵다는 말이 정말 그렇지 않은가. 舜 임금 때를 제외하고 인재가 가장 성대하게 배출된 武王의 시대에도 인재가 아홉 명뿐이었다."라고 했던 『논어』의 구절에서 온 것이다.[140] 소재는 『논어』를 끌어와서 기로연에 참석한 연로 대신이 모두 아홉 명이며, 이들이 모두 태평성대가 아니면 얻기 힘든 뛰어난 인재들임을 암시하였다. 함련의 金章은 고위 관료가 차는 금으로 만든 印章이고, 鳩杖은 나라에 공이 있는 70살 이

139) 권6, 201면.

140) 『論語』, 「泰伯」, "舜有臣五人而天下治. 武王曰, '予有亂臣十人' 孔子曰, '才難, 不其然乎? 唐虞之際, 於斯爲盛, 有婦人焉, 九人而已.'"

상의 고관에게 임금이 하사하는 지팡이이다. 함련은 연로한 고위 관료들이 화려한 차림으로 대궐 누각에 마련한 잔치 자리로 줄지어 들어오고 있는 모습을 사실적으로 묘사한 것이다. 수련과 함련을 통해 기로연에 참석한 이들이 높은 관직에 오르고 장수 또한 누리고 있는 행복한 사람들임을 짐작할 수 있다.

경련에서는 대궐 근처에 있는 타락산을 흔들며 대궐 뜰로 불어 닥치는 서릿바람의 이미지가 나타나면서 함련까지 이어진 흥겨운 정조가 일시에 전환된다. 경련 하구의 "今者不樂"은 『詩經』「秦風 · 車鄰」에서 온 시어이다. 「車隣」은 秦나라가 周로부터 車馬와 官員을 하사받아 君臣이 禮樂으로 만날 수 있게 된 일을 찬미한 시이다. 「車鄰」에서는 君臣이 예악으로 만나 잔치를 벌이면 당연히 즐겨야 한다고 하면서, "지금 즐기지 않으면, 세월이 흘러 죽으리라.[今者不樂, 逝者其亡.]"[141]라고 하였다. 소재는 이 『시경』의 시어를 차용하여 얼마 남지 않은 생에서 다시 얻기 어려운 이 순간을 즐겨야 한다는 뜻을 드러내었다. 미련에서는 자신을 '채찍을 맞으면서 움직이지 않는 늙은 소'에 비유하였는데, 이는 원래 蘇軾이 시에서[142] "나는 채찍질해도 꼼짝 않는 늙은 소 같아서, 미끄러운 진흙탕 길에 네 발굽이 무겁구나.[我似老牛鞭不動, 雨滑泥深四蹄重.]"라고 한 데서 온 것이다. 소재는 늙은 소의 이미지로 모든 사람이 잔치를 즐기고 있을 때 홀로 비애에 젖어 있는 자신을 표현하였다. 이 시는 인생의 榮華가 극에 도달한 시기에 오히려 더 괴로워하고 있는 소재의 의식을 표현한 것이다.

위의 시에 등장하는 늙은 소는 늙고 무기력한 시인의 객관적 상관물이다. 늙은 소의 이미지가 나타나는 다음의 시를 통해 소재가 재상의 지위에

---

141) 『詩經』, 「秦風 · 車隣」, "阪有桑, 隰有楊. 既見君子, 竝坐鼓簧. 今者不樂, 逝者其亡."

142) 소식(蘇軾)의 시 「過於海舶 得邁寄書酒 作詩 遠和之 皆粲然可觀 子由有書相慶也 因用其韻賦一篇 幷寄諸子姪」를 말한다.

있으면서도 자괴감에서 헤어나지 못하는 이유를 살펴볼 수 있다.

〈遞右相〉

土虎春全暮	무인년 봄이 다 저물어갈 무렵
吳牛喘未穌	오나라 소는 헐떡이는 병 낫지 않네
初辭右議政	이제 막 우의정 사직하고
便就判中樞	곧 판중추 자리로 나아가니
睿澤深如海	임금의 은혜 바다처럼 깊고
慈恩潤似酥	어머니 자애 연유처럼 부드럽네
避賢仍樂聖	현자에게 자리 내주고 이제 성인을 즐기리니
能任幾年盧	너 노수신은 몇 년이나 살아있으려나[143]

이 시에는 '숨을 헐떡거리며 고통스러워하고 있는 오나라 소'가 등장한다. 『世說新語』「言語」에 따르면 중국의 남방에 있는 오나라는 더위가 심하여서 이 지역의 물소는 밤에 뜬 달을 보고도 해로 착각하여 숨을 헐떡이며 더워한다고 한다. 또한 한나라 때 재상의 지위에 있던 丙吉은 길에서 다투다가 엎어져 죽은 자는 그냥 지나치고 혀를 빼물고 헐떡거리는 소에 대해서는 그 연고를 물으면서 "싸우다 죽은 자는 京兆尹의 담당이지만 더운 때가 아닌데 소가 헐떡거리는 것은 음양이 조화를 잃은 탓으로 이는 재상이 근심해야 할 일이다."라고 말했다고 한다. 소재의 이 시는 무인년(선조 11년, 1578) 늦봄에 쓴 것이다. 당시 조정에서는 東人·西人의 갈등이 갈수록 심화하고 있었는데 이 혼란한 정치 현실을 소가 헐떡거리며 고통스러워하고 있는 상황으로 비유한 것이다.

---

143) 권6, 195면.

함련과 경련은 아홉 번이나 사직소를 올린 끝에 우의정에서 물러나게 된 기쁨을 표현한 것이다. 소재는 우리나라에서 쓰는 '우의정', '판중추'라는 관직명을 그대로 노출하여 자신의 정치적 능력으로는 감당하기 어려운 우의정의 자리에서 물러나 실무 없는 명예직인 판중추부사로 옮겨가게 된 홀가분함을 실감 나게 표현하였다. 이처럼 '右議政'과 '判中樞' 같은 우리나라 관직명을 시어로 사용하는 것은 소재 시의 독특한 형식 가운데 하나이다. 시의 첫 구에 쓰인 '土虎' 또한 독특한 시어이다. '토호'는 불교의 영향권에 있던 고려 시대에 사용하던 간지의 하나로 戊寅年을 가리킨다. 소재는 간지, 그것도 조선 시대에는 잘 쓰이지 않던 간지를 시어로 사용하여 시의 첫 구를 기이하게 만들었는데, 이러한 형식의 소재 시의 중요한 특징의 하나이다.

미련의 '避賢'과 '樂聖'은 李適之와 杜甫의 시에서 온 시어이다. 唐 玄宗 때의 左相 李適之는 李林甫의 誣陷으로 좌상에서 파면되었다. 이때 그는 "현자에게 양보하여 재상을 그만두고, 성인을 즐겨 술잔을 입에 머금네. [避賢初罷相, 樂聖且含杯.]"라는 시구로 이임보를 풍자했다. 杜甫는 「飮中八仙歌」에서 이적지를 묘사하면서 "좌상은 날마다 흥이 나서 萬錢의 돈을 쓰고, 고래가 강물 들이키듯 술을 마시며, 술잔을 입에 물고 성인을 즐기며 현인에게 자리 양보하네.[左相日興費萬錢, 飮如長鯨吸百川, 銜杯樂聖稱避賢.]"라고 하였다. 이적지는 간신의 모함을 받아 벼슬에서 물러났기 때문에, 이적지와 두보의 시에 쓰인 '현인'은 탁주의 은어이자 奸人의 반어이고, '성인을 즐긴다'는 시어 또한 청주를 마시며 방달한 삶을 살겠다는 의미를 담고 있다. 그러나 소재는 자신의 정치적 무능을 자책하면서 스스로 재상 자리에서 물러났다. 따라서 소재의 시에 쓰인 '현인'은 은어나 반어로 쓰인 것이 아니고,[144] '樂聖'도 '청주를 즐긴다'는 의미뿐만 아니라 '聖人之學을 즐기며 살겠다'는 의미도 내포되어 있다. 이는 두보의 시구를 창

조적으로 인용한 경우라고 할 수 있다.

소재가 만년기에 만들어낸 '헐떡거리는 늙은 소'의 이미지에는 혼란한 정치 현실을 개혁할 능력이 없는 늙은 정승의 自愧感이 내포되어 있다. 소재의 만년기 시에 나타나는 주된 정조의 하나는 정치적 무능함에 대한 자괴감이다. 다음의 시에는 이러한 자괴감이 좀 더 분명하게 드러나 있다.

〈送許書狀赴京〉

北窓新竹生	북쪽 창에 새 대나무 생겨나고
南窓枯竹鳴	남쪽 창에 시든 대나무 울어
病夫亟移枕	병든 사내 뒤척이며 잠들지 못하다
中宵星斗明	한밤중에 일어나 밝은 북두성 바라본다
此時何許子	이러한 때 어느 허씨 집안 자제
萬里不憚行	만 리 길 마다 않고 길 떠나는데
吾欲薰蕕辨	나는 향초와 악초 구별하고 싶지만
其柰二豎嬰	병이 깊어 어찌할 수 없구나[145]

144) 소재는 이 시를 쓰기 직전에 쓴 사직서에서 "생각건대 죽은 이후에야 그치는 것은 최상의 忠이고, 능력이 없는 사람이 중도에 그만두는 것은 최선의 敬입니다. 위태로운 나라를 부지할 수 있다면 반드시 벼슬자리에 나아가야 하지만, 賢者를 방해하고 나라를 병들게만 하고 있다면 반드시 벼슬에서 물러나야 하는 것이 고금에 두루 통용되는 義입니다. 저는 부지하는 책임을 감당할 수 없고 도리어 방해하고 병들게 하는 죄만 짓고 있으니 하루빨리 관직을 뺏는 것이 마땅하여 하루라도 벼슬자리에 머물러 있게 할 수 없습니다.[伏以死而後已, 忠之上, 不能者止, 敬之大. 當扶顚持危則必進, 知妨賢病國則必退, 此古今通義也. 小臣未堪扶持之責, 反重妨病之罪, 正宜終朝褫而不能一日據也.]"(노수신, 〈忠敬箚子〉, 『소재집』, 권8)라고 하였다. 이를 통해 '현인을 피했다'는 시어가 '현명한 사람에게 재상 자리를 양보했다'는 표면적인 의미를 그대로 가지고 있음을 알 수 있다.

145) 권6, 205면.

이 시는 許篈이 선조 7년(1574)에 명나라로 사신 갈 때 그를 전송하면서 지은 것이다.[146] 선조 7년은 주로 선조 대에 관직에 진출한 신진 사류와 명종 대부터 정계에 진출해 있던 선배 사류들이 외척 沈義謙의 정치 관여 문제를 처리하는 과정에서 대립하여 東人·西人으로 갈라지기 시작하는 시점이다.[147] 서두의 "북쪽 창에 새 대나무가 생겨나자, 남쪽 창에서 시든 대나무가 운다."라는 시구는, 시의 미련에 보이는 君子의 무리를 상징하는 香草와 小人의 무리를 상징하는 惡草의 대립을 염두에 두면, 신진 사류와 선배 사류가 갈라져 동서 붕당이 형성되어가던 당대의 정치 상황을 상징적으로 표현한 것임을 알 수 있다. 우의정의 자리에 있던 소재는 붕당이 형성되어가던 당대의 정치 상황을 크게 우려하고 있었다. 한밤중까지 잠들지 못하고 뒤척이다가 뜰에 나와 임금을 상징하는 북두성을 올려다보는 행동에서 소재의 정치적 고뇌를 엿볼 수 있다.

경련에서는 許篈이 서장관이 되어 명나라로 떠나는 장면을 묘사하였다. 여기서 쓰인 '何許子'는 표면적으로는 '어느 許씨 집안의 자제'라는 의미를 가지지만, 「五柳先生傳」에 근원을 두고 있는 시어이기도 하다. 陶淵明은 「오류선생전」의 서두에서 "선생은 어디 출신인지 알 수 없고, 또한 그 성명도 자세하게 알려지지 않다.[先生不知何許人也, 亦不詳其姓字.]"라고 하였다. 앞서 살펴보았듯이 여기에는 출신과 가계가 어떤 사람의 삶을 평가하는 중요한 잣대일 수 없다고 생각하는 도연명의 인생관이 내재되어 있다.[148] 소재는 「오류선생전」의 이 부분과 연결되면서 동시에 '어느 허씨 집안의 자제'라는 의미를 담고 있는 '何許子'라는 시어로, 地緣·學緣을 중심으로 붕당을 이루어 대립하던 당대의 정치인들과는 거리가 있는 이상

146) 이 시의 제목 아래에는 許書狀이 許篈임을 밝히는 시인의 自註가 기재되어 있다.
147) 한 해 뒤인 선조 8년을 기점으로 동서 붕당이 성립하게 된다.
148) 가와이 코오조오 저, 『중국의 자전문학』, 심경호 역, 소명출판, 2002, 96면.

적인 정치인으로 허봉을 묘사하고자 하였다.[149] 허봉을 이상적인 정치인으로 묘사하려는 소재의 의도는 허봉을 나라를 위해 먼 길을 떠나는 젊은 정치인으로 묘사한 하구에서 좀 더 분명하게 드러난다.

소재는 미련에서 "병이 깊어 君子와 小人을 구별할 능력이 없다."고 하면서 노쇠하고 무능한 자신을 비판하였다. 소재는 30세 때 세자시강원이 되어 세자에게 행한 서연강의에서, "정승의 자리에 있는 사람은 조정 내에 존재하는 붕당의 선악시비를 분명하게 분별하여 정치의 향방을 바르게 결정해야 할 의무가 있다."[150]고 역설한 바 있다. 결국 소재는 이 시에서 젊은 날 꿈꾸었던 이상적인 정치인과는 멀어져 버린 늙고 무기력한 자신을 자책한 것이다.[151]

소재는 기나긴 유배 생활을 마치고 사림이 집권한 조정에 등용되어 정승의 지위에까지 올랐다. 그런데 그는 정계에 복귀한 뒤 사림의 분열과 선조의 보수적인 정국 운영으로 사림의 정치 이상이 훼손되고 여러 개혁 정책이 폐기되는 것을 목도해야만 했다. 이러한 정치 현실로 인한 허탈감이 만년기 내내 소재의 의식에 검은 그림자를 드리우고 있었다. 그런데 이 시기의 소재 시가 특이한 것은 외부 정치 현실에 대한 비판보다는 부정한 현실을 타개하지 못하는 자신의 무능함에 대한 자책이 시의 주된 내용을 이루고 있다는 점이다. 소재는 만년기 내내 이상적인 삶과는 괴리된 자신의

149) 소재는 앞서 살펴본 「手寫陶詩數篇, 仍書其後」에서 "先生不知何許人, 無懷民與葛天民, 萬古四海晦翁筆, 書晉處士陶潛卒"라고 하여 '何許人'을 도잠의 인생태도를 상징하는 시어로 쓴 적이 있다.

150) 내집 상편, 「晴窓手錄」, "蓋杜門自守, 孤立無朋, 此一介之士也. 乃若宰相則黜幽陟明, 收天下之人, 濟天下之事, 安敢自存形跡, 而避黨之名哉, 又安有幷用賢邪. 以安國家者耶?"

151) 이 시에는 동인과 뜻을 같이하는 소재의 당파적인 견해가 개입되어 있다. 동인의 핵심 인물이었던 허봉을 이상적인 정치인으로 묘사한 것에서 이미 이러한 점이 분명하게 드러나 있다. 허봉은 서인과 격렬하게 대립했던 인물로 소재가 이 시에서 묘사한 것처럼 당파와 무관한 정치인은 아니었다.

일상을 지속해서 自責하고 自嘲하는 시를 창작하였다.

〈琴臺次訥翁韻 贈洪和仲〉

長喜窮民受訪探	궁핍한 백성의 삶을 살폈던 행적 늘 좋아했는데
還驚素質近朱藍	깨끗한 자질로 훌륭한 분들 가까이했음에 다시 놀랐네
板輿直上彈琴石	모친 모신 가마 탄금대 바위로 곧장 오르고
桂棹仍停禱雨庵	계수나무 배 기우제 지내는 암자에서 다시 멈추었네
滿目江湖只生一	눈에 가득한 강과 호수 다만 하나에서 온 것이고
寄身天地亦參三	천지에 깃든 이내 몸 천지와 나란한데
時危報主吾何敢	위태로운 시대에 나라에 보답하는 일 감당하지 못하여
却對沙鷗又一慙	모래사장 갈매기 마주하니 문득 부끄러움 일어나누나[152]

이 시는 57세 때 탄금대에 올라 지은 것이다. 당시 소재는 대사헌에 제수되었지만 고향 상주로 돌아가 어머니를 모셔야 한다는 이유로 거듭 사직소를 올리고 있었다. 선조는 사직을 허락하지 않고 서울로 어머니를 모셔 오도록 명하였다. 이 시는 어머니를 모시고 서울로 올라가는 길에 충주의 탄금대에 들러 지은 것이다.

소재는 수련에서 과거에 충주목사를 지낸 朴祥이 백성들을 찾아다니며 그들의 곤궁한 삶을 자상하게 살폈던 일과 그가 충주 일대에 은거했던 金世弼, 李延慶, 李耔 등의 純正한 사림들과 교유한 일을 칭송하였다. 이어서 가마로 어머니를 모시고 탄금대에 오르고, 가뭄을 걱정하여 기우제 지내는 사당에서 배를 멈추기도 한 자신의 여정을 묘사하였다. 그리고 마지막으로 탄금대에 올라 인간이 天地의 化育에 참여하는 위대한 존재임을 사색

---

152) 권6, 194면.

하면서, 자신이 백성을 잘 길러 천지의 화육작용을 돕는 인간의 본래 면목을 실현하지 못하고 있음을 자책하였다.

선조 대에는 자연재해가 잇달아 발생하여 민생이 피폐한 상태에서, 정부의 무능과 관리들의 탐욕으로 조세제도가 문란해지면서 백성들의 삶이 파탄에 이른 시기였다. 소재는 이 시에서 고통 받고 있던 당대 백성들을 구제하지 못하는 자신의 정치적 무능함을 자책하였다. 그런데 소재는 이 시를 짓고 서울에 올라와 임금을 배알한 자리에서, 고향에 오가는 길에 보고 들은 가뭄의 참상을 낱낱이 고하고 백성들을 구제하기 위해 賑貸를 실시할 것을 진언하였다. 아울러 요역의 폐단이 백성들의 삶을 무너뜨리고 있음을 비판하고 이를 개혁할 것을 요구하였다.[153] 앞서 살펴보았던 동인과 서인의 분열을 조정하지 못하는 자신의 무능함을 비판한 시 또한 東西 分黨의 원인이 되었던 심의겸과 김효원을 모두 외직으로 보내도록 선조에게 건의하는 등, 동인 서인의 대립을 해소하고자 적극적으로 노력하고 있을 무렵에 지은 것이다. 이러한 예에서 드러나듯이 소재는 정계에 복귀한 뒤에 자신의 정치적 무능함을 비판하는 시를 끊임없이 창작하면서 실제로는 사림의 진보적인 정책을 일관되게 지지하고 개혁을 단행하는 데 앞장서고 있었다. 그가 사림의 오랜 염원이었던 향약의 전국적 실시를 주장하였던 것과, 조세제도가 문란해진 중요한 원인의 하나였던 방납의 폐단을 개혁하기 위해 公辦 혁파를 논하였던 것, 성균관에서 나이순으로 앉는 序齒를 실행할 것을 적극적으로 주장하였던 것은 그러한 예에 해당한다. 소재에게 있어 정치적 무능함을 반성하는 시를 창작하는 일은 올바른 정치적 실천의 기반이 되는 진실한 마음을 세우는 일에 다름 아니었다.

153) 강복성, 『소재집』, 「소재선생연보」, "四月奉大夫人還京-肅拜後, 歷陳所經一路飢民賑濟等事, 且陳民間徭役之繁, 若不釐革, 更無可爲云"

〈奉賀林塘賜几杖宴〉

人生七十古來稀	인생에 칠십 살기 예부터 드물다는
此句人人詠歎之	이 시구 사람마다 읊조리누나
間世鳳毛留碧沼	세상에 나기 드문 훌륭한 자손 성균관에 머물다
應時龍首到黃扉	시대에 응해 장원급제하여 정승에 올랐네
恩加扶倚優優禮	은혜가 지팡이에 더해지니 성대한 예우 입었고
燕及寅恭秩秩儀	잔치가 임금 공경에 미치니 반듯한 의식 행하네
豈不一心思盡瘁	어찌 한마음으로 몸 바쳐 일하려 하지 않으랴
人生七十古來稀	인생에 칠십 살기 예부터 드문데[154]

이 시는 1584년 우의정 林塘 鄭惟吉의 궤장연에 참석하여 쓴 시이다. 당시 소재는 정유길과 같은 나이인 70세로 좌의정의 지위에 있었다. 소재는 수련에서 "인생에 칠십 살기 어렵다."고 했던 두보의 시구를 사람마다 읊조린다고 하였다. 이어서 鄭光弼의 손자로서 뛰어난 자질을 지니고 태어나, 어린 나이에 진사과에 급제하고 다시 대과에 장원하여 벼슬이 우의정까지 올랐고, 지금 고희의 나이에 이르러 임금에게 지팡이를 하사받은 정유길의 삶을 순차적으로 기술하였다. 미련에서는 정유길이나 그와 마찬가지로 70세의 나이로 정승의 지위에 있는 자신은 몸 바쳐 나라 위해 일할 것만을 생각한다고 하고, 다시 '인생에 칠십 살기 예부터 드문 일'이라고 했던 시구를 인용한다. 소재는 '人生七十古來稀'라는 두보의 시구를 시의 첫 구와 마지막 구에 배열하여 두보의 시구를 대하는 일반적인 의식과 자신의 의식을 분명하게 구분한다. 이러한 구분을 통하여 사람들은 대개 좋은 집안의 훌륭한 자손으로 태어나 정승의 지위에 오르고 장수까지 누리는 삶을 소망

154) 권6, 197면.

하지만, 이러한 처지에 있는 자신이나 정유길은 죽는 날까지 전전긍긍하면서 나라와 백성을 위해 몸 바칠 것만을 생각한다고 하였다. 이 시를 통해 정승의 지위에 오른 소재가 끊임없이 삶을 자책하는 시를 지은 것이 죽는 날까지 충실한 삶을 살고자 한 지향에서 나온 것임을 짐작할 수 있다.

소재는 정치적으로 무능한 자신을 질책하는 시를 지속해서 창작했던 것과 마찬가지로 학문 태도나 정신 경지를 반성하는 수많은 시를 지었다. 모친상을 당해 여막을 지키고 있던 68세에서 69세 사이에, 소재는 다음의 시를 지었다.

〈晝眠〉

一寢何傷我宰予　　한 번 낮잠을 잔 것이 우리 재여에게 무슨 해가 되리
無時不在聖門居　　성인의 문하에 있지 않은 적이 없는데
離群飽食豈不畏　　무리와 떨어져 포식하며 지내는 일 두려워해야 하거늘
石心腸木終自如　　목석같은 이 마음은 끝내 태연하기만 하구나[155]

여막[156]에서 잠시 졸았던 일을 반성한 시이다. 소재의 여막생활에 대하여 제자 강복성은 "中門 밖에 여막을 지었는데 비좁아서 겨우 무릎을 들일 정도였다. 매섭게 추운 겨울날과 한창 더운 여름날에도 그 안에 앉아 계시고 문밖으로 나가신 적이 없으셨기에, 비록 문생들과 친척들이 찾아와도 삼 년 동안 한 번도 얼굴을 보지 못했다"라고 기록하였다.[157] 여막에서 기

155) 『소재집』, 종가소장 필사본.

156) 어머니가 돌아가셨을 때 소재의 나이가 67세였기에 소재의 건강을 걱정한 선조가 시묘를 금하고 서울 집에서 상기를 마치도록 명하였다.

157) 강복성, 『소재집』, 「穌齋先生年譜」, "結倚廬于中門之外, 矮迮僅容膝, 祈寒盛暑, 坐其中, 足未嘗出門, 雖門生親屬, 終三年一不見面."

거하는 동안 소재는 공부에 매진하여 주희의 격물치지설을 부정하는 우리나라와 송명 유자들의 大學說을 선별하여 『大學集錄』을 편찬하는 중요한 학문적 성과를 거두었다.

그런데도 소재는 이 시에서 여막에서 낮잠을 잔 자신을 宰予와 비교하였다. 재여는 낮잠을 잤다는 이유로 공자에게 심한 꾸중을 들었던 공자의 제자이다. 공자는 재여를 흙손질할 수 없는 무너진 담장과 조각할 수 없는 썩은 나무에 비유하면서, 자신의 가르침이 통할 수 없는 自暴自棄者로 그를 강도 높게 비판하였다. 소재는 자신과 재여를 비교하면서, 무리와 떨어져 편안하게 지내면서 낮잠을 자고도 부끄러워할 줄 모르는 자신은 재여보다 못할 뿐만 아니라 목석처럼 미욱한 존재라고 심하게 자책하였다.

병으로 죽음을 앞둔 시기에는 다음과 같은 시를 짓기도 했다.

〈不怡〉

利話功談滿世間	이익과 공을 다투는 말들 세상에 가득하기에
幾時橫溢入窮山	몇 번이나 흘러넘쳐 궁벽한 산에까지 들어오네
此身此日向何處	이 몸이 이 날 어디로 향해야
耳可得聞心自閑	귀로 들어도 마음은 절로 한가할 수 있을까[158]

이 시에는 "戊子年(1588) 곁에서 시끄러운 소리가 났다."라는 註가 부기되어 있다. 소재는 이때 74세의 나이로 영의정의 지위에 있었지만 병이 위중하여 사가에 누워 죽음을 기다리고 있던 상태였다.[159] 『선조실록』에 따

158) 『소재집』, 종가 소장 필사본.

159) 강복성, 『소재집』, 「穌齋先生年譜」, "十五年丁亥 …… 十二月. 病篤, 命內醫守視." 이때 선조는 내의를 보내서 소재를 간호하게 하고 병의 상태를 상세하게 기록하여 수시로 조정에 보고하게 하였다. 이때의 기록이 소재의 종가에 남아 있다. 강복성은

르면 1588년 1월에 前 公州提督인 趙憲이 누차 상소를 올려 당대의 명망 있는 대신들을 공격하였는데, 이 상소문에 '盧守愼은 겨우 글이나 읽을 줄 아는 사람인데 이황을 반대하니 그의 학문은 僞學이다' 라는 주장이 있었고 심지어는 "노수신이 臣의 충고를 듣지 않고 頑童들과 친하며, '을해년(소재의 출생 연도)에 출생한 자는 장차 宰相이 될 것이다' 라고 하며 아무리 胥吏의 무리라도 반드시 더불어 契를 맺었다."라고까지 하였다.[160] 조헌은 이 소장에서 소재의 양명학을 위학으로 규정하고, 소재가 국가를 전복시킬 수 있는 불온한 사상을 전파하고 있다고 주장하였다. 조헌의 소장은 조정에 커다란 물의를 불러일으켰고 결국 三司에서 그에게 죄줄 것을 청하는데 이르렀다. 이때 소재는 문생들을 불러서 "조헌의 상소는 비록 狂妄한 것이기는 하나 간언으로 인하여 죄를 얻는 것은 성스러운 시대의 일이 아니다. 나는 지금 병이 깊어 주상께 뜻을 전달할 방법이 없으니 너희가 대간에게 말을 전해 만에 하나 죄주는 일을 막을 수 있다면 다행이겠다."라고 말했다고 한다.[161]

소재는 조헌의 상소로 인해 조정 안팎이 시끄러울 때 위의 시를 지었다. 소재는 이 시의 전반부에서 공을 세우고 이익을 얻기 위해 과격한 말들을 만들어내어 유포하고 있던 당대의 경박한 연소배들을 질타한다. 그리고 시의 후반부에서는 '스스로 반성하여 부끄러움이 없다면 다른 사람이 비난해도 마음이 편안해야 할 텐데 공부가 부족하여 죽음을 앞둔 이 나이에도 비

「소재선생연보」에서 이 해 12월 이후 병이 날로 심해져서 약물도 소용이 없게 되었다고 했다.

160) 『선조실록』, 21년 1월 5일.

161) 강복성, 『소재집』, 「소재선생연보」, "是年間, 前提督趙憲累疏攻擊名流, 竝及先生. 自上焚其疏不下, 傳于政院曰, '趙憲人妖也. 予於賢相名卿, 不能待以至誠, 使憲縱言無忌, 是誰之過也?' 俄而憲疏又至, 三司交章請竄. 是時先生沈痼, 已不可爲. 一日, 招門生作口中語曰, '憲疏雖曰狂妄, 以言獲罪, 非盛世事. 我今垂死, 雖有所懷, 末由上達, 汝以吾意, 通于一二臺諫, 萬一停止則幸矣.' 時論議方激, 雖元老之言, 亦不動聽, 憲遂竄."

난하는 소리를 들으면 마음이 흔들리고 있구나' 라고 자신을 책망하였다.

스스로 '나는 슬픈 노래를 부르는 사람이다'[162]라고 하였듯이, 소재는 평생 자기의 삶을 우울한 눈길로 응시하는 시를 지었다. 소재의 시에는 낯선 고사와 파격적인 시어들이 대거 등장한다. 그는 이러한 난해시를 창작하여 정치 현장에서는 지친 소처럼 무기력하고 인격 수양의 면에서도 지지부진한 자신의 삶을 自嘲하고 自責하였다. 소재 시의 이러한 특징은 그의 사상과 밀접하게 관련되어 있다. 소재는 일상에서 일어나는 意念을 바로잡아 마음의 본체인 천리와 일치시키는 誠意 공부를 통해 마음에 부끄러움이 없는 自慊의 경지에 이르려고 하였다. 소재가 생을 마치는 날까지 삶의 부끄러움을 끊임없이 노래한 것은 결국 자신의 마음에 비추어 부끄러움이 없는 성실한 삶을 살고자 한 지향에서 온 것이었다.

〈偶吟〉

寄也歸而免	더부살이하는 이 삶 죽어야 면할 것인데
居然到者稀	어느새 고희의 나이에 이르고 말았구나
雖從聖人欲	욕망이 법도 넘지 않은 성인 따르고자 했지만
未覺大夫非	지난 삶 반성한 대부 경지도 깨닫지 못했네
一理君臣契	一理로 임금과 신하 계합하였지만
深衷老病違	깊은 충정 늙고 병들어 어그러졌으니
未應梅柳色	매화와 버드나무의 맑은 빛이
依舊入沾衣	예전처럼 옷을 물들이지 않으리라[163]

162) 권6, 「贈韓僉正諸公」, "晩酌東城下, 同來六箇翁. 永叔老益壯, 長歌激長空. 太輝氣雍容, 再歌心事同. 寡悔最咿嚘, 三歌心沖沖. 賴有安季洪, 卒章聲更工. 願言保歲寒, 相期以始終."

163) 권6, 197면.

소재는 이 시의 서두에서 죽음으로 인하여 삶에서 놓여나기를 바랐는데 결국 古稀의 나이에 이르게 되었다고 탄식한다. 그가 이처럼 오래 살기를 원치 않는 것은 삶이 부끄러움만 더하는 일처럼 생각되기 대문이었다. 공자는 노년에 자신의 삶을 회고하면서 "칠십 살이 되어서는 마음이 하고자 하는 대로 따라도 법도를 넘지 않았다."라고 하였다.[164] 그리고 공자가 존경한 衛나라 大夫 蘧伯玉은 50세 때에도 지난 49세 때의 삶이 잘못되었음을 반성하면서 더 나은 삶을 향해 나아갔다고 한다.[165] 소재는 공자와 거백옥의 고사를 인용하면서 자신이 지금 70살이 되었는데도 70세 때의 공자의 경지는 고사하고 50세 때의 거백옥의 경지에도 이르지 못했다고 자책하였다. 이어서 소재는 자신이 군주에 대한 義理를 지키려 했지만 늙고 병들어서 이를 전혀 실천하지 못하고 있다고 토로한다. 함련이 정신 경지에 대한 반성이라면 경련은 정치 행적에 대한 반성이라고 할 수 있다. 삶을 부끄러워하는 소재의 예민한 의식은 매화와 버드나무의 맑은 빛이 더 이상 자신에게 다가오지 않으리라고 말한 미련에서 극명하게 드러난다.

이 시는 인격 수양과 정치 실천 등 모든 면에서 이상적인 경계에 도달하지 못하고 있는 자신의 삶을 반성한 것이다. 그렇다면 "70살이나 먹은 자신이 지난 삶을 반성할 줄 알았던 50세 때의 거백옥의 경지에도 이르지 못했다."고 토로한 경련의 시구는 역설적인 의미를 내포하고 있음을 알 수 있다. 소재는 70이 넘은 연로한 나이에도 불구하고 50세 때의 거백옥처럼 그침 없이 지난 삶을 반성하면서 욕망을 따라도 법도를 넘지 않았던 성인의 경지에 다가가려고 노력하고 있었다. 일상의 감정과 행동이 진실한 마

---

164) 『論語』, 「爲政」, "子曰, '吾十有五而志于學, 三十而立, 四十而不惑, 五十而知天命, 六十而耳順, 七十而從心所欲不踰矩."

165) 주희, 『論語集註』, 「憲問」, "案莊周稱 '伯玉行年五十而知四十九年之非, 又曰 '伯玉行年六十而六十化.' "

음과 어그러졌음을 끊임없이 자책하고 있는 소재의 만년기 시들은 역설적으로 이상적인 삶에 도달하고자 하는 노시인의 열렬한 지향을 드러내고 있는 것이다.

욕망을 따라도 법도를 넘지 않은 공자의 삶은 소재가 추구한 이상적인 인생 경지이다. 소재가 "욕망은 인간의 본성이니, 사람들 모두 없을 수 없네."[166]라고 노래했을 때의 욕망은 바로 이 시에서 말한 '천리와 어그러지지 않은 욕망'을 말한다. 소재는 자연스러운 감정·욕망이 天理와 합일되어 마음에 부끄러움이 없는 성인의 경지에 도달하고자 매 순간 삶을 반성하고 있었다.

소재는 鄭汝立을 천거했다는 이유로 76세 되던 1590년 탄핵을 받아 파직되었고 곧이어 세상을 떠났다. 소재는 72세 때 자신의 墓碣銘을 직접 작성하여 두었는데, 이 글에서 "작은 일에 투철하지 못하여 혹 잘못이 있기도 했지만, 큰 뜻이 분명했으니 진실로 부끄러움이 없도다."[167]라고 자신의 삶을 총평했다. 소재는 죽는 날까지 그침 없이 자신을 반성하며 부끄러움이 없는 성실한 삶을 살고자 하였기에 '無愧'라는 단어를 자신의 묘비에 새길 수 있었다.

---

166) 권6, 「贈柳修撰」, 202면, "欲者人之性, 人皆不可無. 何修以入道, 吾老竟歸愚."
167) 권9, 「暗室先生自銘」, 287면, "小事糊塗或終累, 大意分明信無愧."

●제7장●

결론

소재 노수신은 기묘사화의 餘震이 남아 있는 불안한 시대에 도학 정치를 실현하고자 노력했던 혁신적인 사림의 일원이었다. 그러나 그는 자신의 정치적 포부를 펼쳐보기도 전에 을사사화의 화를 입어 19년 동안 진도에서 유배 생활을 해야 했다. 그는 유배지에서 굳세게 학문에 정진한 끝에 양명학을 수용하여 새로운 심성론과 공부론을 제기하였다. 이 책은 주자학에서 양명학으로 전변하는 소재의 사상을 그가 남긴 전 저작을 통하여 살펴본 것이다. 이 책의 내용을 그가 새롭게 제기한 사상을 중심으로 요약하면 다음과 같다.

소재의 시문은 네 시기로 구분하여 살펴볼 수 있는데, 수학기와 사환기가 제1기, 을사사화 직후부터 灘叟 李延慶과 舟川 康惟善의 부음을 전해 들은 35세까지인 유배 전기가 제2기, 35세 이후부터 「人心道心辨」을 저술한 45세까지인 유배 중기가 제3기, 그리고 마지막으로 「人心道心辨」을 저술한 이후인 유배 후기와 노년기가 제4기에 해당한다.

수학기에 창작한 시로 남아 있는 것은 금강산 기행시집인 『遊山錄』에 전하는 71수가 전부이다. 『유산록』의 시에는 완전한 존재에 이르기 위해 온 생을 투기하고 있는 금강산의 선사들과 끊임없이 꺾이고 허물어져 가는 자연 경물들이 주로 등장한다. 소재는 이들을 주시하면서 인간은 허무한 물질적 상태를 초월할 수 있는 무한한 가능성을 지닌 존재임을 확신하게 되었다. 이러한 확신을 얻은 소재는 공허한 功名을 얻기 위해 인생을 낭비하는 비속한 현실에서 몸을 빼내어 완전한 인격에의 도달을 목표로 하는 聖人之學에 매진할 것을 굳게 결심하였다.

소재는 10대 후반부터 李耔 · 李延慶에게 나아가 공부하였다. 이연경과 이자는 기묘사화 이후 충주에 은거하면서 충주의 知非川 가에 工堂을 짓고 강학하고 있던 金世弼과 친밀하게 교유하였다. 김세필은 1519년 겨울 사은사로 명에 갔다가 이듬해 돌아오면서 당시 명나라에서 막 간행되었던 『전습록』 초간본을 들여왔다. 그리고 그는 우리나라 유자들 가운데 가장 먼저 『傳習錄』을 읽고 왕수인의 사상을 孔子의 遺音을 얻은 것으로 칭송하였다. 소재는 30대 초반에 지은 시들에서 존덕성에 치중하는 상산학을 지지하는 의식을 드러내었고, 성의에 앞서는 격물치지의 중요성을 강조한 주자학의 공부론을 비판하였다. 이러한 시들을 통해 보면, 소재는 충주에서 이연경과 이자에게 수학하던 10대 후반과 20대에 이미 양명학에 관심을 가지고 있었음을 알 수 있다.

소재가 수학기와 사환기에 지은 저작으로는 성균관에서 지은 「時習箴」, 과거에 응시하였을 때 지은 「求士於三代之下, 惟恐不好名論」, 仁宗이 동궁에 있을 때 행한 書筵講義 내용을 기록한 「閑逢執徐書筵講義晴窓手錄」이 남아 있다. 소재는 서연강의에서 極이 바로 보통 사람도 가지고 있는 未發의 中이라고 주장하였는데, 이를 통해서도 그가 젊은 날 상산학에 어느 정도 기울어져 있었음을 알 수 있다. 그러나 수학기와 사환기에 창작한 산문 저작에 주로 드러나는 것은 마음과 본성 · 마음과 천리를 엄격하게 구분하는 주희의 심성론과 격물치지를 중시하는 주희의 공부론을 지지하는 견해이다.

朱子學을 尊崇하던 소재의 의식은 을사사화 이후 유배 생활을 겪으면서 조금씩 변화하기 시작하였다. 이 시기 소재는 정치의 治亂과 인간의 生死 · 窮達 등을 인간의 힘으로 주재할 수 없는 命의 영역에 속하는 것으로 인식하였고, 운명이나 객관 현실이 훼손시킬 수 없는 절대불변의 天理가 마음 안에 엄존함을 확신하였다. 천리는 마음 안에서 흘러나오는 것임을 확신한 소재는 마음 안의 천리를 보존하여 견정한 도덕주체를 수립함으로써 인생의 시련에 저항하려 하였다.

유배 전기에 창작한 소재 시의 가장 큰 특징은 인생의 시련에 저항하는 도덕주체의 긴장이 내포되어 있다는 점이다. 그러나 유배가 장기화하면서 소재의 의식과 시는 변화하기 시작하였다. 사회적인 관계에서 도덕적 자아를 실현하는 것을 이상적인 삶으로 생각하는 유자에게 도덕을 실천할 수 있는 기반이 되는 모든 인간관계에서 단절된 섬에서의 삶은 죽음과 다를 것이 없었다. 그는 이 시기 도덕주체를 수립하여 인생의 시련에 저항하려는 의지적 자아와 인생을 무의미한 것으로 인식하는 허무의식이 갈등하는 마음의 분열을 겪고 있었다.

35세부터 「인심도심변」을 저술한 45세까지 소재는 시인과 화자가 분리되는 경향을 보이는 시들과 破格적인 字法과 句法을 구사한 시들, 그리고 險僻 · 奇怪한 風格을 지닌 長篇 古詩들을 주로 창작하였다. 이 시들의 형식과 내용은 도덕의지와 허무의식이 갈등하고 있는 소재의 분열된 의식을 그대로 반영하고 있었다. 특히 險僻 · 奇怪한 風格을 지닌 巨大한 편폭의 古詩들에는 朱子學에 대한 신뢰는 무너졌지만, 아직 새로운 사상으로의 전환은 일어나지 않았던 시기의 혼란하고 위태로운 정신 상태가 생생하게 드러나 있다.

소재는 극심한 정신적 고통 속에서 불 꺼진 재처럼 시들어가는 마음을 되살리기 위하여 未發涵養에 힘을 쏟게 된다. 이 소재의 독특한 공부 방법은 그가 37세에 저술한 「숙흥야매잠해」을 통해 살펴볼 수 있다. 여기에는 心과 性을 하나로 보는 심성론과 禪과 유사한 수양법에 이끌리는 의식이 드러나 있다. 「숙흥야매잠해」에 드러난 소재의 공부론과 심성론을 퇴계 이황은 禪學의 기미가 있는 것으로 비판하였다.

「숙흥야매잠해」를 저술한 뒤인 1553년, 소재는 젊은 날 친밀하게 교제했던 치재 홍인우와 7년 만에 해후하였다. 당시 퇴계에게 빌려온 『전습록』과 『곤지기』를 읽고 있던 치재는 한 통의 편지와 두 수의 시를 소재에게 보내어, 마음의 본체를 수립하는 것이 分殊의 理를 하나하나 인식하는 것보다 우선해야 하며, 천리 · 본성과 일치하는 미발의 심체를 보존하는 공부가 모든 수양의 근본임을 천명하였다. 그리고 그는 소재에게 미발 심체를 보존하는 공부에 힘을 써서 젊은 날 자신들이 품었던 뜻을 저버리지 말기를 부탁하였다. 치재가 이때 『곤지기』와 『전습록』을 소재에게 전했던 것으로 보인다.

소재의 사상과 의식은 치재와의 접촉 이후 크게 변화하였다. 그는 40대 후반부터 經典의 문구에 얽매이는 것보다 마음의 본체를 보존하는 것이 중요하다고 주장하기 시작하였다. 40대 후반 이후 소재가 제기한, 經典을 읽는 격물 공부에 대한 부정은 주자학 내에서 용납할 수 있는 사유가 아니었다. 소재가 이 시기 經典에 우선하는 마음의 중요성을 역설한 것은, 마음에 관한 새로운 통찰이 있었기 때문에 가능했다. 소재는 자신의 새로운 심성론을 「人心道心辨」을 통하여 제시하였다.

「人心道心辨」은 심과 성을 엄격하게 구분하는 주희의 심성론을 비판하기 위해서 쓴 철학 논문이었다. 주희는 "形氣에서 발한 위태로운 마음이

人心이고 性命에서 근원한 선한 마음이 道心이다."라고 규정하여, 人心과 道心의 발출 근원을 二元化하였다. 소재는 주희의 이러한 인심도심에 대한 규정을 理와 氣는 분리되어 존재할 수 없다는 주희의 본체론에 근거하여 비판하고, 道心은 本性이자 未發의 심체이며 人心은 이 道心이 形氣를 타고 情으로 드러난 것이라고 새롭게 규정하였다. 주희는 "人心은 人欲이다."라고 했던 程頤의 인심에 대한 견해를 수정하여 人心을 善惡의 幾微로 새롭게 규정하였지만, 「中庸章句序」에서 인심과 도심의 발출 근원을 이원화하고 인심은 도심의 명령을 들어야 한다고 하여 결국 인심을 악한 인욕에 가까운 것으로 해석하였다. 이러한 주희의 관점에 따르면 인간은 본성에서 발하는 도덕의식으로 감정과 욕망을 끊임없이 검열하고 통제해야 하는데, 이러한 의식의 분열 상태는 섬에서 소재가 가장 고통스러워했던 마음의 상태였다. 소재는 자신의 마음을 날카롭게 주시하여 결국 인간의 자연스러운 욕망과 감정이 그 자체로 선하다는 결론에 도달하였다. 그리고 그는 인심은 도심이 발한 것이기에 도심과 분리될 수 없으며 악한 인욕이 아니라고 주장하였다.

이 소재의 人心道心說은 퇴계의 四端七情論에 대한 반론으로 제출된 것이기도 했다. 사단을 理가 발한 것으로 칠정을 氣가 발한 것으로 구분한 이황의 사단칠정론은 인심도심의 발출 근원을 분리하였던 주희의 인심도심론을 性情論 일반에 적용한 것이라고 할 수 있다. 소재는 사단칠정론의 입론 근거라고 할 수 있는 주희의 인심도심설에 내재한 모순을 지적함으로써 우회적으로 퇴계의 사단칠정론을 비판한 것이다.

소재는 「人心道心辨」에 이어서 「執中說」을 저술하여 자신의 새로운 공부론을 제시하였다. 주희는 「中庸章句序」에서 "孔門에서 대대로 전하는 心法의 요체는 『書經』의 16字 傳心訣에서 볼 수 있다."고 하고, 이를 조술한 책이 『中庸』임을 천명하였다. 그리고 그는 "惟精惟一"이 『中庸』의 중반부에 보이는 "擇善固執"에 해당한다고 설명하였다. 이는 知先行後를 유가의 도통을 이은 공부론으로 제시하려는 의도와 관련된 것으로 보인다. 소재는 『四書』의 일반적인 구성에 따르면 首章이 一書의 體要가 된다는 점에 근거하여, "執中"의 中은 『中庸』의 首章에서 말한 未發의 中과 已發의 和를 아우르는 것이어야 하고, "惟精惟一"의 공부도 "擇善固執"이 아닌 미발의 存養 공부인 "戒愼恐懼"와 이발의 省察 공부인 "愼獨"에서 찾아야 한다고 주장하였다. 이는 격물치지를 중시하는 주희의 주지주의적 공부론을 부정하고, 誠意가 모든 공부의 근본임을 천명한 것이다.

「집중설」을 저술한 직후부터 소재는 많은 양의 철리시를 창작하여 『대학』의 誠意가 모든 공부의 시작이자 근본임을 주장하였다. 이 시 가운데는 誠意가 모든 공부의 요체이며, 誠意가 전제되어야 格物致知도 가능하다고 주장하는 작품들이 존재한다. 이 시들에 나타난 소재의 공부론은 誠意를 중심으로 『대학』을 설명하였던 왕수인 초기 사상과 유사한 면이 있었다. 이를 통해 소재가 「인심도심변」을 저술할 무렵인 40대 중반에 羅欽順의 『困知記』와 함께 『傳習錄』 초간본을 읽고 그에 깊은 영향을 받았음을 확인할 수 있다.

소재가 유배지 진도에서 주희의 심성론과 격물치지설을 비판하는 새로운 사상을 산문과 시를 통하여 거듭 표명하자 퇴계와 퇴계를 따르는 사류들은 그의 사상을 陽明學에 물든 것으로 규정하여 거세게 비판하였다. 그러나 소재는 이들의 비판에 맞서 자신의 사상을 철회하지 않았고, 이는 解配되어 宦路에 복귀한 뒤에도 마찬가지였다. 그는 경연에서의 발언, 그리고 「晦齋先生集序」·「晦齋先生大學補遺後跋」 등의 산문을 통하여, 存心 공부의 중요성을 강조하고 왕수인의 大學說과 知行合一說을 지지하였다.

소재는 만년기에 왕수인의 심성론을 지지하는 다수의 哲理詩를 창작하기도 하였다. 그는 인간은 누구나 무엇도 보탤 것이 없는 완전한 본성을 지니고 있다는 점에서 "모든 평범한 사람이 바로 聖人이다."라고 하였고, "욕망이 바로 본성이다."라고 주장하였다. 소재는 성이 발하여 정이 된다는 유가의 전통적인 심성론과 맹자의 性善論을 근거로, 七情과 人心에 선험적으로 惡의 싹이 내포되어 있다고 생각했던 주희의 심성론을 수정하였다. 그는 인간의 본성은 맹자가 말한 바의 性이자 『중용』에서 말한 天命之性 하나라고 보았고, 이 성에서 발하는 인간의 자연스러운 감정과 욕망은 그 자체로 선하다고 주장하였다. 이 소재의 심성론은 심과 성을 엄격히 구분하는 주희의 심성론을 부정하고 심과 성을 하나로 보는 양명학의 심성론을 긍정하는 견해였다.

또한 소재는 69세와 70세에 걸쳐 『大學集錄』을 편찬하여 주희의 격물치지설을 적극적으로 비판하였다. 『대학집록』은 주희의 격물치지설을 부정하는 先儒들의 大學說만을 모아 편집한 책이다. 이 책에는 「大學問」·「大學古本序」 등 양명학의 핵심을 전하는 왕수인의 중요한 저작들이 수록되어 있다. 소재는 이 책의 말미에 회재의 대학설을 상찬하는 자신의 글인 「晦齋先生大學補遺後跋」을 수록하여 왕수인의 대학설을 지지하는 자신의 견해를 분명하게 표명하였다.

소재는 심지어 양명학에 대한 지지를 직접 표명한 시조 작품을 남기기도 했다. 소재 당대에 상주에서 도학에 매지하고 있던 고응척은 소재의 시조를 패러디하여 양명학의 공부론을 비판한 시조를 남겼다. 또한 『청구영언』 진본과 『병와가곡집』 등에는 소재의 시조를 패러디한 시조가 기재되어 있다. 소재의 시조를 패러디한 시조들이 존재한다는 것을 통해 많은 사람들이 소재의 시조를 향유하고 있었다는 사실을 추론할 수 있다. 고응척 시조 외에도 양명학이 유행하고 있는 16세기 후반의 조선의 학술 상황을 근심하는 주자학자들의 시조와 한시가 더 남아 있다. 이이의 석담정사에서의 강학 활동이 양명학의 유행을 막고 주자학을 흥기시키려는 의도에서 행해진 것이라는 기록도 있다. 양명학을 지지하는 소재의 시조가 19세기 말까지 지속해서 가창되었고, 양명학이 유행하던 조선의 학술 상황을 개탄하는 시조와 한시가 16세기 후반과 17세기 초반에 집중적으로 창작되었다는 것에 근거한다면 소재처럼 양명학에 기울어진 학자들이 16세기 이후부터 지속해서 존재했다는 사실을 추론할 수 있다. 양명학이 전파되고 있던 16세기 이후 조선의 학술 상황을 소재의 영향과 무관하지 않을 듯하다.

이처럼 소재는 40대 후반 이후 철리시와 시조의 창작, 『대학집록』의 편찬, 경연에서의 발언 등을 통하여 마음은 그 자체로 천리, 본성과 일치하는 완전한 것임을 주장하고 誠意가 모든 공부의 시작이자 핵심이라고 역설하였다. 혼란한 사화기를 겪고 섬에서 고통스러운 유배기를 겪으면서 주희의 심성론과 공부론이 지닌 한계를 직시한 소재는 양명학을 수용하여 새로운 심성론과 공부론을 제기한 우리나라 최초의 양명학자이다.

참고 문헌

1. 자료

高應陟, 『杜谷集』, 경인문화사, 2007.

權 近, 『入學圖說』, 경문사, 1982.

奇大升, 『高峯集』(『한국문집총간』 40집), 민족문화추진회, 1989.

金昌協, 『農巖集』(『한국문집총간』 162집), 민족문화추진회, 1996.

金萬重, 『西浦集 · 西浦漫筆』, 통문관, 1971.

羅欽順, 『困知記』, 藝文印書館, 1965.

南克寬, 『夢囈集』(『한국문집총간』 209집), 민족문화추진회, 1998.

盧守愼, 『穌齋集』(『한국문집총간』 35집), 민족문화추진회, 1989.

盧 禛, 『玉溪集』(『한국문집총간』 37집), 민족문화추진회, 1989.

柳成龍, 『西厓集』(『한국문집총간』 52집), 민족문화추진회, 1990.

李端相, 『靜觀齋集』(『한국문집총간』 130집), 민족문화추진회, 1994.

李德弘, 『艮齋集』(『한국문집총간』 51집), 민족문화추진회, 1990.

李東歡 역주, 『大學 中庸』, 현암사, 1965.

李 珥, 『栗谷全書』(『한국문집총간』 45집), 민족문화추진회, 1989.

李睟光, 『국역지봉유설』, 을유문화사, 1994.

李時發, 『碧梧遺稿』(『한국문집총간』 74집), 민족문화추진회, 1991.

李 植, 『澤堂集』(『한국문집총간』 88집), 민족문화추진회, 1992.

李 埈, 『蒼石集』(『문집총간』 65집), 민족문화추진회, 1991.

李 滉, 『退溪集』(『한국문집총간』 29집~31집), 민족문화추진회, 1989.

張顯光, 『旅軒先生集』(『한국문집총간』 60집), 민족문화추진회, 1991.

鄭經世, 『愚伏集』(『한국문집총간』 68집), 민족문화추진회, 1991.

許 筠, 『惺所覆瓿藁』(『한국문집총간』 74집), 민족문화추진회, 1991.

______, 『國朝詩刪』, 아세아문화사.

許 曄, 『草堂集』(『한국문집총간』 36집), 민족문화추진회, 1989.

洪仁祐, 『耻齋遺稿』(『한국문집총간』 36집), 민족문화추진회, 1989.

『중종실록』, 민족문화추진회, 1986.

『선조실록』, 민족문화추진회. 1986.

『선조수정실록』, 민족문화추진회, 1986.

都 穆, 『聽雨紀談』, 藝文印書館, 1967.

楊 倫 편, 『杜詩鏡銓』, 華正書局, 民國78.

余英時, 『朱熹的歷史世界』, 三聯書店,
王守仁, 『陽明全書』, 중화서국, 1970.
陳榮捷, 『王陽明傳習錄詳註集評』, 學生書局, 民國72.
陸九淵, 『陸象山全集』, 世界書國, 民國60.
朱　熹, 『朱子大全』
蔡　清, 『四書蒙引』, 商務印書館, 1971.
黃　震, 『黃氏日抄』, 商務印書館, 1971.

2. 단행본

고영진, 『조선시대 사상사를 어떻게 볼 것인가』, 풀빛, 1999.
______, 『조선중기 예학사상사』, 한길사, 1995.
구스모토 마사쓰구 저, 김병화 이혜경 역, 『송명유학사상사』, 예문서원, 2005.
가와이 코오조오 저, 심경호 역, 『중국의 자전문학』, 소명, 2002.
강명관, 『농암잡지평석』, 소명, 2007.
葛兆光, 『선종과 중국문화』, 동문선, 1991.
금장태, 『『성학십도』와 퇴계철학의 구조』, 서울대 출판부, 2001.
吉川幸次郞 저, 鄭清茂 역, 『宋詩槪說』, 聯經出版事業公司, 民國66.
____________, 劉向仁 역, 『中國詩史』, 明文書局, 民國72.
김교빈, 『양명학자 정제두의 철학사상』, 한길사, 1995.
김길락, 『한국의 상산학과 양명학』, 청계, 2004.
김길환, 『한국양명학연구』, 일지사, 1981.
김승희, 『현대시 텍스트 읽기 - 구조주의에서 탈식민주의까지』, 태학사, 2001.
김용직, 『한국 현대시인연구』 상 · 하, 서울대출판부, 2000.
김우창, 『풍경과 마음』, 생각의 나무, 2003.
김준오, 『시론』, 이우출판사, 1988.
김종길, 『시에 대하여』, 민음사, 1986.
김학주, 『중국 문학 사론』, 서울대출판부, 2001.
김화영, 『未堂 徐廷柱의 詩에 대하여』, 민음사, 1984.
______, 『문학 상상력의 연구』, 문학동네, 1998.
김홍경, 『조선초기 관학파의 유학사상』, 한길사, 1996.
김흥규 외 편저, 『고시조 대전』, 고대 민족문화연구원, 2012.
勞思光 저, 정인재 역, 『중국철학사』, 탐구당, 1987.
노수신, 임정기 역, 『국역소재집1』, 한국고전번역원, 2013.
______, 임정기 역, 『국역소재집2』, 한국고전번역원, 2013.
다카하시 도오루, 조남호 역, 『조선의 성리학』, 소나무, 1999.

杜維明 저, 권미숙 역, 『한 젊은 유학자의 초상』, 통나무, 1994.
마루야마 마사오 저, 김석근 역, 『일본정치사상사연구』, 통나무, 1998.
미셸 투르니에 저, 김화영 역, 『방드르디, 태평양의 끝』, 민음사, 2003.
미조구찌 유조 저, 최진석 역, 『중국사상 명강의』, 소나무, 2004.
미조구찌 유조 저, 김용천 역, 『중국전근대사상의 굴절과 전개』, 동과서, 1999.
박연수, 『양명학의 이해』, 집문당, 1999.
박희병, 『한국의 생태사상』, 돌베개, 1999.
______, 『연암을 읽는다』, 돌베개, 2006.
벤저민 엘먼 저, 양휘웅 역, 『성리학에서 고증학으로』, 예문서원, 2004.
徐復觀, 『中國文學論集』, 대만학생서국, 민국74년.
______, 『中國文學論集續編』, 대만학생서국, 민국74년.
孫康宜 저, 신정수 역, 『난세를 꽃피운 시인들』, 이회문화사, 2004.
송영배 · 금장태 외 저, 『한국유학과 리기철학』, 예문서원, 2000.
시마다 겐지 저, 김석근 역, 『주자학과 양명학』, 까치, 1986.
심경호, 『한국한시의 이해』, 태학사, 2000.
______, 『김시습 평전』, 돌베개, 2003.
아라키 겐고 저, 심경호 역, 『불교와 유교』, 예문서원, 2000.
______________, 배영동 역, 『불교와 양명학』, 혜안, 1996.
______________, 김석근 역, 『불교와 양명학』, 서광사, 1993.
안대회, 『18세기 한국한시사 연구』, 소명출판, 1999.
楊國榮, 김형찬 외 역, 『양명학』, 예문서원, 1994.
오세영, 『한국현대시 분석적 읽기』, 고려대출판부, 1988.
王守仁 저, 정인재 · 한정길 역, 『傳習錄』, 청계, 2001.
吳戰壘 저, 유병례 역, 『중국 시학의 이해』, 태학사, 2003.
유명종, 『한국의 양명학』, 동화출판공사, 1983.
윤남한, 『조선 시대의 양명학 연구』, 집문당, 1982.
이가원, 『조선한문학사』, 민중서관, 1961.
이상은, 『퇴계의 생애와 학문』, 서문문고, 1973.
이종묵, 『해동강서시파연구』, 태학사, 1995.
李澤厚, 『미의 역정』, 동문선, 1991.
이혜순 외, 『우리 한문학사의 새로운 조명』, 집문당, 1999.
조남호, 『중국철학의 중심』, 태학사, 2004.
정　민, 『목릉문단과 석주 권필』, 태학사, 1999.
진　래 저, 안재호 역, 『송명성리학』, 예문서원, 1997.
_________, 이종란 외 역, 『주희의 철학』, 예문서원, 2002.
_________, 전병욱 역, 『양명철학』, 예문서원, 2003.

陳允吉, 『中國文學과 禪』, 민족사, 1992.
蔡仁厚 저, 황갑연 역, 『왕양명 철학』, 서광사, 1996.
________, 천병돈 역, 『공자의 철학』, 예문서원, 2000.
천뽀하이 저, 이종진 역, 『당시학의 이해』., 사람과 책, 2001.
최재목, 『동아시아의 양명학』, 예문서원, 1996.
______, 『내 마음이 등불이다』, 예문서원, 2003.
최중석, 『나정암과 이퇴계의 철학사상』, 심산, 2002.
최진덕, 『주자학을 위한 변명』, 청계, 2000.
한국정신문화연구원, 『강화학파의 문학과 세계』, 1993.
한국사상사연구회 편저, 『조선 유학의 학파들』, 예문서원, 1996.
한국사상사연구회, 『조선유학의 개념들』, 예문서원, 2002.
한국철학사상연구회, 『논쟁으로 보는 한국철학』, 예문서원, 1995.
황위평 책임편집, 『시는 붉고 그림은 푸르네』1 · 2, 학고재, 2003.
황현산, 『잘 표현된 불행』, 문예중앙, 2012.
현상윤, 『조선유학사』, 민중서관, 1949.
洪贊裕 역주, 『詩話叢林』, 통문관, 1993.

3. 논 문

강명관, 「허균과 명대문학」, 『민족문학사연구』13호, 민족문학사학회, 1998.
강지은, 「霞谷 鄭齊斗의 「孟子說」 硏究」, 고대 석사논문, 2003.
구춘수, 「권근 철학사상의 연구」, 고려대 박사논문, 1992.
금장태, 「「숙흥야매잠도」와 퇴계의 수양론적 실천과제」, 『퇴계학보』, 109집, 퇴계학연구원2001.
______, 「退溪門下의 陽明學 이해와 비판」, 『양명학』2호, 한국양명학회, 1998.
김광순 외, 「소재 노수신 연구」, 『한국의 철학』17, 경북대학교 퇴계연구소, 1989.
김교빈, 「회재철학사상연구」, 성균관대 석사논문, 1983.
김기현, 「穌齋 노수신의 인심도심설에 대한 연구」, 『전라문화논총』2집, 전북대 1988.
______, 「욕망과 도덕심」, 『조선유학의 개념들』, 예문서원, 2001.
김미영, 「朱熹의 佛教批判과 工夫論 硏究」, 고려대 박사논문, 1998.
김성언, 「蘇齋 盧守愼의 流配期 漢詩에 나타난 動植物 象徵에 대하여」, 『한국한시작가연구』5, 한국한시학회, 태학사, 2000.
김용재, 「退溪의 陽明學 批判에 대한 考察」, 『양명학』3, 한국양명학회, 1999.
______, 「조선시대 反양명학 문헌 조사 및 추출을 통한 양명학 비판 내용의 성향 분석과 반양명학 사조의 흐름에 나타난 특징 연구」, 『양명학』, 제31집, 2012.
김우창, 「시의 언어와 사물의 언어」, 『심미적 이성의 탐구』, 솔, 1992.

김영민, 「"知行合一"의 철학적 기초」, 『철학연구』63, 철학연구회, 2003.
김태년, 「16세기 조선 성리학자들의 양명학 비판 연구」, 『韓國思想史學』19집, 한국사상사학회, 2002.
김항수, 「16세기 사림의 성리학 이해-서적의 간행·편찬을 중심으로」, 『한국사론』7, 서울대 국사학과, 1981.
______, 「조선 전기의 성리학」, 『한국사』8, 한길사, 1994.
김혜숙, 「栗谷 詩의 道吟詠 방식과 心狀·美感」, 『고전문학연구』24, 한국고전문학회, 2003.
杜維明, 「주희의 理철학에 대한 퇴계의 독창적 해석」, 『퇴계학보』35집, 퇴계학연구원, 1982.
______, 「이퇴계의 知的 自我定義의 한 고찰」, 『퇴계학보』41집, 퇴계학연구원, 1983.
문석윤, 「퇴계의 "미발"론」, 『퇴계학보』114집, 퇴계학연구원, 2003.
______, 「퇴계에서 理發과 理動, 理到의 의미에 대하여」, 『퇴계학보』110집, 퇴계학연구원, 2001.
박경환, 「공부 방법론으로서의 존덕성과 도문학」, 『논쟁으로 보는 중국철학』, 예문서원, 1994.
謝思煒, 「論自傳詩人杜甫-兼論中國和西方的自傳詩傳統」, 『文學遺產』, 1990.
서수용, 「소재 노수신 시 연구」, 성대 석사논문, 1984.
손병욱, 「마음을 다스리는 공부」, 『조선유학의 개념들』, 예문서원, 2002.
송석모, 「朱熹의 人心道心說 硏究」, 고려대 석사논문, 2003.
송석준, 「浦渚 趙翼」, 『한국인물유학사』3, 한길사, 1996.
송하경, 「陽明學이 佛學이라는 비판에 대한 陽明學的 解明」, 『양명학』5, 한국양명학회, 2001.
______, 「한국 양명학의 전개와 특징」, 『양명학』2, 한국양명학회, 1998.
송휘칠, 「羅整庵의 困知記와 奇高峯, 李栗谷의 主氣論」, 『한국의 철학』21호, 경북대 퇴계연구소, 1993.
신태영, 「盧蘇齋의 詩 硏究」, 성균관대 석사논문, 1997.
신해순, 「조선 중종~명종 연간 士習의 頹廢에 대한 고찰」, 『인문과학』32, 성대인문과학연구소, 2002.
신향림, 「黃廷彧 詩에 나타난 大人의 人格理想」, 『한국한문학연구』27집, 2001.
______, 「盧守愼의 人心道心說에 내포된 陸王學의 心性修養論」, 『한국한문학연구』34집, 한국한문학회, 2004.
______, 「16C 전반 양명학의 전래와 수용에 관한 고찰-김세필, 홍인우, 노수신의 양명학 수용을 중심으로」, 『퇴계학보』118집, 2005.
______, 「蘇齋 盧守愼의 공부론에 나타난 陽明學」, 『한국사상사학』24집, 한국사상사학회, 2005.

______, 「盧守愼의 심성론과 陽明學」, 『유교문화』16집, 충남대 유교문화연구소, 2007.
______, 「시조를 통해본 양명학의 전래와 확산」, 『고전문학연구』32권, 2007.
______, 「노수신의 초기 사상과 경세론」, 『태동고전연구』25집, 2009.
______, 「소재 노수신의 만년기 시에 대한 고찰」, 『고전문학연구』42권, 2012.
심경호, 「19세기 말 20세기 초 강화학파의 지적 고뇌와 문학」, 『어문논집』, 민족어문학회, 2000.
______, 「江華學派의 文學思想」, 『조선후기 당쟁의 종합적 검토』, 한국정신문화연구원, 1992.
______, 「恒齋李匡臣論」, 『진단학보』84, 진단학회, 1997.
______, 「조선후기 한문학과 袁宏道」, 『한국한문학연구』34집, 한국한문학회, 2004.
______, 「江華學의 虛假批判論」, 『대동한문학』14집, 대동한문학회, 2001.
안병학, 「三唐派 詩世界 研究」, 고려대 박사논문, 1988.
______, 「宋翼弼의 詩世界와 靜의 의미」, 『민족문화연구』28호, 고대민족문화연구소, 1995.
______, 「金靜 詩世界에서 삶의 無常性과 그 克服의 形象化」, 『한국문학연구』5호, 고대 한국문학연구소, 2004.
______, 「서거정 시세계의 한 국면」, 『한국문학연구』2호, 고려대 한국문학연구소, 2001.
______, 「조선 중기 唐詩風과 詩論의 전개 양상」, 『한국문학연구』2호, 고려대 한국문학연구소, 2000.
______, 「임제의 시세계와 부정의식」, 『민족문화연구』16, 고려대 민족문화연구소, 1982.
오성종, 「조선중기 양명학의 변척과 수용」, 『역사교육』46, 1989.
오성호, 「시에 있어서의 리얼리즘 문제에 관한 시론」, 『시와 리얼리즘』, 소명, 2001.
오종일, 「陽明 傳習錄 傳來考」, 『철학연구』4집, 고대 철학연구소, 1978.
______, 「陽明學의 受容과 傳來에 관한 再檢討」, 『양명학』3, 한국양명학회, 1999.
오항령, 「一齋 李恒의 생애와 학문」, 『남명학연구』3, 1993.
饒宗頤, 「韓愈南山詩與曇無讖譯馬鳴佛所行讚」, 『中國文學報』19집, 日本 京都大, 1963.
우응순, 「장유의 사유방식에 대한 한 이해」, 『한국한문학연구』33집, 한국한문학회, 2004.
______, 「장유의 양명학적 세계관과 시세계」, 『國際語文』29집, 국제어문학회, 2003.
유인희, 「退·栗 以前 朝鮮性理學의 문제발전」, 『동방학보』, 42집, 연대 국학연구원, 1984.
유정민, 「해좌 정범조의 장편고시 연구」, 고려대 석사논문, 2001.
유호진, 「퇴계 시의 이미지 연구」, 『퇴계학보』116집, 퇴계학연구원, 2004.
______, 「허균의 염정시에 대하여」, 『한국한문학연구』44집, 한국한문학회, 2009.
유명종, 「한국 양명학의 제문제」, 『양명학』2, 한국양명학회, 1998.
______, 「소재 노수신」, 『한국인물유학사』2, 한길사, 1996.

______, 「耻齋 洪仁祐論」, 『현대와 종교』12, 현대종교문제연구소, 1989.
______, 「羅整庵의 氣哲學과 李朝儒學」, 『人文科學』3집, 성균관대 인문과학연구소, 1973.
柳知源(法種), 「寒山의 禪詩 硏究」, 고려대 석사논문, 2002.
윤사순, 「정제두 양명학의 연구」, 『한국학연구』4집, 고려대한국학연구소, 1992.
______, 「휴암 백인걸의 도학 사상」, 『윤사순 교수의 한국 유학사상론』, 예문서원, 1997.
______, 「人性·物性에 대한 同異論辯의 思想史的 價値」, 『퇴계학보』102집, 퇴계학연구원, 1999.
이동환, 「牧隱에게서의 道學思想의 문학적 闡發」, 『한국문학연구』3호, 고대 한국문학연구소, 2002.
______, 「洪湛軒의 세계관의 두 국면」, 『한국실학연구』1, 한국실학연구회, 1999.
______, 「晦齋 李彦迪의 道學的 詩世界」, 『이회재의 사상과 그 세계』, 성대 대동문화연구원, 1992.
______, 「退溪의 시에 대하여」, 『퇴계학보』19집, 퇴계학연구원, 1978.
______, 「退溪 詩의 한 국면」, 『퇴계학보』25집, 퇴계학연구원, 1980.
______, 「退溪의 道學的 시세계」, 『퇴계와 함께 미래를 향해』, 안동대 퇴계학연구소, 2001.
李俸珪, 「性理學에서 未發의 철학적 문제와 17세기 畿湖學派의 견해」, 『한국사상사학』13집, 한국사상사학회, 1999.
李相弼, 「16세기 儒學思想의 전개와 南冥의 學問」, 『남명학연구』3, 경상대 남명학연구소, 1993.
이승환, 「退溪 未發說 釐清」, 『퇴계학보』116집, 퇴계학연구원, 2004.
李永朱, 「杜詩의 句法과 字法 연구」, 『중국문학』, 한국중국어문학회, 2003.
______, 「杜詩 章法 硏究」, 『중국문학』33집, 한국중국어문학회, 2000.
______, 「杜詩 對仗法 硏究」, 『중국문학』32집, 한국중국어문학회, 1999.
李永朱·姜旼昊, 「杜詩에 나타난 비애 속의 유머에 대한 고찰」, 『중국문학』37집, 한국중국어문학회, 2002.
李義康, 「조선조 문인의 杜詩 「同谷七歌」 수용과 해석」, 『한국한문학연구』34집, 한국한문학회, 2004.
이종묵, 「性理學的 사유의 형상화와 그 美的 특질」, 『한국 한시의 전통과 문예미』, 태학사, 2002.
이지형, 「晦齋의 經學思想」, 『이회재의 사상과 그 세계』, 성대 대동문화연구원, 1992.
이　찬, 「삶 속에 충만한 정갈한 마음」, 『중국철학』10집, 중국철학회, 2002.
이혜순, 「수은 강항의 시적 사유와 그 의미」, 『한국한문학연구』27집, 한국한문학회, 2001.
______, 「여성담론으로서의 任允摯堂의 理氣心性論」, 『고전문학연구』26집, 한국고전문학회, 2004.

張立文, 「退溪 心性觀의 現代的 價値」, 『퇴계학보』106집, 퇴계학연구원, 2000.
장원철, 「朝鮮後期 文學思想의 전개와 天機論」, 한국정신문화연구원 석사논문, 1983.
전병욱, 「주자의 미발설과 거경격물의 수양론」, 『철학연구』38집, 고대 철학연구소, 2009.
______, 「양명철학에서 도덕의 보편성 문제」, 『양명학』30호, 한국양명학회, 2011
정대환, 「노수신의 인심도심설」, 『철학연구』112집, 대한철학회, 2009.
정우봉, 「이용휴의 문학론의 일고찰-그의 양명학적 사고와 관련하여」, 『한국한문학연구』9 · 10합집, 한국한문학회, 1987.
정인재, 「육상산과 심학」, 『철학연구』10집, 고대 철학연구소, 1985.
______, 「왕양명의 사구교의 의미」, 『현대 철학과 사회』, 서광사, 1992.
______, 「鄭霞谷의 良知說」, 『유학연구』3집, 충남대 유학연구소, 1995.
______, 「송명유학 수양론에서 "未發"설의 형성과 전개」, 『철학연구』38집, 고대 철학연구소, 2009.
정재훈, 「16c 전반 새로운 性理學의 모색과 心學化」, 『한국사상사학』18집, 한국사상사학회, 2002.
조남호, 「나흠순 철학과 조선학자들의 논변」, 서울대 박사논문, 1999.
______, 「조선 주자학자들의 良知에 대한 논쟁」, 『양명학』3, 한국양명학회, 1998.
______, 「김창협학파의 양명학 비판」, 『철학』39집, 한국철학회, 1993.
趙誠乙, 「蘇齋 盧守愼의 學問과 政治活動」, 『남명학연구』3집, 경상대 남명학연구소, 1993.
주광호, 「주희와 육구연의 無極太極 논쟁」, 『철학연구』36집, 고대 철학연구소, 2008.
______, 「明儒와 朝鮮儒의 王陽明 工夫論 비판」, 『퇴계학보』121집, 퇴계학연구원, 2007.
진 래, 「退溪哲學片論」, 『퇴계학보』75 · 76합집, 퇴계학연구원, 1992.
______, 「退溪 心學의 再硏究」, 『퇴계학보』70집, 퇴계학연구원, 1991.
채용복, 「穌齋 盧守愼 詩의 연구」, 고려대 박사논문, 1992.
______, 「穌齋 詩에 있어서 超世境界에의 志向」, 『문화전통논집』창간호, 경성대향토문화연구소, 1993.
최석기, 「양촌 권근의 『대학』 해석과 그 의미」, 『한문학보』28집.
崔完植, 「宋明 理學家 시의 특성에 관한 연구」, 『중국문학』, 한국중국어문학회, 1991.
최재목, 「『전습록』에 대하여」, 『양명학』3, 한국양명학회, 1999.
______, 「퇴계의 양명학관에 대하여」, 『퇴계학보』113, 퇴계학연구소, 2003.
한정길, 「柳僖의 『大學』觀 연구」, 『진단학보』118집, 2013.
______, 「왕수인의 중화설 연구」, 『양명학』18집, 한국양명학회, 2008.
______, 「浦渚 趙翼과 양명학의 연관성 주장에 대한 타당성 검토」, 『실학연구』14집, 한국실학학회, 2007.
______, 「王陽明의 '未發' 觀과 良知體用論」, 『양명학』23집, 한국양명학회, 2009
홍학희, 「栗谷 李珥의 詩文學 硏究」, 이화여대 박사논문, 2001.

황광욱, 「화담 서경덕의 철학사상과 그 문인학풍에 관한 연구」, 성균관대 박사논문, 2003.
황준연, 「조선성리학의 인심도심설에 대한 분석」, 『논문집』15, 원광대학교, 1981.

찾아보기

ㅇ

■ **著者 略歷**

신향림 辛香林

고려대학교 한문학과를 졸업하고, 같은 대학교 대학원에서 「盧守愼 詩에 나타난 思想研究」로 문학 박사학위를 받았다. 현재 고려대학교 한자한문연구소 연구교수로 재직하고 있다. 주요 논문으로 「16C 전반 陽明學의 전래와 수용에 관한 고찰」, 「시조를 통해 본 陽明學의 傳來와 擴散」, 「燕巖 朴趾源의 만년 사상에 대한 재론」, 「穌齋 盧守愼의 만년기 시에 대한 고찰」, 「農巖 金昌協과 燕巖 朴趾源의 거리」, 「燕巖 一派 문학론에서 色, 自然, 際」 등이 있다.

조선 朱子學 陽明學을 만나다

초판 1쇄 발행일 2015년 12월 31일

지은이 | 신향림
발행인 | 최원필
발행처 | 심산출판사
주 소 | 서울시 은평구 불광동 219-7 예은 101호
전 화 | 02-357-0633
팩시밀리 | 02-357-0631
E-mail | simsan@korea.com
등록번호 | 제1-2114호(1996년 11월 28일)

ISBN 978-89-94844-39-8 93150

* 책값은 뒤표지에 표시되어 있습니다.